ENTERPRISE
MANAGEMENT
STRATEGY

我的
企业管理之道

赖小民 著

人民出版社

责任编辑：纪希萱

排版设计：飞鸟装帧设计 1581 0133 062

图书在版编目（CIP）数据

我的企业管理之道 / 赖小民著. —北京：人民出版社，2017

ISBN 978-7-01-018482-1

Ⅰ.①我… Ⅱ.①赖… Ⅲ.①企业管理 Ⅳ.①F272

中国版本图书馆CIP数据核字（2017）第 266444 号

我的企业管理之道

WO DE QIYE GUANLI ZHI DAO

赖小民　著

人民出版社　出版发行

（100706　北京市东城区隆福寺街 99 号）

北京汇林印务有限公司印刷　新华书店经销

2017 年 11 月第 1 版　2017 年 11 月北京第 1 次印刷

开本：880 毫米 × 1230 毫米 1/16　印张：35.5　彩插：2 面

字数：458千字

ISBN 978-7-01-018482-1　定价：88.00元

邮购地址 100706　北京市东城区隆福寺街99号

人民东方图书销售中心　电话（010）65250042　65289539

企业管理之道
——学习总衙的话
赖小民

最近我在认真学习习近平总书记关于国有企业
改革发展重要讲话的思想的一系列重要讲话深受教育，
感受很多。总书记讲话在较高历史高度和国际国内经济
发展的角度，总结了我们国有企业改革发展上的经验和教训，
系统地阐述了新形势下做强做优做大国有企业的重
要思想，为我们国有企业改革发展指明了方向和目标，提
供了根本遵循。习近平总书记关于国有企业改革发展
的重要思想是新形势下推动我们国有企业不断做
强做优做大纲领性文件，方向性指南和务实性操
作，具有重大和深远的历史意义。学习总书记的重要讲话，

（详见苏斯文章 P3-P6）

作者手稿之一

中国华融资产管理股份有限公司
CHINA HUARONG ASSET MANAGEMENT CO., LTD.

激发了
能量
和动
能的
成长

徐总领导从了八年多公司领导责任人的历程，感同身受。展望到中国华融成立年来特别是2009年以来改革创新转型发展的历程感慨万千。八年多中国华融从一个小公司转型发展到今天界生有影响的国际性上市公司，既是党和国家实习近年总书记关于推动国有企业不断做所级优做大的生动写照，也是国有企业不断做所级做大的具体实践。中国华融改革创新转型发展的经历八年半的实践表明，十八大以来，只要我们以习近年总书记关于国有企业讲话和部门规划的精神会议思想战略为统经，以武器一思想、武装头脑、指导实践，就一定能取得改革发展成效。十八大以来的五年，是中国华融改革创新转型发展速度最快、规模最大、挣钱最多、名号最高。品

作者手稿之二

第三章 ﹀ **治理之道** /111

第四章 ▷ **经营之道** /157

第六章 〉 **用人之道** /245

序言

　　2017 年 9 月上旬，在南昌参加"中国 500 强"企业高峰论坛期间，中国华融党委书记、董事长赖小民同志找到我，邀我为他的新作《我的企业管理之道》作序。此前他曾在电话中谈过，我回话婉辞。此次他当面讲了要我为他的专著作序的几点理由：一是他是中国企业联合会、中国企业家协会的副会长，副会长著书请会长作序理所当然；二是在 2015 年全国企业管理创新大会上，我曾经提出一个要求，希望企业家们认真总结实践经验，积极探索中国企业管理之道，为更多的企业提供借鉴；三是对四大金融资产管理公司的发展情况，我一直比较关注。恭敬不如从命，盛情难却，我勉强为之。

　　四大金融资产管理公司成立时，我正在国务院工作，曾参与四家公司的组建。应当说，这四家公司都较好地完成了当初设立时的任务和使命，为实现国有企业脱困和国有商业银行改制做出了历史性贡献。自 2006 年以来，各家公司相继开始探索商业化改革转型，发展能力持续增强，经营效益显著提升，逐步发展成为我国金融体系中的一支重要力量。中国华融转型发展取得的成效尤其突出。这其中发挥作用的因素固然很多，但十分关键的一条，就在于小民同志高度重视企业管理，积极推动管理创新。多年来，基于丰富的金融工作实践和企业管理经验，小民同志摸索出了220多条"中国华融理念与信条"，形成了一整套与时俱进、科学有效的发展理念、战略战术、管理模式和经营思路。比如，他提出的"听党的话，跟政府走，按市场规律办事"的经营理念，"到位的党委会、规范的股东大会、健康的董事会、负责任的经营层、有效的监事会"的公司治理架构，"想干事、能干事、会干事、干成事、不出事"的人才理念，"逆经济周期救助型金融支持、顺经济周期投融资综合金融服务"的发展模式，都极具特色。这些对于华融克服前进中的困难、持续做强做优做大奠定了坚实的基础，发挥了不可替代的作用。

改革开放以来特别是进入21世纪以来，我国各类企业都在快速发展，取得了非常突出的成就。2017年，"中国企业500强"营业收入高达64.0万亿元，迈上新的台阶；在"世界企业500强"中，我国企业数量位居第二，不含港台企业有105家，这是十分可喜的。但同时也要看到，与世界先进企业相比，我国企业在核心技术、品牌形象、标准制定、可持续发展和产业链的控制力等方面尚有很大差距，需要下更大的功夫才能赶上去。产生这种状况的原因，在很大程度上是企业的管理跟不上，持续提高发展水平缺乏有力的支撑。长期以来，由于国内外市场空间较大，企业成本优势明显，不少企业都比较重视规模扩张、技术进步和体制改革，对依靠管理进步提高企业核心竞争力往往重视不够。加之管理水平的提升需要长时间积累，不像技术引进和技术改造那样能够短期见效，这些也容易带来"重技术、轻管理"的倾向。我们过去常讲，推动企业发展的两个"轮子"，一个是科技，一个是管理。只有这两个"轮子"转得好，才能推动企业更好更快发展。国内外企业的实践表明，管理创新是企业降本增效、提高发展水平的重要手段；没有管理创新的支撑和保障，企业的技术创新也很难获得持久的成功。一种新的管理模式和管理方法一旦形成，与技术革命一样，也会对企业乃至经济社会发展产生巨大影响。美国在第二次产业革命期间兴起了长达四五十年的"管理运动"，实现了股份制、科学管理、流水线生产方式、事业部制等管理创新，催生了一批世界级企业。日本"二战"后的劳动生产效率只有美国的1/8，由于采取了"技术与管理并重"的方针，成功探索出了以终身雇佣制、年功序列制、企业内工会为主的日本管理模式，使日本企业在全球竞争中后来居上。中国企业要在持续做大的基础上做到做强做优，尤其需要高度重视企业管理和管理创新，发展出具有自身特色的管理思想和管理理论。当前，互联网等新一代信息技术对经济社会全面渗透，对企业管理和管理创新带来诸多挑战，也提供了巨大机遇，企业领导人更加需要提升对管理重要性的认识，不断以管理创新应对新的挑战。一是要充分运用现代化管理手段。将网络、大数据、物联网等新型信息技术等运用到管理的各个环节，深度挖掘客户需求，有序实施装备的智能化改造，对简单重复、安全风险高、作业环境差、劳动强度大等岗位，实施机器人替代的科学管理。二是要着力推进商业模式创新。以客户价值最大化为目标，整合企业内外资源，合理调整业务流程、组织架构和管理模式；推进跨界协同，健全企业生态，实现资源共享，建立持续盈利的经营模式。三是要探索多种形式的管理创新。持续推进精益管理，加强成本管控，强化资源集约管理和优化配置，创新内部市场化经营机制；发展大规模个性化定制、网络协同等新型生产模式；加强供应链管理，采用国际标准和行业先进标准，推进上下游企业横向联合和纵向整合。只有坚持与时俱进，始终保持管理创新与时代同步，才能推动企业经营发展取得持续的成功。

　　党的十九大召开前夕，党中央、国务院发布了《关于营造企业家健康
成长环境弘扬企业家精神 更好发挥企业家作用的意见》，首次以中央专门
文件明确了企业家和企业家精神的地位和作用，给企业家以极大鼓舞，进
一步坚定了广大企业家创新、改革、发展的信心和决心。党的十九大作出
了中国特色社会主义进入了新时代的重大政治判断，指出我国经济已由高
速增长阶段转向高质量发展阶段，这对我国企业实现持续健康发展提出了
更高要求。创新是引领发展的第一动力，管理是提高发展质量的重要支撑，
企业家是推动管理进步的核心力量。广大企业家要积极行动起来，认真学
习贯彻落实习近平新时代中国特色社会主义思想，以敢为天下先的精神，
坚持不懈地将企业管理创新推向深入。改革开放近四十年的企业管理实践
为我们奠定了良好的基础和条件，站在新的历史起点之上，只要我们善于
学习古今中外的优秀管理思想和智慧，妥善处理引进、消化与自主创新的
关系，博采众长，融合提炼，积极探索，完全可以创造出具有本国特色、
符合时代要求、引领企业发展的管理思想和方法，使我国企业管理和管理
创新走到世界前列。这是新时代企业家应当担负的重要使命！

　　是为序。

原国务委员、国务院秘书长、第十届全国政协副主席

二〇一七年十月

我的企业管理之道

——写在前面的话

最近我在认真学习习近平总书记关于国有企业改革发展重要战略思想的一系列重要讲话，深受教育，感受很多。总书记站在新的历史高度和国际国内经济发展的角度，总结了我国国有企业改革发展的经验和教训，系统地阐述了新形势下做强做优做大国有企业的重要思想，为我国国有企业改革发展指明了方向和目标，提供了根本遵循。习近平总书记关于国有企业改革发展的重要思想是新形势下推动我国国有企业不断做强做优做大的纲领性文件、方向性指引和操作性指南，具有重大和深远的历史意义。党的十八大以来，习近平总书记就做强做优做大国有企业提出了一系列新理念新思想新战略，系统回答了新时期国有企业改革为什么改、改什么、怎么改等重大理论和实践问题，为国有企业做强做优做大提供了根本遵循。对此，我们要认真学习、深入领会，准确把握习近平总书记关于国有企业做强做优做大重要思想的深刻内涵和核心要义，以此武装头脑、指导实践。结合新近出台的《中共中央国务院关于营造企业家健康成长环境弘扬优秀企业家精神更好发挥企业家作用的意见》，我认为，要大力弘扬企业家精神，努力提高"五点认识"。

第一，习近平总书记强调国企必须成为"六种力量"，明确了新时期下国有企业的发展定位。习近平总书记指出，国有企业要成为党和国家最可信赖的依靠力量，成为坚决贯彻执行党中央决策部署的重要力量，成为贯彻新发展理念、全面深化改革的重要力量，成为实施"走出去"战略、"一带一路"建设等重大战略的重要力量，成为壮大综合国力、促进经济社会发展、保障和改善民生的重要力量，成为我们党赢得具有许多新的历史特点的伟大斗争胜利的重要力量。总书记关于"六种力量"的重要论述，立足高端的视野、宽广的背景、现实的需要来认识国企的地位与作用，充分体现了对国有企业的高度重视，进一步增强了我们做强做优做大国有企业的信心决心。

第二，习近平总书记要求"理直气壮做强做优做大"国有企业，确立了国企改革发展的目标方向。坚定不移、理直气壮把国有企业做强做优做大，是习近平总书记关于国企改革系列重要思想中的明确要求，指明了新形势下深化国有企业改革的方向和任务，更是第一次为国企确立了改革参照系。理直气壮做强做优做大国有企业，必须要坚定不移深化国有企业改革，着力创新体制机制，推进建立现代企业制度，使国有企业真正成为依法自主经营、自负盈亏、自担风险、自我约束、自我发展的独立市场主体，按照创新、协调、绿色、开放、共享的发展理念的要求，加大结构调整、创新发展、布局优化，在国企改革重要领域和关键环节取得新成效。习近平总书记为国有企业发展指明了方向，点了题，破题要靠企业家。什么叫强？什么叫优？什么叫大？我结合这几年中国华融成功转型的具体实践，作了一些理论思考和总结。我认为，企业强有四个指标，包括"利润、风险、品牌、责任"：利润是实力，对于国有企业来说，利润是硬任务，是第一目标，唯有做强利润，才能为社会创造更多财富，为国家缴纳更多税收。风险是保障，风险与利润相伴相生，企业的利润要规避风险。国有企业要学会经营风险、管控风险，善于从风险中捕捉机会、赚取利润、赢得发展。

品牌是形象，在经济全球化、市场竞争日益激烈的今天，品牌已经不仅仅是产品的牌子，更是企业产品高质量、高信誉度、高市场占有率、高经济效益的形象标签，是国有企业做强的重要集中体现。责任是担当，国有企业作为国之重器、国之利器，理所应当扛起企业社会责任这面大旗，在服务国家社会大局、关注国计民生方面做好表率。企业优有四个指标，包括"结构、竞争力、质量、可持续"：结构是手段，结构调整的核心是转变企业发展模式，过去国有企业强调大规模生产、粗放型发展，在供给侧改革的新形势下，国有企业亟需优化发展结构，增加产品附加值，走集约型、内涵式发展路径；竞争力是核心，对于企业来说，人才是可流动的，资金是逐利的，资源是可分享的，唯有企业的核心竞争力才是企业安身立命、基业长青的根本；质量是生命，我国是产品和服务贸易大国，但还不是贸易强国，在推动"中国制造向中国创造转变、中国速度向中国质量转变、中国产品向中国品牌转变""三大转变"过程中，国有企业应该为全国企业做出表率，以"工匠精神"提升产品质量和发展质量；可持续是目的，做"百年老店"是企业做优的重要目标，国有企业要以可持续发展的眼光，去制定发展战略、实施发展战术。企业大有四个指标，包括"规模、影响力、市场占有率、行业排名"：规模是大小，"做大"首先是自身规模的做大，在此基础上增强对行业的控制能力和对产业链的延伸能力，从国际竞争看，国有企业规模做大，是国家实力的重要体现；影响力是强弱，当前我国国有企业绝大部分处于国民经济上游，分布在资源、能源和金融等基础性行业和部门，其产量、价格等的变动足以对国民经济产生举足轻重的影响，国企改革的目标之一，就是发挥国有企业在国民经济中的影响力，引领我国各类企业取得更大进步；市场占有率是高低，市场占有率是衡量企业经营能力的重要指标，是消费者用"脚"投票的结果，做大国有企业需要切实提升国际国内的市场占有率水平，这是衡量国有企业产品市场竞争力的重要标志，也是做大国有企业的内在要求；行业排名是前后，国有企业特别是中央企业和国有大型金融企业首先要成为所处行业的"领头羊"和"排头兵"，才能对所在行业的发展发挥引领作用。

第三，习近平总书记提出"三个有利于"重要思想，划定了国有企业做强做优做大的价值标准。习近平总书记就国企改革提出"三个有利于"的重要论断，即"推进国有企业改革，要有利于国有资本保值增值，有利于提高国有经济竞争力，有利于放大国有资本功能"，为国企改革确立了价值判断标准，具有鲜明的改革指向性和现实针对性。"三个有利于"揭示了国企改革与国有经济发展的内在关系，对于国有企业不断增强国有经济活力、控制力、影响力和抗风险能力等等，提出了具体要求，是我们推动国有企业科学发展的行动指南，将指引国企走出一条更高质量、更有效率、更可持续的发展道路。

第四，习近平总书记提出国企要坚持两个"一以贯之"，指出了建立"中国特色"现代国有企业制度的有效路径。习近平总书记强调两个"一以贯之"，即"坚持党对国有企业的领导是重大政治原则，必须一以贯之；建立现代企业制度是国有企业改革的方向，也必须一以贯之"，强调"中国特色现代国有企业制度，'特'就特在把党的领导融入公司治理各环节，把企业党组织内嵌到公司治理结构之中"。国有企业要实现做强做优做大、经营业绩持续稳健增长，坚持党的领导是根本保障和基本前提。特别是在完善公司治理的过程中，要始终坚持"央企姓党""国企为国"，坚决服从党的领导，明确和落实党组织在公司法人治理结构中的法定地位，自觉将党的领导融入公司法人治理各个环节，充分发挥党委的领导核心和政治核心作用。

第五，习近平总书记强调要弘扬企业家精神，以"完善治理、强化激励、突出主业、提高效率"为国企改革突破口，提出了做强做优做大国有企业的具体要求。在过去"激发活力、提质增效"的基础上，习近平总书记提出了"完善治理、强化激励、突出主业、提高效率"16字国企改革新要求，要求国企改革在2017年"迈出实质性步伐"。推进国有企业改革涉及方方面面，必须抓住关键、突出重点，作为国企，要以16字国企改革新要求为导向，在建立健全企业治理机制、完善市场化激励机制、做强做优主业、提高国有资本运营效率和企业经营效率等方面加大力度，推进国企改革各项任务的落实，发挥企业家统帅、灵魂的企业家精神，坚持以人为本，敢为天下先，爱拼才会赢，切实增强企业内在活力、市场竞争力、发展引领力，把国有企业做强做优做大落到实处。

学习习近平总书记的重要讲话，结合自己担任国有企业负责人八年多的历程，我感同身受，激发了自己写一本《我的企业管理之道》的想法。企业的发展离不开全球经济的复苏和国内经济的发展。2008年美国次贷危机重创了全球经济发展，中国经济也受到深度影响。联想到中国华融成立十八年来特别是2009年以来改革创新转型发展的历程，正是在危机重创的时期，困难重重，我感慨万千。八年前中国华融从一个小公司转型发展到今天在业界有重要影响的国际性上市公司和国内规模最大、盈利能力最强、品牌响亮的大型国有金融资产管理公司，正是贯彻落实习近平总书记关于推动国有企业不断做强做优做大要求的具体实践，也是我们积极应对全球金融危机和国内经济下行压力增大，促进企业创新转型成功的具体实践。从2009年开始，我带领中国华融在过去八年间实现从小到大、从弱到强、从政策性不良资产处置机构向大型国有金融控股集团的华丽转型，得到了社会各界越来越多的关注。中国华融改革创新转型发展短短八年半的实践特别是党的十八大以来的实践表明，只要我们以习近平总书记系列重要讲话和治国理政新理念新思想新战略为统领，以此统一思想，武装头脑，指导实践，就一定能取得改革发展成效。党的十八大以来的五年，全球经济金融发展增长缓慢，国内经济下行压力增长，是很不平凡的五年。

面对这些形势，以习近平同志为核心的党中央坚强领导、沉着应对、统领适应新常态，取得了经济增长 6.9% 的全球增长最高最好水平，远超欧美、日本、韩国及金砖国家印度、巴西、俄罗斯、南非等经济体的经济增长水平，对世界经济的复苏与发展做出了最大的"中国贡献"。十八大以来的五年，也是中国华融改革创新转型发展速度最快、规模最大、赚钱最多、质量最高、品牌最响、发展最好的五年，实属不易。

"却顾所来径，苍苍横翠微。"作为中国华融的党委书记、董事长，2009 年以来我将公司发展作为自身最大使命和责任，牢固树立"听党的话，跟政府走，按市场规律办事"经营理念，始终坚持以"创新 + 稳健"为引领，努力推动中国华融经营业绩持续稳健增长，不断做强做优做大，使华融率先进入"中国企业 500 强"和"中国服务行业企业 500 强"。截至 2017 年 6 月末，集团总资产达人民币 1.65 万亿元，比 2008 年年末的 356 亿元增长近 50 倍，发展成为中国最大的资产管理公司；净资产突破 1700 亿元，比 2008 年年末的 156 亿元增长近 11 倍，相当于再造了 11 个中国华融，实现国有资产最大限度保值增值；2017 年上半年实现净利润 164 亿元，同比增长 27.7%，年化平均股权回报率 22.6%；2016 年年底实现净利润 231.1 亿元，比 2008 年的 3 亿元增长近 68 倍；2016 年全年缴税 139.5 亿元，比 2008 年增长 139.5 倍（过去十年政策性机构不交税）；2017 年上半年缴税 102 亿元，2009 年以来累计缴纳税费超过 530 亿元，成为北京市西城区利税大户和中国纳税 500 强企业；作为一家金融机构，2016 年年底拨备覆盖率高达 444.35%，远高于银监会规定金融机构拨备覆盖率 150% 的要求和同业 200% 左右的水平，成为一家高拨备率、抗风险能力强的企业。公司始终牢牢把控住风险，发展不但高速、强势，而且安全、稳健。圆满完成"改制—引战—上市"三部曲。中国华融（2799.HK）股票入选恒生综合大中型股指成份股，富时中国 50 指数、恒生中国 H 股金融行业指数、MSCI 中国指数等重要指数。公司已经发展成为中国"资产规模最大、盈利能力最强、实现利润最多、股权回报最好、总市值最高、金融牌照齐全、品牌价值响亮"的国有大型金融资产管理公司和金融控股集团，呈现出"国有经济充满活力、国有资本功能放大、国有资产大幅保值增值"的良好态势，为服务国家供给侧改革、支持实体经济发展、防范化解金融风险发挥了积极作用。

截至 2017 年上半年中国华融的经营业绩呈现出"十大亮点"：

亮点一：经营业绩稳中有进，再创历史新高，盈利能力持续领先，继续保持中国资产规模最大金融管理公司地位。公司总资产突破 1.65 万亿元，较年初增长 17.4%，净资产突破 1700 亿元，较年初增长 13.3%。上半年实现净利润 164 亿元，同比增长 27.7%，年化股权回报率 22.6%，缴税 102 亿元；获财政部综合业绩评价 AA 类企业，再次入选《财富》（中文版）中国 500 强，企业净利润排名第 24 位。截至 2017 年 6 月末，中国华融集团总资产达 16581.5 亿元，较年初增长 17.4%，比 2008 年末增长近 50 倍，保持中国资产规模最大金融资产管理公司地位；净资产达 1700.6 亿元，较年初增长 13.3%，比 2008 年年末增长 10 倍，最大限度实现了国有资产保值增值。公司净利润保持高速增长，上半年实现净利润 164.0 亿元，同比增长 27.7%，年化股权回报率 22.6%，股东回报良好，盈利能力持续领先，缴税 102 亿元，各项核心指标优良稳定。中国华融以 2016 年 952 亿元收入再次入选《财富》（中文版）中国 500 强，位列第 73 位，较上年排名前进 4 位；以 2016 年 196 亿元归属于公司股东净利润位列利润榜第 24 位，较上年排名前进 14 位，成为"最赚钱的前 30 家中国企业"之一。

亮点二：服务实体经济能力增强，不良资产经营主业突出，保持领先地位，2017 上半年不良资产包市场占比超过 50%，主业收益大幅增长，"不良资产经营、金融服务、资产管理与投资"三大业务板块均衡发展，有力支持化解金融风险，服务国家供给侧结构性改革和实体经济转型升级。2017 上半年，在中国华融的牵头推动下，金融资产管理公司不动产抵押登记政策出台，彻底扫清开展资产收购重组业务的政策障碍。借政策东风，公司坚持本源导向，做强主业实现重大新突破，不良资产包市场占比超过 50%，保持领先地位，占据市场主导。公司收购处置类资产余额 826.5 亿元，较年初增长 38.7%，处置类业务收益 22.5 亿元，同比增长 63.3%。收购重组类业务继续保持领先地位，新增收购成本 1479.6 亿元，同比增长 50%，收购重组类资产余额 3113.1 亿元，较年初增长 15.9%；债转股业务处置收益大幅增长，实现处置收益 11.8 亿元，同比增幅高达 279.2%；市场化债转股经营平台华融瑞通开业并实现项目落地；金融服务业务稳健发展，资产总额达 5547.0 亿元，较年初增长 7.7%，实现收入 146.8 亿元，同比增长 29.7%；资产管理与投资业务资产总额达 3466.1 亿元，实现利润 53.3 亿元，同比增长 55.6%。

亮点三：坚守风险底线，把防控金融风险放到更加重要的位置，坚持"创新＋稳健""合规＋执行"，践行"五五"风险管控方法论，风险防化工作取得积极成效，拨备覆盖率 381.5%，拨备比 7.1%，远高于监管要求，抗风险能力持续增强。"化解风险就是创造利润"的理念在华融深入人心，内部控制和合规管理水平显著提升，各项指标符合监管要求，保持合理可控，不发一案，不倒一人，不出大风险。全系统深入学习贯彻习近平总书记金融安全观重要讲话要求，认真贯彻落实监管机构"强监管、治乱象、防风险、保安全"要求，有效践行"五早、五防、五治、五用、五讲""五五"风险管控方法论，优化全面风险管理体系，加强内控管理和合规管理，既防"黑天鹅"，也防"灰犀牛"，构建起坚实有效的风险管控"防火墙""安全网"和"隔离带"，坚决打赢风险防范"阻击战"、风险化解"歼灭战""两大战役"，集团风险管理水平进一步提升，内部管控规范有效。截至 2017

年 6 月末，公司拨备覆盖率 381.5%，拨备比 7.1%，各项指标符合监管要求，流动性充足，管理有效，业务经营平稳运行、风险可控。

亮点四：公司治理结构不断完善加强，"到位的党委会、规范的股东大会、健康的董事会、负责任的经营层、有效的监事会""五位一体"的公司治理架构不断优化，发挥了很好的效果。公司强化企业管理，注重协同发展，以"企业管理九抓"为引领深入开展"企业管理年"工作，切实加强分类管理、协同管理，公司发展的质量、效益和可持续发展能力进一步增强；加强公司治理体系和治理能力建设，强化"集团资源管控、集团资本管控、集团风险管控、集团财务管控、集团组织管控""五大管控"，健全"五位一体"的治理体系、兼顾效率的制衡体系、科学的决策体系、完善的授权体系、明确的集团管控体系；认真落实监管机构要求和专项治理部署，以"企业管理九抓"（抓党建、抓治理、抓创新、抓主业、抓转型、抓风控、抓分类、抓队伍、抓发展）全面推开"企业管理年"工作，规范经营行为，以管理为抓手，向管理要效益；加强分类管理，有效引导分子公司优化经营策略；强化协同管理，对接国家发展战略设立"八大业务创新板块"，深化"粤港澳深琼桂"区域业务一体化建设。

亮点五：公司 A 股上市取得积极进展，H 股股价表现稳健，持续保持同业总市值最高水平，中国华融（2799.HK）股票入选恒生综合大中型股指数成份股，市值管理水平不断提升。公司 A 股 IPO 上市进程加快，H 股股价表现稳中有升、稳健良好，上半年累计上涨 8.6%，在香港内资金融股中独树一帜。中国华融（2799.HK）股票被纳入恒生综合大中型股指数成份股并于 2017 年 9 月 4 日生效，这是继入选富时中国 50 指数、恒生中国 H 股金融行业指数、MSCI 中国指数后，中国华融股票又一次入选香港资本市场重要指数，公司价值和发展潜力得到投资者广泛认同。公司市值管理水平持续提升，在"中国上市企业市值 500 强"榜单中以市值 1027

亿元位列第 90 位，好于同业水平。

亮点六：公司打造债券型资产管理公司迈出新步伐，保持发债融资常态化，境内外发债再创新纪录，成功发行二级资本债补充资本，中国华融被国家发改委列入 11 家优秀发债试点企业，品牌价值和综合实力得到境内外投资者和市场高度认可。2017 年上半年，中国华融持续加大境内外发债力度，保持发债融资常态化，打造债券型资产管理公司迈出新步伐。公司上半年实现境内外发债共 3 次，其中，26 亿美元债创中资机构境外第一家高等级永续和高等级无抵押债券双品种同时发行纪录，全球 S 规则等值 34 亿美元债创中资非银行金融机构境外发债多项纪录，再次彰显公司良好的品牌实力和国际影响力。公司首次成功发行 100 亿元二级资本债，多家金融机构踊跃认购，有效补充资本。截至 2017 年 9 月，中国华融已经累计发行境内债 1120 亿元、境外债 185 亿美元，境内外发债次数已达 14 次，融资能力不断提升，流动性管理进一步加强，发债资金使用合理、有效，管理规范。

亮点七：越来越多的优质客户忠诚、看好、合作于华融。中国华融与客户共成长的价值理念成效明显，实施大客户战略成效显著，与更多客户实现"资源共享、优势互补、风险共担、利益均沾、互惠双赢、合作发展"，"两符合五有"标准客户结构进一步优化。公司的战略平台建设取得新成果，综合金融服务体系更加完善，服务实体经济的能力进一步增强。2017 年上半年，中国华融坚定不移贯彻"大客户战略"，加大对"两符合五有"（符合国家产业政策、符合国家信贷政策；有主业、有市场、有效益、有品牌、有担保）的客户支持力度，客户结构得到优化。截至 2017 年 9 月末，中国华融新增一万多户战略客户，与 30 个省、市、自治区人民政府签订了全面战略合作协议，与 347 个客户签订了业务合作协议，一大批忠诚、看好、合作于华融的客户为公司转型发展做出了重要贡献，公司与客户共成长的价值理念成效显著。公司紧跟国家发展战略，成立雄安新区业务工作组、事业部并筹建雄安新区分公司，成立华融瑞通、华融融通、华融金交中心、澳门特色金融研究中心等新平台，公司金融服务体系、手段和功能更加完善，适应新常态、寻找新动力、实现新发展，服务实体经济的能力进一步增强。

亮点八：公司积极履行央企社会责任，坚持"发展成果与全社会共享"，努力践行为国家、社会、股东、企业、员工创造可持续增长价值。2017 年上半年，中国华融总资产、净资产、净利润、缴纳税费能力大幅增长，为国有资产保值增值做出积极贡献。公司 2017 年上半年缴税 102 亿元，2009 年以来累计缴纳税费超过 530 亿元，成为北京西城区利税大户，进入全国纳税前 1000 户企业名单，彰显国有金融央企地位。公司落实中央"精准扶贫"要求，履行社会责任，决定于 2017—2020 年安排 1.1 亿元扶贫教育资金，帮助瑞金、延安、井冈山、遵义、古田、西柏坡、大别山、吕梁山、六盘山、沂蒙山、宣汉等革命老区和贫困地区，捐建 11 所中国华融希望小学（每所 1000 万元），2017 年上半年出资 1000 万元在瑞金革命老区捐建中国华融瑞金希望小学。公司践行"发展成果与员工共享"理念，为员工办实事、办好事。我作为公司董事长，带头捐出稿酬 200 万元，倡导设立"中国华融大病救助基金"和"华融爱心信托"，关爱员工，奉献爱心，2017 年上半年合计拨付资金 44.5 万元。

亮点九：公司企业文化感召力增强，人才队伍建设成效明显，持续打造"想干事、能干事、会干事、干成事、不出事"的高管团队和专业人才队伍，着力打造红色金融集团，努力培养"政治过硬、作风优良、业务精通"的红色金融家队伍，中国华融"精气神"持续向好。2017 年上半年，中国华融持续推进人力资源制度改革，优化领导班子结构，拓宽人才引进渠道，着力打造"想干事、能干事、会干事、干成事、不出事"的高管团队和专业人才队伍，努力培养"政治过硬、作风优良、业务精通"的红色金融家队伍，"学习型组织、知识型员工、专家型队伍、国际型视野、务实型考核""五型"团队建设取得新成效，全系统 1.2 万名正式员工平均年龄 36.2 岁，其中本科以上学历员工占比达 86.6%，硕士以上学历员工占比达 31.9%，队伍整体素质大为增强。公司各项工作得到社会各界的高度肯定和积极评价，公司党委书记、董事长荣获"2016—2017 年度全国企业文化建设突出贡献人物"称号，全系统 7 个先进集体和个人受到中华全国总工会和中国金融工会表彰，"敢为天下先、爱拼才会赢"和"聚是一团火，散是满天星，星火燎原，照亮华融"的华融"精气神"持续发挥。

亮点十：公司注重加强党的领导，党建党风党纪有新进步，认真学习习近平总书记治国理政新理念新思想新战略，以此统一思想、武装头脑、指导实践。党委的主体责任和纪委的监督责任明显增强，以"党建+"统领中国华融各项工作取得良好成效。坚持"听党的话，跟政府走，按市场规律办事"，中国华融的政治站位、政治意识、政治纪律有了新的提高。经财政部、银监会同意，公司依法顺利完成董事会、监事会换届，"五位一体"公司治理架构不断加强；完成公司系统党的十九大代表选举，7 名党代表参加银监会系统党代会；推进"两学一做"学习教育常态化制度化，打造浙江分公司、广东分公司、华融租赁"党建工作示范点"。作为第十二届全国人大代表，公司党委书记、董事长出席 2017 年全国"两会"，提交 14 件建议；人大代表履职五年来共提交建议 64 件，受到有关部委高度重视，"政治强、业务精、作风实、业绩好"的格局不断形成。华融人将以更加优异的成绩迎接中国华融更加美好的未来。

很多人都说国有企业"搞不好"，所有人缺位，代理人控制，体制机制太死，经营效率低下，激励约束失衡，职工积极性不高，等等，凡此问题不一而足。但是，中国华融用实践、用实实在在的业绩响亮地作出回应，国有企业搞不好是个伪命题，只要努力勤奋负责担当，国有企业照样能搞好。习近平总书记提出做强做优做大国企的重要指示"不是梦"，国有企业"一样搞得好"！中国华融用八年改革创新转型发展的靓丽经营成果，描述了一条国有金融企业不断做强做优做大的基本路径，回答了世人许多疑惑的问题，找到了国有企业走出困境的根本出路。很多人也好奇地问我，这些年国际经济金融形势困难重重，国内经济下行压力增大、市场跌宕起伏，实体企业包括很多知名的大型民营企业都盈利困难，金融机构和国有企业利润增速明显放缓，华融也是一家国有金融机构，能逆大势而上，你是怎么干的？"华融发展奇迹"的秘诀是什么？我说，华融靠的是党中央、国务院的关心支持；靠的是坚持党的领导，全体华融人的勤奋努力；靠的是银监会、财政部、人民银行的关心支持，靠的是各级政府和客户的大力支持帮助；靠的是"听党的话，跟政府走，按市场规律办事"，靠的是"创新＋稳健"，靠的是"敢为天下先，爱拼才会赢"，靠的是"想干事、能干事、会干事、干成事、不出事"……

纵观国际国内优秀公司、百年老店，概论国有、民营企业，凡经营好的企业一定有它的独到之处，这些独特的做法就是"道"。古往今来，一幕幕人类社会演进史，一部部中外企业兴衰史，莫出于中国古代著名思想家、哲学家老子"道法自然"理论中贯穿的一个"道"字。遵循"道法自然"，"道"为客观、自然规律，强调自然而然；"法"为主观、方法论，强调顺其自然。遵"道"，勤于学习，探求"偶然现象中之必然规律"，重在实事求是；施"法"，善于总结，形成理念、规矩和制度，重在有效管用。此外，还要特别强调人的作用，天道酬勤、人定胜天、"万事皆靠人"，正如毛泽东同志所说"世上无难事，只要肯登攀""为有牺牲多壮志，敢教日月换新天"。做企业也一定要敢于创新、勇于实践，将客观认知、主观行动两相结合，做到知行合一，这就是我管理企业的"道"和"方法论"。华融近几年发展速度很快，与我本人作为"一把手"、企业"掌门人"和团队团结奋进的这些战略、思想、理念和开拓创新、勤奋实践是分不开的。中国华融八年多的转型发展有很多经验、故事可以总结，我也提炼出了 220 多条有效管用的理念，并靠这些理念来统一华融的思想，引领华融的发展，团结华融的力量，凝聚华融的人心，鼓舞华融的斗志。这 220 多条符合实际、有效管用的中国华融理念与信条，就是解读"华融发展奇迹"的钥匙，也就是我写这本书想说的"**我的企业管理之道**"。

我较为系统总结了我的企业管理之道有十个方面："**战略之道、战术之道、治理之道、经营之道、创新之道、用人之道、文化之道、责任之道、处事之道、梦想之道**"。战略是先导，战术是打法，治理是基石，经营是策略，创新是动力，用人是关键，文化是灵魂，责任是担当，处世是哲学，梦想是未来。这十个"道"，贯穿了我到华融之后领导管理这家企业由小变大、由弱变强、由国内走向国际、由单一政策性机构走向多元化综合化金控集团所有"翻天覆地"变化的始终，是对我到华融之后形成 220 多条中国华融理念与信条的高度提炼和概括，也是我作为中国华融"掌门人"统帅管理这家企业所有思想的灵魂与脉络。这十个"道"，从宏观到微观，从理论到实践，从战略到战术，从务虚到务实，从做人到干事，有顶层设计也有接地气的基层一线首创，既登高望远又脚踏实地，既相互独立成篇又相辅相成，共同构成我经营管理这家企业的一套完整思想体系和理论体系，引领了中国华融在这八年中秉持"华融自信"大踏步地向前迈进。大道无边、大繁至简，他山之石、可以攻玉。这十个"道"虽然很多都是我的"独特打法"，但这些"道"来自于思考、来自于创新、来自于实践、来自于总结，对于从事企业领导管理的人来说，这其中会有许多经验是异曲同工的。我也相信，它们对于改革转型中的中国金融企业乃至各国有、民营企业都有一定的参考价值，可以在一定程度上为中国企业、中国企业家提供现实的借鉴和参考，也可供大家学习、选用和批判。

战略是先导。企业发展，战略先行。思路决定出路，道路决定命运，细节决定成败。战略是目标、是方向、是引领企业全体员工共同奋斗的旗帜，战略赢是最大的赢。这些年，从我刚到华融提出以"改制—引战—上市"为总目标的"五年三步走"发展战略，到近年提出以打造"一流资产管理公司"为总目标的"2016—2020 新五年创新发展战略"，再到近期提出"着力打造红色金融集团，努力培养红色金融家队伍"，中国华融每一时期的总目标、任务书、路线图、时间表、责任状都十分清晰，指引着企业发展。还记得在 2009 年上任伊始，我当时面对的情况是中国华融在完成了工商银行 6800 亿元政策性不良资产处置任务后，政策性资源枯竭，商业化转型步履维艰，公司利润少且主要来自当时 4 家子公司，分公司淡出主业，32 家中有 25 家严重亏损，拨备严重不足，风险较大，人员结构老化，十年大限已到，企业面临关门走人的危机，困难重重，压力巨大。与此形成鲜明对比的是，尽管当时国际金融危机肆虐全球，但中国金融业却"风景这边独好"，中国工商银行已经成为全球规模和市值最大的银行，而中国华融虽然脱胎于工商银行，经营却已经陷入困境，当时我形象地将其比喻为"在夹缝中求生存，在迷茫中谋转型，在困难中促发展"。经过一个多月的深入调研，我初步形成了一套华融改革的完整思路，并及时向华融党委汇报，经党委同意后，我与班子其他成员统一思想，与各级员工广泛座谈、充分听取意见。在调研中，我反复强调，华融的转型在国内外都没有成熟经验可借鉴，回归工商银行已不可能也不现实，靠天靠地不如靠自己，我们必须横下一条心，破釜沉舟、背水一战，蹚出一条市场化创新转型发展的新路子来。我说，转型的方向大家不用再讨论了，我认为必须对中国金融资产管理公司重新定位，努力做"专业的资产经营管理者，优秀的综合金融服务商"，中国华融必须走市场化、多元化、综合化、国际化的综合经营、金融控股集团之路，这是金融业发展大势所趋。随后，我提出了"五年三步走"发展战略：第一步，实施"大客户"战略，彻底走市场化路子；第二步，推进战略性转型，走市场化、多元化、综合化、国际化的现代金融企业控股公司发展新路子；第三步，改制、引战、上市，实现公司又好又稳可持续发展。这一发展战略的提出，华融转型的前景空前明朗起来了。为解决第一步找客户的问题，我提出"听党的话，跟政府走，按市场规律办事"的经营理念，事实证明这一理念非常符合实际，准确阐释了新形势下"党、政府、企业、市场"之间的关系，后来《人民日报》专门发表我的文章解读其内涵，也得到各地党政部门包括很多省委书记、省长们的交口称赞，可以说这是中国企业必须念好的最经典的"政治经济学"。在此理念下，我们强力推进以与大政府、大企业、大金融机构等建立"资源共享、优势互补、风险共担、利益均沾、互惠双赢、合作发展"的新型战略合作伙伴关系为主要抓手的"大客户战略"，先后与包括北京、上海、天津、重庆4个直辖市在内的20多家省、市、自治区人民政府签署战略合作协议，成为中国迄今为止与地方政府签署战略合作协议最多的金融企业。与政府等大客户的合作使华融受益无穷，市场一下子打开了，企业利润也实现了连年大幅翻番的超常规跨越式发展。我内心特别感谢各级党委、政府对中国华融的关心支持和对我本人的指导帮助。在做好国内工作、企业有一定的实力和起色后，华融开始实施"走出去"战略，加快国际化转型成为中国华融的必然选择。在走向国际化方面，我提出要构建"立足港澳台、服务大中华、对接国家'一带一路'建设、内外联动"的国际化战略格局，以香港为境外重要战略支点，加快实施由国内业务为主向国内国际业务并重转型。2013年4月，中国华融国际控股有限公司在香港成立，之后又连续搭建了华融金控、华融融德（香港）、华融产融（香港）、华融投资、华融澳门、华融海外、华融租赁（香港）等国际平台子公司，逐步形成了优势互补、内外联动、协同发展的业务发展新模式，取得了很好的经营效果，创造了良好的经营业绩和市场认可的品牌价值。经国家批准，中国华融在海外成功发行了八次 185 亿美元的高等级债券，受到国际债券市场和投资者青睐。一系列国际化成功实践，实现了中国华融的旗帜在国际市场的"高高飘扬、事事做响、口口相传、久久为功"。随着发展加快，改制的条件逐渐成熟，国务院批准华融于 2012 年 9 月改制为股份有限公司，2014 年 8 月引入美国华平等 8 家境内外优秀战略投资者，2015 年 10 月完成在港股 IPO 上市，公司"五年三步走"战略圆满收官，2016 年中国华融首次进入"中国企业 500 强"和"中国服务业企业 500 强"，2017 年再次进入 500 强企业。在新的起点上，我敏锐意识到中国经济进入新常态背景下公司前期连年大幅利润翻番的高速增长很难持续，果断作出"主动把增速降下来"、走又好又稳可持续发展路子的战略决策。我提出，要推进中国华融的二次创业，努力完成"十大战略性转型"①，实现打造"治理科学、管控有序、主业突出、综合经营、业绩优良"的一流资产管理公司的"华融梦"，并提出在 2020 年前后要达到一流资产管理公司的"十大标准"②，实现挺进"世界 500 强"的目标。这些新目标的确立，正在引领中国华融走向了一条更加强调"创新 +

---

① 一是由规模速度型向质量效益型战略性转型。二是由以房地产业务为主向真正意义上的资产管理公司业务战略性转型。三是由单一资产管理业务向综合金融服务业务打"组合拳"协同发展战略性转型。四是由重投入、重利润、轻管理向防风险、强内控战略性转型。五是由流动性管理、资金筹措由国内银行为主向国内国际借款、发债，多渠道打通资金筹措通道的战略性转型。六是由非上市公司向上市公司战略性转型。七是由传统业务向创新业务战略性转型。八是由偏重发展业务抓利润向着力防化风险、解决项目现实问题保安全战略性转型。九是由国内业务为主向逐步加大国际业务拓展，实现国际化战略性转型。十是由传统企业低层次管理向现代企业治理高层次管理战略性转型。

② 一是要有健全完善的公司治理，拥有规范的股东大会、到位的党委会、健康的董事会、负责任的经营层、有效的监事会。二是要有超越对手的经营理念、企业文化和良好的发展战略。三是要有良好的内控机制和有效的风险管控能力，打造"制度管人、流程管事"的现代管理流程。四是要有高素质的高管团队和合规的员工队伍。五是要坚定不移做强资产经营管理和银行相关主业。六是要有满足各类客户需求的特色化金融服务和手段。七是要有高质量的创新能力和产品研发能力。八是要有一流的经营业绩，每年利润要保持 20%—25% 的合理增长，ROA、ROE 要保持金融同业先进水平。九是要有可持续的商业模式和发展能力，做到稳健型经营、集约式增长、可持续发展。十是要有强烈的社会责任感，敢于担当，奋发有为。

稳健""合规＋执行""稳健型经营、集约式增长、可持续发展"的科学发展道路。2016年10月，习近平总书记在全国国有企业党的建设工作会议上指出，坚持党的领导、加强党的建设，是国有企业的"根"和"魂"，要通过全面加强国有企业党建，坚定不移把国有企业做强做优做大，使国有企业成为党和国家最可信赖的"六个力量"①。金融是现代经济的核心，国有金融企业是国有企业的重要组成部分，是中国金融市场的中流砥柱，是中国金融改革开放事业的重要参与者，是国民经济各项事业发展的重要推动者。作为国有非银行金融机构，中国华融需要进一步弘扬"听党的话，跟政府走，按市场规律办事"经营理念，进一步加强党对公司的领导、建立健全现代金融企业制度，不断做强做优做大，努力成为国家经济金融安全的坚强柱石，努力成为党和国家最可信赖的金融骨干力量，努力成为中国特色社会主义红色金融事业的建设者和捍卫者。为此，我提出，中国华融必须坚持党的领导，要着力打造红色金融集团，努力培养红色金融家队伍。华融打造红色金融集团的目标是：讲政治，听党的话，跟政府走，努力办好中国共产党领导下、具有中国特色的社会主义红色金融集团。这一目标特别突出"讲政治、抓利润、防风险、带队伍、促发展"的红色金融企业特色，着力打造"让党放心、人民满意、政府支持、适应市场、有竞争力、有影响力、有品牌价值的一流资产管理公司"。华融培养红色金融家队伍的目标是：在党的领导下，努力培养政治过硬、作风优良、业务精通，有国家意识、华融情怀、市场观念、国际视野、求真务实的高素质华融团队。这一过程具体分为三个层次来不断培养提高素质："政治强、业务精、作风实、纪律严、人品好、业绩优"的高管队伍；"想

---

① 成为党和国家最可信赖的依靠力量，成为坚决贯彻执行党中央决策部署的重要力量，成为贯彻新发展理念、全面深化改革的重要力量，成为实施"走出去"战略、"一带一路"建设等重大战略的重要力量，成为壮大综合国力、促进经济社会发展、保障和改善民生的重要力量，成为党赢得具有许多新的历史特点的伟大斗争胜利的重要力量。

干事、能干事、会干事、干成事、不出事"的高素质员工队伍；"学习型组织、知识型员工、专家型队伍、国际型视野、务实型考核"的"五型"团队。"打造红色金融集团、培养红色金融家队伍"新战略的提出，为中国华融坚持党的领导、紧贴国家发展战略、围绕市场化导向，不断做强做优做大指明了新的方向和路径。

战术是打法。毛泽东同志有句名言："在战略上要藐视敌人，在战术上要重视敌人。"如果说企业战略赢是最大的赢，那么战术输就是最大的输。战略的顶层设计绘好"总目标、路线图、时间表、责任状"后，如何领导大家一张"蓝图"干到底，实施机动灵活、适应市场的战术"积小胜为大胜"将是战略能否实现的关键。这几年，在战术上我首先突出强调做强不良资产主业。华融能够形成跨周期经营、全周期盈利模式的一个巨大优势，就是不良资产主业，在经济下行期"逆周期"全社会不良资产增多，华融加大收购、以时间换空间能够实现价值的沉淀与提升；在经济上行期"顺周期"集团内投融资各项综合金融服务都可以伴随经济的上升实现盈利。因此，在 2009 年我就提出华融要"强势回归资产管理主业"，只要有资产管理的市场，就要有中国华融的声音；只要有资产管理的人才，就要有中国华融的团队；只要有资产管理的经验，就要有中国华融的成功案例。在此思路下，公司上下共同努力，实现不良资产主业年均增长率超过150%，2016 年市场占有率超过 53%，2017 年上半年市场占有率继续保持53% 的水平，远高于同业，一举拿下中国不良资产市场的"半壁江山"。我另一个重要的战术打法是打"一体两翼"的"组合拳"。"一体"是公司总部，"两翼"中的一翼是遍布全国的 33 家分公司、营业部，另一翼是中国华融旗下的 30 余家控股子公司。依托中国华融"一体两翼"战略架构，我们形成了"一主多元、交叉销售、综合协同打组合拳"业务模式：逆周期收购、顺周期投融资相融合，覆盖全经济周期；金融债业务、非金债业务相融合，覆盖全社会领域；不良资产收购、正常资产管理相融合，覆盖全类型资产；总分公司主业、子公司平台业务相融合，覆盖全牌照金融产业服务，覆盖企业全生命周期，覆盖产业上下游全链条，覆盖行业战略重组并购，最终在"大资管时代"为客户提供覆盖资产管理、银行、证券、信托、租赁、基金、投资等一揽子的综合金融服务"解决方案"，实现顺周期锦上添花"进可攻"、逆周期雪中送炭"退可守"，攻守兼备、功能互补。这是中国华融最大的体制优势，使中国华融业务创新充满活力和潜力。实践证明，中国华融"一体两翼"服务转化为了有规模经济和范围经济的生产力，在持续推进集团市场价值创造中为实体经济提供了更好更完善的综合金融服务。在"组合拳"中，我带领华融还灵活运用了一系列创新打法："收购 + 处置"，在下行周期收购，于上行周期多渠道出售；"收购 + 重组"，收购后以债务重组、资产重组多方式盘活提升债权价值；"自主资金 + 结构化融资"，对于大额或低利率融资需求，引入银行、保险等优先级资金，适当撬动杠杆，提高收益率；"存量 + 增量"，针对存量不良资产，以增量资金盘活项目；"债权 + 股权"，对于优质项目或需要锁定其债权债务关系的项目，采取收购其部分股权的方式，获取超额收益或排除其或有财务风险；"金融 + 产业"，在提供投融资服务外，运用部分子公司如华融置业等产业经营功能，实现产融结合；"新人 + 老人"，充分调动在华融工作多年的"老华融"和近年引进的"新华融"两个积极性；等等。作为一家国企，华融还有另一个重要的战术打法，就是紧贴国家发展战略，时时处处为国家战略提供良好综合金融支持。近年来，国家实施"京津冀协同发展战略""一带一路"建设、"长三角发展战略""自贸区发展战略""雄安新区发展战略"，为中国经济适应新常态、寻找新动力、实现新发展提供了新的改革动力，取得了新的发展成果。中国企业必须围绕、适应这些发展战略寻找自身新的发展机会。在国家推进供给侧结构性改革、实施"三去一降一补"中，我提出金融资产管理公司具有"三大独特功能"：一是在"僵尸企业"退出中具有不良资产处置的专业优势，二是在困难企业"债转股"中具有成熟经验和先天优势，三是在实体企业降成本、转型升级中具有综合金融服务优势。中国华融服务供给侧改革，一是以市场化原则创新不良资产化解模式，二是以基金化手段参与"去产能、去库存、去杠杆"，三是以合作化方式参与地方金融风险化解。特别是 2016 年国家提出在"市场化、法制化"原则下实施新一轮债转股政策前，国务院领导亲自听取我的专门汇报，我说资产管理公司成立 18 年来帮助一大批国有企业减负脱困，不但积累了丰富的债转股实操经验，而且打造了一支专业化队伍，市场化转型后资金实力更强、金融功能和手段更多，理应在新一轮债转股中发挥"主力军"作用。目前，国家在实施新一轮市场化债转股工作中取得了明显成效，华融也参与其中，发挥作用。此外，华融还紧跟国家大的发展战略，与政府通力合作搭建新战略平台，先后围绕"一带一路"在银川成立华融西部投资公司，在汕头成立华融华侨公司，在厦门成立华融福建自贸区公司，与山西省政府共同组建华融晋商资产管理公司，与青海省政府共同组建华融昆仑资产管理公司等，围绕"自贸区发展战略"先后在上海、广东、天津等地设立自贸区分支机构。同时，华融积极对接"雄安新区"千年大计，成立华融雄安新区事业部，展开实地调研，努力争做首都副中心建设和雄安新区发展的金融服务者和建设者。以上这些紧贴国家发展战略、适应市场形势、机动灵活的战术打法，充分体现了华融"因势而变、因时而变、因市而变"的特点，紧紧抓住了大客户、大市场。我常说，中国华融是个集团军，"东方不亮西方亮，黑了南方有北方"，正是"一体两翼"下的集团体制"集中力量办大事"给了我们经营中巨大的回旋余地和独有的"组合拳"优势，使中国华融的战术运用纵横捭阖，百战而不殆。

　　治理是基石。无规矩不成方圆，先"破"后"立"。"先立规矩后办事，立了规矩办好事"，治理就是这套规矩的统称。公司治理是企业永续发展的基石，规矩制度是企业持续发展的保证。完善的公司治理始终是现代企业制度的核心。纵观世界各国公司治理结构，形式各异，很难有一个最好的治理结构，只有最合适的治理结构。中国华融 2012 年股份制改制之初，在深入思考国际公司治理成熟经验、中国企业特别是国有企业管理特点的基础上，我向党委提出构建以"到位的党委会、规范的股东大会、健康的董事会、有效的监事会、负责任的经营层""五位一体"为主要特征的现代金融企业法人治理结构，经过多年实践运行，符合实际，有效管用。一是党委会要到位，坚决克服"党的领导弱化、形同虚设"弊端，全面加强党对国有企业的领导，公司党委统揽全局，领导要坚强有力，保证"国有经济充满活力、国有资本功能放大、国有资产保值增值"发展大方向不偏离，充分发挥党委的主体责任和纪委的监督责任，确保企业在党委的领导下不发一案、不倒一人、不出大风险；二是股东大会要规范，坚决克服"股东大会失范，大股东侵犯中小股东利益"弊端，形成国有绝对控股地位下央企、外资、民企、中小股东共同参与的股权结构，治理程序依法、规范，保障各股东权益；三是董事会要健康，坚决克服"董事不懂事、不专业、不履职"弊端，打造一个战略清晰、科学决策、履职尽责的董事会班子；四是监事会要有效，坚决克服"监事不监事、花瓶摆设"弊端，监事会不但要实施现场与非现场检查、确保监督有效，而且要"长牙齿"，协调公司审计、纪委监察等机构实施追究问责；五是经营层要负责任，坚决克服"董监事不履职、经营层胆大胡来"弊端，经营层要坚决贯彻董事会决策，提高执行力，狠抓经营管理见实效。中国华融"五位一体"法人治理结构既符合现代金融企业治理结构要求，又适合公司发展实际，有效管用，以此为基石形成了具有鲜明中国华融特色的公司治理。实践中，国有企业公司治理一个绕不过去的课题，是如何正确处理"新三会"（股东会、董事会、监事会）与"老三会"（党委会、工会、职代会）的关系，特别是党委会与"新三会"的关系尤为关键。中国华融"五位一体"公司治理中始终坚持"央企姓党"，较好地处理了这一关系。我们成立了中国华融九个重大事项领导小组，均由我本人担任组长，坚定不移加强党对公司转型发展重大工作的领导。公司党委重在定方向、谋全局、议大事、抓重点，提出重大改革发展意见建议，董事会依据党委建议强化战略管理，交由管理层细化和实施，实现党委统领全局与董事会战略决策有机融合。党委融入现代公司治理结构，党委班子成员"双向进入、交叉任职"进入董事会、监事会和高级管理层，党委书记担任董事长，党委副书记担任总裁、监事长，党委委员进入董事会，保证党委意见主张融入董事会战略决策体系。高管层坚决执行党委意图、董事会决策，依法经营。监事会有效监督，依法维护股东、公司和员工的合法权益。中国华融目前已经形成在党委会领导下的"三会一层"各司其职、高效运转的治理体制，形成权力机构、决策机构、监督机构和管理层之间有效制衡、相互协调的工作机制。治理实践中，作为国有金融企业，中国华融贯彻十八届三中全会精神，形成"1+8""国有＋国企＋外资＋民营"的典型混合所有制股权结构：大股东财政部绝对控股，美国华平、马来西亚国库、高盛集团三家外资战投均为全球顶尖金融机构，中信证券国际、中金公司、中粮集团、复星国际五家内资机构各具特色。中国华融贯彻十八届四中全会精神，加强依法治企，提升决策法制化水平，开展全系统法制大排查，加强法制队伍建设和法治培训，打造"法治华融"。中国华融贯彻十八届五中全会精神，落实"十三五"规划提出"创新、协调、绿色、开放、共享"的"五大发展理念"，指导公司健康可持续发展。中国华融贯彻十八届六中全会精神，着力增强"政治意识、大局意识、核心意识、看齐意识"，推动全系统把党的纪律和规矩、公司制度挺在各项工作的最前面，坚持落实好中央八项规定。治理实践中，我还提出要按照习近平总书记"国家治理现代化"要求，不断完善中国华融法人治理、业务治理、风险治理"三大治理体系"，提高重大决策、经营管理、监督检查、信息科技治理、队伍尽职责任"五大治理能力"。治理实践中，作为金融控股集团，中国华融突出强化"集团资源管控、集团资本管控、集团风险管控、集团财务管控、集团组织管控"五大管控，对分公司实施以"分类改革、分类定责、分类考核"为内容的分类管理，对子公司实施以"十管七加强"①为核心的管理模式，有效强化了"一体"对"两翼"的管控。2017年，顺应公司快速发展要求，我将2017年确定为公司的"企业管理年"，提出了中国华融"企业管理九抓"的方法论：抓党建、抓治理、抓创新、抓主业、抓转型、抓风控、抓分类、抓队伍、抓发展，以强管理促稳健经营、促可持续发展。

经营是策略。 利润最大化，从来都是企业必须追求的目标。一家企业没有利润，就失去了存在的价值；一家企业利润太少，就缺少话语权，终将被淘汰出局。"莫斯科不相信眼泪，市场不同情弱者。"没有利润、没有实力，天天莺歌燕舞没有用。作为一家企业的管理者，我深知这一点。来到华融后，我说，企业经营就五件事："讲政治、抓利润、防风险、带队伍、促发展"，这就是我的经营观。政治是保障、是大局、是责任、企业必须讲政治、做政治上的明白人，既要言商，又要言政，必须要与以习近平同志为核心的党中央保持绝对一致，绝不含糊。利润是硬任务，是第一目标，抓利润是衡量企业经营的第一标准。风险是硬约束，是第一责任，

---

① 管治理，管法人，管干部，管薪酬，管目标，管风险，管内控，管大事，管党风，管其他；加强学习与培训，加强团结与合作，加强管理与责任，加强风险与管控，加强创新与转型，加强党风廉政与队伍建设，加强支持与指导。

风险防不住会侵蚀利润，风险累积更会危及企业生存，必须坚守风险底线。队伍是经营的根本，万事皆靠人，必须有一支专业化、市场化的人才队伍作支撑。发展是硬道理，是第一要务，"大发展小困难，小发展大困难，不发展最困难"，企业发展必须先有一定的"量"才有一定的"质"，中国企业很多问题都是发展中的问题，发展中的问题要用发展来解决，也只能在发展中解决，停滞不前只能是死路一条。我这些理念的提出，迅速为公司经营打开了思路，也坚定了大家的信心和决心。在 2009 年年初的工作会上，我提出了"12345"经营工作思路①，与当时提出来的"五年三步走"发展战略形成一个有机统一的整体，也是落实战略和完成目标的具体工作指针。按照"12345"的工作思路，中国华融"五年三步走"战略任务最终顺利完成，圆满收官。2014 年，在公司完成改制已两年，即将向引战、上市发起冲刺的时候，我又提出了新"12345"工作思路②，极大推进了当时公司重点工作，推动公司一举完成引战、上市两大艰巨任务。经营企业是一门艺术，包含着诸多不变中求变、共通又独到的策略。在华融转型初期，从政策性资产处置的"给米做饭"转变到市场化经营的"找米下锅"，变"坐商"为"行商"。客户在哪里？我提出，找市场也要找市长，中国华融"听党的话，跟政府走、按市场规律办事"就要与大政府、大企业、大集团建

---

① 一个理念，依法合规科学发展；两大目标，增强可持续发展的盈利能力，走市场化、多元化、综合化现代金融企业发展道路；三大平台，总部提升管控服务能力，分公司做稳做实做新，子公司做强做优做大；四个关系，眼前利益和长远利益的关系，业务发展与风险防范的关系，局部利益与整体利益的关系，公司发展与员工发展的关系；五项业务，资产经营管理业务，证券业务，租赁业务，信托业务，创新业务。

② "一个中心，引战上市、提质控险；两大抓手，一手抓改革创新、转型升级，确保公司可持续发展，一手抓调结构、转方式、防化风险，确保公司安全发展；三项重点，稳增长、强管理防化风险、抓信息披露和科技信息等基础工作；四方优化，优化公司治理体系和能力建设，优化发展模式和创新转型升级，优化内部管理、考核和风险管控，优化党风廉政和队伍建设；五种关系，党的领导与"三会一层"的关系，稳增长与控风险的关系，顶层设计与接地气的关系，传统业务与创新业务的关系，集权与分权的关系"。

立战略合作伙伴关系，立足于支持实体经济的"大客户战略"，才能打开大市场。为此，我说我就是中国华融的"首席市场营销官"，这些年每年出差考察调研、解决工作中实际问题，差不多一年飞30多万公里，相当于"绕地球七八圈"，每到一个地方首先拜访地方党政领导同志，谈华融的发展和前景，探讨政银合作与共赢之道，共同签署战略合作协议，这些活动也会登上当地的新闻报纸，相当于给华融做了"免费广告"，宣传了企业品牌。每到一处，我都会在当地的分支机构召开集体座谈会，了解基层一线实情，帮助他们解决实际问题，也看望慰问基层机构的同志们，给他们"鼓鼓劲、加加油、打打气"。到华融这八年多来，自己尽心尽力尽责，勤奋敬业工作，从未休过一个完整的假期，体重瘦了近20斤，一直是高强度、快节奏、讲效率，人不歇脚、马不停蹄地东奔西走，联系政府、调研基层、开拓市场，"把企业搞肥了，把自己搞瘦了"。

经营企业，还要善于激发大家的干劲，为此我带领着华融人两上井冈山，走进延安、瑞金、古田寻求革命红色基因，吸取革命营养。第一次上井冈山是在2009年年中工作会时，当时华融很弱、很小，全国30个省分支机构有25个多年严重亏损，扭亏为盈是华融的当务之急，所以我第一次给大家下达了全年实现5.3亿元利润任务。我说："同志们，我瑞金老家一个卖茶叶蛋的老太太，在家门口摆个摊一年也要赚几千块钱养家糊口，中国华融占着国家100亿元资本金，不能再亏损下去了，从今天起用两年时间扭亏为盈，不换思想就换人谁完不成任务，自动向党委和赖小民辞职！"从那次之后，各家分公司不但陆续完成了背回去的任务，而且你追我赶，实现了连年跨越式的增长。2009年当年实现利润8.3亿元，增长103%。没有一个人因为完不成扭亏为盈任务而辞职，可见人的潜能是巨大的。2013年，公司改制后的年中工作会，我再次把团队拉上井冈山，提出了打造一流资产管理公司的"华融梦"，由此开启了二次创业新征程。

2014 年，为进一步激发大家创新转型发展的斗志，公司年中工作会，我们走进革命圣地延安，会上我提出了中国华融要完成的"十大战略性转型"，明确了未来发展的总目标、路线图、时间表、责任状，激发大家的干劲，提出"比较看差距，落后求奋进"。

2009 年，我提出要"远学工行，近学信达"，工行是华融的母体行，华融的同志们多数都是从工行出来的，工行改制上市后发展成为全球市值最大的"宇宙行"，我们要远学；信达是我们同行，业务同质同类，当时发展比华融好、比华融快，2009 年年初，华融、东方、长城三家总资产之和还不如信达一家，当时信达发展最好，所以我提出要向信达学习。"先当学生，再当先生"，要学它、赶它、超它。后来这个目标达到了，中国华融发展走在了四家最前面。2016 年，中国华融已经发展成为中国"资产规模最大、盈利能力最强、实现利润最多、股权回报最好、总市值最高、金融牌照齐全、品牌价值响亮"大型资产管理公司，站在新的起点上，我提出还是要学习，要"外学平安，内学浙江"。平安集团是一家发展快、创新灵活的金控集团，华融要学习它"思路决定出路，专业创造价值，科技引领未来，内控完善细节，多元打造品牌，创新促进发展"六条经验。浙江分公司是华融体系内的"旗舰"，连续八年来创造了高利润、高增长、高质量、无逾期、无展期、无预警、无不良以及讲大局、讲规矩、讲专业、讲责任、讲担当的"三高、四无、五讲"浙江模式，值得在全系统推广借鉴。商场如战场，把握先机很关键。为做到前瞻预判宏观形势、未雨绸缪，我到华融后还坚持每年春节前召开年初工作会议，一年之计在于春，做到早谋划、早落实、早见效。华融每季度都要召开一次经营形势分析会，每年年底前开一次工作谋划会，为下一年发展定下基调。

风险把控方面，我们在金融资产管理公司中第一家设立"首席风险官"，并在每家分子公司设立"风险总监"，打造一支专业性、独立性强的风控队伍。经过深入思考，我提出以"五早、五防、五治、五用、五讲"① 为主要内容的中国华融"五五"风险管控方法论，倡导"化解风险就是创造利润"的理念，指引带领中国华融每年打赢风险增量防范阻击战和风险存量化解歼灭战"两大战役"，努力实现公司安全发展，个人平安进步，业绩可持续增长，力争不发一案、不倒一人、不出大风险。

创新是动力。创新是一个民族进步的灵魂，是一个国家兴旺发达的不竭动力，也是一个企业永葆生机的源泉。回顾中国华融八年多来的发展历程，我们实现成功转型，本身就是一种道路创新、理论创新、制度创新、业务创新、文化创新、队伍创新。从当年面临严重亏损到成长为一家年净利润 230 多亿元的现代金融企业，这其中市场化观念的建立、商业化业务的拓展、多牌照金融平台的搭建、敢于创新、勇于实践等一系列改革发展举措，无不蕴含着习近平总书记所强调的"敢为天下先、爱拼才会赢"的企业家创新精神。可以说，创新是推动中国华融转型发展的制胜法宝，创新是推动中国华融取得良好业绩的核心灵魂，创新是推动中国华融实现超常规跨越式发展的重要驱动，创新是推动中国华融全系统面貌发生深刻变化的不竭动力。2009 年以来，我们持续推进了"八大创新"：一是创新思想观念。我前前后后提出了"做强主业，做大利润，做响品牌，不断增强中国华融科学可持续发展能力"等 220 多条新理念，引领全系统员工完成了思想观念的大转变。二是创新发展模式。在中国金融体制改革的宏观架构中，随着社会财富快速增长、利率市场化加速推进、金融市场深度演化和监管容忍度提高，银行、证券、保险传统的分业经营界限逐渐模糊，银行理财、信托计划、基金募集、券商资管、保险资管乃至新兴互联网金融

---

① "五早"：早发现、早预警、早处置、早实施、早见效。"五防"：防止心态急功近利、防止风险居高不下、防止工作不力不为、防止市场突发事件、防止人员道德风险。"五治"：治病、治人、治规、治标、治本，分类施策，做到"检查巡视、吃药打针、点滴输液、病理切断、病亡善后"。"五用"：用心、用力、用情、用钱、用法。"五讲"：讲大局、讲业绩、讲价值、讲担当、讲责任。

等以跨货币市场、债券市场、证券市场、保险市场经营为典型特征的大资产管理走上历史舞台，中国金融进入"大资管时代"。作为大资管市场的重要参与者，八年多来我最大的创新就是使中国资产管理公司拓展了业务范围、创新了重组类业务，开辟了"收购＋重组""债权＋股权""重资产＋轻资产""金融＋产业"等新型的业务模式，提出我国金融资产管理公司应定位为"专业的资产管理经营者和优秀的综合金融服务商"，把中国华融创新转型发展为金融控股集团，走出了一条市场化、多元化、综合化、国际化发展的新路子。中国华融依托传统不良资产主业核心优势和旗下多金融牌照子公司平台，形成了提供"逆经济周期救助型金融支持、顺经济周期投融资综合金融服务"的适应实体经济和实体企业需要的全生命周期发展模式，在盘活资产存量、化解金融风险、维护金融稳定、支持实体经济成长和转型升级中发挥了重要作用。三是创新体制机制。完善公司治理体系、提高公司治理能力、建立现代金融企业制度，是中国金融体制改革的既定方向，也是金融资产管理公司可持续经营的必然选择。八年多来，中国华融致力于构建"到位的党委会、规范的股东大会、健康的董事会、负责任的经营层、有效的监事会""五位一体"的现代法人治理架构，建立兼顾效率的制衡体系、科学的决策体系、完善的授权体系和明确的管控体系，建立高效的运营机制、快速的市场响应机制、联动的协同机制、有效的正向激励机制和严格的监督约束机制，形成"一体两翼"共谋市场化转型发展的良好格局。四是创新业务平台。2009年以来，中国华融不断做强做优做大华融租赁、华融信托、华融证券、融德资产4家子公司，与湖南省政府合作重组设立华融湘江银行，成为第一家拥有银行牌照的金融资产管理公司；与重庆市政府合作组建华融渝富股权投资基金，拿下了PE牌照；与海南省政府合作重组海南星海期货经纪有限公司，成立华融期货公司，拿下了期货牌照；激活工行资产遗留下的珠海信东地产公司，重组成立华融置业（房地产）公司，成为集团房地产开发经营的重要平台，以不良资产处置为切入点，成功开发珠海横琴岛、山东青岛、河北涿州、福建三明、贵州贵阳等多个房地产项目；成立华融致远投资公司，统一全系统旗下物业管理与经营；组建华融（香港）国际控股公司，成为公司拓展全球投融资业务、打通国际资本市场的重要海外战略平台；等等。五是创新产品、技术与服务。八年多来，我们坚持"创新意愿与创新能力相结合，业务创新与风险防范相结合，成本可算与利润可获相结合"的创新原则，坚持创新"四可"：成本可算、风险可控、效益可获、商业化可持续，积极探索"老业务"新做法，赋予资产管理新的内涵和外延，更加注重资产的经营和增殖。中国华融打破政策性资源的枯竭，第一次向工商银行借款，创新开辟了 AMC"收购＋重组"业务，为 AMC 市场化转型开创了道路。中国华融打破"不良资产公司"的窠臼，创新开展非金债业务，推动 AMC 业务范围大大扩展，支持实体经济效应显著放大。中国华融创新重组问题企业有多个经典案例，特别是重组盘活浙江"新飞跃"。中国华融创新打造"债券型资产管理公司"，从"不借钱"到实现资本、借款、发债、基金、保险"五渠引水"的资金管理新局面，境内外发债屡创金融市场新纪录，发行全球 S 规则最大高等级美元金融机构债。中国华融至今已在香港发行 8 次共 185 亿美元境外债，获得市场投资者高度认可。中国华融已被国家发改委确定为国内 11 家优秀发债企业。中国华融还积极创新 AMC"不良资产＋互联网"，与淘宝网等合作搭建线上不良资产处置平台，与北京市政府合作发起成立华融中关村金融资产交易中心等。六是创新管理方式。2009 年以来，我们第一次建立了公司党委委员定点联系分公司制度，第一次按照"确保"和"力争"两个档次制定了利润考核目标，第一次建立了以利润考核为中心、以综合平衡计分卡为测算依据的绩效考核分值管理制度，第一次建立总部部室分类考评制度，第一次以现代经济资本管理为纽带完善风险计量、统筹配置资源、科学考核评价等。七是创新企业文化。着力打造以"稳健、创新、和谐、发展"为核心内涵的企业文化，积极倡导"辛苦理应得到回报，贡献理应获得表彰，成绩理应充分肯定"的感恩文化，积极倡导"以政治论强弱，以业绩论英雄，以风险论成败，以质量论高低，以贡献论报酬"的责任文化，积极营造"树正气、比贡献、讲激励、促发展"良好的团队氛围，为市场化转型创造了良好的人文环境。八是创新队伍建设。八年多来，我们大力实施人才建司、人才强司工程，既"盘活存量"，用好现有人员，发挥其最大效能；又"优化增量"，招聘、引进优秀外部人员，充实市场化、专业化、综合化、国际化人才，构建起了合理的人才梯次结构。打破用人的条条框框，大胆启用年轻干部，着力打造一支"想干事、能干事、会干事、干成事、不出事"的干部职工队伍。坚持"培训普惠制"，"多元化、多层次、套餐式"培训机制建设不断加强等。通过上述"八大创新"，我带领中国华融荣获"2010 年度中国最具创新力企业""2011 中国经济最具发展潜力企业""中国创新推进委员会副理事长单位"等多项殊荣，我自己也荣获"2010 中国企业创新十大年度人物""2013 年全国先进生产力杰出人物""2014 年十大年度经济人物"等多项个人荣誉。银监会领导在视察华融工作时，充分肯定中国华融市场化转型发展的成功秘诀就是"创新"。2012 年 10 月，十届全国人大常委会副委员长蒋正华同志带领近百名企业家走进中国华融考察指导工作时，对中国华融改革创新和良好经营业绩表示了充分认可和高度评价，指出中国华融创新有"三个好"："创新理念好、创新机制好、创新成果好"。他还代表中国生产力学会授予中国华融首家"全国企业创新示范基地"荣誉称号，给了我和我的团队极大的支持和鼓舞。全国人大常委会副委员长成思危同志也亲临中国华融考察指导工作，对我们创新转型成果给予充分肯定和积极评价。

　　用人是关键。万事皆靠人，抓利润要靠人，防风险要靠人，促发展也要靠人，人才是中国华融最宝贵的资源。用人之道是企业兴衰的关键，特别是金融行业作为资金和智力密集型行业，人的作用尤其凸显。从中央到地方都对选人用人有严格的标准和原则，企业也不例外，有自身的选人用人标准和原则。我的选人用人标准和原则概括起来五句话：以政治论强弱，以业绩论英雄，以风险论成败，以质量论高低，以贡献论报酬。这五句话在实际工作中很有效管用，以此选拔使用了一大批优秀人才，为中国华融改革发展做出了重要贡献。这些年来，我始终坚持一个简洁而实用的人才观："想干事、能干事、会干事、干成事、不出事"，五句话，朗朗上口，内涵深厚。想干事是动力，心里要想干、想要、有想法；能干事是基础，有学历、有技术、有能力、有一定工作水平；会干事是要求，善于沟通协调关系，注意方法，有一定的"情商＋智商"，能够"苦干、实干＋巧干"；干成事是目标，重过程更看结果，能者上、庸者让、劣者汰；不出事是底线，与企业、客户往来时，坚决做到依法合规，守住风险底线和廉政高压线。在选人用人上，我坚持"五不原则"：不搞照顾、不搞平衡、不搞关系、不搞特殊、不搞论资排辈，坚持德才标准任贤，坚持公道正派举贤，坚持全面客观识贤，坚持广开视野选贤，让想干事者有机会、能干事者有舞台、会干事者有位子、干成事者有表彰，不让有能力的老实人吃亏，不让投机钻营者得利。在领导班子建设上，我坚持抓"关键少数"。"火车跑得快，全靠车头带。"各单位一个好的"一把手"，一个好的领导班子，是团结带领全体员工锐意进取、奋勇拼搏的"关键少数"。中国华融旗下有 60 多家分子公司和 20 几个总部部门，这些单位的"一把手"和领导班子在落实公司重大战略决策和经营管理重点工作中发挥着中流砥柱的作用，也是所在单位的"火车头"，尤为关键。为此，我提出要建设一个"政治强、业务精、纪律严、作风实、业绩优、口碑好"的领导班子，特别是"一把手"要讲话把握一个"准"，做事把握一个"度"，用权把握一个"廉"，行为把握一个"正"，还要学会"弹钢琴"，重点培养"一把手"的"七种能力"①，正确处理好"七种关系"②。提出普遍要求的同时，还要抓"典型引路"，这些年我主要抓了两个典型：个人典型是广东分公司总经理周伙荣同志，团队典型是浙江分公司。引进周伙荣是我在中国华融工作多年不得不提的一段故事。在中国华融市场转型前夕，广东分公司2005—2008年连续四年亏损，排名倒数第一。2009年年初，我到广东调研，指出它们的"四个极不相称"：与广东改革开放的地位相比极不相称，与所有金融机构在广东的业绩相比极不相称，与公司党委的要求期待相比极不相称，与员工求新、求变、求发展的美好愿景相比极不相称。当年4月，我和党委着手调整广东的班子，从平安银行引进了"老金融"周伙荣同志。他毅然决定放弃几百万的年薪，义无反顾来到中国华融，当年就提出要"摘掉亏损帽子，实现2000万元收入"，大家都说"赖小民引进个疯子"。但是，就是这个"疯子"，带领广东分公司当年一举完成5600万收入，2010年实现1.33亿元利润，以后连年利润大幅翻番，到2016年年底，广东分公司已经实现年利润22亿元，排名全国第一。这都是在周伙荣的带领下，经过几任领导和全体员工的勤奋努力取得的成绩。广东分公司一马当先，成为全系统名副其实的"领头羊"，带动全国30几家分公司"比较看差距、落后求奋进"，比学赶超、你追我赶、创先争优，引燃了中国华融"聚是一团火，散是满天星，星火燎原，照亮华融"的精气神。2013年，以党的群众路线教育实践活动为契机，我提出并经党委会议一致通过号召全系统

①　驾驭全局的能力、开拓创新的能力、市场营销的能力、风险防控的能力、狠抓落实执行的能力、带队伍促发展的能力、勤奋敬业和廉洁自律的能力。

②　正确处理好与上级党委之间的关系；正确处理好与副手、员工之间的关系；正确处理好与总部部门之间的关系；正确处理好与兄弟单位之间的关系；正确处理好与股东之间的关系；正确处理好与外部管理、监管部门之间的关系；正确处理好与地方党政之间的关系。

学习"周伙荣工作法",其核心是"新时代的老黄牛精神",要义是"创新、激情、勤奋、坚毅、执着、效益"。应该实事求是地说,周伙荣当时作为中国华融优秀员工的代表,为中国华融创新转型发展做出了重大贡献。我们应该记住每一位为中国华融创新转型发展做出过努力和贡献的人。我树的团队典型是连续八年实现"三高、四无、五讲"业绩的优秀团队——浙江分公司。浙江分公司一直以来是中国华融的"老先进",主业做得好,创造利润多,关键还没有一笔业务风险。特别是2009年以来面对经济形势复杂多变、各类风险不断积聚的不利局面,浙江分公司迎难而上,脱颖而出,连续八年实现高盈利高增长无风险,"不发一案、不倒一人、不出一单风险",实现又好又稳科学可持续发展,走出了一条基层经营单位创新转型发展的新路子,是中国华融全系统的一面旗帜。2016年,按照中央"两学一做"学习教育要求,为进一步弘扬优秀企业文化,发挥先进典型的标杆作用和引领作用,我和党委决定授予浙江分公司"发展质量优秀奖",同时号召全系统在继续学习"周伙荣工作法"的基础上,开展"向浙江分公司学习"专项活动。如今,浙江"三高、四无、五讲"这面旗帜在中国华融深入人心,引领作用在不断加强,相信未来在中国华融必将涌现出更多像浙江分公司这样优秀的团队。

队伍建设中,我还特别注重"抓两头,带中间":一手抓青年工作。青年兴,则华融兴;青年强,则华融强。青年是华融的未来,青年是华融的希望。我到华融后,设立了金融机构第一个青年组织——华融青联,每年的五四青年节我都会与青年员工谈心,召开座谈会,关心青年,寄语青年,"我与祖国共奋进,同为华融添光彩"。我常常讲,对青年员工要"多压担子、多抬轿子、多给位子、多戴帽子、多指路子",尽快实现"五子登科",激励他们爱岗敬业,发奋工作。另一手抓老同志工作,发挥老同志传帮带作用。我们每个人都会老,老同志是华融的财富,公司要多为离退休老同志办好事、办实事。每年迎新春的时候，我和党委一班人都要主动向老同志拜年，召开离退休老领导、老同志座谈会，关心他们晚年生活。很多老同志拉着手对我说："董事长，我们退休选择退在华融就对了，感受到了华融的发展，也感受到了华融大家庭的温暖！"这些年，在"老人＋新人"的用人之道上华融也取得显著成效。公司一手抓"盘存量"在岗培训，培训出干部，培训出人才。我提出，培训也是福利，实施华融培训"普惠制"，每年的培训覆盖率都超过400%。一手抓"优增量"人才引进，五湖四海聚华融，择天下英才而用之。公司按照"量足、质优"原则，提出了中国华融新五年"人才强司"战略①，重点引进和培养"七型人才"：高学历型人才、高素质型人才、综合型人才、创新型人才、实干型人才、专家型人才、国际型人才，努力建设华融"学习型组织、知识型员工、专家型队伍、国际型视野、务实型考核"的"五型"团队。目前，中国华融的队伍在不断壮大，华融人的素质不断提高，华融的精气神生生不息，为公司稳健快速发展提供了强大的人才保障和智力支持。

文化是灵魂。文化是软实力。一个没有文化的民族注定要灭亡，一个没有文化的企业注定要失败。文化是企业的灵魂，也是企业的软实力。八年多来，我始终高度重视培育与华融转型相适应的企业文化，对内凝聚全体干部职工共谋发展的正能量，对外树立中国华融良好品牌形象，不断增强客户认可度、信赖度和忠诚度，持续增强中国华融市场竞争力和品牌价值。中国华融的文化，简单说，集中体现在我这八年来提出的220多条"中国华融市场化理念与信条"上。八年来中国华融快速发展的实践证明，这220多条新理念理论联系实际，既有较高站位，又很接地气，有效管用、

---

① 实施人才"十大工程"：一百名"一把手"打造工程、三百名高层次人才引进工程、五百名青年英才培养工程、产业专家型人才开发工程、"赢在中层"人才素质提升工程、后备干部储备工程、人才激励保障工程、人才培训"两个抓手"建设工程、专业职务序列实施工程、人才流动退出机制改革工程。培养"百名中层、千名骨干、万名优秀员工"。

符合实际，引领了华融全体员工摒弃政策性"等靠要"思维，实现了思想观念大转变。如今，这些新理念不仅装订成册印发每位新老员工，而且在中国华融一楼大厅、楼梯间屏幕滚动播放，更在全体员工中入耳、入脑、入心、入行动，激励着每一位员工勤奋努力、积极进取、开拓创新，用激情与汗水承载着中国华融一帧又一帧光荣与梦想，书写着中国华融人创下的一个又一个纪录与传奇。在八年来快速发展的实践中，我们形成鲜明、响亮的华融精神：敢为天下先，爱拼才会赢。我常说，思路决定出路，道路决定命运，细节决定成败。华融这些年从搭建金控平台到发展非金债业务，从"收购＋处置"到"收购＋重组"再到一体两翼业务"组合拳"，每一次创新都是因形势而变、因政策而变、因市场而变、因客户而变，"敢第一个吃螃蟹"。梅花香自苦寒来，没有人能随随便便成功，华融今天发展的成绩，也正是由于我们团结一心、众志成城，为生存而拼、为尊严而拼、为事业而拼、为责任而拼，进而赢得了客户、赢得了市场、赢得了品牌和声誉。我经常告诫员工，做强主业、做大利润，华融还要做响品牌，品牌是企业无形的价值，一定要"干出来，说出来，传出来"：干出来是业绩，是基础；说出来是宣传，是策略；传出来是品牌，是美誉度、社会公信力，一传十、十传百、百传千、千传万，口口相传，这就是中国特色的品牌文化之道。华融文化还有一个重要特征，是"聚是一团火，散是满天星，星火燎原，照亮华融"的中国华融精气神。毛泽东同志说过，"人要有一点精神。"想干事、干成事，必须有信心和决心、激情和热情。所以，我希望每个华融人都能做到：大家在一起你说我说他说，像一团火一样干事情，分开来散到各地又像点点星火，星火燎原，点燃华融的事业，照亮华融的前程。这些年，华融的干部职工奋勇拼搏、做业务你追我赶、干事业团结奋进，不论是单兵作战还是群体协战都能"招之能来，来之能战，战之能胜"，充分展现了华融人敢打敢拼、能征善战的良好精神风貌和精气神。

华融文化还有很重要的一点是倡导"辛苦理应得到回报，贡献理应得到表彰，成绩理应得到肯定"的感恩文化。在华融，不是董事长、总裁的工资最高，我允许那些打拼在一线、为公司做出重要贡献的同志们工资奖金超过所有公司领导。为此，我在华融专门设立了董事长奖励基金，同志们干活流汗奋斗，做出业绩来一定要鼓励，重点奖励有重大创新、有重大贡献、能解决实际问题的先进集体和先进个人，年底统一兑现。事实也是如此，这些年很多经营单位创造良好业绩的一把手收入都高过总裁、董事长。榜样的力量是无穷的。八年来，华融涌现出一大批令人感动的先进人物和楷模，为此公司先后开展了一届"华融十杰"、三届"感动中国华融十大人物"评选活动，每一届入选的"十大人物"既有各单位"一把手"，也有基层员工，尽管工作岗位、工作经历、典型事迹各不相同，但他们都是全体华融人的优秀代表，在平凡的工作岗位上创造了不平凡的业绩，为华融市场化转型发展做出了重要贡献，值得我们学习，值得华融感恩。八年多来，华融快速发展取得的良好成效得到了上级主管部门和社会各界的充分肯定和积极评价，华融和我本人也收获了很多鲜花和掌声。财政部连续授予公司 A 类 AAA 级最高评价，国际三大信用评级机构穆迪、标普和惠誉全部给予公司"A"类主体信用评级，所有评级展望均为"稳定"，处于四大金融资产管理公司领先地位。华融 2016、2017 连续两年成功入选"中国企业 500 强""中国服务业 500 强"，入选《财富》（中文版）中国 500 强，成为"最赚钱的前 30 家中国企业"之一。中国华融（2799.HK）股票入选富时中国 50 指数、恒生中国 H 股金融行业指数、MSCI 中国指数、恒生综合大中型股指数成份股，2017 年 9 月进入"沪港通"。公司荣获中国证券金紫荆奖"最佳上市公司"称号；我本人光荣当选第十二届全国人大代表，并连续获得"中国金融行业最具社会责任企业家"、中国证券金紫荆奖"最具影响力上市公司领袖""2016 中国品牌人物""2015 年中国企业十大人物"、第十一届"亚洲品牌十大杰出领袖""深港十大创新金融人物"等荣誉称号，中国华融品牌价值和国际国内影响力连年显著提升。

责任是担当。有实力的企业拥有现在，有责任的企业拥有未来。中国华融作为国有金融企业，作为中国最大的资产管理公司，始终坚持"国计为重、民生为本、感恩为怀、责任为念、奉献为先"和"发展成果与全体员工共享""发展成果与全社会共享"的责任理念，以实际行动和成效打造"敢于担当，勇于奉献，追求经济效益和社会效益和谐统一"的最有价值、最具责任感的金融央企。我用一个公式对中国华融的社会责任进行了概括：中国华融社会责任 = 多创利润 + 多缴利税 + 职工工资增长 + 各种利息费用支出 + 各项公益投资捐助 + 社会就业 + 支持社会经济和谐发展。这八年来，随着公司的快速成长，中国华融围绕这个公式担当起的社会责任也越来越大，越来越得到社会的广泛认可与赞誉。在创利润和缴纳利税方面，中国华融 2009—2012 年实现连续四年利润大幅翻番，年均增长均超过 100%；2013 年以来在经济下行压力加大、市场跌宕起伏、经营困难增多的情况下，年均利润增长仍保持在 30% 左右；2016 年全年实现净利润 231.1 亿元，比 2008 年的 4.03 亿元增长近 68 倍。在实现国有资产大幅保值增值的同时，公司 2009 年以来累计纳税超过 530 亿元，成为注册地北京西城区的"利税大户"，入选国家税务总局评选的由世界 500 强企业、中国 500 强企业、行业龙头企业组成的"千户集团"企业名单，有效支持了国民经济发展。在金融服务实体经济方面，中国华融自诞生之日起，便肩负着"全力支持国有银行改制上市，全力服务国有企业改革脱困，全力化解系统性金融风险"的政策性使命。在政策性处置阶段，中国华融不辱使命，圆满完成国家赋予的 6800 亿元中国工商银行不良资产处置任务，切实发挥了维护经济金融体系稳定运行"安全网"和"稳定器"的重要作用。市场化转型以来，我们一直把做强不良资产主业、发挥好"逆周期救助型金融功能"，作为中国华融履行社会责任的最重要的方式。近年来，中国华融以市场化方式收购不良资产已经超过万亿元，在防范化解金融风险、支持银行和企业减负脱困方面发挥了巨大的作用。例如，在银行不良资产包的传统"收购＋处置"业务上，中国华融2014年中标400多亿元，2015年中标1700多亿元，2016年中标2700多亿元，年均增长率超过150%，市场占有率保持在30%以上，2016年市场占有率更是超过50%，强势领军同业市场。在商业化收购金融和实体经济领域不良资产的"收购＋重组"业务上，近三年中国华融累计收购规模超过5000亿元，其中2016年一年收购重组类业务规模就超过2100亿元。在服务国家战略、响应政策导向、支持实体经济方面，中国华融一直坚持"听党的话，跟政府走，按市场规律办事"经营理念，紧跟国家"一带一路"、自贸区建设、京津冀一体化、长江经济带等发展战略，充分发挥资产管理公司独特作用和辐射全国的网络优势，创新搭建新型战略平台，积极提供综合金融服务，有力支持了国家供给侧结构性改革和实体经济转型升级。在职工工资增长和社会就业方面，中国华融坚持以"民生为本"，关爱员工成长，高度重视保障所有员工的合法权益，为员工创建平等、多元化工作环境，提供有竞争力的福利待遇。截至2017年6月末，中国华融拥有正式员工1.2万人，是2009年的5倍多，其中女员工占比46.8%，境外员工占比3.9%。公司坚持以效益为中心，在集团内建立了以效益为中心、利润贡献为导向的激励约束机制，完善了具有市场竞争力、与业绩相匹配的薪酬管理体系，实现了多劳多得、优绩优酬。公司坚持每年为员工办"十件好事、实事"，我还倡议发起"中国华融员工大病救助基金"和"华融爱心信托"，为身患重疾、家庭困难的员工解燃眉之急、雪中送炭、奉献爱心。我带头先后捐助《战略大转型——中国华融创新发展理论与实践》一书个人稿酬200万元，发动华融万余名员工募集善款、爱心接力，目前"中国华融员工大病救助基金"和"华融爱心信托"总体规模已超过 800 万元。在各项公益投资捐助方面，中国华融不仅捐钱捐物"授人以鱼"，更注重提供金融支持和智力支持"授人以渔"，不断加大对革命老区、民族地区、边疆地区、贫困地区发展的扶持力度。中国华融多年投身精准扶贫攻坚战，累计在定点扶贫地区四川省宣汉县投入资金人民币 3534.93 万元，捐助钱物人民币 1100 多万元，宣汉县中国华融学校、华融幼儿园、华融大道、华融市场、华融井、中国华融助学扶贫基金、中国华融·宣汉县最美乡村教师奖励基金等，是中国华融多年来倾情扶贫的最好见证。此外，中国华融始终情系革命老区发展，为积极响应中共中央、国务院关于打赢脱贫攻坚战的号召，践行国有金融机构精准扶贫社会责任，支持革命老区和国家重点贫困地区实现 2020 年消除贫困的目标，努力打造中国华融红色金融集团、培养红色金融家，公司在前期设立"中国华融（抚州）教育基金"和"中国华融赣南老区红军后代教育基金"的基础上，决定 2017—2020 年期间由母公司和集团内各子公司共同捐资 1.1 亿元，在 11 个革命老区和贫困地区各建设一所中国华融希望学校（每所 1000 万元），重点支持瑞金、延安、井冈山、古田、遵义、西柏坡、大别山、吕梁山、六盘山、沂蒙山、宣汉等革命老区、贫困地区教育事业发展，为帮助革命老区、贫困地区实现脱贫目标尽点心、出点力、做点事。2017 年 7 月，在庆祝中国共产党成立 96 周年之际，我带领公司团队走进革命老区瑞金长征出发地，开展了"听党话　忆党恩　重走长征路　迈步新长征"学习教育主题党日活动，举行了"中国华融瑞金希望小学"1000万捐资仪式。今后，华融还将在延安、古田、遵义、西柏坡等各个革命老区、贫困地区捐资助学。

处事是哲学。自古做事先做人，处事之道，亦即做人之道。所谓"道法自然、知行合一"，就是悟天道、明人道、启商道。做企业，对方当然要看你的背景、实力、品牌，但更多时候是在看企业的人，特别是企业主要领导人。企业领导人的品格、做事的风格、处事之道，在很大程度上就决定了一个企业的战略之道、经营之道和企业文化。我的人生中，工作30多年来比较注重自身锤炼和品行，特别是作为中国华融这家国企的"掌门人"，我的处事之道、人生哲学比较注重以下几方面：一是勤于学习，探求事物发展的自然规律，以实事求是的态度，顺其道而行之。二是善于总结，在事物发展的偶然现象中找到必然原因，以有效管用为标准形成理念、规矩和制度。三是敢于创新，开拓进取，在工作中不断推陈出新。四是勇于实践，知行合一，实践出真知，实践是检验一切理论、理念的唯一标准。五是注重战略战术，作表率作用，什么事自己带头干，注意调动大家的积极性、创造性，首先自己勤奋努力、敢于创新、勇于实践、干事成事，然后激励、团结、带领大家团结一心、齐心协力，共同把事情干好，我带领华融实现超常规、跨越式发展的近几年实践，无不印证着我处事的这些方法论，事实证明也是行之有效的。六是敢于负责、勇于担当、崇尚企业家精神。作为一名共产党员，我做事首先秉持"党性、良心和责任"。党性是第一原则，无论何时何地，都决不会忘却和放弃。良心是底线，无论何时何地，都要对得起组织的培养、群众的信任，有所为、有所不为。责任是担当，无论何时何地，都要干一行爱一行、干什么都要想方设法干好，为官一任、造福一方，这就是责任。七是注重廉洁自律，忠诚、干净、干事、担当。我经常提醒自己和团队注意讲话把握一个"准"字，做事把握一个"度"字，用权把握一个"廉"字，行为把握一个"正"字，努力使自己做一名"政治上靠得住，工作上拿得起，廉政上过得硬，品行上行得正"的领导干部。我是一名奋战金融战线30多年的老兵，来华融之前做了26年宏观政策与监管，从货币政策、信贷管理、金融监管、金融服务到经营企业，由监管者变为被监管者还是头一遭，特别面对当时华融经营转型困难我深感压力，但是，压力就是动力。我是个不服输的人。这家顶着国字头帽子金融央企的尴尬处境，彻底激起了我的使命感和事业心，唯有尽心尽力、努力工作，方能不负银监会党委重托和全系统干部职工祈盼，才对得起自己的"党性、良心和责任"。既来之，则安之，要干之。当时有同志善意提醒我："不是你改变华融，就是华融改变你。"听后，我一笑了之，因为我坚信我能改变华融。要改变华融，从何入手？我坚信"道路决定命运，思路决定出路，细节决定成败"。首先把思想观念作为突破口，持续进行洗脑"风暴"，这八年多来，不论从指明华融走改制引战上市、打造综合金融控股集团的路子，还是激发大家"敢为天下先，爱拼才会赢"的干劲，我都是从战略的高度引领大家、用灵活的思路启发大家、用自己的身先士卒带动大家，"把中国华融上上下下搅动了起来"，大家说跟着我干活像"打了鸡血"一样兴奋，"五加二""白加黑"，公司上下精神面貌焕然一新，求发展的努力最终也变成了硕果累累的回报。这八年多来，"勤于学习，善于总结，敢于创新，勇于实践"始终是我的座右铭。

我一直在学习中总结，在创新中实践，把理论和实践结合起来，形成了自己独特的思考和做事风格。向实践学，向书本学，向身边的同志学，我常说书本的知识占20%，来自书本、学校的知识是基础，但学得再好，学历再高，顶多占20%；60%是通过社会实践学习，这是根本，社会实践是一个大学校、大舞台、大课堂、大熔炉、大社会，我大学学的宏观经济，不是金融，但干了30多年金融工作，都是在社会实践中不断学习，实践是提升能力的最好途径；20%是向他人学习，拿来主义，成本最低、效率最高，"三人行必有我师""三个臭皮匠赛过诸葛亮""听君一席话，胜读十年书"说的就是这个道理。作为企业"一把手""掌舵人"，在知识飞速更新的时代，要领导好一个大企业，首先必须要学习、要创新、要实践、要担当。我每天晚上都会学习、看书，经常到很晚，从书本之中吸取营养、得到启发。当然，不仅要自己学，还要引导大家学，我在华融提出创建"学习型组织"、打造"知识型员工",努力营造一个讲学习、爱学习、集体学习的良好氛围。我记得在参加一次高级别座谈会上,一位中央领导表扬了我的发言,并指出,能同时做到干得好、写得好、说得好的领导干部并不多见。如果能同时做到上述三点,就能很好地提升领导者的个人魅力。这么多年来,我基于工作的实践经验,喜欢做一些理论思考,喜欢总结提炼一些有思想价值的内容,沉淀下来,形成理念,它们都来源于实践,又很好地运用于实践,也是从实践中发掘的真知。

有记者采访时觉得我的观念总是特别超前,非常创新,确实如此。因为旁人看来,国企管理者素来"根正苗红",即便是有些故事,也都是一看开头就能知道结尾,毫无悬念。特别是有的人在政府待过多年后,再转到企业工作,往往容易求稳。我不太一样,在机关工作了26年后转到企业,对我来说翻开了职业生涯新的一页,也因此发现个人的思想观念、行事风格,包括做事的魄力与效果,都很适合市场、适合企业。我是那种骨子里就带着创新基因、改革基因的人,说话办事都很有激情、风风火火,效率很高,愿意把工作做得有声有色。我这个人历来非常自信,做事自信,做人也自信,我觉得只要认真去做、用心去做,就没有办不成的事。因此,总是抱着一种自信乐观的心态来干事,并带领周围的人一起干事、成事。由于多年在国家宏观经济金融部门工作,逐步养成了我独特的工作行事方法,遇事拍板前总喜欢先分析国际国内宏观形势,从面上分析再落到点上推开。我的思维很开阔,自认为善于把握大局,见微知著,考虑问题不是就事论事,而是因为一件事马上想到各种方案,注重宏观微观相结合、国内国际相结合、点和面相结合。我也慢慢体会到,一个国家机关干部也好,企业干部也好,有几个能力非常重要,一是政策水平,二是业务能力,三是悟性,四是创新能力,五是管理能力,六是责任与担当。做企业,特别需要一种创新意识和拼搏精神,需要一种悟性、魄力和激情。我的性格比较外向，走路快、说话快，做事有魄力，很勤奋，敢于担当，责任心比较强，做什么事都讲究速度、讲究效率，重落实、重结果，雷厉风行，有了想法且通过论证，马上去做，大力推进，立即落实。一开始，大家都会觉得跟不上我的节奏，说董事长的要求太高、节奏太快、性格太急。我一直强调不能"等靠要"，不能有歇一歇、放一放、慢一慢的思想，不能躺在过去的功劳簿上洋洋得意，并且凡事不能只停留在理论层面、思考层面，不能坐而论道，要知行合一，有实实在在的效果，在实践中检验。企业的发展成果，必须有实实在在的业绩去证明。在这种快节奏、高标准、严要求下，中国华融的改革转型也是强势推进，一步接着一步，没有停歇，快马加鞭，成效很好。在决策上，我是个敢担当的人。在公司大大小小我主持的各种会议中，我都认真听取大家汇报和班子成员意见建议，边听边记，几小时会议下来，我对议题有关情况有了很充分的了解，当场拍板，形成决策，作出部署，推动工作。一把手关键时刻要拍板，要担当，"两害相权取其轻、两利相权取其重"，这是我每次决策和判断时牢牢把握的原则。还有一点就是想做事情一定要摒弃免责文化，倡导问责文化。当然，敢于决策的同时，我考虑问题也喜欢居安思危，比如我现在定个事，就会想到，今后我离任了以后审计会查我，现在这么做是否合规合法、是否经得起日后审计检查。

我是个特别热爱工作的人，可以说把全部的时间、精力都投入于工作。强烈的责任心、事业心提醒着自己，工作不能出于私心、不能为了自己当官发财，而是要心中有员工、胸中有大义、肩上有责任、脚下有乾坤，为企业、为员工、为社会、为国家尽己之力，发展事业。我的性格透明、直接、坦诚，做事比较大气，要求比较高。熟悉我的人都知道，我对中国华融"首席市场营销官""首席业务宣传官""首席发言人"这些称谓情有独钟，一有机会就会不厌其烦地"推销"、宣传中国华融，乐此不疲。我讲话从来不用稿子，可以讲几个小时，讲话喜欢运用数字，对数字特别敏感，满脑子都是各种宏观、微观、企业发展的情况和数据，用数字说话特别直观，很有说服力，也很形象。我的工作激情超乎常人，睡眠比较少，但是质量高，一天睡四五个小时就足够了，晚上经常改材料、看文件到深夜一、两点，第二天依然精神饱满地去上班、开会、出差、见客户，精力旺盛。我相信，人与人的差距在八小时之外，八小时之内决定现在，八小时之外决定未来。我是一个有自律有底线的人，生活中我几乎没有什么爱好，从来不去歌厅舞厅、打高尔夫、游山玩水，最大的爱好就是读书，思考一些问题，写写东西，我业余时间喜欢看书写东西。看书一般是看几类：一类是历史书，回顾历史、以史明鉴；二类是人物传记，很多名人的传记我都看过，对我影响很大；三类是专业知识，主要是经济金融方面。另外，报纸我是每天必读，新闻每天必看，时间和条件允许，早上七点钟准时打开收音机听新闻，晚上七点钟准时打开电视看新闻联播。我出差从没什么娱乐活动，不游山玩水，也不搞其他非工作以外的活动，到了目的地就是直奔主题、开展工作，行程很满，节奏很快，就连晚上一般都是和基层负责同志和员工谈话到深夜。经常早上起来赶去机场，晚上谈完工作再赶回来。我喜欢看革命题材的历史书籍，对一些具有重要纪念意义的革命圣地我会经常去看一看，中国革命圣地韶山、瑞金、井冈山、古田、遵义、延安等等，我都去过，有的去过多次，我以革命历史、前辈精神为营养剂，激励自己更好工作。我喜欢历史，喜欢文化，总想自己力求做一个有文化的人。

梦想是未来。"雄关漫道真如铁，而今迈步从头越。"梦想之道，也是我的企业管理之道的重要一环。梦想是未来的期许、规划和愿景，是一种让人感到坚持就是幸福的东西，具有催人奋进的神奇力量，也是一种情怀和理想，甚至可上升为一种信仰。一个国家、一个企业、一个人都需要梦想引领，在中国梦感召下的华融梦，正在一步步迈向现实，"改制、引战、上市"已经梦想成真，打造"治理科学、管控有序、主业突出、综合经营、业绩优良"的一流资产管理公司、建设中国华融"红色金融集团"、进军世界 500 强的"华融梦"也必将实现。同中国自古以来的读书人一样，"修身、齐家、治国、平天下"也是我的家国情怀，特别是自己出生、成长于革命圣地江西瑞金，革命老区精神一直激励着我，家国情怀更加潜移默化地融入我的精神血脉，驱使我不忘初心，努力学习，勤奋工作，对得起党和国家，对得起天地良心，力求做个有良心的企业家。我当初上大学四年由于家境贫寒，是靠国家助学金完成的大学生涯。所以，我真心感谢党和国家，坚决听党话、跟党走，这是发自内心的。自己受党培养教育 30 多年，搞过货币信贷政策工作、搞过金融监管工作、搞过金融服务工作、搞过金融企业工作。特别是这八年来从事金融企业一把手工作印象最深、感受最多、成效最大。搞企业要讲政治、抓利润、防风险、带队伍、促发展，努力做强做优做大。梦想，也是需要一步步实现的。初到华融，面对困难局面，一开始也只是个"小梦想"。上级党委并没有向我下达业绩的具体要求，我也可以维持华融现状，躺在前任的账本上做撞钟和尚，等待华融"十年大限"到来我再到其他岗位去，但是，"党性、良心与责任"要求我不能这么干，自己好强的个性也不允许这么干。能不能把华融发展好，已远超出我个人荣辱得失，关系的是华融数百亿国有资产能否保值增值，数千名华融员工的职业尊严和人生福祉。华融底子薄、基础差，一开始我不敢奢望华融能给国家赚多少利润，我的想法很简单，就是中国华融要"自己养活自己"。于是我来的第一年，就向全公司下达利润计划，过去华融搞政策性业务从没下过利润计划，干多少算多少，第一次下达利润计划同志们有畏难情绪，有些同志甚至向我提出能不能过渡一年，今年先干多少算多少。我说干多少算多少那还叫目标吗，我态度很坚决，希望大家统一思想、坚定信心、迎难而上，在下达利润计划这个问题上不要有杂音，不能再等靠要了，不要有幻想，必须下利润计划，而且必须完成计划。

那么问题来了，利润计划下多少合适呢？当时我简单估算了一下，给全系统当年下达了 5.3 亿元的利润计划目标。这个计划数背后没有高深的原理，没有复杂的计算，原因很简单：当时全系统员工发工资一年需要 5.2 亿元，我下 5.3 亿元利润计划，"先自己养活自己"，这个要求不高，目标很低，必须完成。华融这支队伍还是好样的，我和党委一声令下，不管有多大压力、多大困难都把任务背回去了。2009 年上半年——果然不负我的希望——实现了 5.6 亿元利润，只用了半年就把全年的任务完成了，同志们很振奋，队伍打出了信心。到 2009 年年底，全年完成利润 8.21 亿元，比 2008 年 4.03 亿元利润增长了 103%。就这样，我的第一个"小梦想"在我到任后第一年就实现了。直到现在，很难想象，短短八年时间，当初下达年利润计划 5.3 亿元都认为很难完成，到 2016 年已经实现了 231.1 亿元净利润，翻了 50 多倍。这是个巨大变化，堪称"华融奇迹"。当年扭亏为盈后，我的"小梦想"变成为希望八年十年以后，华融有 30 亿到 50 亿的利润，胃口越来越高，决心越来越大，干劲越来越足，梦想也一个个变为现实。

党中央国务院高度重视我国金融资产管理公司改革转型发展。我清晰记得，2011 年 4 月 27 日国务院"金融资产管理公司改革发展专题会议"上，我向包括时任国务院常务副总理的李克强同志、副总理王岐山同志汇报工作，我当时向领导承诺，华融五年后到 2016 年实现 50 亿元利润。国务院领导听了以后说："小民，别把话说太满，50 个亿不容易"。确实，当时的华融刚刚扭亏为盈，50 亿利润对华融人来说，无异于天方夜谭。我当时就向领导立下军令状："首长，五年以后要是 50 亿利润完成不了，我自动辞职。"2011 年 12 月 31 日晚上，我参加年终决算，数据一出来，大家欢呼雀跃——当年实现利润 50.3 亿元。什么概念？也就是说，我向国务院领导作出的承诺提前五年实现了。这是个巨大进步，对中国华融人也是个巨大的鼓舞。2011 年，我接受凤凰网财经《总裁在线》栏目专访时说，我希望未来十年，中国华融利润能做到 80 亿到 100 亿，这样我们人员队伍可以到一万到一万五千人，风险管控能力更强，华融的品牌价值就会更好。站在 2011 年的时间点，80 亿到 100 亿利润对当时的我和中国华融人来说确实是一个遥远的"梦"。没想到，我的一个个"小梦想"都提前实现，甚至都超额实现了。2016 年中国华融实现净利润 231.1 亿元，今天的中国华融不仅完全能够养活全公司 1.2 万名员工，还能为国家税收做出突出贡献，近四年缴税 530 亿元，为股东和投资者创造了稳健可持续的价值回报。幸福不会从天降，埋头苦干才能梦想成真。华融经营取得飞跃后，我们又花了三年多时间，成功完成了"改制—引战—上市"三部曲。改制中，我带领公司上下取得国家和上级主管单位的支持、明确改制后企业定位、全方位清产核资、制定上报转型改制方案等，最终 2012 年 1 月 12 日，时任国务院总理温家宝同志、常务副总理李克强同志、副总理王岐山同志先后批准同意中国华融转型改制实施方案，2012 年 2 月 8 日，财政部正式批复经国务院同意的中国华融改制方案，2012 年 9 月 28 日，中国华融资产管理股份有限公司正式成立，标志着中国华融成功完成了股份制改革的历史任务，真正成为了一家自主经营、自负盈亏、自我发展、自我约束的市场主体。2014 年 8 月 28 日，中国华融成功引进了美国华平基金、高盛、马来西亚国库主权基金、中金、中信、中粮、复星国际七家境内外战略投资者，引入资金 145.5 亿元。2015 年 10 月 30 日，中国华融在香港成功上市，标志着公司实现了里程碑式的巨大转折。2016 年、2017 年中国华融连续进入"中国企业 500 强""中国服务业企业 500 强"。当初引战时，"跨周期运营、全周期盈利"的华融特色获得了意向战略投资者的普遍认可，全球 80 多家顶尖的投资机构和投资者都看好华融，按照"引资本、引制度、引智力、引资源"的引战目标，经过数十场艰苦的"一对一"谈判，华融于入围名单中遴选了美国华平、高盛、马来西亚国库、中粮、复星等八家国际国内、国企民企机构作为战略投资者。印象最深的是，给美国前总统小布什当了八年财政部长的盖特纳先生转任美国华平基金高管，上任不到10天，就着手研究中国华融的情况，研究我的情况，希望通过投资华融进入中国市场，先后三次飞到北京与我会谈，在当时很多国外企业唱衰中国、唱弱中国、唱坏中国甚至鼓吹中国威胁论的情况下，盖特纳先生和美国华平基金一如既往地看好中国、支持中国华融的发展，令我十分感动。经过多轮会谈，按照相关规定和标准，我选择了盖特纳先生和他领导的美国华平基金团队做中国华融的战略投资者，美国华平基金投资中国华融40多亿元，成为占比6.3%的第二股东，盖特纳先生当选为中国华融董事会特别顾问，发挥了很好的作用。上市时，2015年"股灾"下的香港资本市场风声鹤唳，恒生指数跌幅之大、跌速之快历史罕见，金融类公司破发、破净情况比比皆是，公司路演、IPO也已经箭在弦上，发还是不发？莫衷一是。基于对市场走势回暖的理性分析和对中国经济大势发展充满信心，特别是对中国华融强劲基本面和优良业绩的自信，我和公司党委果断决策，决定"冒着枪林弹雨冲向市场"，确定"2015年10月在港挂牌上市不动摇"。终于，10月30日随着我在香港联交所敲锣的奋力一击，中国华融（2799.HK）成为香港主板一颗闪亮的新星，璀璨夺目，气贯长虹，成功上市，股价一直稳中有升，投资者看好。至此，中国华融圆满完成"改制—引战—上市"三部曲，成功走出了一条具有中国华融特色的金融资产管理公司市场化转型之路。在港上市经历短暂的兴奋之后，我迅速作出决定，乘胜追击，加快推进A股上市，做中国第一家"A+H"上市模式的金融资产管理公司。2016年12月23日，中国华融A股发行申请材料获得中国证监会受理；2017年5月23日，证监会正式向公司反馈了审查意见，标志着公司A股IPO已经进入实质性审核阶段，中国华融A股上市指日可待，有望2018年实现A股上市，再创新高。

　　站在新的历史新征程起点上，应该说，中国华融当前比任何时期都更接近实现"一流资产管理公司"的"华融梦"，比任何时期都更有信心、更有能力实现这个目标。特别是 2016 年、2017 年连续入选"中国企业500强""中国服务业企业 500强"，入选"中国金融 500强"和《财富》"中国 500 强企业"后，我提出，一鼓作气、再接再厉，力争用 3 年时间进军"世界 500 强"。可以说，正是在追求"中国梦、华融梦、个人梦"和谐统一的思想指导下，我和党委一班人团结带领中国华融为实现"华融梦"唱响了新战歌，开启了新征程。凭借亮丽的经营业绩，我们在追逐自身"华融梦"的同时，为"中国梦"的实现贡献出了应有的力量。在实现中华民族伟大复兴历史征程上，中国华融人不忘初心，勇挑重担，砥砺前行。

　　惟其艰难，才更显勇毅；惟其笃行，才弥足珍贵；惟其磨砺，才始得玉成。我到中国华融工作八年多来，始终牢记"听党的话，跟政府走，按市场规律办事"，个人的勤恳敬业、努力奋斗、锐意进取、改革创新以及取得这些企业管理之道、经营心得，无不得益于党的领导、组织的培养和团队员工的支持，是党的金融方针政策指明了国有金融企业改革转型发展的光明道路，给了我和我的团队想干事、干成事的平台，给了每一位金融家、企业家施展才华、人生出彩的机会。八年多来，我强烈地感受到，中国华融今天取得的所有成绩，我本人学习、总结、提炼、践行的所有企业管理之道，无不凝聚着党中央、国务院和财政部、人民银行、银监会、证监会、保监会等上级领导和社会各界朋友们的关心和厚爱，凝聚着党委一班人和 12000 名全体中国华融人的不懈努力和顽强拼搏。在此，我要特别感谢我的中国华融团队和可亲、可敬、可爱的 12000 名同事们，没有他们对我本人工作的大力支持，对我这些理念的坚决贯彻与落实，就不可能有中国华融八年多来市场化改革的顺利推进和创新转型的成功，更不会有《我的企业管理之道》这本书的诞生。千万个华融人才是企业管理的主人，我只不过是其中的一员而已。这里，我还有一点需要特别强调的是，八年多来，由于自己透明度高、工作改革力度大、个性强、性子急，工作中难免有许多缺点和不足，甚至有时工作中批评人会伤害到一些同志，敬请大家谅解。

前事不忘，后事之师；永葆初心，方得始终。我坚信，在以习近平同志为核心的党中央坚强领导下，实现两个一百年奋斗目标、实现中华民族伟大复兴的"中国梦"正在一步步向我们走来，"一带一路""走出去"国际化战略也呼唤有更多的金融企业、金融集团不断做强做优做大，昂首走向世界金融舞台，使我国实现由金融大国向金融强国的转变。我相信，有习近平总书记系列重要讲话和党中央治国理政新理念新思想新战略为指引，就一定能够不断把国有企业做强做优做大。

此书完稿时，正值2017年10月1日我们伟大的祖国成立68周年纪念日。愿以此书作为礼物奉献给我们伟大的祖国，以此庆祝祖国生日，感谢祖国培养，祝愿祖国强盛！

最后，再次向所有关心、支持、帮助过我本人和中国华融事业的各级领导、各位同事、各类客户、新闻界朋友们表示崇高的敬意和衷心的感谢！

中国华融的明天一定会更加美好！

二〇一七年十月一日国庆节于北京

第一章

战略之道

〉

〉〉〉

　　导语：企业发展，战略先行。研究战略、制定战略、实施战略、检验
战略是我领导中国华融八年来工作的主旋律和总基调。这些年中国华融的
每一个战略，既独立成篇，又相互呼应，每一时期的总目标、任务书、路
线图、时间表都十分清晰。2009 年上任伊始，我第一时间对全系统进行了
深入细致的调研，迅速查清家底，比较看差距，落后求奋进，并由此开启
"在夹缝中求生存、在迷茫中谋转型、在困难中促发展"的艰难征程。当时，
我旗帜鲜明地提出"听党的话，跟政府走，按市场规律办事"经营理念，
成为指导中国华融这一国有金融企业走好走稳改革转型之路的新航标，也
为公司成功推进大客户战略、做开市场提供了思想指南。之后，我们迅速
明确了中国华融"专业的资产经营管理者，优秀的综合金融服务商"战略
定位，制定了"五年三步走"发展战略和"四大转型"目标，就是要走彻
底市场化的路子，完成改制、引战、上市，打造金融控股集团。这一目标
的确立，迅速在全系统统一了思想，摒弃了当时还大量存在的政策性思维
和"等靠要"思想，团结带领广大员工走向了"自己养活自己""做强主
业、做大利润、做响品牌，不断增强科学可持续发展能力"的超常规跨越
式增长快车道。2013 年，中国经济进入新常态，我敏锐地意识到，2009—
2012 年以来中国华融连年大幅利润翻番的高速增长很难持续，果断作出"主

动把增速降下来"，走"又好又稳、可持续发展"的路子。于是，2013 年我提出推进中国华融"十大战略性转型"，实现打造"治理科学、管控有序、主业突出、综合经营、业绩优良"的一流资产管理公司的"华融梦"，并列出一流资产管理公司的"十大标准"，这一新目标引领中国华融走向了一条更加强调"创新＋稳健""稳健型经营、集约式增长、可持续发展"的科学道路。

我深知，一个优秀的企业家，既需要有高瞻远瞩的战略智慧，更需要有脚踏实地强势推进战略实施的执行力。顶层设计绘好"总目标、路线图、时间表"后，就要团结带领大家一张"蓝图"干到底。八年来，我和华融党委一班人一起，凝聚战略智慧，达成战略共识，保持战略定力，既秉持"党性、良心和责任"，又彰显胆略、情怀与担当，领衔制定并强有力地推进实施了这一系列重大战略，表现出忠诚可靠的政治品格，创造了独领风骚的经营业绩，也树立了中国华融有口皆碑的品牌形象。这一系列战略，注定将成为中国华融乃至国有金融企业战略转型发展史的经典篇章。

一、"听党的话，跟政府走，按市场规律办事"是中国企业家最大的政治经济学

华融是一家国企，经营中我们必然要面对"党、政府、市场的关系"这个老话题。我在 2009 年年初到华融上任伊始就创造性地提出"听党的话，跟政府走，按市场规律办事"经营理念，这几年公司发展的实践证明，这一提法完全符合国企经营实际，旗帜鲜明、朗朗上口，精准地道出了"党、政府、市场的关系"的真谛。我的这个提法，与习近平总书记在国有企业改革座谈会上明确要求的"坚定不移加强党对国企的领导"，党的十八届三中全会提出的"发挥市场在资源配置中的决定性作用""更好地发挥政

府作用"，在思路上是不谋而合的。我记得，2014年9月《人民日报》《经济日报》两大中央权威报纸分别在显著版面连续刊发了我的署名文章《政府、市场与国企创新经营之道》，充分肯定了我"听党的话，跟政府走，按市场规律办事"经营理念，对中国华融在此理念下推进创新转型发展、履行央企社会责任、金融支持实体经济的良好成效进行了充分的宣传报道。这些年来，我在各地与地方省委和省政府打交道、签署战略合作协议时，提及这一理念，很多省委书记、省长都说"小民你这句话提得好，准确、精炼、到位。"

企业行稳致远，一是要"听党的话"，确保企业走得正，不偏离大方向。习近平总书记强调"党抓全局、党管经济"，就是要充分发挥党总揽全局、协调各方的领导核心作用，引领社会主义市场经济方向。"听党的话"，要求企业自觉地将党的思想、理论、路线、方针、政策与企业发展实践相结合，将党对经济社会发展规律的科学总结内化为企业长期发展战略。中国华融作为国有金融央企，不论是政策性时期专司处置国有不良资产，还是开启商业化转型，乃至走"改制—引战—上市"三部曲、建立现代股份制企业制度，无不得益于党中央金融方针政策的正确引领、上级党委的正确领导，自觉将"听党的话"贯彻到企业实践，确保了公司转型发展方向，得到了党中央、国务院和上级主管部门的一致认可和大力支持。

二是"跟政府走"，确保企业走得宽，不失去大市场。更好地发挥政府作用，弥补市场失灵，是社会主义市场经济的最大优越性。"跟政府走"，就是国有企业要在中央政府的正确领导下，与各级地方政府密切合作，自觉地将地方经济发展、转型升级需求与企业经营实践相结合，"想地方政府所想，急地方政府所急"，在支持地方实体经济发展中觅得商机。2009年以来，中国华融积极推行大客户战略，与包括30家省级政府在内的各类大客户建立了"资源共享、优势互补、风险共担、利益均沾、互惠双赢、合作发展"的新型战略合作伙伴关系，成为与地方政府签署战略合作协议最多的金融央企。在大客户战略带动下，中国华融立足不良资产经营管理主业，救助国有企业改革脱困，托管高风险机构维护金融稳定，依托多牌照综合金融服务支持地方经济发展、化解产能过剩、推进经济转型，实现了政银双赢。

三是"按市场规律办事"，确保企业走得远，不进入死胡同。市场决定资源配置，是市场经济的普遍规律，社会主义市场经济体制也必须遵循这一基本特征。"按市场规律办事"，就是国有央企要自觉坚持以市场为导向配置资源，"以市场为导向，以客户为中心，以利润为目标"，按照经济规律开展日常经营活动。中国华融改制后，作为完全市场化经营的现代金融企业，不断强调并践行"利润可获，风险可控，市场化可持续""以利润论英雄、以风险论成败、以质量论高低、以贡献论报酬""做强主业、做大利润、做响品牌，不断增强又好又稳科学可持续发展能力"等市场化发展新理念，经营取得快速增长，国有资产保值增值，为国家和股东创造了持久稳定的投资回报。

1. 党中央国务院推动中国金融资产管理公司商业化转型的战略决策完全正确

华融这些年的每一次转型和跨越，无不得益于党中央国务院金融方针政策的正确引领和上级党委的正确领导。1999 年国务院先后组建华融、长城、东方、信达四家金融资产管理公司以来，随着不良资产处置速度和国有商业银行改革进程不断加快，尽快明确金融资产管理公司的未来发展问题已日益迫切。2004 年 2 月 24 日，国务院批准了财政部上报的《关于金融资产管理公司改革与发展问题的请示》，明确了在资产管理公司建立不良资产处置目标考核责任制，确定了资产管理公司向商业化转型的发展方向。2010 年 4 月 28 日，国务院召开常务会议，通过了《关于 2010 年深化经济体制改革重点工作的意见》，明确提出要"启动资产管理公司商业化转型试点"。2010 年 6 月 28 日，银监会批准信达公司率先改制为股份有限公司。信达改制后，华融改制就日渐提上了日程。

2011 年 4 月 27 日，这是一个值得铭记的日子。我清楚地记得，当时国务院在中南海第 3 会议室召开"金融资产管理公司改革发展专题会议"，时任国务院常务副总理的李克强同志、副总理王岐山同志认真听取了四大资产管理公司主要负责人的工作汇报，人民银行、财政部、银监会的领导参加会议并发表了很好的意见。公司发展情况以及各种数据时时刻刻都在我的脑子里，我代表中国华融公司党委用 20 分钟时间重点就公司转型发展的两个问题脱稿作了汇报：第一，希望同意华融改制上市；第二，承诺华融五年后也是 2016 年，给国家交 50 亿利润。国务院领导听了以后说："小民，别把话说太满，50 个亿不容易"。确实，当时的华融刚刚扭亏为盈，50 亿利润对华融人来说，无异于天方夜谭。我当时就立下军令状："首长，五年以后要是 50 亿利润都赚不到，我自动辞职"。领导听了很高兴，对当时的财政部部长说："小民同志要改，就让他改，让他改，让他改。"这接连三句"让他改"，对我个人是极大的鼓舞，对中国华融是极大的支持，对金融资产管理公司转型发展是极大的肯定与鼓励。

这次会上，国务院领导充分肯定了中国华融多元化业务发展取得的成绩，并同意中国华融先行改制，明确指示"请财政部会同有关部门研究提出华融资产公司改革方案，报国务院审定"。根据这次会议精神，形成了《研究金融资产管理公司改革发展有关问题的会议纪要》（国阅〔2011〕54 号），文件有两个亮点：第一，同意华融改制；第二，明确资产管理公司多元化发展方向。国务院文件字字千金，特别是"多元化"三个字非常关键，意味着资产管理公司业务可以放开，可以往综合经营改革方向发展，为金融资产管理公司的市场化转型发展指出了一条明确可行的路径，尤显珍贵。

结果出人意料。2011 年年底，数据一出来，提前五年兑现了我的承诺。国务院会议结束后半年多时间，到 2011 年 12 月 31 日那天晚上，我按照惯例慰问年终决算人员，心里盼着早点看到公司 2011 年的成绩单。一天的计划管全年，全年的业绩看一天——这是我的口头禅。利润数出来了，50.07 亿元！在场所有人都欢呼雀跃。这不仅意味着当年中国华融的利润再创新高，更意味着我向党中央做出的一年为国家赚 50 个亿利润的承诺提前五年实现了！转过年，2012 年 1 月 16 日，我向国务院领导汇报了这一大喜事。后来的几个重要日子我记得特别清楚，2012 年 1 月 12 日，时任国务院总理温家宝同志、常务副总理李克强同志、副总理王岐山同志先后批准同意由财政部上报的中国华融转型改制实施方案；2012 年 2 月 8 日，财政部正式批复经国务院同意的中国华融改制方案；2012 年 9 月 25 日，中国华融资产管理股份有限公司创立大会在公司总部顺利召开，国家财政部出资 258 亿元发起，引进中国人寿，组建了中国华融资产管理股份有限公司，我由公司总裁变为了董事长，一个新的现代企业制度下的新华融诞生了；2012 年 10 月 12 日，公司在钓鱼台国宾馆举行了中国华融资产管理股份有限公司成立大会，这是中国华融改革发展史上一个重要里程碑事件，标志着中国华融由单一的政策性不良资产处置机构彻底转变为完全市场化经营的现代金融服务企业。

2015 年 10 月 30 日，也是一个值得铭记的日子。聚光灯下，香港联交所内洋溢着热情、激情与豪情随着我的一记重槌，敲响了香港联交所的铜钟，宣告中国华融正式在香港上市，正式登陆国际资本市场。至此，中国华融已圆满完成"改制—引战—上市"三部曲，成功走出了一条具有中国华融特色的金融资产管理公司市场化转型之路。上市以来，中国华融的股价表现稳定良好，几乎所有在香港上市的中资金融机构股价都跌破发行价，只有两家挺在发行价之上，挺在净资产之上，中国华融是其中一家。更让我自豪的是，公司上市一年多来就被评为中国证券金紫荆奖"最佳上市公司"称号，我被评为中国证券金紫荆奖"最具影响力上市公司领袖"。中国华融市场化以来实现的一切变化和收获的所有荣誉，都得益于党中央金融方针政策的正确引领，更充分说明党中央国务院推动中国金融资产管理公司市场化转型的战略决策完全正确，充分说明中国华融坚定不移"听党的话"完全正确。我也一直认为，听党的话，不是说空谈党建工作就够了，不是说做好表面文章就够了，必须把坚持党的领导扛在肩上，想在心中，落实在行动上，体现在实实在在的经营业绩上。

2. 中国华融是与各级政府签署战略合作协议最多的金融央企

中国华融市场化转型以后，去哪儿找市场、找客户、找项目？我的思路很清晰，答案也很清晰。八年多来，中国华融坚持的一个重要打法是推进大客户战略，与大政府、大企业、大金融机构等建立"资源共享、优势互补、风险共担、利益均沾、互惠双赢、合作发展"的新型战略合作伙伴关系，与各级地方政府密切合作，自觉地将地方经济发展、转型升级需求与企业经营实践相结合，"想地方政府所想，急地方政府所急"，在支持地方实体经济发展中觅得商机。八年多来，这一战略生根发芽、开花结果，直至硕果累累。我们累计签下战略合作协议 347 份，其中政府类客户 68 家、金融类客户 124 家、企业类客户 155 家，海内外合作客户总量达到 1 万多户，为公司打开市场发挥了重要作用。我们与包括北京、上海、天津、重庆 4 个直辖市在内的 30 家省级政府签署了战略合作协议，成为中国迄今与地方政府签署战略合作协议最多的金融企业。

在与各级政府的接触与合作中，包括省委书记、省长在内的政府领导对中国华融的尊重、信任与看好，令我十分感动。全国大多数省、市、自治区领导都与我签过战略合作协议。各级领导关心支持中国华融转型发展的情景、支持鼓励我努力办好企业的期望始终是我工作激情与动力的重要源泉。

在跟地方政府谈合作组建机构的时候，我常说"地方政府你们不求所有，但求所在"，有"三权"华融必须把握，那就是控股权、冠名权、干部任命权。除此之外，注册地在地方，交税在地方，就业在地方，支持经济发展也在地方。尤为难忘的是，在湖南省委省政府及湖南银监局的大力支持下，中国华融拿下了四大金融资产管理公司旗下第一张商业银行牌照，成功重组湖南"四行一社"，仅用 7 个月时间就再造了一家全新的、甩掉历史包袱、充满生机活力的区域性商业银行——华融湘江银行。华融湘江银行的组建，艰辛而不易，创下了中国金融史上多个第一：第一家由资产管理公司发起设立银行；第一家由企业控股"以注册地换控股权"的银行；第一家发挥不良资产处置专长、以打包方式剥离"四行一社"不良资产、使新银行"轻装上阵"的银行。我们创造性地提出成立华融汇通资产管理公司，承接和处置"四行一社"不良资产，有效隔离并化解风险。华融湘江银行自 2010 年 10 月 12 日开业以来，立足"小、精、专、新、特"定位，分支机构已覆盖湖南 14 个市州，立足湖南、依托湖南、服务湖南、支持湖南，目前资产总额达到 3083.95 亿元，是成立时的 8.33 倍，累计实现利润 158.74 亿元，上缴利税 158.89 亿元，不良贷款率仅为 1.289%，拨备覆盖率高达 170.41%，主要指标均优良稳定，在全国城商行的排名中已经跃居前列。基于中国华融和华融湘江银行近年来支持湖南经济发展做出的贡献，2013 年 1 月 13 日，我在湖南省十二届人大一次会议上高票当选十二届全国人大代表，成为我国金融资产管理公司 1999 年诞生15 年以来的首位全国人大代表。我知道，这不仅是我个人的巨大荣誉，更是给予中国华融集体的荣誉，也是湖南人民和社会各界对中国华融和华融湘江银行工作价值的充分认可和高度评价。我特别感谢湖南省委、省政府、省人大和湖南全体人大代表、湖南人民给了我这一崇高荣誉，唯有恪尽职守把工作做好才不会辜负湖南人民的信任与重托！

3. 提出国有企业做强做优做大的 12 项指标体系

我的一大特点是喜欢思考、善于总结。习近平总书记作出关于"做强做优做大国有企业"的重要指示，要求国有企业要坚持有利于国有资产保值增值、有利于提高国有经济竞争力、有利于放大国有资本功能"三个有利于"的方针，不断做强做优做大，第一次为国企确立了改革参照系和判断标准，为深化国企改革提供了目标指向、实践依据和检验标准。看到总书记的这一重要指示后，我就开始思考如何以"三个有利于"为引领，结合公司市场化转型八年来的实践，为做强做优做大国有企业探索出一套科学有效的指标评价体系。经过深思熟虑，我提出了国有企业做强做优做大的 12 项指标体系。

做强：就是要在社会上有实力，有抵御风险能力，有品牌，有责任。做强的指标包括"利润、风险、品牌、责任"，利润是实力，风险是保障，品牌是形象，责任是担当。

做优：就是要提升发展质量和核心竞争力。做优的指标包括"结构、竞争力、质量、可持续"，结构是手段，竞争力是核心，质量是生命，可持续是目的。

做大：不仅要在国内做大，而且要在全球做大。做大的指标包括"规模、影响力、市场占有率、行业排名"，规模是大小，影响力是强弱，市场占有率是高低，行业排名是前后。

2017 年 3 月 2 日，我在《人民日报》发表署名文章《以"党建 +"做强做优做大国企》，结合国企党建工作系统阐述了我的这一理论思考，社会反响很好，好几位央企的负责人主动打电话给我，说看了这篇文章深受启发。

二、中国华融战略大转型的定位：专业的资产经营管理者，优秀的综合金融服务商

"却顾所来径，苍苍横翠微。"今天的中国华融已经成为一家以"专业的资产经营管理者，优秀的综合金融服务商"为定位的大型国有资产管理公司和金融控股集团。中国华融能发展到今天，的确是走了一条充满曲折的发展之路。艰难困苦，玉汝于成，是中国华融完成战略大转型的生动写照。

1. 不辱使命的昨天——政策性"坏账银行"，关键时刻发挥了金融"安全网"和"稳定器"的重要作用

1997 年，一个注定将在世界金融历史上留下重要一笔的年份。这一年，以索罗斯量子基金为首的国际游资瞄准亚洲各国脆弱的银行体系和不完善的金融制度，大肆做空各国汇率，以摧枯拉朽之势横扫亚洲各国，所到之处一片狼藉，数十年的发展成果毁于一旦。深陷危机的亚洲各国也成为我国反思自身金融体系的一面明镜。其时，我国金融体系与深陷危机的亚洲国家一样问题重重，甚至更为严重。据中国人民银行公布的资料显示，我国银行体系 1997 年末不良贷款率为 25%（按五级分类标准）左右，其中呆滞、呆账贷款率高达 8%，整个商业银行系统的不良贷款率相当于所有者权益的 4 倍，意味着中国的银行可以整体破产 4 次了，这样的不良贷款率不仅高于中国人民银行规定的警戒线，也远远高于泰国银行、马来西亚银行等爆发金融危机的亚洲国家银行，外国断定中国的银行业已经在技术上破产。在此背景下，党中央、国务院决定成立四家金融资产管理公司，作为政策性机构分别负责收购、管理和处置中国工商银行、中国农业银行、中国银行和中国建设银行四家国有

商业银行的不良资产。

中国华融成立后，先后两批承接了工商银行大规模剥离的不良资产。其中，2000 年中国华融按照账面价格政策性收购了中国工商银行 4077 亿不良贷款，涉及债务企业 7.2 万户；2005 年受财政部委托又接受了工商银行股改剥离的损失类贷款 2460 亿元，涉及债务企业 5 万多户；此外，还商业化收购了数笔不良贷款，最大一笔达到 226 亿元，前前后后总共处理了 6800 多亿的不良资产，占到了四大金融资产管理公司处置不良资产总额 1.39 万亿的一半左右。与此同时，中国华融在 2000 年还从工商银行对口接收了 505 户债转股企业，涉及金额 1096 亿元；2004 年、2006 年又先后接收了第一批、第二批军工和有色债转股企业 61 户，涉及债权金额 86 亿元。

中国华融开始不良资产处置业务的时候，一方面我国经济体制在转型过程中，制度不健全、市场不成熟，债权债务关系异常复杂，资产界定不明晰，甚至很多企业贷款记录都不全；另一方面不良资产处置没有可以借鉴的成功经验，一切全凭自身摸索，可以说是边干边学。尽管面临种种困难，中国华融为了最大限度地回收资产，减少损失，积极借鉴国外资产管理公司的成功经验，在监管部门许可的业务范围内，结合国内不良资产处置实际情况，总结出了一套比较科学和有效的尽职调查技术及方法，建立了一套适合中国国情的资产定价模型，培养了一支管理和处置不良资产的专业化人才队伍。特别是，在不良资产处置过程中，中国华融大胆探索，积极创新，努力探索符合中国国情的多元化的资产处置方式，创造了多个"第一"，包括：举办国内第一桩不良资产的网上拍卖交易和债权资产拍卖交易；第一次采用资产处置公示制这一比较适合我国国情的公开化处置方式；第一次按照国际惯例成功操作不良资产处置国际招标活动；成功运作我国资本市场第一只由金融资产管理公司作为主承销商的股票发行上市项目；第一次利用资产证券化和信托的基本原理推出了不良资产处置信托项目。

中国华融的工作有力地支持了工商银行财务状况的改善和盈利能力的提高，为工商银行的股改上市做出了重要贡献。同时，以推动国有大中型企业改革发展为宗旨，充分发挥债转股这一模式的优势，中国华融帮助部分国有大中型企业从财务负担沉重的困境中解脱出来，转换了经营机制，促进了国有企业建立现代企业制度，增强了企业的活力和市场竞争力，使大多数债转股企业的面貌焕然一新。除此之外，在国务院的直接关心和有关部门的大力支持下，中国华融还成功处置了"中国新技术创业投资公司"和"德隆系"两次企业经营危机，有效化解了系统性金融风险。可以说，在政策性时期，中国华融全面完成了政策性资产处置任务，在支持国有银行改制发展、支持国有企业转型脱困、防范化解金融风险方面发挥了重要的作用，起到了"安全网"和"稳定器"的重要作用。

2. "十年大限"之困——在夹缝中求生存，在迷茫中谋转型，在困难中促发展

2009 年，金融危机再次肆虐全球，远较 1997 的亚洲金融危机严重，中国也受到了严重影响，但中国金融业却"风景这边独好"，中国工商银行在姜建清同志的带领下已经成为全球规模和市值最大的银行。而当时的中国华融虽然脱胎自工商银行，却困难重重、步履维艰：总资产仅有 350 亿元，净资产只有 156 亿元，集团总利润只有 4.03 亿元且主要来自租赁、信托等 4 家子公司，抗风险能力弱，拨备严重不足仅 8.6 亿元，全国 32 家分公司（营业部）有 25 家连续几年严重亏损，历史遗留业务案件 169 个，员工结构严重老化，平均年龄达到 50 岁。公司商业化转型刚刚起步，基础较差，困难重重，压力巨大。

当时严峻的形势，我形象地将其比喻为"在夹缝中求生存，在迷茫中谋转型，在困难中促发展"。生存、转型、发展，我第一次感觉到搞企业沉甸甸的压力。到任第一天，看着台下员工迷茫又充满热切期盼的双眼，面对中国华融这样一家在中国经济面临危机时勇挑重担，帮助了众多困难企业、化解了众多不良资产、拥有不辱使命的昨天的公司，我下定决心，一定要为华融找到一条转型的路，哪怕是带领大家杀出一条血路。

3. 道路决定命运——办成"真正的资产管理公司"，走现代金融控股集团之路

要掌握未来，就必须准确把握未来发展趋势。放眼全球，综合经营是金融业大势所趋，也是中国金融机构转型发展的现实选择。本轮金融危机以来，中国经济下行压力加大，实体经济经营困难。经济决定金融，在这样的经济环境下，各金融机构日子也不好过，利率市场化下贷款利率下浮、存款利率上浮趋势十分明显，商业银行最低贷款利率已经降低到保本点附近，比拼利差的恶性竞争很难奏效。为适应市场竞争和客户多元化需求，分散风险并探索收入多元化，利用自身规模和客户资源优势谋求转型、进军综合金融市场成为各大国有银行和股份制商业银行的共同选择。工行、中行、建行、交行几大国有银行巨头均不约而同地将转型方向定义为"综合金融服务商"。这一方向是对的，因为，解决中国金融问题的关键在于市场呼唤的"更切中要害、更周到、更雪中送炭"的综合金融服务。无疑，金融资产管理公司巨大的逆周期风险对冲价值将得到更多关注。

由于历史原因，资产管理公司业务一直局限在金融不良资产处置的狭窄范围，盈利模式较为单一且难以持续，支持实体经济的功能受到制约，还不是"真正的资产管理公司"。因此，扩大金融资产管理公司业务范围，允许开展金融不良债权和正常债权、非金融不良债权和正常债权等四大类

业务，开展央企国企资产、政府平台贷款、政府一般性资产、军队特殊资产等各类债权资产、股权资产和实物资产的收购处置业务，发行理财计划或受托管理基金等，充分发挥"资产处置、资产经营、资产管理、财富管理"四大功能。正如邓小平同志在改革开放之初提出的"把银行办成真正的银行"，我们要努力把资产管理公司"办成真正意义上的资产管理公司"。

我清楚地意识到，中国华融有资产管理的专业牌照、专业技术、专业队伍，还有旗下金融牌照子公司，可以搞金融控股集团，发展综合金融业务。基于上述思考，我把中国华融定位于"综合金融服务商"，加快向多元化综合金融控股集团转型。经过全体华融人的努力，中国华融已经搭建起以总部为主体，全国33家分公司（营业部）和旗下30余家控股子公司为两翼的"一体两翼"战略构架，服务网络遍及全国30个省、自治区、直辖市和香港、澳门特别行政区，实现不良资产经营、金融服务、资产管理和投资三大业务板块协同发展，成功构建"跨周期运营"的独特商业模式，能够提供资产经营管理、银行、证券、信托、租赁、基金、期货、投资、置业等全牌照、多功能、一揽子的综合金融服务。有家中央权威媒体将今日之中国华融形象地比喻为一艘乘风破浪的金融资管航母。

三、圆满完成"五年三步走"发展战略

2009年年初，围绕中国华融转型发展"专业的资产经营管理者，优秀的综合金融服务商"定位，我提出了"五年三步走"发展战略。具体来说，一是实施"大客户"战略，彻底走市场化路子；二是推进战略性转型，走市场化、多元化、综合化、国际化的现代金融企业发展路子；三是改制、引战、上市，实现公司又好又稳可持续发展。实践证明，这是中国华融实现科学可持续发展、不断做强做优做大的正确道路。

初到华融时，呈现在我眼前的景象是，公司商业化转型刚刚起步，虽然前十年的经营打下了一些基础，但商业化发展成果不理想，绝大部分分公司亏损严重，经营困难重重。显然，这是一块正处在商业化转型时期的"烫手山芋"，也是一块难啃的"硬骨头"。把准脉，才能下对药。经过一个多月的深入调研，我初步形成了一套华融改革的完整思路，并及时向当时还兼任华融党委书记的姜建清同志沟通汇报，建清书记非常支持我的工作，鼓励我放手干。于是，我与班子其他成员统一思想，与各级员工广泛座谈、充分听取意见。在调研中，我反复强调，华融的转型在国内外都没有成熟经验可借鉴，回归工商银行已不可能也不现实，靠天靠地不如靠自己，我们必须横下一条心，破釜沉舟、背水一战，蹚出一条市场化创新转型的新路子来。

思路决定出路。2009年2月底，我便要求召开公司全系统年初工作会议。会上，我果断决定：公司转型方向问题不能再无期限讨论下去了，必须尽快明确方向，并付诸行动。我们可以"远学工行、近学信达"，虚心向它们学习先进经验，学习如何走现代金融企业发展道路，同时不断实现自我革新、自我超越。在那次会上，我们明确了华融商业化转型发展的"五年三步走"发展战略。"五年三步走"战略提出后，极大地振奋了公司上下，树立了转型发展的决心。但也有一小部人心存顾虑，认为这么短短几年，能使一个几乎大部分亏损的公司实现上市吗？面对质疑，我充满信心地回应，"五年三步走"战略浓缩了华融人对商业化转型的期许和华融人的智慧，体现了华融人对中国经济、社会发展的深刻理解和把握，深深扎根于我国的现实国情、行业的发展趋势和公司的实情等实际情况。一方面，这个战略科学分析和把握了作为"安全网"和"稳定器"的金融资产管理公司在中国经济和金融体系中的重要地位，深刻认识到在新环境下，金融资产管理公司大有可为。另一方面，这个战略是华融领导班子在经过广泛、深入的基层调研，掌握第一手资料的基础上，结合群众的呼声提出的，有坚实的基础和充分的依据。后来几年，华融的跨越式发展实践也有力证明，这个引领华融实现科学可持续发展的战略是十分正确的，是符合华融实际发展需要的。

1. 第一步：实施"大客户"战略，彻底走市场化路子

有了明确的路线图和时间表，公司怎么才能按这个路线图走好每一步，最终实现总目标？这是摆在每一位华融人面前的重大考验。实施"大客户"战略，彻底走市场化路子，就成为了中国华融首先要走好的第一步。

做企业的都知道，客户是企业的衣食父母，是企业的"上帝"，是企业的利润来源，其中企业 80% 的效益又来源于 20% 的重点客户。作为一家大型国有非银行金融机构，我们深深感到，华融在商业化转型的关键时期，特别是未来的发展，如果没有客户的支撑，没有客户的基础，没有客户的合作，华融转型就是无水之源，无本之木，就得不到发展。于是，华融制定了向具有战略资源的大客户实施品牌营销的大客户战略，向大客户提供一揽子金融服务，打"业务组合拳"。为此，华融还专门成立了客户营销部。

万事开头难，从"给米做饭"到"找米下锅"，最初的市场营销是艰难的。从事了十年政策性不良资产处置的华融，业务相对单一，随着政策性不良资产处置完毕，很多办事处无事可做，公司业务萎缩，市场中逐渐没有了华融的声音。与此同时，地方政府、社会各界对华融的品牌认知度以及开展业务种类的了解程度也相对较低，一些分管金融的省、市领导甚至不知道地方华融分支机构的存在。因此，在市场营销中，处于商业化转型初期的华融人，总要面对各方怀疑的眼神和质疑的询问。即使是原来同在工商银行工作的同事和老朋友，对华融推行大客户战略、主动开拓市场

营销客户的第一反应也是"你们的资产不是都处置完了吗？现在还有什么可做的？""你们还要去市场找什么客户？"

正是在这样的质疑声中，华融目标明确地开始推行大客户战略，变"坐商"为"行商"。我首当其冲，从我做起，把自己定位为中国华融的首席市场营销官，每年都要飞30多万公里，相当于一年绕地球七八圈，走了30多个省市区，人不歇脚、马不停蹄，身先士卒、亲力亲为，凭着干事的激情和办好华融的责任，每到一地，都是通过多年金融工作积攒的人脉，凭借华融的品牌去拜访地方党政领导，宣传华融的理念和发展情况，向地方政府沟通汇报，取得支持。在我的示范效应下，其他党委成员也积极转变工作作风，深入基层拼命干，以此带动全系统工作，把上下"搅动"起来了。各基层单位的一把手也都亲自担任本单位"首席客户营销官"，放下身段、深入一线，亲自到政府、企业开展客户营销。

作为"五年三步走"战略的第一步，大客户战略的实施有效激发了华融上下的市场化意识和开拓市场的活力，在没有经验可借鉴、没有客户基础可支持的情况下，通过创新客户营销激励机制、创新客户交流形式、创新客户营销策略、创新客户分类管理、创新客户信息管理和创新客户营销渠道，公司上下的市场化意识不断提升，观念发生明显转变，实现公司客户总量和大客户收入贡献稳健增长，客户结构进一步优化，实现各分子公司市场做宽、业务做大、可持续经营的良好局面，推动华融走出了一条"以大客户为中心，提供综合金融服务"的市场化转型之路。

2. 第二步：推进战略性转型，走市场化、多元化、综合化、国际化的现代金融企业发展路子

在夯实客户基础、经营取得良好业绩的同时，我们也清醒地认识到，在当前经济新常态下，公司发展一定要积极适应新常态、寻找新动力、实

现新发展，才能实现可持续发展。因此，实施"五年三步走"战略以来，华融一直在不断加大转型发展力度，在服务实体经济、支持经济转型升级中迈向了市场化、多元化、综合化和国际化的良性快速发展快车道。

市场化发展是华融从 2006 年开始一直在探索的发展路子。当时的商业化转型，虽然取得了一定的效果，但基础相对薄弱。我到华融后，看到这个局面，心里很着急，外部环境日新月异，行动得晚，商机就会白白流失，必须尽快明确公司市场化发展道路。为了抢在商机前面做好充分的准备，进入华融后，我带领公司进行改革创新，一定要把公司市场化永续发展打开局面。首先是把大家"等、靠、要"的思想观念扭转过来，使公司上下在商业化转型发展等重大问题上达成广泛共识，并提出"听党的话，跟政府走，按市场规律办事""发展是硬道理，是第一要务；风险是硬约束，是第一责任；利润是硬任务，是第一目标"等一系列朗朗上口的经营理念，让大家入耳、入脑、入心、入行动。其次，统筹安排，让大家都行动起来，加快政策性业务的扫尾工作，比较干净彻底地结束了过去的政策性业务，为华融全面转向商业化业务打好基础。再次，我作为"总舵手"，带领大家将华融这条"大船"全力转向商业化业务方向。我在公司各种场合，各类会议上，不断提振大家的信心，让大家相信华融不仅能够做商业化业务，而且完全可以让商业化成为公司长远永续发展的业务基础。同时，对于表现好的分公司，公司党委还给予特别表彰和物质奖励，并在公司系统内树立榜样，发挥"领头羊"的作用，充分调动起大家比学赶帮超、你追我赶的精气神。这些为公司走好现代金融企业发展路子奠定了坚实基础。

3. 第三步：改制、引战、上市，实现公司又好又稳可持续发展

事实上，早在 2007 年公司就已着手研究改制上市的问题，但由于外部政策环境不明朗，所以对于上市的时间和模式一直没有形成明确的方案。

我来到华融后，深刻意识到，随着中国利率市场化、金融脱媒、泛资产管理行业竞争日趋激烈，华融只有通过改制、引战、上市，实现战略性转型，未来才能实现可持续发展，这对公司未来发展具有重要的战略意义。一方面，公司通过上市可以大量补充资本，通过增发、发行公司债、可转债等多种金融工具扩大融资规模，从而显著提高公司的整体融资能力，并有效降低融资成本。另一方面，上市将有利于提升公司的内部管理水平，以及品牌形象和知名度，从而使华融获得更大的发展空间。与此同时，我也深知，对华融来说，实现上市也意味着将面临更为严格的监管、信息披露和市值管理等挑战。但要实现公司的华丽蜕变，我们就必须迎难而上、知难而进。

目标确定、航向确定。此时此刻我挺身而出，掌总舵、负总责，带领公司上下齐心协力，开始步步为营，稳步奏响"改制—引战—上市"三部曲。2012 年 10 月 12 日，经国务院批准，股份公司正式挂牌成立，标志着华融由政策性机构向完全市场化经营的现代金融企业彻底转型。2014 年 8 月 18 日，公司在原股东财政部保持控股、中国人寿增持的基础上，成功引进美国华平集团、中信证券国际、马来西亚国库、中金公司、中粮集团、复星国际、高盛集团等 7 家新的战略投资者，融入资本 145.43 亿元人民币，实现了对"国有＋国企＋外资＋民营"混合所有制的有益探索，引战规模、战投数量、价格、释放股比创同业新高，有效增强了公司资本实力和治理能力，为公司上市奠定了坚实基础。

成功引战后，我们又迅速启动上市，专门成立了上市领导小组，组建了上市办公室。2015 年 10 月 30 日上午 9 点 30 分，我在香港联交所"铛……"的奋力一击，在敲响了中国华融 H 股开市第一锣的同时，也一举创下香港 2015 年下半年最大 IPO。中国华融的成功上市，标志着公司"五年三步走"发展战略的圆满收官，标志着公司由非上市公司向公众上市公司的成功转型，标志着公司开启市场化、多元化、综合化、国际化新征程。

四、成功实现"四大转型"

"五年三步走"发展战略是我带领华融实现蜕变的第一个"五年计划"。随着"五年三步走"发展战略的完美收官，中国华融已经成功实现了我当初所构想的四大战略转型任务，即由政策性机构向市场化企业转型，由传统单一业务向现代综合业务转型，由非上市公司向上市公众公司转型，由国内业务为主向国内国际业务并重转型。

1. 由政策性机构向市场化企业转型

2006 年以来，中国华融各家分公司都退出了不良资产处置市场，只围着租赁、信托、证券、融德四家子公司做一点通道业务，不但市场没打开，还"自废武功"，逐渐淡出了不良资产主业，陷入迷惘彷徨。莫斯科不相信眼泪，市场也不相信眼泪，"弱肉强食、适者生存"是生存法则，更是市场铁律。我国金融机构林立，对中国华融这样的公司来说，我们前有五大国有银行，后有各类中小型区域性银行，左右又有证券、保险等其他金融业态，市场竞争可谓十分激烈，唯一的对策就是加大市场化转型。在我的推动下，各分公司在市场上大力开展不良资产商业化收购，改变简单的"收购＋处置"一卖了之的传统做法，向"收购＋重组""结构化投融资＋管理"的长线经营转型，以增量盘存量、以时间换空间，用股债结合、产融结合的长线打法，实现资产沉淀后价值的提升和再造。同时，为了充分挖掘不良贷款中抵押的土地资产，2009 年年初我又组建了华融置业地产公司，用"存量＋增量"，实施"金融＋实业＋地产＋重组"等一系列创新业务，把产业链、服务链、增值链加长，实现国有资产保值增值，取得了很好的效果。

2. 由传统单一的业务向现代综合性业务转型

在做强主业、实现市场化转型之外，我思考最多的就是如何能够充实资产管理公司内涵，扩大业务范围，彻底改造我国金融资产管理公司的发展生态。华融在成立的前十年中，严格意义上不能称其为资产管理公司，只能叫不良资产管理公司，通俗讲就是"废品收购站"。这十年间华融主要就做了"废品收购"这一件事，就是从工商银行的 6800 亿不良贷款中淘金。而我要把华融的业务变成银行、证券、信托、基金、地产等一揽子现代综合性业务，走综合金融控股集团的路子。

从金融市场看，中国经济增速尽管减缓但仍保持在合理区间、中高速水平，经济发展的巨大潜力没有变，工业化、信息化、城镇化加速发展态势没有变，经济结构转型、传统产业调整升级和战略新兴产业发展的方向没有变，而居民收入持续增加、消费和内需逐步启动，以债权融资、直接融资、金融衍生品等工具创新和以承销、咨询、理财、财务顾问等业务创新为特征的多层次资本市场建设方兴未艾。经济增长的潜力和金融市场的深化，为金融机构开展多元化综合金融服务创造了巨大的需求，提供了广阔的运作空间和丰富的金融手段，中国华融旗下各类投行业务均面临发展机遇。这些都为公司由传统单一的业务向现代综合性业务转型提供了可能。

3. 由非上市公司向公众上市公司转型

上市是一种高度，更是一种选择。我们看那些国际知名的金融机构，如高盛集团、黑石集团，尽管最初选择并不是上市，但经过多年发展最终仍选择了上市之路。放眼国内，包括工、农、中、建、交等国有商业银行在内的大型金融机构，在改制上市后都进入了发展快车道，市值一跃跻身国际同行前列。许多经验表明，尽管上市会增加管理成本、延长企业决策链条，但上市带来的规范公司治理、增强资本实力、提升企业品牌价值和知名度等正能量，将为公司长期可持续发展带来长久动力。

中国华融成功上市，是公司发展历程中的点睛之笔，成功实现了由非上市公司向公众上市公司的战略转型，但这一过程并没有预想的顺利。2015年上半年，境内外股市气势如虹，上半年在港发行的金融类公司都获得超额认购，形势一片大好。可好景不长，紧接着股灾来袭，股市掉头急转直下，前期与华融沟通良好的国内外投资者都开始犹豫，成功上市的难度大增，原定的上市日期被迫推迟，全球路演也被暂缓启动。经过一番等待后，我决定"即使冒着枪林弹雨也要冲出去"，因为华融就像是我自己的孩子一样，我心里非常清楚它是好还是丑，我坚信一定能发出去，这份坚定既源于我对中国华融良好业绩的自信，也源于我对市场走势的准确判断。2015年10月15日，我带领高管团队开始上市路演，覆盖中国香港、新加坡、伦敦、纽约四大国际金融中心的众多机构投资者。最终路演期间的总订单，实现了13倍以上的超额认购！

4. 由国内业务为主向国内国际业务并重转型

2013年，在中国华融完成股改后不断做强做大国内业务的同时，我也在思考由国内业务为主向国际业务并重的国际化转型。因为我深知企业发展如逆水行舟，不进则退。中国华融在已有基础上，如何向更强更优更大方向迈进？逐梦前行，首在把舵导航；转折关头，考验着决策者的智慧、勇气和担当。当时的大背景：一是国家积极推动"一带一路"建设，为中国企业"走出去"提供了新视野、新思路与新机遇，中国华融作为央企，有责任为中国企业在国际市场上给予支持；二是中国华融自2009年以来快速发展，综合实力上了个大台阶，已成为国内金融资产管理公司中的翘楚和龙头，初步具备了发展跨境业务的基础，企业参与国际竞争的条件基本成熟；三是自 2008 年国际金融危机以来，各国争先恐后向市场注水，国际市场资本充沛，资金成本低，国际市场出现了投融资洼地。这对于身处竞争日趋激烈的市场环境下的企业来说，开拓国际市场的蓝海就成为一个必然选择。

因此，我提出中国华融要加快国际化转型，开拓国际业务，努力构建"政府推动、企业主导、金融支撑、市场运作""四位一体"的海外投资服务体系，加快打造"立足港澳台，服务大中华，对接国家'一带一路'，内外联动"的国际化战略新格局。为了实现这一战略，华融一方面在国际市场上打响品牌的知名度，另一方面在国际资本市场上加大投融资和经营力度，培育利润增长极，推动公司国际化转型不断开花结果。

五、华融科学发展观：大发展小困难，小发展大困难，不发展最困难

改革开放总设计师邓小平同志早在 1978 年改革开放之初就明确提出"发展是硬道理""解决中国所有问题的关键是靠自己的发展"，我对此感同身受。华融面临的问题也是如此，长期从事政策性业务形成思想观念陈旧、市场化程度低、经营业绩低迷的实际困难，需要振奋精神，加快发展，才能缩小与先进金融机构的差距，才能切实履行好国有资产保值增值的责任。于是，我提出要迎难而上，切实增强生存危机、可持续发展危机、尊严危机等危机意识，在发展中解决矛盾和问题，提出"大发展小困难，小发展大困难，不发展最困难"的中国华融科学发展观，逼着自己和全体华融人置之死地而后生。

1. 以市场为导向、以客户为中心、以盈利为目标

一个企业没有利润谈不上发展，生存都成困难；一个企业利润太少没有核心竞争力、没有话语权，终究会被市场淘汰出局。2009年年初，我到中国华融做的第一件事就是下达年度利润计划。大家觉得压力很大，过去华融搞政策性经营从来没下过利润计划，干多少算多少，搞商业化经营"两眼一抹黑"，迷茫无从下手。我说，同志们要统一思想、坚定信心、迎难而上，在下达年度利润计划这个问题上分公司、子公司都不许有杂音，不能等靠要，不要有幻想，必须下利润计划，而且必须完成利润计划。当时我态度异常坚定，毫无退路。记得在中国职工之家饭店开了三天会，晚上我和党委成员一起，分工负责，每人包片3—5个省，一个一个谈，公司领导和大家捆在一起干，一人带3—5个分公司，要求大家把任务背回去。2009年我当年给全系统一共只下了5.3亿元的利润计划，没太多大道理，财政部给我们100亿元资本金，按经济学常识，资本回报起码要10%到13%，我们基础差，几年发展都是大部分分公司亏损，达不到最低资本回报状态。当时全系统员工发工资一年要5.2亿元，我先下5.3亿元利润计划，首先"自己养活自己"，再说其他的。我给大家讲：我老家江西瑞金路边一个卖茶叶蛋的老太太，一年都要赚个八千、一万块钱，我们拿着国家100个亿的资本金，拿着国家的金融牌照，拿着国家发的工资，还连年亏损，实在太说不过去了。华融这支队伍还是好样的，我和党委一声令下，不管有多大压力、多大困难都把任务背回去了。2009年上半年，果然不负我的希望，完成5.6亿元利润，只半年就把全年的任务完成了，同志们很振奋，队伍打出了信心。到年底，全年完成利润8.21亿元，比2008年4.03亿元利润增长了104%。旗开得胜，效果很好。我到华融工作第一年就初战告捷，马到成功，取得了较好的经营业绩，实践证明，我和党委的决策完全正确。

2. "激活休克鱼" 策略带动满盘皆活

观念是行为的先导，企业观念创新对于企业的创新行为具有重要的导向作用。中国华融从政策性金融机构转向市场化运作模式，我的一个重要体会是改变员工思想观念是最难的，这需要一个过程，但也是最值得的，是我倾注心血最多的。2009 年以来，我提出的一系列有效管用的市场化发展新理念，引领着中国华融"思想观念大转变"。在中国华融商业化转型初期，公司上下政策性机构的思维惯性还很强烈，习惯性地因循政策性业务资产处置阶段的思路思考问题。由于政策性业务处置基本完成，很多办事处没有事情可做，迫切需要大刀阔斧的改革，改变这种情况，引入市场化理念。

2009 年我到任后，在短短半年不到的时间里，就基本跑遍了分布全国各地的全部办事处（分公司），深入了解公司实际情况。经过全面考虑，我和党委选择了"激活休克鱼"策略，要充分利用榜样的力量，第一刀便挥向了连续四年亏损的广州办事处。广东办事处连年亏损，当时我在广东调研，主管金融的省市领导居然不知道中国华融还有分支机构设在这里，我当时向广州办事处抛出四个问题：为何其他金融机构都在广东、深圳赚钱，华融却在亏损？广州办事处有没有存在的必要？接下来，要怎么办？如果继续亏损，是否干脆撤销广州办事处这个分支机构？我请广东办事处的领导和职工一起跟我反思。事实上，我怎么可能轻易放弃经济最活跃省份的市场机会，现在需要做的工作是"换脑袋、抓队伍、调资源"。为此，我从平安银行挖来一位副行级的"老银行"周伙荣同志，带队打拼市场。广东办事处领导班子一调整，效果立即显现，2009 年当年就扭亏为盈，第二年更是实现利润 1.33 亿元。办事处从倒数第一一跃成为中国华融最赚钱的办事处。广州办事处的"咸鱼翻身"，极大地刺激了其他分支机构的急速成长，全系统形成了一个巨大的合力，推动中国华融商业化利润连年大幅增长。

3. 稳健型经营、集约式增长、可持续发展

中国华融之所以能在较短时间内取得较好的成绩，原因就在于充分认识到"发展"仍是解决所有问题的关键，发展是中国华融的"硬道理、主旋律"，发展才能自强，中国华融所有问题都要在发展中解决。我提出，中国华融的科学发展观有"三个内涵"：

一是稳健型经营。企业要想走得远，首先必须走稳。要准确把握"稳中求进"的发展总基调，既要稳，更要进。不稳难以持续发展，不进难以保持稳定。要着眼于"稳"，立足于"进"，稳字当头，以稳求进，以进促稳。

二是集约式增长。中国华融要转变增长方式，坚持走集约化发展之路。要坚决摒弃粗放式增长、外延式扩张的发展模式，规模大不等于竞争力强，利润高不等于机制好，不能靠单纯规模扩张促发展，而要调整增长方式，优化盈利模式，提升市场需求大、资金投入小、收入稳定、风险可控的中间业务的比重，将利润增长方式由主要靠大规模资金投入，转向用脑子赚钱、用智慧赚钱、用眼光赚钱、用人脉关系赚钱、用创新金融工具赚钱、用公司的特殊业务功能赚钱，将业务结构由资金规模驱动型向资金杠杆撬动型转变。

三是可持续发展。中国华融需要的发展是科学的，不是盲目的；是可持续的，不是短暂的。只有坚持"听党的话，跟政府走，按市场规律办事"，讲政治、顾大局、看长远，准确把握金融服务实体经济的大方向，才能实现自身的可持续发展。华融要发展，就要贯彻国家产业政策，将国家宏观调控和产业结构调整政策纳入中国华融的中长期战略规划和经营计划中去，实现公司业务经营政策与国家产业政策的有机统一，在支持实体

经济发展中开拓新的业务领域，充当支持实体经济发展的生力军；要坚持长期经营、精雕细琢，以时间换空间、以增量盘存量、化不良为优良，避免债权、股权一卖了之，"靓女先嫁"，在促进客户发展中为自己争取长远发展空间，真正形成可持续发展的良性循环。

六、强势回归资产管理主业，八年再造 11 个中国华融，发展成为中国最大的资产管理公司

主业是根基。在激烈竞争的金融市场中，一家公司失去主业，就失去了安身立命之所，也就失去存在的价值。作为一家资产管理公司，中国华融必须做"专业的资产经营管理者"。2009 年，我提出"强势回归资产管理主业"，成立了资产经营事业部，专司资产管理主业。八年时间里，中国华融的资产管理主业不仅业务规模和收入持续大幅增长，形成了一批具有高附加值和可复制的金融产品，彻底解决了分公司和营业部的生存问题，而且为公司圆满完成"改制—引战—上市"三部曲、讲好"华融故事"奠定了坚实基础。

1. 只要有资产管理的市场，就要有中国华融的声音；只要有资产管理的人才，就要有中国华融的团队；只要有资产管理的经验，就要有中国华融的成功案例

2009 年我刚刚来到中国华融时，政策性处置任务已接近完成，金融资产管理公司主业的核心价值看似要消亡了，整个行业也似乎渐渐失去了存在意义，要在形体上，或者实质上消失了。在政策性时期，不良资产业务更像是完成一项按部就班的、既定的任务，我们的干部员工只要按程序办事、守住道德风险就好，而从不去思考存量处理完了，下一步做什么，

怎样创新、怎样让华融发展得更好更快、怎样为国家创造更大价值。

凭着 20 多年金融宏观政策设计和管理工作经验，我敏锐地观察到，中国经济不可能长期保持两位数增长，增速回落后银行业不良贷款余额及比例将温和上升，非金融企业应收账款会持续增加，金融资产管理公司不良资产主业面临着重大历史性机遇。同时，国家加快化解产能过剩、地方债务风险，推进产业结构转型升级，金融风险分布点增多，行业覆盖面更广，金融资产管理公司收购业务、问题企业重组业务、债转股企业经营机会将显著增加。此外，社会资金供应和需求期限偏好错配，流动性收紧，以"收购＋重组"为代表的金融资产管理公司核心业务作为管理流动性风险的工具，市场空间十分广阔。中国已进入"大资管时代"，资产管理市场"百花齐放"，既有不良资产的处置，又有优质资产的经营和管理，特别是社会财富管理市场潜力尤其巨大。

我敏锐地判断并把握形势，心中有了答案，金融资产管理公司一定要先做好"专业的资产经营管理者"，不良资产管理是中国华融的核心价值所在，绝不能因政策性阶段的结束而丢掉！要以"专业的资产经营管理者"为定位，充分发挥不良资产经营业务优势，着力开展真正的资产管理业务，引领主业进一步做强、做优、做大。

2. 一举拿下中国不良资产市场的"半壁江山"

客观说，2009 年时华融各家办事处基本淡出了主业，集团内租赁、信托、证券等牌照业务发展得还是不错的，可以说是子公司赚钱、分公司亏钱，几家子公司在养着全集团。"放着多金融牌照的捷径不走，偏要在不良资产这里开荒种地？"大家一开始多多少少有点不理解，但基于对党委的信任，经营团队坚决执行了党委强势回归主业的决策。

正如我的分析和判断，经济新常态下，商业银行不良资产率持续上升，为中国华融带来新一轮历史性机遇。中国华融在不良资产领域深耕十余年，绝对不缺做不良资产的行家里手，短暂的迷茫只是因为缺乏战略的引导。现在方向明确了，大家干起来就有奔头了，工作也更有劲了，用"五加二""白加黑"的牺牲奉献精神打开了一片新天地。经过总部和分公司的共同努力，公司不良资产主业发生了巨大的变化，2014—2016 年商业化收购不良资产达到 10441.99 亿元，超过万亿；三年来累计中标商业银行不良资产包规模近 5000 亿元，其中，2014 年中标 400 多亿元，2015 年中标 1700 多亿元，2016 年中标 2700 多亿元，年均增长率超过 150%，市场占有率保持在 30% 以上，2016 年市场占有率更是超过 50%，一举拿下中国不良资产市场的"半壁江山"，不良资产主业已经真正成为中国华融的核心竞争力和一张名片。

3. 创新引领行业发展，各项核心指标全面"领跑同业"

回顾中国华融 2009 年至今资产管理主业的超越发展，始终没有离开过业务范围和产品的创新。我们根据内外部环境，以创新为引领及时调整主业发展战略，使得中国华融的资产管理主业始终处于同行业的领先位置，保持着旺盛的创新力和生命力。我们的资产收购标的从银行的次级、可疑、损失类这些典型的不良资产向实质性不良资产延伸，扩展到未进行风险分类但被金融机构认定为不良资产的金融资产，再到被非金融机构认定为不良的资产；交易对象从商业银行向信托公司、财务公司等非银行金融机构延伸，并扩展到与非金融机构及优质效益好的政府平台公司合作；许多项目运用结构化或夹层投资交易结构设计，成功解决收购中的资产定价难题；实践中我们还逐渐形成了一批经济效益和社会效应"双高"的创新产品。这些都充分证明，只有产品创新走在同业前面，才能成为行业的领跑者。

从 2010 年开始，中国华融在政策允许的范围内将资产收购范围拓宽到金融机构的关注类资产，成为资产管理公司同业规模化开展不良资产收购重组类业务第一家，引领同业确立了市场化环境下金融资产管理公司的主流业务模式。收购重组类业务的成功规模化开展，不仅满足了企业客户的短期流动性需求，有效盘活社会存量，发挥了资产管理公司独特的社会责任，而且有力地助推分公司彻底走出转型发展困境，解决了中国华融可持续发展的现实难题。

2013年9月，面对"业务范围越来越窄、业务集中度越来越高、赚钱客户越来越少、市场变化越来越大、盈利空间越来越小"的发展趋势，在与财政部、银监会等有关部门反复汇报沟通的前提下，我作出大力鼓励分公司开展非金业务的重要决策。记得在会上为了让分公司一把手放下包袱拓展业务，我还说了狠话，要在当年年底考核各分公司非金业务的开展规模。中国华融的非金业务由点到面，到全线推开，成为拉动资产管理业务保持稳健增长的引擎，仅仅花了一年的时间。正是通过非金业务的有益实践和良好的社会效益，推动2015年6月9日财政部、银监会联合印发《金融资产管理公司开展非金融机构不良资产业务管理办法》，正式将非金业务纳入金融资产管理公司的正常经营范围。

回归主业的八年间，中国华融的主业规模和收入双双保持快速增长，不良资产业务规模由2009年的232亿元增长到2016年的6287亿元，增长26倍，不良资产业务收入由2009年的4.64亿元增长到2016年的506.96亿元，增长108倍，对集团和母公司的收入贡献率分别超过50%和80%，成为引领中国华融发展的核心"引擎"。在主业的带动下，中国华融"不良资产经营、金融服务、资产管理与投资"三大板块稳步协同发展，各项核心指标全面"领跑同业"。公司2015年在港上市的招股说明书更是明确向投资者承诺，上市募集资金的60%未来将用于不良资产经营业务。这充分表明，面对上市后公司发展的新形势，中国华融坚定不移做强主业的声音更加响亮，将深挖上市后主业转型发展的新动力、新增长点，持续巩固行业内领先优势。

七、打造全牌照金融控股集团，中国华融跻身"中国企业500强"

由传统单一的业务向现代综合经营业务转型，由单一不良资产处置机构向金融控股集团转变，这是 2009 年以来我带领中国华融市场化改革发展过程中一直坚持的思路。过去在监管部门我对金融控股集团的发展十分关注，但都停留在理论知识层面，来到华融这个舞台恰好是一次很好的实践机会。在推动中国华融打造全牌照金融控股集团的过程中，对于金融控股集团，我也积累了一些思考认识，形成了一本专著《后危机时代金融控股公司选择模式研究》。

1. 中国金融控股集团的"五种模式"

从现有机构看，自 2006 年国家"十一五"规划提出"稳步推进金融业综合经营试点"以来，在监管机构的指导下，国内金融与非金融机构积极创新综合经营模式和发展路径，通过各种形式搭建综合金融服务平台，形成了各有特色、"五种模式"并存发展的综合经营格局。第一类是以商业银行为主体，典型代表是各国有大型银行；第二类是以非银行金融机构为主体，典型代表是平安保险和中国人寿；第三类是融实业和金融为一体，典型代表是中信和光大两家集团；第四类是地方政府主导，如上海国际集团、天津泰达集团，浙江、广东等地陆续启动的地方性金融控股公司；第五类就是以四大金融资产管理公司为代表的模式。这五种类型各有优势，但与成熟的国际金融控股集团相比还有不小差距，存在"大而不强、全而不精、管而不矩"的问题。

我认为，适应中国金融发展需要，中国华融既要摒弃美国 RTC 的到期清算解散模式，也不能走瑞典 SECURUM 转型投资银行、韩国 KAMCO 转型专门资产管理公司的路子，而是要适应中国金融发展需要，依托自身不良资产经营管理主业核心优势，创新思路多拿一些金融牌照，形成旗下分公司和控股子公司的"一体两翼"战略架构，打造集"逆周期金融救助 + 顺周期多牌照投融资"为一体的中国华融"一体两翼"综合金融服务。同时要以全球视野广纳国际先进综合金融经营经验教训，从资源、资本、财务、业务、渠道、IT 技术等多方面加强集团管控并进行有效整合，更加注重依托各类金融业务的协同作战与协同创新，打好"组合拳"，推动综合经营效益从"加法"到"乘法"，走出一条有中国特色的金融资产管理公司市场化转型为现代金融控股集团的新路子。

金融资产管理公司近年来转型发展的一个重要特征，是经由托管重组危机金融机构、与地方政府合作等途径控股了一批金融牌照平台公司，形成了金融控股集团的战略架构。2009 年以来，中国华融不断做大做强华融租赁、华融信托、华融证券、华融融德资产等子公司，与湖南省政府合作重组设立华融湘江银行，成为中国资产管理公司第一家有银行控股牌照的机构；成立华融汇通资产管理公司；与重庆市政府合作组建了华融渝富股权投资基金公司，拿下了 PE 牌照；与海南省政府合作重组海南星海期货经纪有限公司，成立华融期货公司，拿下了期货牌照；激活工行资产遗留下的珠海信东地产公司，重组成立华融置业（房地产）公司，成为集团房地产开发经营的重要平台，以不良资产处置为切入点，成功开发珠海横琴岛、山东青岛、河北涿州、福建三明、贵州贵阳等多个房地产项目；成立华融致远投资公司，统一全系统旗下物业管理与经营；组建华融（香港）国际控股公司，成为公司拓展全球投融资业务、打通国际资本市场的重要海外战略平台；与深圳市政府合作，组建华融前海财富管理机构。这些平台子公司的搭建，使公司业务与产品体系日趋完善，金融控股集团架构日渐清晰，金融服务功能和手段不断增强。

2. "一体两翼"主动打好"组合拳"

2006—2008 年是中国华融的商业化转型过渡期，这期间公司将主要精力放在了政策性债权资产扫尾和商业化业务平台公司搭建两方面，分支机构也将商业化转型的突破口放在了与平台业务的对接上。不良资产的商业化收购有"质"乏"量"，没有大规模的开展。"一主多元、综合经营"模式在转型政策不确定、转型战略不明朗的环境下，呈现"一主走弱，多元渐成"的格局，多元化平台成为支撑利润的主要力量。所谓"在迷茫中谋转型"，虽然方向不明，但须相信：凡用心走过的，必留下痕迹。这一时期中国华融通过发现不良资产处置业务中的商机，运用问题金融机构托管、收购、重组等手段，搭建了华融租赁、华融信托等业务平台。这些业务平台恰恰成为中国华融金融控股集团的重要基石，使中国华融在无意之间，甚至可说是不得已之下，形成了"一体两翼、综合经营"的基本架构，留下了宝贵的制度遗产。

我常说，中国华融最大的优势就是"一体两翼"。"一体"是公司总部，"两翼"的一翼是遍布全国 30 个省、市、自治区的 33 家分公司、营业部，另一翼是中国华融旗下的 30 余家控股子公司。这些子公司在各自的行业监管要求下独立开展牌照业务的同时，积极把自身优势与中国华融母体及分公司业务相结合，成为了公司组织架构中的重要一翼。"一体"是司令部，是战略规划中心、风险管控中心、资源整合中心和产品研发中心，引导"两翼"开展综合经营，在客户、渠道、品牌、技术、资源等方面实现共享，打好业务"组合拳"，培育核心竞争力。

对于"一体两翼"的体制优势，发现和提炼只是第一步。要使"一体两翼"架构在打造金融控股集团过程中发挥更大作用，不能满足于简单的继承，而是要有意识、主动、创造性地加以发展。我们首先集中优势资源重点发展银行、租赁、证券、信托等与银行业相关的业务，并在进一步完善产业链的基础上，通过交叉销售、客户共享、资本整合等手段，在更大范围推进集团业务协同，为客户提供"一揽子"综合服务，优化盈利模式。

3. "1+N" 综合经营模式，"1"很重要

中国华融综合化经营之路经历了从"1"走向"1+N"的曲折过程。所谓"1"是指商业化转型前，作为一个政策性机构，中国华融的业务模式是传统单一的不良资产管理处置业务。

进入转型过渡期后，中国华融以托管危机金融机构为契机，打造了多元化运营的平台公司，"N"逐渐形成。但"N"的建立正值公司政策性不良资产处置任务完成时期，此时，中国华融面临着有了"N"却失去了"1"的问题。事实上，中国华融多元化业务平台的建立大都源自于不良资产处置业务相关的危机金融机构退出和并购重组，丢掉不良资产主业的"1"，"N"所代表的多家商业平台就失去了根本，失去了依托，成为"无本之木、无源之水"。

为了避免政策性不良资产处置任务完成后，公司总部与商业平台公司相互隔离，无法有效实现最优的资源优化配置效应，中国华融在2009年作出回归不良资产主业的战略决策，并明确了以不良资产经营管理主业为依托、以旗下分公司和控股子公司"一体两翼"为战略架构，打综合化经营"组合拳"的战略打法。这个打法也正是中国华融"1+N"综合经营模式的创新打法：在做优做强、不断巩固主业这个"1"的基础上，全面科学地发展"N"，用"1"来带动"N"，再用"N"来强化"1"，形成"1"

和"N"之间相辅相成、相互引领的良性互动关系，为中国华融将来打造有实力的金融控股集团创造条件。

4. 金融控股集团，从"加法"到"乘法"

多元化探索为中国华融实现综合化经营模式创造了条件，也引发了我关于金融控股集团理论及实践的思考。随着我国经济金融体制改革的不断深入，我国金融控股公司呈现快速发展的态势，但与成熟的国际金融控股公司相比还有很大差距。我国银行业主导的金融市场格局正在发生根本性变化，非银行业金融机构增长迅速并逐步在服务国民经济发展中发挥重要作用。

然而，我国金融机构外延式扩张、服务单一、同质化经营等问题仍然存在。金融控股集团的优势是否仅在于多元化业务的利润累加效应？仅仅在于"东方不亮西方亮""把鸡蛋放进不同篮子"的投资组合效应？我想不是，金融控股集团这一企业组织形式，可充分发展资金整合、业务整合、管理整合等协同功能，产生效率倍增效应，解决我国金融机构大而不强的问题。具体来说，中国华融并未满足于"1+N"的加法效应，而是致力于更高层次的集团化。这种集团化不是各个业务板块的线性累加，而是要通过集团化对各类资源的整合作用，将各个业务板块原有的"线性关系"转化为"函数关系"，由做"加法"进而做"乘法"，提升集团内部生产力，提升企业的竞争力。中国华融的金融控股集团探索之路，实际上就是要通过金融控股集团资源、业务、产品与服务、管理各个层面的高效整合，完成集团内部各业务板块从"加法"到"乘法"的重要转型。

从制度框架上看，我国金融监管部门尚未明确支持金融控股集团的发展，目前我国也尚未仿效与金融发达国家或地区，出台与金融控股相关的法律制度。实践的摸索需要充分吸收和借鉴，因此，研究成熟市场经济国家金融控股公司发展的经验教训，对促进我国金融发展和金融资产管理公司转型道路选择具有重要现实意义。

八、"五位一体"现代金融企业法人治理结构是中国华融公司治理的基石

从我由中国华融的总裁转身为董事长的那一天起，如何建立具有华融特色、符合华融实际、有效管用的现代金融企业法人治理结构，成为了摆在我面前的新课题。中国华融股份改制的主要目标，就是为了建立明晰的金融产权结构和完善的法人治理结构，通过改制彻底实现"脱胎换骨"，通过财务重组、制度变革和人员整合，实现从内到外的"焕然一新"。

按照巴塞尔委员会有关原则及金融危机后增补内容，良好的金融企业公司治理至少应包括六个要素：健全的组织治理架构，清晰的职责边界，明确的决策规则和程序，有效的激励和监督机制，信息披露和透明度，以及合理的社会责任。而长期以来，受中国经济转型与金融机构改革发展阶段等内外因素影响，我国金融机构公司治理仍存在诸多问题，比如，公司治理"形似神不至"，内部控制下的一股独大，公司行政色彩偏浓，董监事作用不到位，"三会"运作形式化，风险管理能力不足，薪酬激励机制不配套，等等。这些，都是中国金融机构公司治理建设需要重点突破的环节，也是我在中国华融公司治理体系建设过程中格外关注的内容。

公司治理是一种文化。综观世界各国法人治理结构，形式各异，很难有一个最好的法人治理结构，只有最合适的法人治理结构。"行百里者半九十"，金融资产管理公司的转型改革是一个艰巨复杂的系统工程，股份制改革所取得的成效是初步的，管理体制的转换和公司治理结构的完善绝非一朝一夕可以完成。在 2012 年改制为股份公司后，中国华融就

面临着完成"三大转变"的考验：由单一处置不良资产公司向股份有限公司的转变，由总裁负责制向股东大会领导下的董事长负责制转变，由单一的经营层负责制向"三会一层"现代企业治理结构的转变。我体会到，"三会一层"架构搭建起来不难，但要想平稳实现这"三大转变"，就要切实做到"形式内容相统一、治标治本相结合"，既治财务重组、创立公司之标，又治公司治理之本，"既形似又神似，形神兼备"，绝不能简单地翻牌了之。

在深入思考国际公司治理成熟经验、中国企业特别是国有企业管理特点的基础上，结合华融的实际，我的思考是，必须构建"到位的党委会、规范的股东大会、健康的董事会、负责任的经营层、有效的监事会""五位一体"的现代金融企业治理结构。

按照"五位一体"要求，经过五年多的实践运行，中国华融目前已经形成在党委会领导下的"三会一层"各司其职、高效运转的治理体制，形成权力机构、决策机构、监督机构和管理层之间有效制衡、相互协调的工作机制。中国华融"五位一体"法人治理结构既符合现代金融企业治理结构要求，又适合公司发展实际，有效管用，以此为基石形成了具有鲜明中国华融特色的公司治理。

1. 党委会要到位，作为领导核心统揽全局

作为一家金融央企，毫无疑问，坚持党的领导是我们一切工作的出发点，是国有企业的"根"与"魂"。习近平总书记说，国有企业必须落实两个"一以贯之"：坚持党对国有企业的领导是重大政治原则，必须一以贯之；建立现代企业制度是国有企业改革的方向，也必须一以贯之。在构思中国华融公司治理结构的过程中，我始终紧绷"央企姓党"这根弦，把加强党的领导体现和落实到公司治理结构的方方面面，确保党委会到位，

坚决克服"党的领导弱化、形同虚设"弊端。如何在公司治理中体现党的领导？我认为可以通过以下三种方式予以体现。

首先，重大事项党委决策要先行。凡需要提交董事会或经营层决策的重大决策、重要人事任免、机构设置与调整、基层党组织和党员队伍建设等"三重一大"事项，须先由公司党委集体研究决定；参加股东大会、董事会、经营层等决策机构的党委成员，须在各自的决策会议中坚决贯彻党委的意见或决定。这样一来，党委对董事会、股东大会的决策发挥了领导作用，保证了党的意图传达、落实到各项决策中。

第二，党委书记兼任董事长，履行第一责任人的职责。习近平总书记说，企业家是企业的统帅和灵魂。对于国有企业而言，党委书记就是企业的统帅和灵魂，对于企业的发展至关重要。党委书记的职责是为党工作，党委书记如果同时兼任董事长，可以通过董事长这一角色，在各项经营管理工作中理直气壮抓党建，带领公司在经营活动中讲政治、顾大局，带领全体员工在思想上政治上行动上自觉与党中央保持高度一致。

第三，党委委员与董事会、经营层、监事会成员"双向进入、交叉任职"。人是公司治理中的关键因素，也是架通党委会和"三会一层"之间最有效的桥梁。在中国华融，符合条件的党委委员可按程序进入董事会、经营层、监事会担任行政职务，同时董事会、经营层、监事会中符合条件的党员进入党委会担任党内职务，集团旗下全部分支机构也都按照"双向进入、交叉任职"的机制进行组织人事安排。这样一来，真正实现了党的领导和公司治理的"有机融合"。

2. 股东大会要规范，防止一股独大，侵犯小股东权益

股东大会是公司的权力机构，行使着对公司经营方针、投资计划、增资减资、发行债券等有价证券、修改公司章程等重大事项的决定权。所以

股东大会的职权一定要规范运行。我高度重视股东大会的规范运作，强调要坚决克服"股东大会失范，大股东侵犯中小股东利益"弊端，努力形成国有绝对控股地位下央企、外资、民企、中小股东共同参与的股权结构，依法、规范，保障各股东权益。

股份制改制伊始，中国华融只有财政部、中国人寿保险（集团）两家股东，股东结构相对单一。2014年，公司引入战略投资者，在大股东财政部保持控股、中国人寿保险（集团）增持的基础上，选定美国华平集团、中信证券国际、马来西亚国库、中金公司、中粮集团、复星国际、高盛集团7家机构作为新战略投资者，形成了"国有＋国企＋外资＋民营"多种所有制资本共同持股的股权结构。这种股权结构下，我们高度关注股东结构变化，重视股东利益诉求。一方面，依靠大股东，争取对公司发展和重大经营政策的支持，多从战略层面支持公司的经营发展，为公司快速可持续发展注入更旺盛的市场活力，提供更广阔的发展空间。另一方面，充分认识和尊重小股东权利，加强重要事项议事前与小股东的沟通，争取理解与支持，提高决策效率。虽然中小股东加起来持股比例不到20%，但他们的关心与支持对公司发展非常重要，公司应该重视他们的意见。每次股东大会上，我作为董事长主持会议，总会邀请中小股东发表意见，对于他们的建议、提问甚至是质疑，我都非常重视，在会后督促相关部门改进落实。

3. 董事会要健康，董事要"懂事"，敬业、履职、尽责

公司治理是现代企业制度的核心，而董事会是公司治理的核心。董事会要健康，坚决克服"董事不懂事、不专业、不履职"弊端，打造一个战略清晰、科学决策、履职尽责的董事会班子，坚持对出资人负责的原则，用企业良好的业绩和价值回报股东。董事要"懂事"，不插手经营层的日常经营工作，把经营性事务交给经营层，把精力放在议大事、抓大方向、

抓战略上。

为提升董事的履职能力，我为董事创建了了解公司运营情况的各种渠道，邀请包括非执行董事在内的董事参加公司各类重大会议并发表意见，共同研究、审议和决策公司重大事项；向董事发送公司各类经营动态和会议纪要，使其充分了解公司运作情况、项目进展和重大事件。我支持董事深入华融分支机构调研，了解业务一线情况。随着董事在履职期间对华融了解的加深，对华融产生的感情也越来越深，怀着华融发展经营好、给股东创造更好回报的目标去履职。我们有一位在华融担任了4年的非执行董事，届满之际向我提出能否在华融任职，从董事的身份转变为员工。我说当然欢迎，他后来到了华融一家子公司任职。这充分体现了董事对华融的感情，对华融发展的信心。

董事长是董事会的"班长"、灵魂和核心。作为"一班之长"，董事长要具备超强的沟通能力、组织能力。因为在董事会决策过程中，由于各位董事的见识、所掌握的信息和人生阅历不同，会产生不同的意见，甚至会有激烈的讨论。董事长的角色就是充分调动董事发表意见的积极性，促使会场上听到不同角度的声音，避免"一言堂"，实现"兼听则明"的效果。在我这个班长的带领下，董事会形成了开放包容、团结合作的氛围，高效履行董事会各项职责。以2016年为例，董事会共召开10次会议，通过议案88项，听取汇报5项，包括经营管理议案19项、制度建设议案30项、人事任免议案4项和其他议案35项，对公司各重要事项进行高效决策。

此外，董事会要善于借鉴外部人士先进的企业经营经验和专业意见。自2014年成功引进战略投资者后，我认为有必要把境外战略投资者的先进经验引进董事会，实现"引智"的目的。于是，我聘请美国前财政部部长、华平集团主席、董事总经理蒂莫西·盖特纳为董事会特别战略顾问，请他为公司重大发展战略建言献策。我提议董事会战略咨询委员会由中国人寿、华平集团、高盛集团等 8 家股东代表组成，发挥战略投资者的战略经验，为公司发展战略和中长期的发展规划提出咨询建议。

4. 经营层要负责任，决不允许"胆大胡来"

董事会和经营层，一个负责看路，一个负责拉车。经营层作为公司的执行机构，要对股东会和董事会负责，坚决克服"经营层胆大胡来"弊端，坚决贯彻董事会决策，提高执行力，围绕经营计划和业绩目标狠抓落实见实效。

我很庆幸我拥有一个团结奋进、勤勉敬业、干事成事的经营团队，经营层真抓实干，努力推进经营管理各项工作，特别是大力促成境内外金融债发行、风险管理等工作取得明显成效。在中国华融，包括股权投资、分支机构审批等在授权范围内的经营事项都由经营层负责，董事会概不干涉。这体现了董事会对经营层的充分信任。当然，经营层也认真履行股东会和董事会委托的职责，严格按照授权范围开展日常经营，并定期向董事会报告工作。作为董事长，我主要对经营工作提供方向上的指导。我提出，公司经营层应建立"五大经营机制"：高效的运营机制、快速的市场响应机制、联动的协同机制、有效的正向激励机制、严格的监督约束机制。经营工作中要牢牢守住"五个底线"：公司发展的底线，业务风险的底线，员工收入保障的底线，组织用人的底线，公司个人行为规范的底线。经营层要做到"五个坚持"：坚持以经营促发展，在发展中不断防范和化解风险；坚持以经营保稳定，在稳定中增强公司和员工的信心；坚持以经营求创新，在创新中不断提升公司的核心竞争力；坚持以经营讲服务，在服务中不断提高效率和权威；坚持以经营谋安全、防风险，在安全中不断推进市场化转型。我通过这些理念，实现董事会对经营层在战略上、方向上的指引。

5. 监事会要有效，监事要"监事"，不当"花瓶""摆设"

监事会要有效，坚决克服"监事不监事、花瓶摆设"弊端，监事会不但要实施现场与非现场检查、确保监督有效，而且要"长牙齿"，协调公司审计、纪委监察等机构实施追究问责。

监事会是以分权与制衡为特征的公司治理结构中不可或缺的一环。中国是世界上为数不多的同时设立监事会和独立董事制度的国家，但是，这两者职权的界限应该是清晰的：独立董事代表中小股东利益，通过在董事会会议发表意见行使监督；监事会代表公司股东和员工利益，对公司财务和董事、经营层的履职行为进行监督。监事会能否切实发挥监督作用，对于公司的健康、可持续发展至关重要。在中国华融，我提出按照"123456"的工作思路，着力打造"有效的监事会"：明确"一个目标"，以推动公司规范经营为目标；坚持"两个方法"，一是坚持问题导向和结果导向，二是敬业与担当；把握"三个标准"，监督工作要充分体现专业性、独立性和有效性；推进"四化"建设，按照制度化、规范化、流程化和精细化的要求，规范和加强监事会自身工作；抓好"五项监督"，在抓好风险、内控、财务和履职监督的基础上，开展专项监督；处理好"六大关系"，要主动加强沟通协调，正确处理好监事会与党委、董事会、经营层、股东、外部监督和集团公司上下之间的关系。根据"123456"的工作思路，监事不再是"花瓶、摆设"，而是公司的"体检医生"，及时诊断公司财务以及董事、经营层履职行为存在的问题。对于监事会提出的监督意见，我要求相关部门要"件件有落实、事事有回音"，切实提高监督工作的有效性。

九、国际化战略：立足港澳台、服务大中华、对接"一带一路"、内外联动

习近平总书记在一系列重要讲话中多次强调，国际市场是个大空间，加快"走出去"步伐是大势所趋，要适应经济全球化新形势，"善于用好国际国内两个市场、两种资源"。对于中国华融来说，适时开拓国际市场，既有挑战，更有机遇，不仅可以在国际市场的海洋中学会游泳，得到历练，提高中国华融品牌的知名度；而且能够开疆辟土，拓展新的发展空间，培育新的利润增长极，把中国华融做成名副其实的大金融机构、大资管、大投行。特别是在公司改制完成后，伴随体制机制的转变，"走出去"的要求更加迫切。经过与公司党委班子集体决策，我提出了构建中国华融"立足港澳台、服务大中华、对接国家'一带一路'建设、内外联动"的国际化战略新格局，以香港为海外重要战略支点，紧紧围绕金融主业，着力增强资产管理、投行、证券、轻资产、夹层投资、大资管等主营业务能力，打造独具中国华融特色的国际化运作模式，加快实施由国内业务为主向国内国际业务并重的转型。

1. 打造海外战略桥头堡"华融国际"

中国华融的国际化发展要从香港启航。以香港这个国际金融中心、国际航运中心为战略支点，公司的国际业务平台从无到有，"立足港澳台，服务大中华，对接国家'一带一路'，内外联动"的国际化战略跃然纸上，稳步实现。

2013 年 4 月 18 日，作为中国华融第 11 家子公司，华融国际控股有限公司在香港正式成立，这是中国华融"走出去"的第一步，标志着中国华融正式驶入了国际化发展的轨道。初成立时的香港华融国际小得可怜，

230 平方米不到的办公用房，9 名业务人员，5000 多万港币的注册资本，十来个人，七八条枪，还是破枪。尽管条件如此艰苦，靠着中国华融"敢为天下先、爱拼才会赢"的精气神，靠着华融人的信心、智慧和勇气，我们直闯天下，打拼市场，走进香港，一路走来。短短四年多时间，华融香港国际不负众望，从无到有，从小到大，从弱到强。办公场所从最初的230 平方米到 2000 平方米，再增加到 12200 多平方米的独门独院大厦；人员队伍从刚开始的 9 名员工增加至现在的 588 人；2016 年实现净利润近43 个亿，增长速度远超老牌中资机构在香港十几年甚至二十几年的经营成果。华融国际一跃成为公司子公司序列创利第一名，成为公司系统名副其实的"利润大户"和"行业排头兵"，是中国华融国际化战略的桥头堡、市场化管理的示范区、业务创新的新领地、人才培养的制高点、本外币资金有效运用的新平台、经营管理业绩的排头兵和新的增长极。

2. 八家境外机构"立足港澳台、服务大中华"

华融国际的发展，只是中国华融境外机构做强做大的一个缩影。巍峨矗立在香江南岸的香港中国华融大厦，见证了中国华融人闯荡大世界，"敢为天下先，爱拼才会赢"的精气神，见证了中国华融国际化业务战略转型稳步前进取得的巨大成绩。随着国际业务的增加，我们适时重建了国际业务管理部，在香港、澳门搭建了华融国际、华融金控、融德香港、产融香港、华融投资、华融澳门、华融海外、租赁香港等国际平台，其中既有上市公司、也有非上市公司，既有持牌机构、也有非持牌机构，既有重点开展投融资业务的平台、也有财富管理等轻资产平台。

尤为值得一提的是，我们抓住机遇，加快推进境外金融市场并购，2015 年年底以极低成本成功收购"华融金控"（0993.HK）上市公司行使51% 的权利，一举获得 1、2、4、6、9 五张金融牌照，境外布局"小金控"

业务发展迈出重要一步。2016 年又收购了另一家上市公司"华融投资"（2277.HK），进一步完善了境外业务布局。2016 年 12 月，公司启动在澳门的布局，中国华融（澳门）国际股份有限公司在澳门特别行政区顺利揭牌开业，是中国金融资产管理公司在澳门设立的第一家平台机构。至此，中国华融初步完成了"立足港澳台，服务大中华"的战略布局。截至 2016 年年末，中国华融境外机构从最初 5000 万港币的注册资本金，发展至今总资产已近 2000 亿元人民币，真正由"小作坊"成长为"大机构"。

3. 支持"一带一路"建设与"粤港澳深琼桂"业务一体化

在境内，中国华融也积极服务国家"一带一路"建设，响应自贸区发展等国家战略，推广"战略平台 + 专业平台"模式，在上海、广东、福建、天津自贸试验区设立分支机构，搭建了华融天泽、华融财富、华融华侨等境内平台，基本覆盖了金融实验区和先行设立的自贸区。依托这些平台，中国华融充分发挥资产经营管理主业优势和综合金融服务优势，以大客户战略为依托，全面对接"一带一路"，积极参与"风险可控、效益可获"的投融资项目。

在支持服务"一带一路"的同时，我们还积极对接区域发展战略，推进"粤港澳深琼桂"业务一体化。我看到，粤港澳深琼桂地区以不到全国 5% 的土地和不到 13% 的人口，创造了全国约 17% 的经济总量，发展空间巨大；同时，中国华融驻粤港澳深琼桂分公司及直管子公司已达十余家，2016 年创造净利润占集团比例近三成，是公司经营最具发展空间和增长潜力的区域之一。基于以上两方面考虑，在 2017 年年初，我决定，要牢牢把握国家推进"一带一路"、泛珠三角区域、粤港澳大湾区战略的重大机遇，充分发挥珠三角地区开放的经济结构、高效的资源配置能力、强大的集聚外溢功能和发达的国际交往网络等区域优势，深化中国华融珠三角业务板块各经营单元合作，加快探索建立一体化、区域化、专业化、协同化、国际化的区域业务协同发展新模式，推进"粤港澳深琼桂"业务一体化。

我要求上至公司总部，下至各经营单元，都要强化内外联动，整合协同资源，健全协同机制，加大品牌宣传，形成团结合作、互联互通、发展共赢的"利益共同体"，把完善珠三角业务板块发展的顶层设计和战略布局，着眼于深度融入国家区域发展战略，积极践行企业社会责任，为国家战略转型贡献金融新动能；着眼于拓展更新的业务领域，形成更宽阔的国际视野，寻求更大的发展空间；着眼于以"联合"实现"互动"，绘好"一张图"，走活"一盘棋"，为公司不断做强做优做大提供支撑和保障。同时，我也希望以此为契机，区域内各经营单位发扬改革开放前沿阵地独有的敢为人先、开放包容精神，乐于协作、善于配合，做中国华融强化协同发展的"马前卒""先行地"，成为中国华融区域业务协同一体化发展的示范区，打造"中国华融联合舰队"，为客户提供针对性强、实效性大的立体式、综合化金融服务，树立中国华融综合金融服务领先型的鲜明特色。

4. 中国华融的旗帜在国际市场"高高飘扬、事事做响、口口相传、久久为功"

回顾中国华融的国际化战略转型，是一项开创性的工作，没有先例和经验可以借鉴。"摸着石头过河"既是一种无奈，也是一种勇气。中国华融的国际化道路并不平坦，但事在人为，我特别感激境外机构的全体干部员工能够跟我一起，积极融入香港这个成熟的市场，创造了一个个鲜活生动的华融故事，以实际行动诠释了对中国华融的忠诚，顶起了自己该顶的那片天，以一域之光为全局增添了光彩。我们一起边学习，边实践，边成长，边提高，边探索，边总结，信心不断增强，认识不断深化，道路日渐清晰。

四年多来，境外机构实现了由外延向内涵，由粗放向集约的转变，初步探索出了一条结构优化、管理科学，效益一流、富有活力，风险可控、持续稳定，具有中国华融特色的国际化转型之路；国际业务发展进度与成果远超预期，已经成为集团利润增长最快、发展潜力最大的板块。与之相伴的是，中国华融国际影响力和品牌美誉度日益提高，国际影响力从弱到强，华融品牌从名不见经传到深入人心、广为传颂，中国华融的旗帜在国际市场"高高飘扬、事事做响、口口相传、久久为功"。2014 年国际三大权威信用评级机构惠誉、标普和穆迪都给予中国华融 A 类主体信用评级。自 2014 年起，中国华融累计在境外发债 8 次，融资 185 亿美元，在成功向"债券型资产管理公司"转型的过程中，开创了金融资产管理公司首次发行境外美元债券、全球 S 规则下最大规模高等级债券、中资金融机构首单境外公开发行非次级永续债券等先河，"华融债"已成为境内外债券市场的新亮点。2015 年 10 月 30 日，中国华融在香港联交所正式挂牌上市，入选富时中国 50、恒生中国 H 股金融行业和 MSCI 中国三大重要指数，被评为中国证券金紫荆奖"最佳上市公司"。2016 年中国华融入选"中国企业 500 强""中国服务业企业 500 强"、《财富》"中国 500 强企业"，并获得网易财经"中国金融 500 强"等荣誉称号。这些荣誉，充分彰显了中国华融良好的品牌知名度与国际影响力，充分反映出资本市场和社会各界对中国华融发展成果的高度认可。

此外，中国华融还致力于维护国际性地区金融稳定、促进资产管理公司的国际交流与合作、提升我国金融资产管理公司的国际名度。国有资产管理公司国际论坛 (以下简称"IPAF") 是由亚洲开发银行协助设立、亚洲 11 家国有资产管理公司组成的国际论坛，IPAF 以"加强经济安全保障，增加亚洲人民及政府福祉"为愿景，通过促进国有资产管理公司成员之间的合作、伙伴关系与知识技术共享，为地区及区域经济稳定做出贡献。在韩国、泰国资产管理公司先后举办 IPAF 第一届和第二届峰会后，我认为第三届峰会由中国的资产管理公司来承办，可展现中国对国际事务的大国担当，展示中国金融资产管理公司的风采。我代表中国华融主动向 IPAF 秘书处申请承办第三届峰会，得到了 IPAF 秘书处的积极认可与高度评价。2015 年 10 月，IPAF 第三届峰会在北京隆重举办，这是国有资产管理公司国际论坛首次在中国举办，更是中国国有金融资产管理公司成立 16 年以来首次承办的国际大型会议。继第三届 IPAF 峰会成功举办后，2016 年 11 月，中国华融继续承办了 IPAF 亚欧不良资产管理金融稳定研讨会，进一步巩固和深化了 2015 年峰会的合作成果。IPAF 峰会及研讨会的成功举办，对于促进亚洲地区国有资产管理公司之间交流合作，扩大中国国有金融资产管理公司品牌知名度和国际影响力，维护亚洲地区金融稳定等都具有重要意义。

十、实施 2016—2020 新五年创新转型发展战略，打造一流资产管理公司，挺进"世界 500 强"

2015 年 10 月 26—29 日召开的党的十八届五中全会，审议通过了《中共中央关于制定国民经济和社会发展第十三个五年规划的建议》，描绘了未来五年我国经济社会发展的宏伟蓝图，回答了我国"十三五"期间"路怎么走、事怎么干"的重大问题，提出了"创新、协调、绿色、开放、共享"五大重要发展理念，对于中国经济转型、国企改革、金融改革以及中国华融转型发展都具有重要的指导意义。

以 2015 年 10 月 30 日成功在港上市为标志，中国华融圆满完成"五年三步走"发展战略，在此关键时刻，我提出，公司需要以党的十八届五中全会精神为引领，前瞻谋划 2016—2020 新五年创新发展战略与目标，指导公司上市后未来五年的科学可持续发展。我从来不提打造"百年老店"，而是要五年五年地做，百年哪能管得了呢，能管好五年、十年就不错了，要活在当下、干好当下，后人比我们聪明，相信他们拿过接力棒一定会干得更好，我们就是要干好现在。为此，公司党委在系统总结"五年三步走"主要成效和基本经验的基础上，客观分析公司发展面临的新形势和新问题，制定了 2016—2020 新五年创新转型发展战略，具体为党建工作、公司治理、经营管理、盈利能力、风控能力、创新能力、做强主业、国际化转型、协同效应、内部控制、信息科技、薪酬激励等各项工作要取得长足进步，公司总体工作上质量、上水平、上台阶。

2016 年是公司 2016—2020 新五年创新转型发展战略的开局之年，从经营业绩看，起步稳、开局好，为实现新五年创新转型发展战略打下了很好的基础。截至 2016 年年末，集团总资产 14119.7 亿元，比 2008 年末增长近 43 倍；净资产超过 1500 亿元，比 2008 年末增长近 10 倍；净利润 231.1 亿元，比 2008 年增长近 68 倍，平均股权回报率 18.4%。各项核心指标优良稳定，中国华融发展成为中国"资产规模最大、盈利能力最强、实现利润最多、股权回报最好、总市值最高、金融牌照齐全、品牌价值响亮"的国有大型金融资产管理公司，持续保持"国有经济充满活力、国有资本功能放大、国有资产大幅保值增值"的良好局面。特别是这一年中国华融首次进入"中国企业 500 强"，也是在同业中率先成为"中国企业 500 强"，这对公司发展而言具有重要里程意义。我深知，企业发展如逆水行舟，不进则退，因此，大胆提出了要挺进"世界 500 强"的新愿景，号召公司上下对标优秀企业和先进机构，以努力打造"一流资产管理公司"为总目标，加快"十大战略性转型"，用 5—8 年的时间进入"世界 500 强"。

1. 一流资产管理公司的"十大标准"

创业难，守业更难，二次创业难上加难。2013 年，在中国华融以改制为契机开启二次创业之时，我立足当前，着眼长远，在坚持 2009 年以来确定的各项方针政策、发展思路、创新思维不变的前提下，认真总结公司创新转型发展经验，顺应内外部形势新变化，提出打造"治理科学、管控有序、主业突出、综合经营、业绩优良"的一流资产管理公司的构想。

当时提出打造一流资产管理公司，我主要基于以下考虑：一是利率市场化趋势下传统存贷业务承压，稳健货币政策新导向下资金业务又必须"去杠杆"，中国华融转型必须走向精细化管理、专业化经营。二是大资管时代序幕拉开，金融资产管理公司向外看局限在不良资产狭窄市场，向内看局限在"收了就卖"的狭窄视野，必须转变传统观念、开阔视野、走向市场，精耕细作挖掘资产价值形态，多拳组合提供全生命周期价值服务。三是"盘活存量、优化增量"政策导向，对中国华融打造"主业突出、综合经营"一流资产管理公司既是压力也是动力。盘活投资存量必须化解产能过剩，使固化的资产和产品流动起来，中国华融综合化服务的舞台进一步扩大，打造一流资产管理公司大有可为。四是放眼全球，国际一流金融机构均具有"良好治理、主业突出、风险管控有力"等显著特征。

一流的公司要有一流的标准。我还进一步细化了一流资产管理公司的"十大标准"：一是有健全完善的公司治理，拥有到位的党委会、规范的股东大会、健康的董事会、负责任的经营层、有效的监事会；二是有超越对手的经营理念、企业文化和良好的发展战略；三是有良好的内控机制和有效的风险管控能力，打造"制度管人、流程管事"的现代管理流程；四是有前瞻进取的高管团队和敬业高效的执行团队；五是坚定不移做强资产经营管理主业和各类牌照业务；六是有满足各类客户需求的特色化金融服务和手段；七是有高质量的创新能力和产品研发能力；八是有一流的经营业绩，每年利润保持科学合理增长，资本回报率保持金融行业先进水平；九是有可持续的商业模式和发展能力，做到稳健型经营、集约式增长、可持续发展；十是有强烈的社会责任感，致力为国家、社会、股东、客户、企业、员工创造可持续增长价值。

2. 推进"十大战略性转型"

在当前中国经济下行压力持续加大、产能过剩矛盾突出、市场跌宕起伏的宏观环境下，金融市场"一增、一降、一紧、一窄、一冒泡"的特征显著：一增，不良贷款仍在增加；一降，金融机构盈利能力下降；一紧，资金面吃紧；一窄，大型优秀企业议价能力明显增强，早偿意愿加大，息差、收益率在收窄；一冒泡，风险在冒泡。中国华融转型发展正步入爬坡过坎的关键时刻，如何适应新常态、寻找新动力、实现新发展，围绕打造一流资产管理公司的"华融梦"，我提出中国华融要全力推进"十大战略性转型"：

——发展模式转型：由规模速度型向质量效益型转型。改变简单以发展速度论英雄的思维，更加注重发展的质量和效益；以全面资产负债管理统筹资源配置，以经济资本管理引导转方式、调结构；保持每年科学合理增速，避免盲目发展、冲动发展、片面发展、危险发展、不可持续发展。

——治理结构转型：由非上市公司向公众上市公司转型。借力境外优秀战略投资者管理经验、成熟制度、优秀人才、投资智慧、网络资源，弥补公司国际化短板；充分发挥民营经济激活国企改革的鲶鱼效应，逐步革除行政化管理、公司治理流于形式、激励约束不对称等弊端；以上市为契机，对照上市公司标准，改进与规范公司信息披露、财务管理、内部控制、风险管理、IT治理，推进公司市值管理与价值创造。

——业务结构转型：由单一资产管理业务向"一体两翼"协同发展的综合金融服务转型。以不良资产经营为基础，以综合金融服务为依托，以第三方资产管理为新的利润增长点，打造有金融资产管理公司特色的"跨周期运营"商业模式，提高核心竞争力、经营效率和资本收益，创造更多价值。

——产品服务转型：由传统业务向创新业务转型。由单一的政策性股权处置转变为利用资本运作手段进行股权资产经营、利用品牌和资源优势从事股权基金管理，打造新的利润增长点；创新不良资产证券化业务，推动更多基金化、证券化、结构化产品落地，向"真正的资产管理和财富管理业务"转变。

——客户营销转型：由向一般客户营销单一产品向优质客户交叉营销转型。紧贴国家发展战略，调整优化客户结构，对接符合国家产业导向、资信好、实力强的集团客户、上市公司、政府平台等优质客户，持续提高优质客户占比和客户黏性。

——资金管理转型：由传统型融资向多元化融资转型。坚持市场化融资取向，拓宽融资渠道，不断优化"资本、借款、发债、保险、基金"五渠引水的融资格局；加大境内外发债力度，综合运用金融债、境外美元债、二级资本债、永续债等融资工具，打造"债券型资产管理公司"。

——风险管控转型：由单一的风险管理向全面风险管理转型。树立"大风险管理"理念：风险管理全过程意识、风险责任全过程意识、风险管理全员参与意识；坚持"五早、五防、五治、五用、五讲""五五"风险管控方法论，打赢风险防范"阻击战"、风险化解"歼灭战"两大战役；加强集团风险管理与内控体系的顶层设计，实现风险管控"四个转变"：由粗放式风险管控向精细化风险管控转变、由项目风险管控向集团风险管控转变、由偏重定性管理向定量管理转变、由屡查屡改向切实加强流程管控转变。

——管理方式转型：由传统企业低层次管理向现代企业高层次管理转

型。以"简政放权、加大授权、优化考核、加大问责"为导向，健全基础制度，强化内部管理；建设"强大的前台、高效的中台、稳健的后台"，打造"制度管人、流程管事"的现代流程企业。

——国际化转型：加快国际化平台搭建，重点关注"跨境本外币融资、租赁业务、跨境双向资金池业务、股权投资和投资基金、跨境资产交易、资产管理与财富管理"等六类"新、实、特"业务。探索国际化业务模式和盈利模式，建立和完善国际化业务风险防控体系。

——队伍建设转型：由传统的人力资源管理向现代化的人力资源经营转型。推进中国华融"老人＋新人"队伍建设转型，在进人、选人、用人方面，既"盘活存量"，用好现有人员，发挥其最大效能，又"优化增量"，招聘、引进优秀人才；健全选人用人机制、激励约束机制和人才储备机制，重点培养"高学历、高素质、综合型、创新型、实务型、专家型、国际型"人才。

十一、全面加强党的领导，着力打造红色金融集团，努力培养红色金融家队伍

国有企业是共和国的"长子"，为新中国经济社会发展做出了历史性贡献，是党执政兴国的重要支柱和依靠力量。2016 年 10 月，习近平总书记在全国国有企业党的建设工作会议上指出，坚持党的领导、加强党的建设，是国有企业的"根"和"魂"，要通过全面加强国有企业党建，坚定不移把国有企业做强做优做大，使国有企业成为党和国家最可信赖的依靠力量，成为坚决贯彻执行党中央决策部署的重要力量，成为贯彻新发展理念、全面深化改革的重要力量，成为实施"走出去"战略、"一带一路"建设等重大战略的重要力量，成为壮大综合国力、促进经济社会发展、保

障和改善民生的重要力量，成为党赢得具有许多新的历史特点的伟大斗争胜利的重要力量。

金融是现代经济的核心，国有金融企业是国有企业的重要组成部分，是中国金融市场的中流砥柱，是中国金融改革开放事业的重要参与者，是国民经济各项事业发展的重要推动者。作为国有非银行金融机构，中国华融圆满完成国家赋予的政策性不良资产处置任务，切实履行了支持国有银行改制上市、支持国有企业改革脱困、化解系统性金融风险"三大使命"，充分发挥了经济与金融运行"安全网"和"稳定器"的重要作用。近年来，坚持"听党的话，跟政府走，按市场规律办事"经营理念，成功实现市场化转型，完成"改制—引战—上市"，中国华融已经发展成为中国"资产规模最大、盈利能力最强、实现利润最多、股权回报最好、总市值最高、金融牌照齐全、品牌价值响亮"的国有大型金融资产管理公司和金融控股集团。

为贯彻落实党的十八大以来党中央一系列治国理政新理念新思想新战略，贯彻落实党中央和银监会党委全面从严治党要求，2017年7月，我和党委提出，在中国华融全系统开展"加强党的领导，着力打造红色金融集团，努力培养红色金融家队伍"主题实践活动，推动中国华融进一步弘扬"听党的话，跟政府走，按市场规律办事"经营理念，进一步加强党对公司的领导、建立现代金融企业制度，进一步做强做优做大，努力成为国家经济金融安全的坚强柱石，努力成为党和国家最可信赖的金融骨干力量，努力成为中国特色社会主义红色金融事业的建设者和捍卫者。

1. "央企姓党"，是红色金融集团的根本属性

我提出，"打造红色金融集团，培养红色金融家队伍"就是要牢固坚持"央企姓党"，具体有五个内涵：

一是坚守理想信念，践行红色使命。实现两个"一百年"奋斗目标和中华民族伟大复兴的"中国梦"是我们党在新时期的历史使命。国有企业是党在经济建设领域的主力军，国民经济发展也呼唤有更多的金融集团提供完善的综合金融服务。中国华融打造红色金融集团、培养红色金融家队伍，就要秉承红色基因，坚持"听党的话，跟政府走，按市场规律办事"，在金融服务实体经济发展、助力党和国家实现"中国梦"中践行金融央企的红色使命。

二是对接国家战略，服务实体经济。党的十八大以来，中央先后提出了"一带一路"、自贸区建设、京津冀协同发展、长江经济带、"雄安"首都副中心建设等一系列国家发展战略。中国华融打造红色金融集团、培养红色金融家队伍，就要继续加大对接这些国家发展战略，立足服务实体经济，努力做支持国家发展战略的金融"排头兵"和"先行者"。

三是做强做优做大，国资保值增值。按照习近平总书记提出的"完善治理、强化激励、突出主业、提高效率"的国企改革要求和"做强做优做大国有企业"的重要指示，坚定不移地以是否"有利于国有资产保值增值、有利于提高国有经济竞争力、有利于放大国有资本功能"作为中国华融打造红色金融集团、培养红色金融家队伍的出发点和立足点，做强做优做大中国华融，奋力挺进"世界500强"，让中国华融这杆红旗在国际国内金融市场高高飘扬。

四是履行红色责任，彰显央企担当。中国华融打造红色金融集团、培养红色金融家队伍的社会责任，既包括多创利润、多缴利税、职工工资增长、各种利息费用支出、各项公益投资捐助、社会就业以及支持社会经济和谐发展等，也包括实施精准扶贫、科教扶贫，特别是要加大对红色革命老区、贫困地区的帮扶，凸显中国华融的红色企业属性。

五是狠抓作风建设，锻造红色团队。按照习近平总书记"国有企业领导人员必须对党忠诚、勇于创新、治企有方、兴企有为、清正廉洁"的要求，中国华融打造红色金融集团、培养红色金融家队伍，就要打造一支"政治强、业务精、作风实、纪律严、人品好、业绩优"的高管队伍和"想干事、能干事、会干事、干成事、不出事"的员工队伍，打造一支"忠诚、干净、干事、担当"的"学习型组织、知识型员工、专家型队伍、国际型视野、务实型考核""五型"团队。

2. 红色金融集团、红色金融家也有"五讲"

一是旗帜鲜明讲政治。讲政治是建设红色金融集团、培养红色金融家的首要标准，要着力增强政治意识、大局意识、核心意识、看齐意识"四个意识"，做到内化于心、外化于行。坚决做到"三个看齐"，时刻向以习近平同志为核心的党中央看齐，向党的理论路线方针政策看齐，向党中央决策部署看齐。

二是奋发有为讲业绩。国有企业有业绩、有实力，国有经济才有话语权。没有业绩和实力做支撑，中国华融打造红色金融集团、培养红色金融家就成为一句空话。公司上下必须牢固坚持发展是硬道理，是第一要务，坚持"大发展小困难，小发展大困难，不发展最困难"理念；坚持利润是硬任务，是第一目标，把抓利润作为衡量企业经营的第一标准，做到奋发有为、锐意创新、创先争优，做强做优做大企业。

三是稳健经营讲责任。风险是硬约束，是第一责任。金融企业是经营风险的，风险无处不在，风险防不住会侵蚀利润，风险累积更会危及企业生存，因此必须坚守风险底线，坚持"创新＋稳健"，正确处理好中国华融"八大关系"，正确运用好中国华融"五五"风险防控方法论，持续打赢风险防范阻击战和风险化解歼灭战"两大战役"，这是对红色金融集团、红色金融家的内在素质要求。

四是纪律严明讲规律。红色金融集团、红色金融家更要把党的"六大纪律"和党内规矩挺在我们所有工作的前面。打铁还需自身硬，公司上下要持之以恒抓好中央"八项规定"精神落实，持之以恒反对"四风"，持之以恒做到"三严三实"，持之以恒抓好"两学一做"学习教育，并有效运用好监督执纪"四种形态"，加大追责问责力度。

五是回报社会讲担当。红色金融集团、红色金融家一个重要标准，是要积极贯彻党的群众路线方针政策，密切联系群众，关心人民群众疾苦，特别是要关怀、关注革命老区、贫困地区群众和社会公益事业。公司发展了，取得经济效益的同时，要把更多的精力投入到创造社会效益上来。公司上下要在做好"讲政治、抓利润、防风险、带队伍、促发展"中心工作的同时，更多地投身社会公益，更多地关注穷困，关注国家扶贫事业。

3. 华融要"让党放心、人民满意、政府支持"，华融人要有"国家意识、华融情怀"

着力打造红色金融集团的目标是：讲政治，听党的话，跟政府走，努力办好中国共产党领导下、具有中国特色的社会主义红色金融集团。特别突出"讲政治、抓利润、防风险、带队伍、促发展"的红色金融企业特色，着力打造"让党放心、人民满意、政府支持、适应市场、有竞争力、有影响力、有品牌价值的一流资产管理公司"。

努力培养红色金融家队伍的目标是：在党的领导下，有国家意识、华融情怀、市场观念、国际视野、求真务实的高素质华融团队。这一目标的实现具体分为三个层次："政治强、业务精、作风实、纪律严、人品好、业绩优"的高管队伍；"想干事、能干事、会干事、干成事、不出事"的高素质员工队伍；"学习型组织、知识型员工、专家型队伍、国际型视野、务实型考核"的"五型"团队。

一是着力实施《中国华融企业文化发展规划》，建设红色华融文化。以有效管用、行之有效的220多条"中国华融市场化理念与信条"为基础，突出中国华融"听党的话，跟政府走，按市场规律办事"经营理念，突出中国华融"聚是一团火，散是满天星，星火燎原，照亮华融"的精气神，全面实施《中国华融企业文化发展规划（2017年—2020年）》。坚持中国华融"干出来，说出来，传出来"的品牌理念，结合"中国梦、华融梦、我的梦"主题宣传活动，努力打造具有时代气息、企业特色、绩效导向、健康向上并为广大员工认同的中国华融企业文化体系，精心培育"具有中国华融特色的红色企业文化"，为公司打造红色金融集团、培养红色金融家队伍提供强有力的红色文化支持。

二是着力做强做优做大，夯实红色华融集团经营基础。中国华融打造红色金融集团要落地实施，夯实业绩、把控风险，扎扎实实完成接下来每一年的利润和风险防化任务是基础。各经营单位牢牢坚持"稳中求进、紧中求活、提质控险、协同发展"主基调，坚持"控总量、调结构、强主业、防风险、细分类、提质量"主战术，坚定信心、加大决心，坚决完成好年度各项目标任务。坚持把防控风险放到更加重要的位置，风险出在哪里就改哪里，风险藏在哪里就改哪里，风险传染在哪里就改哪里，坚决管住风险，坚决处置一批风险点，完成现金清收转化任务，持续打赢风险防化"两大战役"，坚决把逾期率、不良率、减值率控制在合理范围，保持拨备覆盖充足，确保不发生重大项目风险和流动性风险。

三是着力做强主业、完善牌照、强化管理、提升科技，完善红色华融集团功能。坚持本源导向，做强不良资产主业，保持同业领军地位和市场竞争优势，用活用好公司加大支持主业发展的各项政策，做大不良资产包收购规模。大力拓展问题企业重组，成功实施影响力大、社会效益高的问题企业重组示范项目，推动公司在救助性金融领域"做出特色、做响品牌、做大效益"，打造不良资产主业"产品体系新亮点""利润增长新动力"。加快完善金融牌照，补齐红色金融集团的短板。落实好"企业管理九抓"，持续做好"企业管理年"活动。加快信息科技开发进度，提升科技对集团业务的支撑能力。

四是着力围绕国家发展战略"集中力量办大事"，持续扩大红色华融社会影响力。社会主义制度的一大优越性就是能够集中力量办大事，中国华融打造红色金融集团也是如此，必须紧紧围绕国家发展战略办大事。要积极支持雄安首都副中心开发建设，加强跟进，争当"千年大计"的先行者和排头兵。紧贴"一带一路""京津冀协同发展""长江经济带"三大战略及"西部开发、东北振兴、中部崛起、东部率先"四大板块，依托政府支持，抓好大的项目落地实施，为符合国家宏观调控政策、发展规划、产业政策、经营情况良好的融资平台公司、重点建设项目，提供"一揽子"综合金融服务。按照"两符合、五有"标准（符合国家产业政策、信贷政策，有主业、有市场、有效益、有品牌、有抵押）调整好公司客户结构，做到"三个坚持"：坚持国家战略和政策导向，选择优质客户；坚持客户人品、产品、押品"三优"，充分尽调，全面调查客户信息；坚持风险底线，对于发展前景不明朗、无核心竞争力、经营情况不理想，无主业、无抵押、无质押、无担保的客户，坚决不进行合作。

五是着力抓好班子带好队伍，打造红色华融铁军。党要管党，首先是管好干部；从严治党，关键是从严治吏。按照习近平总书记提出"选干部配班子要按照政治家＋专门家的要求"，既考虑熟悉综合管理、善于驾驭全局的复合型领导人才，又考虑综合素质好、具有较高知识层次和专业素养的专家型人才。按照银监会党委提出"抓好班子带好队伍"的具体要求，选好配强各级"一把手"，坚持正确选人用人导向，严格标准、健全制度、完善政策、规范程序，重点把好政治关、作风关、能力关、廉洁关，使选出来的干部组织放心、群众满意、干部服气。从严管理干部、从严监督干部，让干净的人有更多干事的机会，让干事的人有更干净的环境，促使党员干部"忠于信仰，做政治上的明白人；勤于学习，做业务上的专门家；勇于担当，做事业上的排头兵；敢于亮剑，做执纪上的尖刀班；严于律己，做作风上的先锋队"。

第二章

战术之道

〉

〉〉

　　导语：战略确定以后，战术就是打法。战略管方向，战术管方法。战术找对了，就能事半功倍，战术错了就会南辕北辙。所以对于一个企业来说，战略赢是最大的赢，战术输是最大的输。在正确的战略指导下，运用正确的战术确保各项决策执行到位，是中国华融八年多来实现超常规跨越式发展的一条重要经验。

　　具体而言，中国华融的战术打法始终坚持贯彻这样几个原则：一是既能逆势而上，又能顺势而为。中国华融在经济下行压力较大时能发挥"逆周期"不良资产收购优势，从而起到"安全网"和"稳定器"的独特作用。2013 年，习近平总书记作出中国经济进入"新常态"的科学判断，中国华融顺势而为，及时提出了战术打法必须适应新常态，与国家宏观经济大势谐频共振。二是既追求创新，又确保稳健。创新是往前走，稳健是搂得住，"创新＋稳健""合规＋执行"是我们必须不折不扣执行的战术方法。于是，中国华融必须倡导的"八大创新"，必须坚守的"五条底线"，必须正确处理好的"八大关系"等一系列打法应运而生。三是既安分守己，又机动灵活。诚实守信、"不做假账"、依法依规纳税、确保国有资产保值增值，都是中国华融老老实实遵守的底线。中国华融战术的机动灵活性主要体现在：面对纷繁复杂的局面，我们充分发挥"一体两翼"的优势，打出了见招拆招、随机应变的"组合拳"。这些"组合拳"也许令旁观者眼花缭乱，但我们打来却是气定神闲、一气呵成。四是既守土尽责，又开疆拓土。近几年来，中国华融一方面强势回归和突出不良资产管理主业，积极充当新一轮市场化"债转股"的"主力军"，同时又根据国家需要和自身特色不断寻求新的发展动力、搭建新的发展平台，在深入开展金融服务供给侧改革、紧跟国家实施"一带一路"、推动"京津冀一体化"和"长江经济带"建设、对接"雄安新区"千年大计等方面作出了相应部署，也为中国华融找到了一个又一个难得的发展契机。

一、坚持"创新＋稳健"，创新是往前走，稳健是搂得住

1. 中国华融的"八大创新"

党的十八届五中全会提出了五大发展理念：创新、协调、绿色、开放、共享。习近平总书记把创新放在首位，多次提出创新、创新、再创新，把创新提升为国家总体的发展战略驱动，这一点我感同身受，只有坚持创新的企业才有生生不息的动力。但是创新到底是什么？应该怎么创新？结合中国华融的发展实践，我提出"八大创新"，首先是思想观念的创新，其次是发展模式的创新，再次是体制机制的创新、业务平台的创新、产品服务的创新、管理方式的创新和企业文化的创新，最后是队伍建设的创新。中国华融这几年一直坚持以创新推动企业品牌建设，打造企业核心竞争力，取得了很好的成果。未来我们将继续坚持推进"八大创新"，以创新引领做强不良资产主业，按照"治理科学、管控有序、主业突出、综合经营、业绩优良"要求，努力打造一流资产管理公司。

2. 坚守"五条底线"，正确处理好"八大关系"

在强调创新的同时，我认为，作为国有金融机构，必须要坚持稳健发展。也就是说，一个企业要发展，必须要坚持"创新 + 稳健"，才能实现又好又稳地发展。具体到中国华融，坚持"八大创新"，坚守"五条底线"，正确处理好"八大关系"，既是中国华融生生不息发展的核心动力，也是中国华融品牌建设的根基。

首先，我们要坚持"底线思维、稳中求进"，严控风险，牢牢守住公司发展、业务风险、员工收入保障、组织用人、个人行为规范等"五个底线"。一是公司发展的底线，公司总规模、净资产、净利润等要保持合理适度的增长，确保国有资产保值增值。短期内企业增长或快或慢，可能受外界环境影响，可能是内部策略安排，但一定要有增长有发展，不能因为任何理由停滞企业发展的脚步。大发展，小困难；小发展，大困难；不发展，最困难。做人，做企业，不进则退，同此一理。二是业务风险的底线，确保不出现重大项目风险和流动性风险。金融资产管理公司本身就是经营风险的机构，但我们有既定的风险偏好和风险管理控制目标。中国华融赔不起，坚守风险底线是安身立命之本。三是员工收入保障的底线，通过企业发展力争员工收入每年有合理适度的增长。人是目的，员工是我们最宝贵的资源，也是企业发展的终极目标之一。企业不应要求员工做自我牺牲，但在中国华融，员工、管理层，公司上下却形成了"五加二""白加黑"的奉献文化。企业应当感恩，珍视员工，"辛苦理应得到回报，贡献理应获得表彰，成绩理应充分肯定"，要使员工得到激励，得到自我发展和推动企业持续发展的能力。四是组织用人的底线，坚持"德才兼备以德为先""公正、公平、公开"的干部评价标准。五是个人行为规范的底线，"讲话把握一个准，做事把握一个度，用权把握一个廉，行为把握一个正"。

其次，我们要坚持正确处理好速度与质量、效益与风险、创新与合规、总量与结构、集权与分权、当前与长远、条条与块块、发展成果与员工共享的"八大关系"，以稳健经营助推公司又好又稳科学可持续发展。一是速度与质量的关系，强调经营管理的科学性、规范化，实现高质量的合理增长；二是效益与风险的关系，要实现利润，又要防范风险，在发展中化解风险，真正做到成本可算、风险可控、效益可获、市场可持续；三是创新与合规的关系，把握好监管政策，准确理解监管标准，创新不违法，经营不违规，行为不违纪；四是总量与结构的关系，提高资本管控能力，实现一个健康的客户结构、产品结构和业务结构；五是集权与分权的关系，既要做好"顶层设计"，强化集团统一管控，又要放手、授权，发挥"基层首创"精神；六是当前与长远的关系，统筹兼顾公司当前发展与永续经营；七是条条与块块的关系，既发挥经营单元和条线的市场主体和利润中心作用，又发挥好集团协同优势，打好"组合拳"；八是发展成果与员工共享的关系，建立健全更为市场化的绩效考核和激励机制，切实为员工办实事、办好事。

二、坚持"合规＋执行"，合规是前提，执行看效果

1.合规是前提，不合规的业务坚决不做

在坚持"创新＋稳健"的同时，"合规＋执行"也是中国华融发展的内在要求和核心经验，一直贯穿和体现于公司转型发展的实践之中。我们一直坚持"依法合规科学发展，风险管控责任到人，争创利润绩效优先"的经营理念，强调必须依法合规经营，"先立规矩后办事、立了规矩办好事"，不合规的业务坚决不做，并由此形成了具有鲜明中国华融特色的合规文化。

所谓"合规"，大处来说，是要自觉遵守国家法律法规、监管政策；

小处来讲，是要"人人知合规，事事重合规"，严格执行公司规章制度，健全和完善公司内控约束机制，强化制度执行力，做到制度管人、流程管事。其中，最为关键的，我认为是要营造自上而下形成的"合规人人有责、合规创造价值"经营氛围，培养"基于合规、高于合规"的风险意识与合规精神，也就是每一个岗位、每一个环节、每一个人都要以开放的心态面对合规要求，而不是总想着如何规避，想着投机取巧。这也是应对和防范"灰犀牛"与"黑天鹅"事件的最好方法。"灰犀牛"事件多因问题与征兆已存在，但危机意识不强而发生，因此一定要有"基于合规"的意识，一切从合规出发，不合规的项目坚决不碰，不合规的交易结构彻底杜绝，不给任何打擦边球的行为开口子，不给项目留下任何风险隐患。"黑天鹅"事件多在缺乏预料的情况下发生，因此一定要有"高于合规"的意识，保持头脑清醒和高度敏感，增强忧患意识和风险意识，加强趋势分析与跟踪预警，实现真正的风险可控、收益可获。

中国华融的合规工作并不是一蹴而就的。伴随公司业务的快速发展，抓好合规工作的必要性也更加凸显。特别是对经营单位来说，业务盈利的冲动是本能，难免发生对合规要求的抵触。要想在产品创新、业务拓展的同时，实现又好又稳安全可持续发展，合规经营是前提、是底线，必须长期坚持、永不动摇。对此，我们积极推动合规风险管理机构和队伍建设，不断建立健全合规风险管理制度和工具体系，搭建起覆盖完全、流程完整、组织完备的公司合规风险管理体系，以观念合规为根本、以方向合规为纲要、以行动合规为关键，在风险理念、体制机制、内部管理和队伍建设上做到了思想认识的统一，在客户选择和业务方向上做到了战略部署的统一，在前台准入、中台审查、后台风控上做到了前进步伐的统一，最终保障了中国华融转型发展的成果安全。

2. 执行看效果，落实是关键

执行力不讲如果，只讲结果。再好的制度、流程，如果疏于执行，都会变成摆设。合规不是喊喊口号，而是要付诸行动，合规管理的制度、要求是否落地非常重要，要随时保持清醒，在各种合规的考验、关口、细节上保持定力，实现合规"横向到边、纵向到底"。中国华融特别要求各经营单位"主动合规"，对于公司总部的授权规定、制度流程、政策规定等，分子公司必须严格执行，不打折扣、不搞变通。

做到合规执行到位，要抓好"三讲"。一是讲规矩。推进工作科学化、制度化、规范化，实现制度管人、流程管事，坚持制度面前人人平等、执行制度没有例外，不留"暗门"、不开"天窗"。二是讲责任。不愿担责，就不能做业务；不敢担责，就不配做风控；不会担责，就做不好管理。同时还要问好责，督促制度执行，把要求内化于心、外化于行。三是讲担当。弘扬碰硬的精神，提升担当的能力，违反业务原则的、突破底线思维的一律不做，有利于主业发展的、有利于结构优化的、有利于可持续经营的，要在合规的框架下探索性开展。

当然，强调合规的最终目的，是要带着合规的理念走好业务发展的路子。我的体会是，一定要秉承国家对金融资产管理公司的定位，秉承监管对不良资产管理主业经营的要求，秉承市场对服务实体经济的需求，立足"服务实体经济、防化金融风险、改革创新发展"三大目标，确保客户选择和业务选择的方向性正确，才能保障合规落实不走偏。在这里，我举个例子，浙江分公司是中国华融系统内坚持合规经营、稳健发展的一个典型代表，2009年以来该分公司连续八年实现高利润、高增长、高质量，无一笔不良和风险，一个重要原因就是他们的合规工作从细、从实、到人、见成效，风险管控抓早、抓细、抓全、抓萌芽。作为基层经营单位，浙江分公司在秉承华融合规文化的基础上，形成了分公司浓厚的合规文化，牢牢把握三个"一以贯之"：一以贯之地坚持合规理念，"入脑"须"入耳"；一以贯之地坚持合规制度，"入心"更"入行"；一以贯之地坚持合规方法，要"法治"不要"人治"，以大风险理念牢固合规意识，以体制机制强化合规文化，以内部管理夯实合规建设，以队伍建设促进合规执行，前、中、后台各个岗位履职都以合规意识为本，贯彻一致的风险偏好和风险价值观。在业务方向合规上，浙江分公司确保与金融资产管理公司的业务特点一致，做强主业；确保与浙江经济特点相吻合，培育竞争力；确保与经济趋势、客户需求、市场变化相结合，扎扎实实地以"合规＋执行"实现了"创新＋稳健"。

三、打好"一体两翼"的"组合拳"，向各级政府和大企业、大集团、大项目、大机构提供一揽子综合金融服务

　　中国华融商业化转型以来，产品和业务种类得到了极大的丰富和发展，发挥各类产品的协同效应满足客户的多样化需求成为中国华融的一大特色。通过逐步搭建起"一体两翼，协同发展"的战略构架，中国华融积极依托各类金融业务平台，推动综合经营效益从"加法"到"乘法"，逐步建立起横跨公司资本架构、纵跨企业生命周期的综合性产品服务体系，有效对接不同客户在不同发展阶段的个性化需求，为客户提供一揽子、一站式、全生命周期金融服务。下面通过五个案例具体说明中国华融是如何打好"一体两翼"的"组合拳"，向各级政府和大企业、大集团、大项目、大机构提供一揽子综合金融服务的。

1. "组合拳"之一：交叉营销
　　我国已进入工业化、城镇化快速发展的中期阶段，二者也成为当前经

济发展的重要引擎，但伴随而来的各类环境问题日趋严重。中国华融作为金融央企一直谋求在环境治理方面发挥作用。在盛运环保投资案例中，中国华融充分发挥旗下各业务平台的特色，进行交叉营销，利用 QFLP 引入境外资金投资于国内环保产业并购基金，有力地支持了国内知名环保企业拓展垃圾焚烧发电主业，实现了资本的境内外联动融通，为还青山绿水于民增添助力。

在我国，垃圾焚烧发电项目建设须由政府审批，并以特许经营权方式交由企业运营。安徽盛运环保（集团）股份有限公司（以下简称"盛运环保"）原本是一家以传送设备制造及销售作为主营业务的 A 股上市公司，因看好国内环保产业的发展前景，自 2012 年起将垃圾焚烧发电业务作为转型发展的主要方向。为迅速抢占市场、扩大规模，转型后的盛运环保在一年多的时间里与 40 余个地方政府签订了垃圾焚烧发电的 BOT 项目特许经营协议。由于垃圾焚烧发电项目建设一次性投入较大，效益缓释期长，加之其同时在建电厂较多，造成该企业现金流压力较大，巨额前期投入已对其生产经营造成了影响，需从外部融资满足其项目建设需求。

了解到盛运环保的发展需求后，中国华融主动与其进行对接。在对盛运环保经营情况及资金需求进行系统分析后，中国华融认为在城镇化加速的背景下，垃圾焚烧发电行业发展空间较大，盛运环保作为环保行业内的后起之秀，在公司治理结构、产业链、成长潜力、政府补贴等方面有着明显的竞争优势。中国华融在综合国家有关政策、资金规模、使用期限等多种因素后，建议盛运环保利用合格境外有限合伙人（QFLP）试点机制，通过中国华融旗下华融深圳基金引入境外资本投资于该产业并购基金。该建议得到盛运环保的充分认可。华融深圳基金是华融国际按照深圳市外商投资股权投资企业试点工作暂行办法设立的具有 QFLP 企业管理资格的基金管理公司，可在完成资格审批和外汇资金监管程序后，引入境外资本投资于国内私募股权投资基金以及风险投资市场。在为盛运环保引入境外 LP 投资资金过程中，华融国际承担境外募资推介工作，在成功锁定境外投资资本后，华融深圳基金负责完成资格审批和外汇资金的监管程序，引入境外资本投资于盛运环保的垃圾发电产业并购基金，支持国内绿色环保行业发展。中国华融对引入的境外资金进行全程管理，将投资收益及本金向境外投资者进行资金出境分配。2015 年年初，中国华融与盛运环保顺利完成了环保产业并购基金的设立工作。同年 4 月，环保产业并购基金首个垃圾焚烧发电项目顺利实现投放，有效缓解了该企业的建设资金压力，加快了盛运环保产能释放的速度，帮助其在垃圾焚烧发电产业领域实现弯道超车。截至 2016 年年末，盛运环保已投运垃圾焚烧发电项目 8 个，在建项目 10 余个，企业发展势头良好，规模优势逐步显现。

2. "组合拳" 之二：综合协同

中国华融通过紧紧把握客户发展过程中特定时期的特殊机遇，充分发挥中国华融 "一体两翼" 综合协同效应，创新交易结构，上下联动，多点协作，在为客户解决现实问题的同时，树立了中国华融的良好品牌形象。

明星有色是我国有色金融某细分子行业内单厂产量第一、低排放、低能耗的生产企业，具有技术先进、成本较低、国家支持、物流优惠等优势。明星有色项目一期投产就具备了年产 30 万吨成品的产能，在细分子行业排名全国第一，全球第四。在一期项目顺利完工投产后，明星有色加快了产能扩大步伐，计划以 2022 年冬奥会在北京和张家口举办、国家加大对周边环境治理为契机，充分发挥引进环保技术的优势，实现对内蒙古、河北地区制造某有色金属产成品落后企业的融合，以取得更大的市场占有率并实现 A 股上市，为此拟通过股权融资筹建二期项目。

了解到明星有色的资金需求后，中国华融积极与该企业接洽并充分阐释自身"一体两翼"综合协同优势，同时结合明星有色实际情况和特殊需求，为其设计了既通过华融旗下华融资本提供二期建设资金支持，又引入中国华融旗下华融证券对其进行辅导上市的一揽子综合金融服务方案，以满足其多元化金融需求，双方达成了合作意向。在具体操作上，首先，利用华融资本引入"债＋股＋夹层投资"的综合投资模式，其中，以债权投资解决企业二期项目建设资金问题；以股权投资加强对相关风险的防范；以夹层投资取得获取企业上市后超额回报的权利，既解决了客户的现实问题，又实现了中国华融以债权业务为基础的价值链延伸。其次，为助推明星有色上市，引入华融证券作为明星有色上市的财务顾问、主办券商、保荐机构以及主承销商，与明星有色签订《资本市场综合服务协议》，为企业资本市场运作提供一揽子服务。项目资金到位后，明星有色的二期项目建设顺利展开，企业生产经营渐入佳境，在华融证券的辅导下，其上市准备工作正在有条不紊地推进中。中国华融投资明星有色的案例既符合国家产业结构调整、京津冀协同发展战略，也是中国华融作为金融央企有效服务实体经济，推进企业产业转型升级的重要体现。

3. "组合拳"之三：内外联动

随着越来越多的企业着手拓展海外市场，中国华融作为国内最大的金融资产管理公司，围绕不良资产经营主业，主动寻找业务创新的突破点和切入模式，综合运用境内外金融平台优势，内外联动，通过多元化、多渠道的投资手段，助力中国企业"走出去"，实现产业升级，为企业提供全链条式金融服务，在关键时刻解决企业燃眉之急，获得地方政府和社会的一致认可，使得中国华融的品牌价值得到有效提升。在翼联控股海外并购案例中，中国华融发挥自身牌照全、业务平台覆盖面广的综合金融服务优势，通过境内外分支机构合作联动，将境内环保企业的发展需求与境外资本的投资需求相对接，实现了融通境内外两个市场、两种资源的作用。

在中国企业海外并购大潮中，翼联控股作为其中一员，是当地最大的民营企业集团，产业涵盖工业、医药健康、环保能源等领域，控股三家上市公司，是当地民营投资集团——仁何晟集团的第一大股东。近年来，翼联控股工业板块经营良好且持续盈利，公司发展势头较好。为打造环保能源产业链，翼联控股积极在再生资源领域寻找投资机会，并将投资并购标的锁定在香港上市公司存辉集团。存辉集团是一家从事混合废金属回收、拆解加工处理和资源循环再利用的生产商。经过漫长的商业谈判，翼联控股与存辉集团达成一致并签订了相关协议，确定通过仁何晟集团在香港的平台公司——仁何晟香港收购存辉集团股权，重组完成后仁何晟香港将成为存辉集团的控股股东。根据翼联控股与境外企业签订了并购意向书，如果并购资金不在规定时间到位，翼联控股则会形成违约。

当了解到翼联控股并购过程中遇到困境时，中国华融主动与其沟通合作可能。中国华融基于前期营销跟踪中对企业的了解，与翼联控股初步达成采取境内外业务平台同步安排资金的方式，解决其海外并购资金和时间错配的燃眉之急。在境内部分，中国华融的境内投资业务平台——华融资本出资并通过华融信托向翼联控股发放信托贷款，中国华融属地分支机构负责合同的签订和项目后期管理；在境外部分，中国华融旗下在港业务平台——华融国际通过设立特殊目的基金（SPV）向仁何晟香港提供港元票据融资。在中国华融的支持下，翼联控股完成并购。相较于其他金融机构，中国华融不仅能够按照实际需要对资金的投放时间和额度进行灵活设计，而且审批流程高效，在关键时刻解决了企业的困难。同时，中国华融支持实体企业"走出去"的举动还受到了当地政府的高度评价。

4. "组合拳"之四：量身定制解决方案

中国华融自商业化转型以来，紧扣客户需求，量身定制满足企业需求的投融资方案，充分发挥自身综合金融服务优势，既为企业解决了扩张产能所需资金问题，又为中国华融开拓新的市场领域打下了良好的基础。

航陆集团是一家主要从事电子元器件生产与销售的企业，也是省重点高科技企业。中国华融作为航陆集团政策性债转股持有人，结合该集团的经营特点和专业特长，量身定制解决方案，以创新思维提出分立式二次债转股方案，同时结合其在经营周期中的发展需求，充分发挥自身牌照资源优势，为企业提供综合金融服务。中国华融旗下各业务平台默契配合，以"一体两翼"协同发展理念为统领，创新思路，成功助力新航陆在深交所上市，实现大踏步发展。

航陆集团成立于1982年，是省级重点企业之一，经过多年的技术开发、引进和改造，发展成为集科研、生产、投资于一体的高新技术企业集团，从1992年起连续多年跻身于中国电子行业百强企业。因受1997年东南亚金融危机的强烈冲击，航陆集团发展陷入困境，被列入政策性债转股名单。

中国华融在接收了航陆集团拟转股债权后，通过对该企业的经营主业进行系统分析与梳理，发现其整体负担虽然较沉重，但其拥有的自主知识产权的智能终端产品技术先进，具有较大的市场空间。因此，中国华融向有关部门建议对航陆集团进行二次商业化债转股，剥离与智能终端技术相关的资产、负债，将这部分资产进行资产重组并成立新公司，待符合发行上市条件后择机上市。在得到相关部门的同意后，中国华融将部分拟转股债权与航陆集团实施政策性债转股，小部分作为一般债权进行打折处置，剩余部分出资入股新公司——新航陆。这一创新使转股后的新航陆由原来的航陆集团下单一产品企业，一跃发展成为国家规划布局内重点智能终端企业及细分行业的领跑者，终于破茧成蝶。此后，在推进新航陆上市进程中，中国华融引入旗下子公司，以商业化股权投资与辅导上市，推动其成功上市，显著提升该集团的综合竞争力。

5. "组合拳" 之五：全周期综合金融服务

随着西部大开发战略的提出，西部地区的经济发展受到国家政策的大力支持。中国华融紧跟政府步伐，遵循国家产业政策导向，积极寻找西部优质企业，挖掘对高成长性民营企业的投资机会。麦趣尔作为西部乳业龙头企业，开始受到中国华融的关注。麦趣尔是西部地区家喻户晓的本土品牌之一，拥有成熟的销售网络和忠实的消费群体，经过二十余年发展，成为西部规模较大、技术含量较高的区域行业龙头。随着自身实力的不断增强，麦趣尔谋求更大战略发展的愿望与信心也在增加。

在了解到麦趣尔的战略发展需求后，中国华融主动与其进行对接。通过对其行业定位、经营实力和投资阶段进行调查分析后，中国华融认为与麦趣尔在战略性股权投资上具有较大的合作空间。由此，中国华融加大沟通力度，提出对其实施战略性股权投资助推其上市的合作方案。2011 年 4 月，中国华融旗下子公司华融渝富与麦趣尔签订协议，在参考麦趣尔历史经营情况及未来发展预期的基础上，战略投资麦趣尔约 10% 的股权。为深度参与麦趣尔经营管理，中国华融旗下子公司委派一名董事和一名监事参与麦趣尔的重大决策，以及时掌握麦趣尔的生产经营状况，对其提供更专业更全面的综合金融服务。

此后，中国华融在对麦趣尔的战略投资期间，充分发挥全牌照综合金融服务实力，向其提供财务顾问、市场调查、行业研究、资本市场咨询等增值服务，为麦趣尔成功上市提供了有力的智力支持。在等待发行批文期间，中国证监会针对 800 多家 IPO 排队企业进行专项财务检查以减少拟上市企业财务信息失真、虚假及欺诈发行上市的情况，麦趣尔也在检查名单之列。中国华融积极协助麦趣尔夯实自查工作,成功通过此次财务大检查。2014 年麦趣尔成功在深圳证券交易所中小板上市发行。在限售期结束后两年内,中国华融严格遵守承诺,通过大宗交易,共分 5 次完成了麦趣尔全部股票的减持,为基金合伙人获得了可观的投资回报。中国华融通过此次与麦趣尔的合作,既帮助麦趣尔实现了跨越式成长,支持了西部地区乳业发展,也为中国华融积累了私募股权投资、运作及退出的经验,是通过私募股权投资促进双方发展,通过综合金融服务体现专业价值,最终实现合作共赢的经典案例。

四、灵活运用一系列创新打法:"收购 + 处置""收购 + 重组""重组 + 经营""自主资金 + 结构化融资""存量 + 增量""债权 + 股权""金融 + 产业""主业 + 副业""新人 + 老人"等

中国华融是国内不良资产一级市场的主要接收方之一,也是国内不良资产处置市场的主要处置方之一。凭借在业务范围、行业经验、专业人才、分销和服务网络及资本实力等方面的明显优势,中国华融积累了丰富的不良资产管理经验和较强的不良资产获取、运营和处置能力,形成了具有核心竞争力的专业技术和客户资源,同时,通过不断创新理念、机制、产品和服务,保持竞争优势,灵活运用"收购 + 处置""收购 + 重组""重组 + 经营""自主资金 + 结构化融资""存量 + 增量""债权 + 股权""金融 + 产业""主业 + 副业""新人 + 老人"等一系列创新打法,夯实了行业领先地位,充分发挥了对经济金融"安全网"和"稳定器"的重要作用。

1. 收购处置:做强做优拓主业,精耕细作提价值

自商业化转型以来,中国华融积极寻求市场机会回归不良资产管理主

业。通过介入 A 银行和 B 银行不良资产包处置案例，中国华融凭借突出
的主业优势，运用"收购＋处置""重组＋经营"等多种手段对各类不良
资产进行专业处置，精耕细作提价值，做强做优拓主业。

其中，A 银行不良资产包处置案例正是中国华融不断延伸不良资产处
置服务链条，综合运用代理收购、代理处置和收购处置等手段，助力地方
金融机构改制转型的成功示范。2007 年 10 月，原金辉银行在当地人民政
府的引导下，成立 A 银行筹备组，拟进行增资扩股和重组改制。但进行重
组改制面临的一个重要障碍是 200 余户、近 16 亿元存量不良资产的剥离。
中国华融作为处置不良资产的专业金融机构，在 A 银行重组工作陷入僵局
时，与 A 银行筹备组和地方政府进行了沟通，提出充分利用中国华融的金
融资产管理公司平台对不良资产进行处置的总体思路，即由参加增资撤股
的各股东出资，委托中国华融对不良资产进行收购，并委托中国华融对剥
离的不良资产实施处置回收。该思路得到 A 银行筹备组的认可并于当年 12
月开始实施。针对 A 银行不良资产包收购处置工作，中国华融始终秉承精
耕细作的经营理念，介入之初就形成了对代理处置剩余资产进行收购并经
营管理的思路。更为难得的是，在受托收购及受托处置的过程中识别出较
多有价值的资产，并在后续环节对有价值的资产进行精耕细作、充分挖掘，
根据资产的不同特点，分门别类地加以经营，有力地提升了资产的回收价值。

此外，收购 B 银行不良资产包案例也展现了中国华融因地制宜、顺势
而为、成功取包，并综合运用多种处置手段，实施"沉淀式"可持续的经
营的过程。该案例的成功实施宣示着中国华融在市场环境下，以商业化手
段强势回归不良资产管理主业，在行业内产生良好示范效应。

2. 收购重组：推陈出新富内涵，与时俱进领发展

2009 年年初，我基于对经济发展趋势和金融结构的判断，果断作出"强

势回归不良资产管理主业"的战略决策，并于业内率先规模化开展收购重组业务，运用"收购+重组""存量+增量"等多种手段解决债务人的流动性问题并改善其经营状况，同时有效强化实体企业供应链条上的信用薄弱环节，促进行业结构调整。

开展收购重组业务初期，中国华融以银行类金融机构不良债权为主要收购标的。随着非银行金融机构不良债权资产供给增加，中国华融顺势而为，延伸了收购标的。在收购金融机构不良资产的过程中，出于整合债务人负债的考虑，中国华融选择性地匹配收购相关的非金融类不良资产。之后，为帮助企业舒缓债务负担、盘活存量资产、促进实体经济发展，中国华融开始规模化收购非金融机构不良资产，极大地丰富了金融资产管理公司资产经营业务的内涵和外延。新疆电解铝案例就是中国华融收购重组非金融机构不良债权资产的经典代表。在该案例中，中国华融以非金融机构不良债权收购重组方式介入承接电解铝产能转移项目，成功帮助企业化解项目建设过程中的资金困局，并将该业务模式在新疆地区的电解铝行业中推广，是金融资产管理公司积极响应国家供给侧改革，发挥特殊功能，服务过剩产能行业实现产业转型升级的典型之作。

新疆地区火电资源丰富、可供利用的土地较多，国家在电解铝行业的供给侧改革中将其定位为承接内地电解铝产能转移的重点区域。火济集团作为国内知名电解铝生产企业之一，积极响应国家产业调整政策，把在新疆地区建设电解铝生产基地作为该集团应对行业竞争压力、实现战略转移的关键举措。2011年，火济集团成立新疆火济负责其在疆内电解铝产能的建设及运营。彼时，各银行对电解铝行业的支持力度受宏观调控影响较大，新疆火济无法通过银行借款获取产能转移、技术升级所需资金。

中国华融作为金融央企，积极探索以金融产品服务国家供给侧改革、不断挖掘国内产业调整中的业务机遇，了解到火济集团的经营困境后，积极对接并施以援手。在深入领会国家产业调整政策以及对该企业全面尽职调查的基础上，中国华融认为，虽然电解铝行业总体产能过剩，但火济集团的发展方向符合国家对过剩产能行业调整的主基调，企业面临的是发展中的困境，待新疆火济投产后，该集团经营情况应会得到明显改善。中国华融根据火济集团的具体情况，为其设计了非金融债权收购并重组的金融服务方案，即由中国华融收购并重组火济集团的债权，为企业项目建设解开资金困局。对于火济集团，该方案帮助其盘活了存量资产，为完成产能区域性转移争得了宝贵的空间；对于收购债权的债务人，重组后债权依据经营现金流匹配还款进度，有效缓解了债务人阶段性偿债压力。该解决方案一经提出即获得火济集团的认可。2014 年 10 月，中国华融收购重组火济集团债权项目实施。在中国华融收购重组火济集团债权后，火济集团的资金状况等到了明显改善，有力地支持了新疆火济电解铝生产基地的建设。此后，中国华融将新疆火济项目交易结构成功复制于新疆地区多个电解铝产能转移项目中，为电解铝产能向新疆地区转移做出了应有的贡献，有效地支持了新疆区域经济的发展。

3. 问题项目重组：迎难而上解困局，危机救助扶实体

危机企业救助体现了中国华融以支持实体经济发展为目的，通过发挥资产管理专业优势的救助性金融功能，迎难而上解困局，危机救助实体的金融央企责任与担当。多年来，中国华融紧密围绕国家战略，综合运用"收购＋投资""债权＋股权"等多种手段，帮助问题企业走出困境，助力问题企业提升内涵价值，得到了社会各界的认可和肯定。这里通过列举两个案例展现中国华融将资产管理主业与投资银行业务相结合，整合资源、盘活资产，帮扶陷入债务困境的危机企业的过程。

某集团因涉及众多民间借贷，于 2012 年爆发了民间借贷危机和金融

债务兑付危机，濒临倒闭的边缘。由于其资金链条和担保链条上涉及企业众多，危机蔓延将可能引发区域金融风险。中国华融积极践行金融资产管理公司金融稳定器的使命，以为其寻找专业重组方为契机，介入重组整合工作，提出由中国华融收购并重组金融债权及部分应收账款，通过盘活存量资产重塑资金链的整体重组思路。中国华融专业的品牌形象、良好的口碑效应与企业的需求一拍即合，双方很快达成合作共识。通过梳理整合，中国华融掌握了该集团的全面情况，做到心中有账、重组有方。针对该集团不同债权的特点，中国华融分别设计了"收购＋重组"和"收购＋处置"模式。通过收购债权，降低了坤鑫集团的债务负担，为该集团的转型发展争取宝贵的时间与空间。就收购后的债权，中国华融本着"以时间换空间"的思路，没有急于回收，而是在风险可控的前提下协助企业盘活资产、恢复经营，并根据企业现金流情况安排回收计划。该集团收购重组项目的落地，切实为企业减轻了负担，保障其逐步有序地解决种类债务问题，使金融资产管理公司救助性金融机构的角色深入人心，监管部门及当地政府高度赞赏中国华融作为金融资产管理公司在促发展、防风险方面发挥的独特作用。

此外，在某电子城案例中，中国华融充分发挥资产经营管理者的专业优势，综合运用财务顾问、金融债权与非金融债权收购重组等多种手段，积极创新业务模式，精心设计并实施了一整套重组整合方案，对债权、股权、管理团队和人员进行方位的梳理和整合，成功解决地方政府、原始债权人、股东、业主等多方诉求，有效地盘活了问题项目，修复了城市疮疤，实现了良好的社会效应。

4. 金融＋产业：不良资产深耕耘，综合服务挖潜力

在不良资产经营管理过程中，中国华融为挖掘存量房地产项目价值，

盘活沉淀涉房不良资产，延长不良资产经营价值链，围绕主业有选择地对部分涉房不良资产进行重组、投资和开发，运用"不良资产收购＋经营""金融＋产业""主业＋副业"等多种方式，实现资产处置收益及集团盈利的最大化。在青台纺织系统不良资产并盘活的案例中，中国华融按照分步运作、梯次经营的运作思路，以债转股资源为纽带，以商业化收购不良资产为突破口，充分利用综合金融服务推动存量不良资产盘活并实现资产价值提升，实现多方共赢，并推动了中国华融与 A 市政府的深度合作。

A 市为我国计划经济时期的纺织重镇，但随着市场经济时代的来临和中国纺织行业的发展变化，A 市纺织行业出现了系统性衰退，部分企业实施债转股后依然难以脱困。A 纺织总公司持股的商业化运营平台集团为中国华融债转股企业，中国华融持有开联集团 36% 的股权。中国华融在与开联集团的长期合作中，对 A 市纺织系统的优质资产和后备力量也有客观的认识，认为可以通过收购不良资产并实施债务重组，由中国华融旗下子公司华融置业介入土地资源开发整合等后续运作，提升 A 市纺织总公司名下土地的经营开发，综合提升资产价值并实现多方共赢。为推动该项业务，中国华融公司领导亲赴 A 市，与 A 市政府相关部门会谈、协商。为进一步深化合作，最大限度挖掘不良资产价值，中国华融与 A 市纺织公司决定成立项目公司，并先后签订《债务重组协议》《战略合作框架协议》，成功地满足客户需求，实现了项目各阶段的综合金融服务支持，在协助职工安置、助力企业发展等方面发挥了积极作用。中国华融通过介入 A 市纺织系统不良资产并盘活案例，不仅有力地支持了 A 市纺织系统重组调整，而且帮助政府较好地解决了困扰其多年的企业债务、职工安置、企业搬迁等难题，深化了与 A 市政府的合作关系。

五、紧贴国家发展战略，与政府通力合作，搭建新战略平台，为国家战略实施提供良好投融资金融服务

当前，为积极推动经济转型升级，培育经济增长新动力，国家重点推进实施"一带一路"、京津冀协同发展、长江经济带和国家自贸区建设等重要发展战略。在"听党的话，跟政府走，按市场规律办事"这一经营理念的指导下，我带领中国华融紧跟中央要求，积极响应国家战略，努力支持地方经济建设。我们充分发挥资产管理公司的独特功能作用和辐射全国的网络优势，以多元化的业务产品和服务解决企业危机、化解区域风险、支持实体经济转型升级，以一个个项目实践多方位、深层次地对接国家发展战略，推动区域经济提质提效升级。

1."一带一路"抓机遇，丝绸古道添助力

党的十八大以来，党中央在复杂多变的国际形势中审时度势，着眼我国"十三五"时期乃至更长时期的发展，提出了"一带一路"倡议。我要求中国华融依托自身在不良资产领域的专业优势，积极服务国家"一带一路"建设。青海省在"一带一路"建设中处于重要地位，随着战略实施的不断推进，其对能源基础设施建设的需求进一步显现。而盖斯集团作为青海省大型能源企业之一，其所从事的供热、供气、供电业务与当地民生及经济发展息息相关，是当地政府引入民营企业共同参与民生工程建设的重要尝试。

为助力国家"一带一路"建设，在与当地政府建立战略合作的背景下，我们充分发挥不良资产经营主业和综合化金融服务优势，与盖斯集团开展了长期合作。我们针对盖斯集团不同阶段的需求，量体裁衣提供特色化金融服务：在该企业扩大服务区域、建设民生基础设施阶段，以融资租赁手

段化解了企业流动性困难；在该企业转型升级过程中，有针对性地提出收购并重组金融债和股东借款债转股方案，为企业缓解了债务偿还压力；在该企业面临经济下行期、短期偿债压力增大时，我们通过收购并重组非金债权，帮助企业盘活了存量资产，为企业持续健康发展提供了重要的金融支持和服务，充分体现了金融央企的责任与担当。

2. "京津冀"互补优势，协同发展做贡献

作为一家总部在首都的金融央企的一把手，我同样高度关注京津冀协同发展战略的实施。我认为，京津冀协同发展战略为环北京地区的发展提供了有利契机，同时也对北京周边城市的基础设施建设及承接疏导能力提出了更高的要求。2010 年，我们了解到涿州市政府计划对高铁新区约7500 亩土地进行整理开发，并把该地区规划为涿州市未来发展的重点区域。我立刻意识到，这一计划对涿州具有重要意义，因为随着涿州高铁的通车运营，当地直达北京的时间可缩短至 15 分钟，将极大方便两地交通往来，更好地发挥涿州对首都经济承接、人口分散和城市缓压的作用，还能直接带动高铁站所在区域的城市建设与发展。

认识到上述项目对实施京津冀协同发展战略的重要意义，我立即派人前往涿州市进行考察，并与项目承接方进行接洽，对涿州高铁新区的地理位置、发展规划、土地供求及房地产市场情况等方面进行了详尽调查。最终，公司党委决定积极发挥中国华融综合金融服务功能，通过旗下地产平台华融置业有限责任公司与涿州市国有资产管理有限公司、万新投资控股有限公司三方共同出资成立华融万新涿州投资有限责任公司，努力发挥各方优势，分工协作，共同对涿州市高铁新区开展土地一级整理。这一项目采用了政府、国有企业、民营企业共同参与新区建设的模式，有力支持了涿州市对首都非核心功能的承接，实现了中国华融对京津冀协同发展战略

的深度践行。

3. 融入"长江经济带"，区域发展谱华章

推动长江经济带发展，是党中央、国务院主动适应把握引领经济发展新常态，科学谋划中国经济新棋局，作出的既利当前又惠长远的重大决策部署，对于我国实现"两个一百年"奋斗目标和中华民族伟大复兴的中国梦，具有重大现实意义和深远历史意义。在此背景下，我带领中国华融立足长江经济带，通过不同业务单元积极开展了不同形式的业务合作。

以中国华融旗下的融资租赁业务平台——华融租赁为例，2008 年以来依托自身的金融牌照优势，持续向江苏省大型国有企业苏州高新提供服务，有力助推了苏州高新区的经济快速发展。苏州高新区经济发展集团总公司于 1990 年成立，承担着苏州高新区绝大部分的土地开发、道路建设、动迁安置、城市化建设及社会事业繁荣等基础设施工程建设任务。由于承担的建设任务重，资金需求量较大，但融资渠道较为单一，长期面临融资结构不合理的情况。为帮助其解决该问题，华融租赁积极与苏州高新接洽，根据该企业自身的经营特点及财务特性，针对其自来水、污水处理等民生建设项目设计出有利于企业发展的金融租赁项目，帮助企业优化了融资结构。在高效提供资金支持的同时，华融租赁还创新地提出了将政府名下的固定资产通过增资方式注入苏州高新，并以该部分资产对外融资的租赁方案，有效盘活了政府手中的存量资产，实现了经济效益与社会效益双丰收。

4. "自贸区战略"拉引擎，先试先行勇当先

我国经济发展进入新常态后，"引进来""走出去"也面临着新的发展形势。在此背景下，党中央提出建设沪津闽粤四大自贸区的发展战略，对促进我国贸易和投资便利化、形成深化改革新动力、扩大开放新优势具

有重要的战略意义。正是看到这一战略的深远影响和带来的重要发展机遇，我带领公司积极响应国家号召，依托自贸区先试先行的政策优势，努力对接自贸区平台高地，围绕创新和特色开展自贸区各项业务，不断形成公司转型发展的新增长极。

在首个自贸区落户上海后，我立刻召集党委班子和有关部门负责人商议如何发挥中国华融支持自贸区发展战略的作用。在快速统一思想后，公司率先在上海自贸区设立了金融资产管理公司的首家分支机构。在国务院陆续设立福建、广东、天津等自由贸易试验区后，我们继续紧跟国家战略布局，先后在上述三个自贸区分别设立了华融粤控、华融天津自贸区公司和华融福建自贸区公司三家子公司，并依据国务院印发的自贸区建设总体方案，结合自身战略定位和区域优势，加大创新拓展力度，积极探索具有自贸区特色的业务体系，尝试服务区域经济发展。紧跟自贸区发展战略，设立分支机构，我们再一次生动践行了"听党的话，跟政府走，按市场规律办事"这一经营理念。中国华融凭借金融控股集团的品牌、牌照、专业、资源和网络优势，实现了各自贸区平台又好又稳的可持续发展，更为自贸区建设发挥了积极作用。

5. "振兴东北"寻契机，革故鼎新促发展

东北老工业基地曾是新中国工业的摇篮，被誉为"共和国长子"，为国家的改革开放和现代化建设做出了重大贡献。然而，近年来其传统优势产业竞争力不断下降，整体经济陷入困境。为支持东北地区全面深化改革、创新体制机制、实现经济持续健康发展，党中央作出振兴东北的重大战略部署，对于东北地区稳增长、促改革、调结构、惠民生具有重大意义。支持东北老工业基地的经济建设，是中国华融履行金融央企社会责任的重要体现。为此，我们围绕振兴东北基地、优化产业结构、扶持企业发展、保障改善民生的发

展要求，充分发挥业务组合拳优势，积极投身振兴东北的系统工程中。

在中国华融服务东北地区经济发展的过程中，支持东北部地区 A 集团的转型发展是一个经典案例。A 集团成立于 2005 年，位于我国海岸线北端起点的莲花港，处于环东北亚经济圈和环渤海经济圈的重要交汇点。伴随着东北老工业基地复兴和东边铁路线建成通车，改制后的 A 集团迎来了难得的发展机遇，但同时也面临着转型发展的流动性压力。面对 A 集团的资金需求，我们针对该集团的经营特点和财务现状，以融资租赁产品开启了为该集团的金融服务。随着双方合作的深入，我们又继续发挥组合拳优势，先后为 A 集团提供了定制化的综合金融服务。在包括中国华融在内的金融机构鼎力支持下，A 集团从一个仅有 5 万吨以下的泊位、年吞吐量不足千万吨的中小型港口成长为拥有 30 万吨泊位、年吞吐量 2 亿吨的大型港务集团，成为支持振兴东北战略的经典之作。

6. 对接"雄安新区"千年大计，做首都副中心建设的金融"排头兵"和"先行者"

2017 年 4 月 1 日，党中央国务院决定设立河北雄安新区，这是继深圳经济特区和上海浦东新区之后又一具有全国意义的新区，是党中央作出的一项重大历史性战略选择，对于集中疏解北京非首都功能，调整优化京津冀城市布局和空间结构，培育创新驱动发展新引擎，具有重大的现实意义和深远的历史意义。面对党中央新的重大战略部署，作为公司一把手，我立刻要求公司有关部门赴雄安开展实地调研，寻找中国华融支持雄安新区发展的切入点和落脚点。同时，我要求公司组织召开党委中心组（扩大）会议，专题研讨如何落实党中央和国务院关于建设雄安新区的重大战略部署。在会上，我指出，中国华融理应责无旁贷践行金融央企的历史使命和社会责任，充分发挥金融资产管理公司独特功能作用，当好雄安新区建设的金融"排头兵"和"先行者"。

经过深入调研和专题讨论，公司很快成立了中国华融支持雄安新区发展战略领导小组，由我本人担任组长，对重大事项研究协调，加强顶层设计和统筹规划。同时，在公司总部层面设立雄安新区事业部，并计划通过在雄安新区成立具有不同业务功能的分支机构，增强服务新区建设的响应能力、服务水平和工作效率，为雄安新区的建设发展提供全方位、立体化的金融支撑和有力保障。为积极配合国家发改委、河北省政府和新区筹委会的总体规划，公司还派有关部门加强与各级政府部门的沟通，主动提供综合金融支持方案。在公司党委的号召和指挥下，公司上下迅速行动起来，发扬"敢为天下先、爱拼才会赢"的拼搏精神，"撸起袖子加油干"，致力为雄安新区的建设发展做出应有的贡献。

六、中国华融服务供给侧改革的"独特功能"

作为中国金融市场的一分子，中国华融的转型发展始终离不开我国经济金融发展大环境。与此同时，国家的经济发展也同样离不开金融机构的支持。习近平总书记强调，供给侧改革是我国"十三五"时期发展的"衣领子""牛鼻子"，是全面建成小康社会决胜阶段获得全胜的关键。推进结构性改革特别是供给侧结构性改革，是"十三五"的一个发展战略重点。金融机构如何发挥对供给侧结构性改革的支持作用，是当前的重要课题。

1. 金融资产管理公司的"三大功能"

面对公司发展面临的新形势，我要求公司上下开展深入研究，中国华融作为国内最大的金融资产管理公司，应该从支持国家"去产能、去库存、去杠杆、降成本、补短板"供给侧结构性改革着眼，结合"听党的话，跟政府走，按市场规律办事"经营理念以及创新引领市场化转型发展的成功实践经验，充分发挥中国金融资产管理公司不良资产经营主业与综合金融服务的独特功能作用。经过深入研究和发展实践，我认为金融资产管理公司可以助力供给侧结构性改革的"三大独特功能"：

功能一：在"僵尸企业"退出中具有不良资产处置的专业优势。供给侧结构改革的一大突出难题是"僵尸企业"如何平稳退出。在煤炭钢铁等过剩行业淘汰、整合、转型升级过程中，对于经营陷入困境、技术水平低下的大量"僵尸企业"，不论是实行政策性破产还是市场化处置，金融资产管理公司在不良资产的组合出售、打包处置、资产转让、资产置换、资产重组等方面都具有丰富的专业经验、成熟的技术手段，这一点是其他任何金融机构都无法比拟的。

功能二：在困难企业"债转股"中具有成熟经验和先天优势。供给侧改革"去产能"过程中，对于部分重点行业中发展前景较好、技术水平较强但遭遇暂时困难的大中型国有企业或优质民营企业，实施"债转股"是有效降低企业融资杠杆和资金成本、妥善化解经济金融风险的重要债务重组工具。金融资产管理公司1999年成立以来通过"债转股"方式已经成功帮助一大批国有企业摆脱财务负担，提升了国企活力和市场竞争力，同时也培养了具有丰富股权重组经验的高素质队伍，是"债转股"实施过程中的金融主力军。

功能三：在实体企业降成本、转型升级中具有综合金融服务优势。近年来金融资产管理公司在市场化转型中不断完善综合金融功能，普遍具备银行、证券、租赁、信托、基金等多金融牌照，形成了较为完备的金融控股集团架构。在供给侧改革中推进企业降成本、转型升级，金融资产管理公司可以充分发挥综合金融优势，通过打业务"组合拳"，以"存量＋增量、金融＋产业、债权＋股权、自主资金＋结构化融资"等金融手段，为企业提供全生命周期、全产业链金融服务，有效解决实体企业融资难、融资贵问题，真正实现"金融机构让利于企业"。

2. 中国华融支持实体经济的创新实践

作为国有金融企业，自成立以来，中国华融始终以"金融服务实体经济、金融支持经济增长"为重要使命，有力支持了实体经济转型升级和地方经济创新发展。

实践一：不辱使命，圆满完成三大历史任务。在政策性处置阶段，中国华融累计接收处置中国工商银行近 6800 亿元不良资产，有力支持了国有银行改制发展；累计对 420 户大中型国有企业实施债转股，减轻国有企业债务上千亿元，有力支持了国有企业减债脱困；在维护金融稳定，成功托管"中创""德隆系"等危机机构，化解系统性风险，避免了风险对实体经济的冲击。

实践二：紧跟国家发展战略，服务产业转型升级。中国华融积极配合国家"一带一路"建设，搭建中国华融国际控股有限公司、华融前海财富管理、华融西部开发投资股份有限公司等平台，支持中国企业"走出去"；认真落实自贸区战略，在上海、天津、广东和福建自贸区设立分支机构；服务"京津冀一体化"战略，累计在京津冀地区开展合作项目 300 余个，涉及 450 余家国企、民企优质客户，覆盖制造、能源、地产、水利等多领域。

实践三：推行"大客户战略"，支持地方经济发展。中国华融与包括4 个直辖市在内的 30 家省级政府，以及众多金融机构、大型企业签署了全面战略合作协议，建立起"资源共享、优势互补、风险共担、利益均沾、互惠双赢、合作发展"的新型战略合作伙伴关系，成为与地方政府签署战略合作协议最多的金融央企。

实践四：做强不良资产经营主业，支持实体经济发展。中国华融不良资产管理业务收入和规模连续多年快速增长，对公司收入贡献度超 50%。公司的不良资产包业务连续多年"三分天下有其一"，非金融债业务快速增长成为公司常态业务，对主业收入贡献度超过 50%，在显著降低金融不良资产规模和不良率、化解经济金融系统性风险方面发挥了重要作用。

实践五：发挥逆周期金融救助功能，帮助实体企业脱困。中国华融通过债务展期、重组等方式，最大限度帮助实体企业客户缓解流动性困难，实现近期解危、远期解困；探索开展问题企业重组业务，通过清理债务、整合债权、盘活资产等手段帮助危机企业再生造血；先后成功实施浙江新飞跃、凯翔集团、大连华龙等企业重组项目，实现了"企业脱困重生、银行化解不良、政府维护稳定、公司实现创利"四方共赢。

3. 服务供给侧结构性改革大有可为

我们可以看到，进入经济发展新常态后，中国经济总体基本面是好的，经济结构调整、产业升级、科技创新、扩大内需、改革转型等取得了新的进展，风险总体可控。在此形势下，党中央国务院精准发力，推进以"三去、一降、一补"为主要内容的供给侧结构性改革，正当其时。贯彻落实习近平总书记"推进国有企业改革，要有利于国有资本保值增值，有利于提高国有经济竞争力，有利于放大国有资本功能"的要求，就必须严格防止出现系统性、区域性风险。作为国有金融机构，金融资产管理公司完全可以通过以下三个路径，为不良资产化解、"僵尸企业"退出、困难企业脱困、实体经济转型升级发挥应有的"安全网""稳定器""助推器"乃至"主力军"作用。

路径一：以市场化原则创新不良资产化解模式。大量国有企业、商业银行、资产管理公司已经成为上市公众公司，不良资产处置应按照市场化原则，使市场在资源配置中起决定性作用。在推进商业银行向资产管理公司公开批量转让不良资产外，应大力创新不良资产证券化、公募基金、私募基金、并购基金等新型手段。由金融资产管理公司发起不良资产证券化，充当收购人、发起人、发行人、管理人、投资人（次级）、增信人等六个角色，全程参与不良资产化解。由资产管理公司作为实质管理人，分行业、分区域组建专项不良资产基金，以基金名义收购和持有不良资产等。

路径二：以基金化手段参与"去产能、去库存、去杠杆"。金融资产管理公司依托丰富的问题企业重组和投行业务经验以及多元化的产融结合资本运作平台，可以在配合国家实施化解过剩产能、出清"僵尸企业"以及防范化解因担保链等引起的局部金融风险，促进产业结构优化和转型升级等方面发挥创新引领作用。由金融资产管理公司成立专门的基金管理公司，同时选择有政府背景的机构，合作设立重组并购基金（双GP），运用财政注资、贴息（专项奖补）、增信等方式引导LP资金参与。其中，重大重组和破产重整可由政府提供职工安置、"僵尸企业"等呆、坏账的核销、税收优惠等政策配合。

路径三：以合作化方式参与地方金融风险化解。依托金融资产管理公司长期积累的专业技术和人才优势，加强与地方政府合作，通过联合组建地方资产管理公司，或成立产业整合基金、重组并购基金等"引子基金"方式，在地方政府支持下，以国家支持整合的重大项目为切入点，加大对新兴产业和市场竞争力较强企业的扶持力度，对过剩产能和"僵尸企业"，"消化一批""转移一批""整合一批""淘汰一批"，助力地方经济结构调整和转型升级。

七、做新一轮市场化"债转股"的"主力军"

2016年10月10日，国务院发布《关于积极稳妥降低企业杠杆率的意见》

（国发〔2016〕54号）及附件《关于市场化银行债权转股权的指导意见》（以下简称《意见》），作出在"市场化、法治化"原则下实施新一轮债转股的战略决策。以中国华融为代表的中国金融资产管理公司，作为上一轮政策性债转股的主要实施机构，切实履行了化解金融风险、推动企业改革发展的历史使命。中国华融通过对420户国有大中型企业实施债转股，成功帮助一大批国有企业摆脱财务负担，提升了国有企业的活力和市场竞争力，积累了丰富的债转股专业经验。金额资产管理公司拥有其他金融机构所没有的宝贵经验，在新一轮债转股中，我们不冲到最前面，谁还能冲在前面呢？我相信，只要金融资产管理公司把握住新一轮市场化"债转股"新特点，充分发挥自身独特优势和功能作用，一定能再次成为债转股的"生力军"。

1."市场化、法治化"是新一轮债转股的主要特点

与上一轮政策性债转股相比，新一轮债转股最显著的特点就是遵循"市场化、法治化"原则，采取政府引导与市场化运作相结合，充分发挥政府和市场各自的作用，不搞行政"拉郎配"，不搞"一刀切"，政府不兜底损失，主要体现在以下几方面：

首先，转股对象选择市场化，严格准入、突出重点。新一轮债转股采取市场化的方式，由银行、企业、实施机构之间协商解决，政府加强政策引导和监管。《意见》明确了"三个鼓励""四个禁止"，即鼓励面向发展前景良好但遇到暂时困难的优质企业开展市场化债转股，禁止将"僵尸企业"、有恶意逃废债行为的企业、债权债务关系复杂且不明晰的企业、产能过剩企业作为市场化债转股对象。

其次，实施机构多元化，资金来源市场化，转股价格、条件以及债权质量类型自主协商。新一轮债转股允许包括银行附属具备投资功能的子公司、金融资产管理公司在内的多种类型实施机构参与，鼓励引入社会资本。

目前绝大部分生产经营陷入周期性困难的企业都呈现出债务规模大、涉及债权机构多的双重特点，只有多家机构协同参与，丰富资金来源渠道才能满足现实需要。除此以外，债权类型从过去单一的银行贷款，拓展到其他类型债权，并且不仅仅局限于不良类债权，需要大力推进实体经济"去杠杆"的力度。

再次，鼓励协同推进，债转股与深化国资国企改革、降低实体经济企业成本、化解过剩产能、行业并购重组等工作有机结合。要将缓解企业暂时性流动性压力与优化企业融资结构、改善财务管理能力相结合，要将完善国有现代公司治理与促进"国有资本保值增值、提高国有经济竞争力、放大国有资本功能"相结合。

最后，强化依法运作，强化风险防范。在更为完善的法律法规规范、约束和监管下，债转股在债权转让、公允定价、转股流程以及股权退出等操作环节上都将更为合理规范，能够更好地防范道德风险。实施债转股时必须完善企业法人治理结构，为拓宽债转股股权退出通道提供保障。

2. 中国华融的成熟经验和先天优势

中国金融资产管理公司成立 18 年来，圆满完成了包括债转股在内的对银行政策性不良资产处置的任务，并走出了一条市场化转型发展的新路子。与其他金融机构相比，金融资产管理公司成为债转股实施机构的"主力军"，具有成熟经验和先天优势。

从专业人才队伍看，金融资产管理公司拥有成熟的运作经验和实践，熟悉国家、企业债转股政策，形成了一套成熟、规范、高效的债转股操作流程，并培养了一批高素质人才队伍。从风险管控水平看，金融资产管理公司在防范债转股操作的道德风险中具有独特功能。由于金融资产管理公司本身不是企业的债权人，从银行体系剥离的拟转股债权能够更为公允地定价，实现洁净转让、真实出售，能够大大降低道德风险。作为第三方，金融资产管理公司可以更为公平、公正、客观地平衡各方债权主体利益，有助于提高债转股工作的实施效率。从金融手段看，金融资产管理公司具有综合金融服务优势，可以协同发力助力实体企业降杠杆。近年来金融资产管理公司在市场化转型中不断完善综合金融功能，普遍具备银行、证券、租赁、信托、基金等多金融牌照，可以通过打业务"组合拳"，以"存量＋增量、金融＋产业、债权＋股权、自主资金＋结构化融资"等全产业链金融产品，为企业提供全生命周期、全产业链金融服务，切实解决实体企业融资难、融资贵问题。

在中国华融参与的债转股项目中，首钢集团债转股是一个典型案例。20世纪80年代以来，为提升企业竞争力，首钢实施了一系列技术改造工程，由于没有资本金的注入，不得不依靠银行贷款，使企业背上了沉重的财务负担。2000年8月，经国务院批准，首钢总公司同华融、信达、东方三家资产管理公司共同出资组建了北京首钢新钢有限责任公司（简称"新钢"），三家资产管理公司以共计35.58亿元的债权转为新公司的股权。新钢公司的成立，标志着首钢总公司完成了总体改制，极大促进了首钢转换机制、调整结构、建立规范的现代企业制度。同时，也体现了中国华融等资产管理公司在盘活不良金融资产、防范和化解金融风险、支持国有企业扭亏脱困方面发挥的重要作用。2013年4月19日，首钢总公司、华融、建行、东方四方新钢公司股东就首钢总公司回购新钢公司股权一事达成一致，华融、建行、东方公司将持有的新钢公司股权以每股0.3元价格协议转让给首钢总公司，完成了股权处置。华融对首钢新钢公司的股权处置，不仅取得了公司商业化转型后股权处置的良好商业价值，而且也体现出华融积极支持国家产业结构调整和环境治理的社会价值，达到了社会效益和经济效益的双赢。

3. 积极参与新一轮债转股的"四种模式"

面对党中央提出新一轮市场化债转股的新要求，我在公司提出要坚持"立足现有存量、立足上市公司、立足政府关注、立足市场需求、立足华融实际"，积极把握政策机遇，敏锐捕捉市场商机。为在"三去一降一补"中发挥资产管理公司的独特作用，切实提高债转股实施的成效和作用，2017 年 1 月 18 日，公司全资成立的华融瑞通股权投资管理有限公司（以下简称"华融瑞通"）在北京正式揭牌开业，成为公司参与实施市场化债转股工作的战略性平台机构，并且主要通过四种模式参与：

首先，将充分依托不良资产经营管理专业优势，在市场化债转股实施中发挥"主力军"作用。成立 18 年以来，中国华融圆满完成了包括债转股在内的政策性不良资产处置任务，并成功走出了一条市场化创新转型发展之路，已经形成了一套成熟、规范、高效的债转股操作流程，并培养了一批具有丰富的债转股实施经验和转股后企业经营管理经验的高素质人才队伍，为新一轮市场化债转股实施提供了有力保障。与此同时，在债转股实施过程中，中国华融的非债权人身份将有效降低道德风险发生，在市场机制的规范下，可以更为公平、公正、客观地平衡各方债权主体利益，对银行体系剥离的拟转股债权能够更为公允地定价，实现洁净转让、真实出售，有助于极大提高债转股工作的实施质量和效率。

其次，将充分依托"一体两翼"综合协同优势，通过打业务"组合拳"为企业提供一揽子综合金融服务。中国华融可依托遍布全国的 33 家分支机构和 30 多家控股子公司"一体两翼"战略架构，通过打业务"组合拳"和全产业链金融产品，为企业提供全生命周期综合金融服务，最大限度地帮助实体企业客户缓解流动性困难，有效解决实体企业融资难、融资贵问题，帮助企业"去杠杆"。

再次，将充分依托大客户战略资源优势，在国家重点支持领域力促银行、央企、地方国企等各类机构合作发展。中国华融拥有包括各级政府、大企业、大集团、大金融机构在内的广泛、优质的客户资源，将充分依托公司大客户战略资源优势，积极挖掘债转股市场机遇，紧贴国家产业政策支持的重点行业、重点企业，紧盯对宏观经济和区域经济具有引领带动作用的重点项目、重点工程、重点客户，研究制定针对性强、金融服务附加值高的债转股业务策略，全面支持实体经济转型升级。

最后，还将充分依托设立并购重组基金的资金优势，多措并举提高市场化债转股实施成效。当前，中国华融已率先启动并落实了一批市场化债转股试点项目，并积极进行项目储备工作。同时，中国华融分别与中国电子信息产业集团、中航通用飞机有限责任公司签订了《市场化债转股暨并购重组战略合作框架协议》，拟对其下属企业依法实施市场化债转股。未来，中国华融将以华融瑞通为基金管理人发起设立 500 亿元投资规模的中国华融债转股并购重组基金，同时，中国华融将承担发起人、管理人、投资人等多重角色全程参与市场化债转股工作，将市场资金与中国华融的专业优势有效结合，切实提高债转股实施的成效和作用。

八、做好中国华融的"加减乘除"四则运算法

作为第十二届全国人大代表，2013 年至 2017 年期间，我每年都要参加全国"两会"。其中，2015 年"两会"上，习近平总书记在参加吉林代表团审议时曾强调，东北老工业基地振兴发展，要做好"加减乘除"，要通过创新实现优化升级、脱胎换骨，进行深入改革创新，实现适应经济新常态的战略性调整。之后，习近平总书记指出在此次"两会"谈到的"加减乘除"，不仅适用于东北，还可以点带面，适用于全国。在 2015 年年末召开的中央经济会议上，总书记再次用"加减乘除"四则运算，通俗易

懂地布局了供给侧结构性改革这一新举措，为中国经济适应新常态明确了新思路和新方法。

习总书记提出的"加减乘除"四则运算，给我带来了很大的启发。中国华融作为一个市场微观主体、一家国有金融机构，我们应该如何做好中国华融的"加减乘除"四则运算，在经济新常态下寻找发展新动力呢？为了更好领会"两会"精神，会后我便立刻组织召开全系统大会，带领公司全体员工认真学习和讨论"两会"最新精神。在发展新形势下，中国华融也要创新思想，不停留在粗放式增长、业务模式单一的"二人转"上，用好中国华融"加减乘除"法。这次会后，中国华融确定了"加减乘除"的经营理念和创新做法，并用以指导以后的发展实践。

1. 加法，加大收购金融、非金债，增加新战略平台

近年来，随着我国进入经济新常态，"经济增速换挡期、经济结构调整阵痛期、前期刺激政策消化期"三期叠加的特征较明显，但经济运行总体保持在合理区间。虽然改革过程面临着诸多挑战，但我们始终坚信中国经济"四个没有变"："长期向好的基本面没有变，经济韧性好、潜力足、回旋余地大的基本特征没有变，持续增长的良好支撑基础和条件没有变，经济结构调整优化的前进态势没有变"。

我们认为，在全面深化改革过程中，党中央带领全国推进的供给侧结构性改革等一系列重大举措，也将推动以跨周期运营为特色的中国华融进入新的战略机遇期。经历多年投资推动下的高增长后，中国面临"制造业去产能、房地产去库存、政府去债务、金融去杠杆"问题。习近平总书记对症下药，提出"供给侧结构性改革"的新思路：从管理总需求转向管理总供给，通过提高全要素生产率促进生产力提高，进而拉动经济增长。结构改革重点包括：化解过剩产能，产业优化重组，化解房地产库存等。供

给侧改革的思路，直接指向有问题产业行业的重组并购、转型升级，高达11万亿的企业应收账款，为公司做大相关主业打开广阔空间。

在此发展背景下，我带领公司积极做好"加法"，加大收购金融债、非金债，并增加一系列新战略平台，努力形成新的利润增长点。2016年，我们积极对接商业银行不同的处置需求，加大不良资产包收购力度，新增收购规模大幅增加，收购处置类业务净收益达36.5亿元，同比增长139.0%。收购重组类业务实现收入285.1亿元，同比增长9.6%。

与此同时，我们准确把握国家自贸区战略、设立地方资产管理公司等政策机遇，积极适应新常态、寻找新动力、搭建新平台。2016年以来，中国华融成立华融消费金融、华融晋商、华融昆仑等多家新战略平台，并在国内四大自由贸易区设立分支机构公司，综合金融服务手段更加丰富，功能更加齐全。国际化战略也迈出更大步伐，建立了华融国际、华融澳门等首批平台，成功并购海外优良资产。

2. 减法，化解风险就是创造利润

一直以来，带领中国华融实现跨越式发展的同时，我始终要求公司上下不能放松防范风险这根弦。因此，对于中国华融而言，做好"减法"就是打好风险防控"阻击战"和风险化解"歼灭战"两大战役，严防风险侵蚀利润。

2009年以来，中国华融取得了令人瞩目的成绩。但在看到成绩的同时，我们也清醒地认识到，在当前内外环境不断变化的形势下，公司风险管理工作还面临着新的挑战。从外部看，伴随经济新常态走向深入，新旧动能迭代更替，经济形势总体依然严峻。从内部看，公司转型升级力度不断加大，机构布局数量再上新台阶，创新型业务比例越来越高，风险管控成为公司下一步"创新+稳健"发展、不断做强做优做大、回归A股、进入"世

界 500 强"、打造一流资产管理公司等各项工作的重中之重。我们只有提高警惕，高度重视、深刻认识公司加强风险管理的重要意义，把风险管理工作提高到更加重要的位置，才可能把中国华融这条大船行稳、行久、行远。

客观地说，我们面临的这些风险，是发展中的风险、转型中的矛盾、前进中的问题，是公司发展过程中必须面对的困难，更是我们提高公司发展质量、提升工作水平的重要契机和努力方向。在这种认识下，公司党委班子提出"五早、五防、五治、五用、五讲""五五"风险管控方法论，"化解风险就是创造利润""向存量资产要效益""表内表外风险资产化解并重"等一系列风险化解理念，以及"标本兼治，有效管用"的风险管理思路等，积极引导公司上下以"防"为主战场，以"化"为重点，特别是在重点区域、重点行业、重点项目的风险化解取得实质性突破，坚决打赢风险防化"两大战役"，大力推动风险清收转化，全面风险管理转型升级见到实效，为公司可持续稳定发展提供了重要保障。

3. 乘法，创新资产证券化、结构化、基金化产品，拓展表外资管、财富管理，发挥创新驱动的乘数效应

习近平总书记指出，供给侧结构性改革的"乘法"是以创新发展理念为引领，挖掘经济发展新动力，开拓新空间，创造新产业，培育经济增长的"乘数因子"，以新产业的"几何式增长"推动经济发展。落到中国华融的实践来说，"乘法"就是发挥创新驱动的乘数效应，加大开发资产证券化、结构化、基金化产品，加大发展表外资产管理、财富管理等真正意义上的资产管理业务等。

党的十八大以来，"减间接融资、增直接融资"的大思路，使我国资本市场面临大发展和大深化，为中国华融依托资本市场和资本工具打开综合金融创新的蓝海。其中，中长期债券市场、股票市场、新三板、新科技

板以及众多的资本衍生产品市场的发展，资本市场的深化、资本工具的多元化、资产的证券化，为公司推进 A 股上市、负债业务创新、并购重组业务创新、投资业务创新以及"一体两翼"下综合金融服务创新、大投行业务创新，打开广阔的发展空间。同时，"大资管市场"七分天下，更为中国华融打开资产管理和投资板块创新的蓝海。

面对未来庞大的市场规模，在激烈的市场竞争中，中国华融只有积极发挥创新驱动的乘数效应，大力发展不良资产证券化、基金化的"不良资产+"，大力发展"不良资产收购基金、并购重组基金、房地产基金、股权投资基金"等基金化业务，从项目的 GP 走向 LP，兼做"收购人、发起人、发行人、管理人、投资人甚至衍生产品投资人"等多重角色，拓展真正意义上的资产管理、财富管理业务，才能牢牢把握住巨大的发展机遇，打造成为国际一流的资产管理公司。

4. 除法，做大分子、减小分母，提升资本回报率、经济增加值和人均创利能力

实践表明，资本是企业的骨髓，资金是企业的血液，资产是企业的家当，资源是企业的保障。作为企业，要实现利润最大化，控制成本，提高资本回报率是关键。因此，对中国华融来说，"除法"就是做大分子、减小分母。这就要求，一手抓科学管理，在资产负债管理的框架下加强经济资本管理，鼓励轻资本、少资本、无资本业务，提升资本回报率和经济增加值；一手抓队伍建设，提升人均创利能力，要打造一流资产管理公司，我们必须走重人才、重投行手段的轻资产、精细化转型新路子，更加注重发展质量和效益，加快由外延式向内涵式发展转变。

2012 年公司改制后，随着业务发展的迅猛扩张，公司开始面临着资本紧张、资金不足、资产有限、资源不够等问题和压力，迫切需要采取措

施加以解决。我们都知道，企业的资本是稀缺的、有限的、有成本的。面对改制后外部监管要求的进一步趋严和公司打造现代金融控股集团的发展需要，公司 2013 年开始决定建立资本管理长效机制，这既是公司强资本、防风险的重要举措，也是公司转方式、调结构、促发展的有效途径。为了在管理中引入经济资本理念，在绩效考核、限额管理、资源配置、风险计量上加强经济资本管理，约束靠规模扩张的行为，引导各单位更加注重经济利润的内涵式发展，公司专门制定了资本管理办法和相关实施细则。同时，还建立了"四个机制"，即经济资本约束风险资产增长的长效机制、经济资本约束下的风险识别和量化机制、经济资本有效配置使用机制和经济资本绩效考核机制。此外，我们不断完善资产负债管理，通过建立有关总量及其安全性、流动性、盈利性的比例指标体系，反映并约束公司的资金运营，实现资产负债规模和结构的协调、平衡。

在快速发展中，公司高层次、高技能、创新型、复合型、市场型的专业人才短缺的问题也日益突出，公司人员的整体素质，创新能力，防范化解风险本领都需要进一步提升，才能进一步增强人均创利水平。为打破人才瓶颈，我一方面加大公司各单位领导班子的核心领导能力培养，使一把手都能做到"领导指挥在一线、情况掌握在一线、措施落实在一线、问题解决在一线"。同时，在不断完善公司的激励约束机制和加大员工培训力度的基础上，我们还重点引进具有营销、风险、法律、审计、咨询、评估、财务、基金、保荐、国际化等工作经验，以及熟悉业务运作规则和行业管理经验的专业型和复合型人才，为公司可持续发展注入新鲜智慧和力量。

九、适应新常态，寻找新动力，实现新发展

在 2014 年 12 月召开的中央经济工作会议上，习近平总书记全面阐述

了中国经济新常态的趋势性变化，深刻揭示了中国当前经济发展阶段的新变化，准确研判了中国未来一段时期的宏观经济形势，充分展现了党中央高瞻远瞩的战略眼光和决策定力。那么，对于国有金融企业来说，如何适应这种新常态呢？经过认真学习和深入思考，我结合当前国内外经济金融、资本市场和监管政策的动态走向，综合剖析和研判公司改革发展所面临的最新形势，向公司全系统发出了"适应新常态、寻找新动力、实现新发展"这个新的奋斗目标。

1. 对新常态的七个"认识"

在公司全系统提出"适应新常态、寻找新动力、实现新发展"这个新的奋斗目标，主要基于我对公司内外部形势的七个认识：

一是我们应充分认识国际形势和中国经济新常态，响应国家政策号召，主动调整中国华融战略打法，把握大的发展机遇。世界经济仍处于金融危机后的深度调整期，习近平总书记提出"抓住机会全球布局"、加大"互联互通"、提速"一带一路"建设，中国企业加快"走出去"的结构性交易机会增加，为公司实施大客户内外联动战略、跟随投融资策略带来战略性机遇，中国华融逢低布局全球资产、实施不良资产收购、战略并购重组的时间窗口正在开启。

二是我们应充分认识中国金融新常态，实现中国华融依法合规、稳健可持续发展。综合分析国内外经济金融形式，我认为中国金融新常态呈现"一增、一降、一紧、一窄、一冒泡"等显著特征。公司面临最突出的新形势是"十大新常态特征"：两个责任从重，作风建设从实，公司治理从新，发展速度从稳，提质控险从快，筹资发债从宽，国际化业务从远，内部管理从优，廉政规定从紧，队伍建设从严。这需要公司上下积极主动适应这些新常态，奋发努力寻找新动力，扎实工作实现新发展，做到依法合规、趋利避害、谨慎应对，确保健康可持续发展。

三是我们应充分认识公司必须保持 20% 以上发展速度的新常态。在公司发展面临"十个新常态"中，我要特别强调"发展速度从稳"的新常态问题。受经济增速放缓、行业增速放慢、公司规模体量变大三重影响，公司增速换挡是必然的，但要"软着陆"。持续过高的增速对公司提质控险稳健发展有害，但过低的速度也不健康，仍要保持 20% 以上的发展速度。但这 20% 以上的增长目标并不是整齐划一、大家齐步走，各分子公司可实事求是、区别对待、以丰补歉、以好补坏。

四是我们应充分认识提质控险、达标上市对公司战略性转型的至关重要性。2015 年，公司当时面临的最大目标就是成功达标上市，提质控险是达标上市的重要前提。中央经济工作会议和银监会监管工作会议都特别强调，银行业要充分认识不良资产反弹的趋势，一旦出现系统性风险苗头要立即采取"外科手术式治疗"。作为不良资产专营机构，我们应该是最好的"外科大夫"。一方面，要抓住机遇大力收购，另一方面要充分认识到我们业务来源中就带着风险基因，既要帮别人处置化解风险，更要注重自身风险防范，避免"引火烧身"。在提质控险的前提下，要集全司之力，集团上下、分子公司"一盘棋"，推动公司达标上市。

五是我们应充分认识讲好"中国华融故事"的重要意义，为公司战略性转型发展提供更多正能量。我认为，每一位华融人都必须树立高度的集体荣誉感和企业责任感，深入思考一下"我为公司上市做什么？"分内分外多为公司上市发展提供更多的正能量。此外，要准备讲好"中国华融故事"，故事最核心的精髓是办成"真正的资产管理公司"和"真正的金融控股集团"，全金融牌照覆盖全经济周期、全社会领域、全类型资产、全产业链条。

六是我们应充分认识"寻找新动力、实现新发展"对公司可持续发展的相当紧迫性。面对新常态，中国华融必须在"稳增长、调结构、防风险、促转型"上寻找新动力，实现新发展。达标上市后，中国华融以公众上市公司形象进入全新发展阶段，按照"治理科学、管控有序、主业突出、综合经营、业绩优良"的一流资产管理公司目标，推进"十大战略性转型"，实现新的可持续发展。

七是我们应充分认识实现公司可持续发展面临的问题和风险。2009年以来，公司实现了翻天覆地的变化，但也存在一些问题和风险有待解决和化解。从风险管理方面看，风险管理各层次、各环节的责任心还需要进一步加强。从业务发展看，业务能力和市场竞争力有待提高，如尽职调查、定价技术、风险把控能力都亟待加强。从业务创新看，产品研发、创新能力有待增强，业务上有很多创新点没有去开发。从协同效应看，分子公司对同一客户提供跨平台、跨区域、跨市场综合性服务的研发能力不足，协同作战的整体意识和主动性还有待提高。此外，集团内部管理和人才队伍培养也需要进一步加强。

2. 中国华融发展新思路："创新 + 稳健""调整 + 转型""防范 + 化解""队伍 + 执行"

中国华融走到今天，毫无疑问我们的发展之路是正确的，发展模式和实践是成功的，效果是好的，方向是对的，我们闯出了一条创新转型发展的新路子。今天的华融，成为中国最大的金融资产管理公司后，下一步怎么发展？我们发展的"新动力"在哪里？面对新常态下面临的问题，经过深入思考，我们明确了中国华融"新动力"的"七大来源"：来自改革发展、来自战略转型、来自资产经营管理主业、来自新业务拓展、来自国际化市场、来自新客户、来自创新人才。因此，我们必须努力按"创新 + 稳健""调整 + 转型""防范 + 化解""队伍 + 执行"发展新思路去破题。

"创新＋稳健"。创新是往前走，是公司做强做优做大、生生不息发展的动力；稳健是搂得住，是公司行稳致远、可持续发展的基础。中国华融近年来市场化转型发展的实践充分说明，"创新＋稳健"是推动公司转型发展的制胜法宝，是推动公司取得良好业绩的核心灵魂，更是推动公司实现跨越式发展的根本驱动力和重要保障。在新形势下，我们依旧要坚持推进思想观念创新、发展模式创新、体制机制创新、业务平台创新、产品服务创新、管理方式创新、企业文化创新、队伍建设创新"八大创新"。

"改革＋转型"。新形势下，中国华融需要转型，向创新转型，向轻资产、主动式管理转型，向国际化转型，向从追求利润最大化向追求价值最大化转型，但改革、转型之道在哪里？这是有讲究的。所谓道法自然，中国华融走到今天，我们的道在哪里？我们过去做重资产，靠规模、耗费大、负担重，消耗资本，怎么转型？要靠轻资本、资产证券化等。中国华融创新要进入一个新的阶段，过去创新只是表层的、外延式的、量方面的创新，下一步要是内涵式的创新，提质方面的创新，集约式的创新，这对我们提出了更高要求。2009年以来，我们坚持推进并圆满完成"五年三步走"发展战略。在此战略引领下，中国华融改革力度前所未有，持续推动战略调整、业务转型、队伍建设、品牌建设等一系列改革措施。未来，中国华融将继续推进"十大战略性转型"。一方面，创新模式，做"真正的资产管理和财富管理业务"；另一方面，积极调整结构，做好投资和投行业务。

"防范＋化解"。随着公司快速发展，风险也在积聚、在冒泡，风险正在大踏步向我们走来。但我们清醒地认识到，有风险不可怕，可怕的是没有风险化解之策，面对风险束手无策，让风险蔓延侵吞我们的发展成果。因此，我始终在公司强调，一定坚守风险底线，践行科学发展，注重"防化结合"，要打赢"风险防范阻击战、风险化解歼灭战"两大战役，确保公司稳健发展、个人平安进步、业务可持续增长。我们还要学会"在经营中承担风险，在创新中规避风险，在管理中减少风险，在发展中化解风险"。美国花旗银行提出"智慧地承担风险"，不见得风险为零的企业就是好的企业，我们应对风险有个容忍度，所以我们要承担风险，学会在经营中承担风险。在创新中规避风险，创新往往伴随着冲击现有的规章制度，创新要合规，创新要有风险管控，这个度一定要把握好，我们要通过创新规避一些风险，这才是金融创新的奇妙之处。在管理中减少风险，即加强管理，加强风险管控。在发展中化解风险，"发展是硬道理、是第一要务；风险是硬约束、是第一责任；利润是硬任务、是第一目标"，我们不能等、靠、要，不能停止下来不干事，风险是有的，但是发展的脚步应永不停止。

"队伍＋执行"。风险管控、信息科技、人才战略是制约、影响到华融未来可持续发展的三大重要因素，其中尤以人才为最关键。所以，我们一直高度重视人才的培养，努力打造一支"想干事、能干事、会干事、干成事、不出事"的高素质人才队伍。努力培养"高素质型、高学历型、创新型、综合型、实干型、国际型、专家型"的"七型"干部，形成更加完善的人才发展战略。中国华融全体员工，未来也需要围绕"学习、实践、创新、转型、合作、担当"六个方面，不断地去提升自己，为公司实施人才发展战略做出我们每个人自己的贡献。

十、诚实守信、"不做假账"，确保国有资产保值增值

自 2009 年中国华融加大市场化转型以来，坚持"听党的话，跟政府走，按市场规律办事"经营理念，坚持"创新＋稳健"发展思路，经营业绩持续稳健快速增长，发展成为我国"资产规模最大、盈利能力最强、实现利润最多、股权回报最好、总市值最高、金融牌照齐全、品牌价值响亮"的国有大型金融资产管理公司，保持"国有经济充满活力、国有资本功能放

大、国有资产大幅保值增值"的良好局面。

1. 真实反映利润，经营业绩连年逆大势而上

根据最新公布的业绩，截至 2017 年 6 月末，中国华融经营业绩再创新高，盈利能力、创利规模持续大幅领先同业，继续保持中国资产规模最大金融管理公司地位，中国华融集团总资产突破 1.65 万亿元，达到人民币 16581.5 亿元，较年初增长 117.4%，比 2008 年年末增长近 50 倍，保持中国资产规模最大金融资产管理公司地位；净资产突破 1700 亿元，较年初增长 13.31%，比 2008 年年末增长近 11 倍；净利润保持高速增长，2016 年实现净利润达人民币 231.1 亿元，较上年增长 36.3%，比 2008 年年末增长近 68 倍，其中归属于本公司股东净利润 196.1 亿元，较上年增长 35.4%，平均股权回报率 18.4%，股东回报良好。

2. 足额提取拨备，拨备率近 400%

中国华融有效践行"五五"风险管控方法论，风险防化、内部控制和合规管理水平显著提升，各项指标符合监管要求。中国华融通过践行"五早、五防、五治、五用、五讲""五五"风险管控方法论，把防控风险放在更加重要的位置，构建起坚实有效的风险管控"防火墙""安全网"和"隔离带"。截至 2017 年 6 月末，拨备比及拨备覆盖率分别达 17.1% 及 381.35%，流动性充足，管理有效，业务经营平稳运行，各项风险指标符合监管要求。

3. 依法依规纳税，八年缴税超过 530 亿元

中国华融积极履行央企社会责任，坚持发展成果与社会共享，为国家、社会、股东、客户、企业、员工创造更多价值，企业社会责任感、国家使命感、

股东服务感大大增强。近年来，中国华融总资产、净资产、净利润、缴纳税费能力大幅增长，为国有资产保值增值做出积极贡献。自2009年以来，中国华融累计纳税超过530亿元，成为注册地北京西城区的"利税大户"，入选国家税务总局评选的由中国"500强企业""世界500强企业"、行业龙头企业组成的"千户集团"企业名单，成为行业利税大户，有效履行央企社会责任，支持国民经济发展。

第三章

治理之道

〉

〉〉〉

　　导语：无以规矩，不成方圆。"先立规矩后办事，立了规矩办好事"。企业的治理之道，就是为了保障一个企业健康发展而立下的规矩。我接掌中国华融后，根据实际情况相继立下了一些规矩，实践证明很管用。

　　中国华融的治理之道，总的来说体现在三个方面：一是"央企姓党"毫不动摇。中国华融是金融央企，必须坚持党的领导、加强党的建设，充分发挥各级党组织的政治核心和领导核心作用，这是毋庸置疑的。党的十八届三中全会召开后，中国华融率先形成了混合所有制股权结构；党的十八届四中全会召开后，"法治华融"日益深入人心；党的十八届五中全会召开后，中国华融以"创新、协调、绿色、开放、共享"五大发展理念为统领，制定了中国华融2016—2020新五年创新转型发展战略；党的十八届六中全会召开后，中国华融坚决把纪律、规矩、制度挺在前面，努力确保"不发一案，不倒一人"。二是治理结构日臻完善。中国华融近年来来着力构建的"五位一体"现代企业治理结构，成功破解了国有企业治理中党委会与公司治理有机融合的难题，同时通过不断完善"三大治理体系"、提高"五大治理能力"、强化"五大管控"，建立"五大体系"、打造"五大机制"等途径，大大提升了公司治理体系和治理能力的现代化水平。三是企业管理方法得当。事实证明，我力主推行的分公司分类管理法、子公司"十管七加强""企业管理九抓""五重五突出"、内控管理"三大转变"等方法，将中国华融的管理水平提高到了一个崭新的境界。四是风险管控防微杜渐。"五早、五防、五治、五用、五讲"的"五五"风险管控法已经成为中国华融人耳熟能详的方法论，坚决打赢风险防范"阻击战"和风险化解"歼灭战""两大战役"也已经成为中国华融人的自觉意志。

中国华融的企业治理之道，从政治上、法理上、纪律上、方法上、原则上确保中国华融这艘资管金融航母永不偏离航向，不忘初心，奋勇前行。

一、坚持"央企姓党"，坚定不移全面加强国企党建

"央企姓党"，坚持党的领导、加强党的建设，是我国国有企业的光荣传统，也是国有企业的"根"和"魂"。

1. 提高"五个认识"

通过认真学习领会十八届六中全会精神，贯彻落实习近平总书记"做强做优做大国有企业"精神，我认为，中国金融资产管理公司必须提高"五个认识"：

一是必须牢固树立"核心看齐意识"，为做强做优做大中国金融资产管理公司把好正确方向。十八届六中全会提出，一个国家、一个政党，领导核心至关重要。全党必须自觉在思想上政治上行动上同以习近平同志为核心的党中央保持高度一致。中国金融资产管理公司作为党领导下的国有金融企业，肩负着中国金融体系"安全网"和"稳定器"的重要作用，必须始终坚持"央企姓党"，紧密团结在以习近平同志为核心的党中央周围，时时处处向以习近平同志为核心的党中央看齐，切实加强党在企业的法理

地位和公司党委的核心领导作用，把方向、定战略、抓全面、负全责、谋大事、促发展，确保企业走得正，不偏离大方向。

二是必须严肃党内生活，抓住领导干部这个关键少数，以上率下带领中国金融资产管理公司做强做优做大。十八届六中全会提出，从严治党必须从党内政治生活严起。新形势下加强和规范党内政治生活，重点是各级领导机关和领导干部，要突出抓好领导干部特别是高级干部这个关键。火车跑得快，全靠车头带，领导干部时时处处以身作则，就能上行下效，产生示范效应，促进企业健康可持续发展。在中国金融资产管理公司市场化改革过程中，尤其需要有"忠诚、干净、干事、担当"的企业领导者、带头人，做贯彻落实中央各项决策的组织者、推动者、引领者、实践者，并严格落实民主集中制，严格执行"三会一课"制度，严肃开好民主生活会，确保党内政治生活积极健康，实现企业安全发展，个人平安进步，业绩可持续增长。

三是必须严格党内监督，为做强做优做大中国金融资产管理公司提供坚强组织保障。十八届六中全会提出，党的领导干部要做到有权必有责、有责要担当，用权受监督、失责必追究，要重点解决党的领导弱化、党的建设缺失、全面从严治党不力，党的观念淡漠、组织涣散、纪律松弛，管党治党宽松软等问题。金融资产管理公司在改革转型中，必须坚持突出问题导向，严格监督程序，实行党建工作责任制考核，以考核为指挥棒，完善"党委抓、书记抓、各有关部门抓，一级抓一级、层层落实"的党建工作新格局，引导各经营单位做到"底线思维、稳中求进"，做到创新不违法、经营不违规、行为不违纪，确保公司业绩持续稳健发展。

四是必须把纪律规矩挺在前面，为做强做优做大中国金融资产管理公司提供优良作风保障。十八届六中全会提出，纪律严明是全党统一意志、统一行动、步调一致前进的重要保障，要用"铁的纪律"从严治党。金融资产管理公司在复杂的市场环境下探索转型发展之路，会面对种种利益和诱惑的考验，因此必须严守党的政治纪律和政治规矩，"政治上经受改革开放的考验，经济上经受权钱交易的考验，生活上经受种种诱惑的考验"，坚决做到"程序合规、价格合理、交易合法，市场化可持续"，坚决防止国有企业向民营企业输送利益，坚决防止国有资产流失。

五是必须打造风清气正的良好政治生态，为做强做优做大中国金融资产管理公司凝聚强大发展正能量。十八届六中全会提出，新形势下要努力在全党形成又有集中又有民主、又有纪律又有自由、又有统一意志又有个人心情舒畅生动活泼的政治局面。干事创业离不开好的政治生态，风清则气正，气正则心齐，心齐则事成。中国金融资产管理公司作为支持国家供给侧结构性改革和"三去一降一补"的重要金融力量，只有企业政治生态风清气正，团结起广大党员干部群众的人心士气，才能营造真抓实干、积极进取的干事创业环境，形成强大正能量，为中国经济转型升级发挥更大作用。

2. 坚持"六个从严"

中国华融的党建工作始终坚持做到了"六个从严"：

一是从严加强"思想建党"。思想政治工作是党开展工作的传家宝，也是"国企的传家宝"。中国华融始终把准政治方向，坚持"以政治论强弱、以利润论英雄，以风险论成败，以质量论高低，以贡献论报酬"，把讲政治、讲大局、讲责任放在各项工作的第一位，在思想上政治上行动上自觉与中央保持高度一致，做政治上的"明白人"。全面落实思想建党，强化理想信念教育，深入开展"三严三实"专题教育和"两学一做"学习教育，持续巩固中国华融"讲政治、顾大局、听招呼、守纪律、讲规矩、求实效"的良好政治生态。

二是从严履行"两个责任"。责任是一份重量，当中承载着党和国家的托付，承载着群众的期待和信任。责任之于党员不可或缺，正如一艘船必需一定的压舱物，才能走出笔直稳定的航线一样。中国华融将加强党风廉政建设作为重要政治任务，切实履行好从严治党的党委主体责任和纪委监督责任，不折不扣落实中央八项规定，构建起"党委、纪委、监察、巡视、信访"五条线齐抓共管、共防共治的党风廉政建设格局。党委对重要工作亲自部署、重大问题亲自过问、重点环节亲自协调、重点工作亲自督办，加强"党委书记与纪委书记联动，党委委员与纪委联动，纪委与业务条线联动，纪委与普通党员、员工联动，公司与地方纪委、司法机关联动"的"五个联动"，要求干部职工"讲话把握一个'准'，做事把握一个'度'，用权把握一个'廉'，行为把握一个'正'"，并做到"绝不能丧失理想信念、绝不能滥用手中权力，绝不能逃避监督制约"的"三个绝不能"。

三是从严贯彻民主集中制。中国华融着力健全"三重一大"决策规则和程序，明确重大问题必须通过会议充分讨论研究集体决策，重要干部任免必须通过组织程序充分讨论研究集体决策，重大项目投资必须通过科学合理论证、投票集体决策，大额资金使用必须按照程序和规定集体决策。公司通过建立"党委书记与纪委书记多谈心、党委书记与党委委员多谈心、党委委员之间多谈心、党委委员与分管部门和分子公司负责人多谈心"四个层面的谈心制度，积极营造了"讲团结、讲党性、讲原则"和谐共事的领导班子氛围，让党的思想工作如春风化雨，经年累月、无缝"滴灌"在领导干部心中。

四是从严做好"以上率下"。中国华融要求各级领导干部从自身做起、从现在做起、从具体事情做起，切实发挥示范带动作用，自觉做到"正确对待组织、正确对待同志、正确对待群众、正确对待自己、正确对待名利""五个正确对待"，坚决做好"带头学习、带头严于律己、带头勤政、带头廉政""四个带头"，积极构建"学习型、创新型、务实型、廉洁型"的"四型领导班子"。在各级领导干部的带动下，中国华融全体党员干部讲政治、守纪律、懂规矩、求廉洁，切实做到"政治上靠得住，工作上拿得起，廉政上过得硬，品行上行得正"。

五是从严把好选人用人关。中国华融一直以来坚持党管干部、党管人才，发挥好党组织对国企选人用人的领导和把关作用，打造一支"想干事、能干事、会干事、干成事、不出事"的员工队伍。在选人用人上坚持"德才兼备、以德为先、注重实绩、群众公认"，坚持"市场导向、有为导向、专家导向、群众导向"，使"想干事者有机会、能干事者有舞台、会干事者有位子、干成事者有表彰，不让有能力的老实人吃亏、不让投机钻营者得利"，让"有为者有位，有位者更有为"。在队伍建设上坚持"政治上充分信任，信任与引导相结合；工作上放手使用，使用与培养相结合；生活上尽力关心，关心与解决实际问题相结合"，努力打造具有"学习型组织、知识型员工、专家型队伍、国际型视野、务实型考核"特征的"五型"人才队伍。

六是从严执行党的群众路线。中国华融始终坚持以人为本、依靠群众，为基层解难事，为群众办实事，实现"发展依靠员工、发展为了员工、发展成果与员工共享"。公司党委深入实际、深入基层、深入群众，加强对分支机构的分类指导、分片联系、定点督导，深入系统内全部分子公司开展基层调研，掌实情、听实话、办实事、求实效，帮助基层解决难点问题。倡导"辛苦理应得到回报，贡献理应得到表彰，成绩理应得到肯定"的感恩文化，坚持每年为员工办十件实事、好事，设立"中国华融员工大病救助基金"和"华融爱心信托"，构建中国华融"社会扶贫、日常帮扶、大病救助"三位一体的综合保障体系，员工的"尊严感、自豪感、幸福感、成就感、获得感"持续增强，队伍"精气神"充分发挥。

二、努力构建"五位一体"的现代企业法人治理结构，破解国有企业治理难题：党委会与现代公司治理的有机融合

良好的公司治理机制、健全的公司治理结构，是国有企业持续发展、不断壮大的制度性保障。作为由财政部控股的国有金融企业，中国华融自 2012 年 9 月股份制改革之初，在深入思考国际公司治理成熟经验、中国企业特别是国有企业管理特点的基础上，提出了构建以"到位的党委会、规范的股东大会、健康的董事会、负责任的经营层、有效的监事会"为鲜明特色的现代金融企业法人治理结构。后来的实践表明，这种"五位一体"现代国有金融企业治理结构是科学有效的，它在制度框架层面推动着、激励着、保证着中国华融不断做强做优做大，实现超常规跨越式的可持续发展。

1. 中国华融"九大领导小组"

习近平总书记强调两个"一以贯之"，即"坚持党对国有企业的领导是重大政治原则，必须一以贯之；建立现代企业制度是国有企业改革的方向，也必须一以贯之"，强调"中国特色现代国有企业制度，'特'就特在把党的领导融入公司治理各环节，把企业党组织内嵌到公司治理结构之中"。因此，在国有企业的公司治理框架中处理好党委会与股东会、董事会、监事会的关系就尤为关键。中国华融始终坚持"央企姓党"，从 2012 年股份制改制、2014 年引入境内外优秀战略投资者，到 2015 年成功在 H 股上市，圆满完成"改制—引战—上市"三部曲，以"到位的党委会、规范的股东大会、健康的董事会、负责任的经营层、有效的监事会""五位一体"为主要特征的现代金融企业法人治理结构，都是中国华融带有的鲜明烙印，标志着国有企业改革实践的成果。"五位一体"治理结构明确了

党委在公司法人治理结构中的重要地位，强调无论公司领导体制、经营机制、产权结构和治理结构如何变化，党委对全局工作的统领作用始终不变。

中国华融在转型中，不仅明确了党组织在公司法人治理结构中的法定地位，还把加强党的领导和完善公司治理统一起来，创新各级党组织发挥政治核心作用的途径和方式，"九大领导小组"就是其中最有代表性的一项。为深入贯彻落实党中央"发挥党总揽全局、协调各方的领导核心作用，改革和完善党的领导方式"的精神与要求，中国华融进一步加强公司党委对公司转型发展各项工作的统一领导，改进领导方式，切实加强公司治理体系和治理能力建设，充分发挥公司党委的主体责任和纪委的监督责任以及各个部门的职能责任。公司党委研究决定，按照"统一领导、授权管理、明确职责、落实责任"的原则，成立中国华融全面深化改革领导小组、上市工作领导小组、重大项目决策领导小组、重大风险化解领导小组、国际化战略领导小组、信息披露领导小组、重大奖惩领导小组、重大人事薪酬领导小组、党风廉政建设和党建工作领导小组等九个重大事项领导小组，旨在切实加强党在公司治理中的法理地位和公司党委的核心领导作用，把方向、定战略、抓全面、负全责、谋大事、促发展，实现党对公司政治领导、思想领导、组织领导的有机统一，切实发挥党委领导核心和政治核心作用。九个重大事项领导小组均由党委书记担任组长，目的是坚定不移全面加强党对公司转型发展重大工作的领导。党委重在谋全局、议大事、抓重点，提出重大改革发展意见建议，董事会依据党委建议强化战略管理，交由管理层细化和实施，实现党委统领全局与董事会战略决策有机融合。

2. 正确处理好"新三会"与"老三会"的关系

"新三会"（股东会、董事会、监事会）是现代公司制企业治理结构的主体框架，与"老三会"（党委会、工会、职代会）如何有机对接，是中国国有企业治理的关键。在这两大管理系统中，党委会与董事会分别处于政治核心与经营决策中心的地位，它们之间的和谐、统一、密切配合，是企业改革发展的关键。在现代企业公司治理中，股东大会是最高权力机构，董事会是公司常设权力机构，对股东负责，公司总经理由董事会任免，董事会有权对公司重大事项做出决定，这与党管干部，党委任命干部，党委是企业的领导核心，职代会行使职工当家作主权利等一系列制度、措施不同。新老三会的关系解决不好，现代企业制度的建立与加强企业党建工作便会双双落空，公司党委参与决策管理将受到限制。

中国华融"到位的党委会、规范的股东大会、健康的董事会、负责任的经营层、有效的监事会""五位一体"公司治理结构，正是在考虑这一问题下做出的独特设计。"五位一体"治理体制以"制度完善、架构优先"为目标，建立了管理体系，通过有效的制度建设，形成权力机构、决策机构、执行机构和监督机构之间相互协同又相互制衡的机制；以"制衡有度、效率优先"为目标，初步建立了"程序规范、效率优先"的制衡体系，清晰界定"三会一层"的职责边界，确保各司其职，"不越位、不缺位、不失位"，确保实现制衡有度、监督有效、效率优先；以"集思广益、科学决策"为目标，逐步构建了科学的决策体系，把股东大会、董事会、监事会、管理层各自的职能有机地统一起来，在民主集中制的原则下，集思广益，推进决策的民主化、科学化和制度化；以"授权明确、管控有力"为目标，分阶段、分步骤地完善授权体系，确保董事会对经营层、经营层对分支机构授权清楚，激励约束明确，同时，还通过建立有效的管控体系，实现了股东大会决议、董事会决策能够得到贯彻执行。

中国华融在"五位一体"公司治理实践中，充分发挥党委政治核心领导作用，较好地把握了这一关系，实现了党委会与"三会"和谐、统一、融合。九个重大事项领导小组成为中国华融党委指导公司转型发展重大工作的有力抓手。同时，党委融入公司治理结构，党委班子成员通过"双向进入、交叉任职"进入董事会、监事会和高级管理层，党委书记担任董事长，党委副书记担任总裁、监事长，党委委员进入董事会，保证党委意见主张融入董事会战略决策体系。

三、贯彻十八届三中全会精神，形成"1+8""国有＋国企＋外资＋民营"的典型混合所有制股权结构

中国华融的改革转型，就是以建立健全现代金融企业制度为目标，构建一个市场化、专业化、多元化的现代金融服务体系，并通过深化改革，转换经营机制，增强市场竞争力，努力办成治理规范、管控有力、服务专业、文化先进的现代金融服务企业。

1. 大股东财政部绝对控股

股权结构是影响一个企业运营效率和行为模式的重要因素。股东大会是公司的最高权力机构，由全体股东组成，对公司重大事项进行决策，有权选任和解除董事，并对公司的经营管理有广泛的决定权。股东构成直接决定了股东大会的权力中心，继而会对董事会、监事会和经营层的构成及权力归属构成决定性影响。股东结构既要避免股权高度集中，使中小股东失去话语权，发生利益侵占问题，又要注意股权过度分散，发生股东"搭便车"现象，导致监管失位。合理的股东结构可以有效规范股东行为，形成有利的股权治理结构，股东之间相互制衡，更好维护中小股东利益。

借鉴先行改革的国有金融企业的成功经验，中国华融股份制改革方案也延续了分步走的基本思路，力求稳扎稳打、层层推进。第一步，改制。中国华融改制前由财政部100%控股，是典型的中央金融企业，但现代企

业制度尚未建立，改制后成为财政部与中国人寿保险（集团）公司共同发起设立的"中国华融资产管理股份有限公司"。2012 年改制后，财政部以部分净资产出资 253.36 亿元人民币，持股占比 98.06%；中国人寿保险（集团）公司出资 5 亿元人民币，持股占比 1.94%。由"1"变"2"，虽然只是中国华融股权结构分立的一小步，却是企业股份制改革的一大步。以规范履行股改各项程序为标准，2012 年 9 月，由财政部、中国人寿保险（集团）公司作为发起人，中国华融在北京召开了创立大会暨第一次股东大会、第一届董事会第一次会议、第一届监事会第一次会议。2012 年 10 月，中国华融资产管理股份有限公司正式成立了。

第二步，引战。在成功完成股份制改革后，中国华融在财政部、银监会等主管、监管部门的指导下，于 2013 年 5 月正式启动引进战略投资者工作，目标在于通过增发等方式引入其他境内外战略投资者，优化股权结构，增强资本实力。2014 年 8 月，经国务院批准，在财政部保持控股地位、中国人寿增持的基础上，中国华融成功引进美国华平集团、中信证券国际、马来西亚国库、中金公司、中粮集团、复星国际、高盛集团等七家战略投资者，实现"1+8"股权架构下"国有 + 国企 + 外资 + 民营"的混合所有制资本模式。增资完成后，第一大股东财政部的持股比例由 98.06% 降至 77.49%。

第三步，上市。从 2014 年 8 月成功引战到 2015 年 10 月在港上市，其间中国华融的多元化股权结构是动态演变、不断优化的。在多元化股权结构基础上，国有资本占比适当降低，但仍保持着绝对控股的大股东地位，这使得中国华融在股权结构均衡条件下，得以完善激励机制、提高国际竞争力，同时又巩固增强了国有资本的实际控制力和保值增值能力。但在这种变化中，不变的仍然是财政部的绝对控股地位，这充分体现了中国华融在转型改革征途上始终坚持"央企姓党、国企为国"的主基调。

2. 五家内资机构各具特色

2013年党的十八届三中全会提出，积极发展混合所有制经济。可以说，中国华融的引战工作正是对国企混合所有制改革的一次有益探索。未来，纯粹的国有企业和纯粹的民营企业将越来越少，而混合所有制将是下一阶段中国企业形式的"新形态"，也是国有企业改革"提质增效"的新的实践方向。增资扩股，引入非公有资本投资到国有企业中，是国有企业混合所有制改革的主要实现方式。

在引战过程中，前后有80多家机构投资者看好中国华融，希望开展合作。当时公司进行了艰难的选择，从80多家到50多家，删减到30多家，再到17家，11家，报批国务院后，最终有7家投资者获得了中国华融的战略伙伴资格，最终形成了"1+8"股权架构，其中包括5家内资机构，即中信证券国际、中金公司、中粮集团、复星国际以及增持的中国人寿。最具有开创意义的是复星国际，复星国际作为国内优秀民营企业的代表，成为中国华融"国有＋国企＋外资＋民营"混合所有制资本模式中的醒目元素。此次引进该企业，是中国华融在混合所有制改革领域的主动尝试。引进一家民营企业作为战略投资者，中国华融成为我国金融机构里"第一个吃螃蟹的人"。总体看，5家内资机构中，中国人寿是国内最大的寿险公司，具有中国华融不具备的保险牌照，与公司业务具有互补性；中粮集团是行业领先的实业集团，具有全球覆盖能力和国际化渠道优势，与公司国际化业务具有战略配合的可行性；中信证券和中金公司是中国领先的综合性证券投资公司，同业经验丰富；民营企业集团复星国际具有多产业布局，为公司"金融＋产业"提供借鉴和学习机会。"1+8"的强大股东背景为中国华融拓展业务领域提供了有力支撑，成功实现了"引资（本）、引智（力）、引制（度）、引资（源）"的引战目标。

3. 三家外资机构均为全球顶尖金融机构

"1+8"股权架构中还包括 3 家外资机构，其中美国华平投资集团是久负盛名的全球私募股权巨头，以近 7 亿美元入股中国华融，这是外国投资者对中国金融业最大投资规模之一；高盛集团是全球领先的投资银行；马来西亚国库控股公司是境外主权投资基金。中国华融引入的战略投资者可谓权威性高、专业性强、类型齐全，中国华融因此也形成了多元化的投资者结构。

战略投资者入股中国华融后，公司治理体系得到进一步完善，治理水平得以有效提升：一方面，引进的战略投资者委派资深专家担任公司股权董事，董事会科学决策水平得到提升；另一方面，引进的战略投资者为公司提供战略咨询，为公司决策提供专业支持。成功引战后，中国华融聘请了美国华平集团主席、董事总经理蒂莫西·盖特纳为中国华融董事会特别战略顾问；8 家战略投资者还向公司推荐了 11 位具有国际市场经验和机构高级管理经历的人员，共同组成董事会战略咨询委员会。通过成功引入战略投资者丰富的海外经营经验和市场关系，成功助推了公司战略转型。事实表明，中国华融不仅能借鉴国际金融机构、国内同业机构的战略发展经验，还能结合国际金融市场发展和股东单位的国际经营理念，促进国际业务合作，加速公司市场化、国际化步伐，实现公司与战略投资者的互利共赢、共同发展。

国际战略投资者还与公司积极谋划下一步深入合作，探讨合作意向。例如，美国华平集团及高盛集团与公司在境内外不良资产业务领域和金融不良资产业务领域进行合作，讨论以潜在可行的方式合资设立不良资产管理计划，与中国华融在不良资产收购、管理、经营、委托处置等方面开展业务合作，分享开发新的金融产品或策略的认识，向中国华融分享在资产管理业务的产品设计、投资策略、投资流程、资金运用等方面的经验，提升公司资产管理能力；向中国华融分享信用管理、投资组合管理、资产证券化等方面的经验，帮助公司提供不良资产经营的技术实力。

四、贯彻十八届四中全会精神，加强依法治企，打造"法治华融"

党的十八大以来，中央明确提出"推进依法治国、依法执政、依法行政，建设法治国家、法治政府、法治社会"的重要要求。十八届三中全会做出"推进法治中国建设"的重大决定，十八届四中全会指出："必须加强和改进党对法治工作的领导，把党的领导贯彻到全面推进依法治国全过程。"习近平总书记要求"各级领导干部都要提高运用法治思维和法治方式深化改革、推动发展、化解矛盾、维护稳定能力，努力推动形成办事依法、遇事找法、解决问题用法、化解矛盾靠法的良好法治环境"。中国华融认真领会、坚决贯彻十八届四中全会精神，在企业层面强调"依法治企"，打造"法治华融"。

1. "依法治企"是依法治国的一部分

党中央"法治中国"战略部署对我国的经济社会发展具有长期指导意义，而在经济领域、微观层面，就是"依法治企"。"依法治企"是"依法治国"的自然延伸，中国华融坚决贯彻落实国家战略，就是坚持依法治企，加强公司治理体系建设，打造"依法合规、治理科学、运行规范、管控有序、权责统一、廉洁高效、发展稳健"的"法治华融"。这个"法"，是规矩，是制度，是纪律，贯穿在公司治理、运营、管理等方方面面。

打造一流资产管理公司，也必须将"依法治企"置于公司战略的高度，有效提升法律工作在公司经营管理活动中的重要程度。法治工作的好坏影响的绝不仅仅是企业一个项目、一个人员、一个部门，而是关系企业长远发展和兴旺发达的重大问题。公司打造一流资产管理公司目标的实现，离不开依法治企理念和法律工作强有力的支撑。

2. 建立普法教育长效机制

开展普法教育活动是中国华融加强公司治理体系建设、增强治理能力、提高经营管理水平、打造"法治华融"的重要途径。

中国华融商业化转型的快速发展阶段，部分领导干部和业务人员的商业意识逐渐萌发并大大增强，闯市场、抓利润的干劲很足，但这种商业意识明显"发育不全"，对法律工作的认识还停留在较低层次，存在"重利润、轻风险""法律审查影响业务开展效率"等错误观念，阻碍了公司经营工作的健康可持续发展。在中国华融向成熟现代金融企业发展的关键环节，如公司引战上市、提质控险、转型升级，如完善治理体系、提高治理能力，包括法律工作是否规范、是否完善成为了公司接受外部投资者审视评判的"硬杠杠"，也成为了公司提升内在价值的自发要求。为此，公司在全系统长期、持续、深入开展以"知法·懂法·用法·守法"为主题的普法教育活动，打造"法治华融"，努力为公司中心工作提供坚实的法律保障，也致力于用专业、权威的法律工作，为公司实现又好又稳可持续发展保驾护航。

普法教育活动的目标是实现"五个紧密结合"：

一是与"引战上市"紧密结合。公司党委以上市公司标准提出的有关决策部署具有法律依据，秉承法治精神。各级领导干部和全体员工在普法活动中对照上市标准，认真学习相关法律法规，如《公司法》《证券法》《国际会计准则》《首次公开发行股票并上市管理办法》《交易所股票上市规则》等，学习银监会、证监会等上级监管部门关于金融上市公司治理、风险管控、业务经营、内部管理等方面的规章制度。

二是与"提质控险"紧密结合。公司上下全体员工在普法活动中紧紧围绕建立"公司治理、业务治理、风险治理"三大治理体系，提高"重大决策、经营管理、监督检查、信息披露"四大治理能力等"提质"工作，对照一流资产管理公司标准加强对相关法律法规的学习，使法律工作服务于"做好存量风险处置化解、做实增量风险管控、做细风险制度体系建设"，做到"创新不违法、业务不违规、行为不违纪"，运用法律武器消除影响中国华融健康发展的现实风险问题和潜在风险隐患。

三是与"创新+稳健"紧密结合。"创新+稳健"是公司转型发展的内在要求，是公司近年实现又好又稳科学可持续发展的制胜法宝。公司要保持平稳、可持续的发展状态，创造优良的经营业绩，就要处理好创新与稳健的关系，同时也要将普法活动与"创新+稳健"紧密结合；要明确守法与创新并不矛盾，市场经济条件下法律本身也是不断适应经济发展，不断创新完善的；同时，要创新又不能突破法律，要合法地创新，要树立法律意识、坚持依法创新，只有依法创新，这样的创新才能持久。

四是与"稳增长、防风险、促发展"紧密结合。中国华融始终坚持"大发展、小困难；小发展、大困难；不发展、最困难"的发展观。业务发展中，事前法律风险的防范和事中法律风险的控制要重于事后的法律救济，要加强法律、法规和政策的运用，做好业务发展的指引与规范，解决业务推进中的问题与障碍。因此，普法活动要与"稳增长、促发展"紧密结合，公司各级领导干部和全体员工应当充分认识到法律也可以创造价值，法治也是生产力，守法可以防风险、化问题、控损失，用法可以创利润、稳增长、促发展，要培养"以法防风险、以法创利润、以法促发展"的能手。

五是与"强素质、带队伍"紧密结合。公司要打造一支高素质的员工队伍，要锻炼干部，培养一批市场化人才，为下一步的市场化改革打下更好的基础。各级领导干部要以身作则，把建设法治华融的理念吃透，落实到"带队伍"的要求中，带出一支业务素质强、法律素质高、政治素质硬的高质量的人才队伍。通过普法活动，培养每一名员工"讲话把握一个准、做事把握一个度、用权把握一个廉、行为把握一个正"的素质，严防个人道德风险，确保安全发展、平安进步；强化每一位员工的法治意识，严守法律底线。

3. 法律风险防控有"三全"

公司开展普法教育活动的目的就是要形成全员"知法·懂法·用法·守法"的良好风气和行为准则，实现法律风险防控的"全员意识、全程参与、全面防范"，所谓"三全"。

要形成"知法·懂法·用法·守法"的良好风气和行为准则，一是以学习促"知法"。"知法"是前提，通过法律知识的普及，专业法律法规的深入学习，使全员学习法律、了解法律。二是以培训促"懂法"。"懂法"是基础，使全员树立法律意识，养成法治精神。三是以指导促用法。"用法"是实践，使全员善用法律，以法护权，以法创利、依法创新。四是以督导促"守法"。"守法"是目的，使全员在日常工作中做到依法办事，实现依法合规经营，处理好"知法、懂法、用法、守法"的辩证关系。

公司法律风险防控的"三全"——"全员意识""全程参与""全面防范"中，"全员意识"就是不单法律部门人员，而是公司全体员工都要树立法律风险防范意识；"全程参与"就是重大投资项目和业务经营活动，从立项到投放再到后期管理的各个项目运营环节，都要有法律人员的参与；"全面防范"就是法律风险的预防和控制要从点到面，覆盖业务操作和风险管控的每一个环节，实现全方位、立体化、无缝隙防控。

五、贯彻十八届五中全会精神，落实"五大发展理念"

党的十八届五中全会提出，实现"十三五"时期发展目标，必须牢固树立"创新、协调、绿色、开放、共享""五大发展理念"。理念是行动的先导，"五大发展理念"是党在深刻总结国内外经验教训、深刻分析国内外发展大势的基础上形成的指导性纲领，集中反映了党对经济规律、自然规律和社会规律认识的深化，明确了"十三五"乃至更长时期我国的发展思路、发展方向、发展着力点，也为国企改革发展指明了方向。国有企业身为"共和国长子"，必须自觉肩负起新的历史使命，把"创新、协调、绿色、开放、共享"理念贯穿企业发展全过程，以"五大发展理念"引领国企改革新发展。中国华融以"五大发展理念"为统领，制定了中国华融2016—2020新五年创新转型发展战略，在实践中坚持中国华融"创新发展、协调发展、绿色发展、开放发展、共享发展"，实现自身不断做强做优做大。

1. "创新"不止，企业生命力不息

"五大发展理念"把创新摆在国家发展全局的核心位置，培育创新动力、拓展创新空间、打造创新体制、实施创新驱动战略、构建创新产业体系，让创新贯穿党和国家一切工作，在全社会蔚然成风。创新是企业发展壮大、基业长青的必由之路。国有企业坚持创新发展必须把发展基点放在创新上，形成促进创新的体制架构，塑造更多依靠创新驱动、更多发挥先发优势的"创新引领型"发展。中国华融市场化转型以来实现超常规跨越式发展的最宝贵经验也正是创新。中国华融始终坚持"创新＋稳健"发展，全面加强"思想观念、发展模式、体制机制、业务平台、产品服务、管理方式、企业文化、队伍建设""八大创新"，实现了多项业内第一：第一家推出"收购＋重组"业务，成为金融资产管理公司的主流业务模式；第一家重组获

得银行牌照，引领行业综合化发展潮流；第一家积极响应国家战略部署，在自贸区成立分支机构；第一家与地方政府合作成立资产管理公司，助力地方金融风险化解，等等，始终以创新增强发展驱动力，以创新塑造核心竞争力，以创新引领行业发展。

2. "协调"是结构比例合理，"1+1>2"

坚持协调发展，要求"识大体""顾大局"，正确处理发展中的重大关系，增强发展的整体性、协调性，补齐短板，在协调均衡的结构中拓宽新的发展空间。国有企业在发展中必须深刻认识"协调是持续健康发展的内在要求"，转型发展不能单纯追求利润、规模和速度，更要以发展的质量和效益为中心。中国华融始终着力推动协调发展，强化协同效应，构建了以总部为主体，全国 31 家分公司、2 家营业部和 30 余家平台子公司为两翼的"一体两翼"战略架构，打业务"组合拳"，向市场、企业、客户、政府提供资产管理、银行、证券、信托、金融租赁、期货等一揽子综合金融服务。加强区域协同，结合国家区域发展战略划分公司"八大业务创新板块"，推动"一体化、区域化、专业化、协同化、国际化"发展，打造"区域一体化"业务协同模式，实现分子公司协同效应最大化。发挥集团化综合金融协同优势，不断提高交叉销售、综合协同与全面风险管控能力，成功构建"跨周期运营"的独特商业模式，实现了"不良资产经营、金融服务、资产管理和投资"三大板块协调发展的良好态势。

3. "绿色"发展，与自然和谐长久共处

坚持绿色发展，要求我们坚定走生产发展、生活富裕、生态良好的文明发展道路，建设资源节约型、环境友好型社会，形成人与自然和谐发展现代化建设新格局。国有企业在转型发展中必须始终坚持十八届五中全会

提出"绿色是永续发展的必要条件",把加大支持绿色产业、低碳产业,服务实体企业转型升级作为自身发展的根本任务和社会责任。中国华融一直积极践行央企社会责任,在发展绿色金融方面,近年来依托综合金融服务优势,在过剩产业转型升级、战略新兴产业、高新技术产业、绿色农业林业开发、工业节能节水环保、资源循环利用、垃圾处理及污染防治、可再生能源及清洁能源、绿色交通、绿色建筑节能等数十个产业投放资金超过 3000 亿元。特别是中国华融大力支持阳光凯迪集团和凯迪生态发展的生物质能源产业,与阳光凯迪集团合作设立"华融凯迪绿色产业扶贫投资基金管理有限公司",最大限度地落实了国家"绿色产业、精准扶贫"战略,实现了政治、经济、社会、企业效益的最大化。

4. "开放"是融入世界,引领潮流

坚持开放发展,倡导顺应我国经济深度融入世界经济的趋势,发展更高层次的开放型经济,提高我国在全球经济治理中的制度性话语权。"一带一路"、自贸区建设等国家重大战略的实施,为开放型经济转型升级提供了历史机遇。在开创对外开放新局面的过程中,国有企业必须大力提高对外开放水平,紧跟"一带一路"等国家建设,"走出去",主动对接国际市场,深入实施国际化战略,走上国际舞台,打造国际品牌,进一步提升国际竞争力。近年来中国华融积极适应经济全球化新形势,紧跟国家发展战略,大力构建"立足港澳台、服务大中华、对接国家'一带一路'建设、内外联动"的中国华融国际化战略新格局,稳步推进由国内业务为主向国际国内业务并重的国际化转型,取得了明显成效。国际化平台从无到有,目前在境外已搭建中国华融香港国际、华融金控(0993.HK)、华融投资(2277.HK)、中国华融澳门国际等八家港澳平台。国际业务成为集团利润增长最快、发展潜力最大的板块,从最初 5000 万港币的注册资本金,

发展到截至 2016 年年末境外机构总资产 1314 亿元人民币，收入从零增长到 2016 年全年 95.2 亿元人民币，增长速度远超在港经营多年的老牌中资机构。

5."共享"发展，让更多人受益

坚持共享发展，就是坚持发展为了人民、发展依靠人民、发展成果由人民共享，使全体人民在共建共享发展中有更多获得感，朝着共同富裕方向稳步前进。国有企业是中国特色社会主义事业的中流砥柱，要始终坚持改制不改姓、转型不转向，体现"国企为民"。中国华融坚持发展成果与国家、社会、员工共享，努力为各方创造更多价值。自 2009 年以来，公司累计纳税超过 530 亿元，其中 2016 年全年缴纳各项税费 139.5 亿元，成为注册地北京西城区的"利税大户"，有力支持了国民经济发展。公司注重股东回报，2016 年度派息比例远高于招股书承诺，为广大股东创造更大价值；注重"扶贫惜弱"、回馈社会，2016 年新增定点扶贫资金 600 万元，累计在定点扶贫地区宣汉县投入定点扶贫资金 3000 多万元，捐助钱物 1100 多万元，设立"中国华融（抚州）教育基金""中国华融赣南老区红军后代教育基金"等；注重"发展成果与员工共享"，强化员工保障，提高员工福祉，坚持每年为员工办 10 件实事、好事，设立"员工大病救助基金""爱心信托"等，落实"培训是福利""培训普惠制"，员工的尊严感、自豪感、幸福感、成就感、获得感不断增强。

六、贯彻十八届六中全会精神，推动全系统把纪律、规矩、制度挺在前面

党的十八大以来，我们党以执行八项规定打开作风建设的切入口，强

化落实党委纪委的主体责任和监督责任，坚持惩治威慑和建章立制两手抓，不断将党的纪律和规矩立起来、严起来，注重党内法规同国家法律的衔接和协调，管党治党取得了显著成效、积累了新的经验。中国华融紧紧跟随党中央的步伐，认真学习十八届六中全会及党的系列重要会议精神，在企业层面积极实践，在加强党的领导、加强党的建设、强化纪检监督功能等多方面持续探索、努力创新，使公司党风廉政建设在巩固中深化、在规范中提高，领导干部的担当精神更强了，纪律规矩的"紧箍咒"更紧了，纪检监察的职能作用更实了，公司系统不敢腐不能腐不想腐的防范机制正在形成，纪检监察服务保障公司改革发展的重要作用进一步显现。

1. 把纪律挺在前面，纪在法前，纪严于法

中国华融坚持把纪律挺在前面，强调纪法分开、纪在法前、纪严于法，用严明的纪律管住全体党员。

一是强化政治学习，党委主体责任和纪委监督责任落实到位。公司结合"两学一做"学习教育，第一时间组织学习党章、《中国共产党廉洁自律准则》《中国共产党纪律处分条例》《中国共产党问责条例》等党规党纪，邀请中央纪委宣传部负责同志在党委中心组扩大学习会上作《问责条例》专题辅导，真正把纪律立起来、严起来。通过层层签订《勤政廉政建设目标责任书》《问责承诺书》，制定党委主体责任和纪委监督责任清单，公司党委书记、纪委书记专门听取部分单位党委书记、纪委书记述责述廉等，不断强化各级党委、纪委的责任意识，激发担当精神，扎实做好管党治党各项工作。

二是强化纪律意识，推进"尊党章守党纪严党规"专题活动。2016年，公司纪委书记对系统新提任总经理助理以上干部和总部新提任高级员工共计160余人进行了集体任职廉洁谈话，加强干部员工岗位廉洁教育；为系

统新入职员工作了《中国华融纪律工作的规范和要求》专题讲座，上好廉政第一课。公司改版升级内网党风廉政建设栏目，设立专栏汇总发布领导讲话、党规党纪、法律法规等内容，方便全员学习；编辑党规党纪知识测评题库，组织系统干部员工进行网上答题测试，巩固和检验学习成效；开展遵守纪律情况 AB 表排查、领导干部在社会团体或企业兼职和取酬情况排查，做到个人填表、组织审核、群众监督、进入档案，及时发现问题、纠错整改、消除隐患。

2. 把规矩挺在前面，严于律己，忠诚干净

2015 年 1 月 13 日，十八届中央纪委第五次全会上，习近平总书记提出"政治规矩"一词，强调要严明政治纪律和政治规矩，把守纪律、讲规矩摆在更加重要的位置。政治规矩，是中国在改革发展道路上的一个关键。它既包括党章、政治纪律、国家法律等硬性约束，也包括党的工作惯例、优良文化传统等软性约束，"一些未明文列入纪律的规矩是不成文的纪律；一些未明文列入纪律的规矩是自我约束的纪律。"规矩比纪律要求更高，而共产党员要严于律己。

中国华融坚持把规矩挺在前面，抓"关键少数"，也抓"普遍多数"，力求使全系统每一个党员干部都能自觉做到守纪律、讲规矩，树立政治意识、组织意识、原则意识、程序意识，团结意识，做到"五个必须"，即必须维护党中央权威，必须维护党的团结，必须遵循组织程序，必须服从组织决定，必须管好亲属和身边的工作人员。

一是强化作风建设，不折不扣落实中央八项规定精神。中央八项规定出台以来，公司上下坚决贯彻落实，全系统没有发现违反中央八项规定精神的问题。公司领导身体力行、以上率下，带头改进作风，国内出差调研轻车简从，不搞超标准接待，履职待遇支出大幅低于预算。在公司经

营业务快速发展、人员数量增加的情况下，全系统业务招待费连续三年大幅下降，2016年又同比下降5.9%。公司进一步完善细化制度，从严管理干部，制定出台《党员和领导干部操办婚丧喜庆事宜的规定》《员工个人投资行为廉政规定》；组织开展"四风"问题整治"回头看"，进一步巩固和深化工作成果，系统各单位公务用车和办公用房已全部整改到位；强化日常监督，廉洁风险排查取得实效。公司纪委进一步加强对拟提任干部党风廉洁情况的审核把关，对216名总经理助理以上干部和总部高级员工出具了党风廉洁意见；组织开展廉洁风险排查工作，科学设定廉洁风险程度度量模型，全系统55家单位、465个部门、1025个岗位和6000余名干部员工参加排查，各单位廉洁风险等级系数较往年均有所下降；及时向全系统通报排查结果，要求各单位针对风险提示，加紧完善制度。

二是强化巡视监督，发挥震慑作用。2016年，中国华融深化政治巡视，坚持问题导向，成立9个巡视组分两批对18家分、子公司进行了现场巡视，完成公司党委巡视工作"三年全覆盖"目标。巡视期间，巡视组与18家单位在岗的910名干部员工进行个别谈话，走访了12家地方银监局，通过巡视及时发现被巡视单位在党建工作、领导班子建设、队伍建设、风险管控、业务发展、财务管理和人文关怀等方面存在的问题和不足，汇总基层干部员工向公司党委和总部部室提出的意见与建议。巡视组及时将巡视意见反馈被巡视单位，指定专人督促整改。巡视工作在了解实情、发现问题、形成震慑、促进工作方面取得了实实在在的效果。

3. 把制度挺在前面，"先立规矩后办事"

当前我国正处于深化改革的关键时期，经济体制、社会结构、利益格局正在发生深刻变革，给党员的思想观念也带来一定冲击。不仅仅是党政机关的高级领导干部，中国华融在市场化经营中干部员工也同样面临着各种"糖衣炮弹"的侵袭、利益相关方的"围猎"、利益输送和"陷阱"的考验，"身边"的隐忧变得突出起来。

中国华融坚持把制度挺在从严治党前面，形成制度刚性约束力。"先立规矩后办事、立了规矩办好事"，对于党内制度建设同样适用。如在信访问题处理方面，2016 年中国华融在会管机构中先行一步，及时研究制定《纪检监察信访办理与线索处置工作办法》，对信访受理、线索处置、案件审查、信息管理的范围、方式、程序等作出了规定，为全面规范和改进公司纪律审查工作提供了制度遵循。

七、完善"三大治理体系"，提高"五大治理能力"，推进公司治理体系和治理能力现代化

按照十八届三中全会"推进国家治理体系和治理能力现代化"要求，中国华融近年来致力于不断完善公司治理体系，提高治理能力现代化水平。搭建并完善"法人治理、业务治理、风险治理"三大治理体系是一个重点，是优化硬件；提升公司治理水平的另一个重点，是提高"重大决策、经营管理、监督检查、信息科技管治、队伍尽职责任"五大治理能力，是优化软件。

1. 三大治理体系：法人治理、业务治理、风险治理

法人治理、业务治理和风险治理是公司治理架构的三个支柱，决定了整个体系的完整和稳定。完善法人治理体系，就是完善以公司党委和董事会为中枢、党委书记把方向、董事长直接领导、总裁负责执行、监事长负责监督的职能定位，建设方向、战略、业务、管理、风控、监督协同高效

的公司治理体系；完善业务治理体系，就是完善以党委和董事会为领导，经营层抓落实的业务治理格局，推进总部板块化、分公司区域化、子公司市场化改革，总部逐步由传统的直线职能制向矩阵式事业部制转型，分公司逐步由传统的省级行政区划设置向大经济区域管理对接转型，子公司管理逐步由传统的集团绝对控股向股权多元化转型、由传统的管企业向管资本转型；完善风险治理体系，就是完善以董事会为核心、经营层负主要责任、监事会强化监督的风险治理模式，建立有效覆盖并分类管理各类风险的集团风险管理架构，建立有效覆盖机构、资金、业务、信息、人员的集团风险防火墙体系。

2. 五大治理能力：重大决策、经营管理、监督检查、信息科技治理、队伍尽职尽责

提高重大决策能力，是要切实提高重大决策制定的前瞻性、科学性、针对性、及时性和有效性，切实提高公司党委决定、股东大会决议、董事会决策的执行力；提高经营管理能力，是要构建"流程科学、职责明确、风险可控、赏罚分明"的流程管理模式，强化经营层经营管理责任，经营层要紧紧围绕工作目标抓落实，制定好经营和分解落实计划，加大执行力度；提高监督检查能力，是要强化和保障监事会工作的有效性，以监事会监督为核心，整合财务监督、审计监督、纪检监察监督多条线力量，实现对公司各项工作的立体化监督检查；提高信息科技治理能力，是要充分利用好互联网技术革新的时代机遇，进一步加强和完善公司内部相关经营管理的信息传递和报送机制，对照上市公司标准加强和规范信息披露；提高队伍尽职责任的能力，是要提高各级领导干部和全体员工的业务能力、管理能力和工作责任心，做到敬业、尽心、尽责，实现授权和责任对等，激励和约束对称。

八、强化集团"五大管控"，建立"五大体系""五大机制"，打造"制度管人、流程管事"的现代流程企业

作为金融控股集团，中国华融是个集团军，总部是司令部，分子公司是前线部队，如何有效实施集团有效管控、分子公司强化管理对公司治理至关重要。为此，中国华融强调集团化的统筹管理，突出强化"集团资源管控、集团资本管控、集团风险管控、集团财务管控、集团组织管控"五大管控。而作为一个志在改革转型成为现代金融企业的国有金融机构，中国华融必须完成经营机制和管理体制"两大转变"，为此，在经营机制上我们逐步打造"五大体系""五大机制"，在管理体制上我们逐步完善现代企业"制度管人、流程管事"流程化的管理模式。

1. 五大管控：资源管控、资本管控、风险管控、财务管控、组织管控

集团化的统筹管理，就是要牢固树立"全局一盘棋"的意识，以集团整体收益最大化、成本最小化为基本原则，以现代经济资本管理为纽带，完善风险计量、统筹配置资源、科学考核评价，最大限度地提高集团统一配置资源的科学性和有效性。公司始终围绕"有效控风险，强化资本对风险的有效覆盖"核心要求，构建集团稳健的风险偏好框架，建立集团分子公司间"防火墙"制度，强化集团关联交易、内部交易管理，培育良好的风险文化；建立集权与分权相结合的集团财务控制模式，对事关公司重大战略的财务决策实行集中，对其他财务事项进行分权；加强分公司、子公司党组织和班子建设，选好干部、用好干部、管好干部，对集团派驻子公司董监事、纪检监察、风险总监垂直管理。

同时，中国华融也强调对分支机构和子公司管理的精细化管理，以期形成有效的激励和约束机制，使"一体两翼"既有单兵作战的局部优势，

又有协同作战的整合能力。分公司管理方面，中国华融依据对分公司风险控制能力、发展能力、管理能力及盈利和价值创造能力的综合评价结果，对分公司实施分类改革、分类定责、分类考核等分类管理，加快分公司差异化发展和转型升级。子公司管理方面，中国华融建立以"十管七加强"为核心、以"好子公司综合评价"为标准的管理模式，推进子公司落实"抓党建、重治理、管资本、强主业、防风险、提质量"六大中心任务。

2.五大体系："五位一体"的管理体系、兼顾效率的制衡体系、科学的决策体系、完善的授权体系、明确的集团管控体系

要转型成为一个现代金融企业，中国华融必须完成经营机制和管理体制"两大转变"。管理体制的转变以"五大体系"的建立为标志，"五大体系"以公司治理为顶端，以分工授权为基础，以集团管控为经脉，建立起"五位一体"的治理体系、兼顾效率的制衡体系、科学的决策体系、完善的授权体系、明确的管控体系"五大体系"。

明确的集团管控体系以"穿透到底，形成合力"为目标，通过集团资源、资本、风险、财务、组织"五大管控"和分子公司精细化管理，实现集团战略的有效传导实施，激发个体活力和形成集团合力相平衡。

3.五大机制：高效的运营机制、快速的市场响应机制、联动的协同机制、有效的正向激励机制、严格的监督约束机制

体制是"形"，机制是"神"，两大转变之经营机制转变需要与体制改革同步升级，才能实现公司在经营管理方面的"形神兼具"。中国华融在建立"五位一体"现代企业制度同时，必须始终坚持"改革不停顿、发展不止步、稳定不动摇"，从制度和机制上改善金融资产管理公司的成本、配置与技术效率，持续提高公司的经营管理效率，找到并打造焕发组织活

力、提升市场竞争实力的"永动机"。

为此，我提出要建立"五大经营机制"：一是建立高效的运营机制，不断优化总部机构职能，规范公司各项经营管理活动，使公司高层战略决策及市场分析、产品研发、市场营销、尽职调查、项目审批、风险管控、后台保障各项活动流畅运转，确保公司资源配置、资金流动、信息传递高速、高效、安全。二是建立快速的市场响应机制，推行扁平化管理，合理分级授权，缩短管理链条，提高审批效率，加快市场响应速度，增强公司内在活力和对外应变能力。三是建立联动的协同机制，做好顶层设计，建立协同标准，紧贴国家战略加大市场营销整合、管理要素整合和业务资源整合，打好业务"组合拳"。四是建立有效的正向激励机制，包括提升经营绩效为核心的绩效评价机制，以提高员工素质、工作积极性和创造性为目标的专项奖励机制等。五是建立严格的监督约束机制，包括以事前防范与事后查处相结合的审计监察制度等，以现场与非现场检查相结合的日常监督机制，等等。

九、分公司分类管理和子公司"十管七加强"

分公司和子公司是中国华融"集团军"的重要两翼。对这两翼的管理水平，也决定了集团管控的有效性和"一体两翼"协调运作、比翼齐飞的预期实现能力。分公司方面，依据对分公司风险控制能力、发展能力、管理能力及盈利和价值创造能力的综合评价结果，对分公司实施分类改革、分类定责、分类考核等分类管理，加快分公司差异化发展和转型升级。子公司方面，建立以"十管七加强"（十管七加强：管治理，管法人，管干部，管薪酬，管目标，管风险，管内控，管大事，管党风，管其他；加强学习与培训，加强团结与合作，加强管理与责任，加强风险与管控，加强创新与转型，加强党风廉政与队伍建设，加强支持与指导）为核心、以"好子公司综合评价"为标准的子公司管理模式，推进子公司落实"抓党建、重治理、管资本、强主业、防风险、提质量"六大中心任务。

1. 分公司：分类改革、分类定责、分类考核

分公司分类管理是集团管控体系的重要组成部分。中国华融对分公司建立了"分组考核、目标导向、条线自主、专项激励"的绩效评价机制。以市场决定性作用为导向，以公司价值最大化为经营理念，结合公司整体发展战略与目标，稳定并增强管理预期，遵循"分组考核、目标导向、条线自主、专项激励"原则，着重经营效益、风险管控和业务开展，并兼顾司务管理、党建工作共五个方面的考核评价，引导分公司从实际出发，注重经营管理综合能力提升。分组考核，就是在保持绩效评价原则性一致的情况下，根据分公司规模、风险情况进行分组，并分别设置符合各组分公司定位发展和激励盈利的指标体系；目标导向，就是根据各组分公司的经营特点、资产规模和经营计划情况，分别下达考核目标值，按照下达目标值进行考核，真正体现差异化目标管理；条线自主，就是指加大条线考核的自主性和管理力度，将部分考核指标分解至条线归口管理部门，再由归口管理部门设定具体考核指标和权重；专项激励，就是指结合公司业务发展战略规划，对公司迫切需要发展的业务和亟待化解的风险项目设立专项奖励，精准引导分公司经营行为，促进公司科学、全面、协调、可持续发展。

2. 子公司"十管七加强"与"好公司"评价体系

为促进子公司又好又稳科学可持续发展，中国华融按照现代企业制度的要求，以"市场化、差异化、多元化、信息化"为管控原则，以"经营

上要放开、放活"为指导思想，建立了以"管治理、管法人、管干部、管薪酬、管目标、管风险、管内控、管大事、管党风、管其他"为管控重点，以"加强学习与培训、加强团结与合作、加强管理与责任、加强风险与管控、加强创新与转型、加强支持与指导、加强党风廉政与队伍建设、加强支持与指导"为管控方向的"十管七加强"管控体系。中国华融的集团各子公司按照"十管七加强"的要求，不断完善治理结构，做实董事会、监事会，优化经营班子结构；进一步完善了内控体系，强化监事会、审计部门的监督检查职能；深入推进全面风险管理建设，不断健全风险管理组织架构；加强高管和员工队伍建设，在不断充实各层级骨干力量的基础上，切实提升了合规经营和可持续发展水平。

子公司管理体现的仍然是分级分类管理的思路，为了把子公司打造成为"发展潜力大、竞争优势强、投资回报好、协同效应高"的"好公司"，中国华融建立了"收益、风险、资本"相互平衡的"好公司"绩效评价机制。公司以持续发展为目标，以价值提升为导向，以经济资本为核心，坚持正向激励，建立完善平衡收益、风险、资本三位一体的绩效考核机制，客观、公正、有效地评价子公司经营业绩。在子公司分类管理的基础上，公司建立有针对性的、综合化、多元化的绩效考核指标体系，提升子公司管理精细化水平，促进子公司差异化、专业化发展。子公司绩效考核指标体系包括两部分，绩效评价指标和评价调整指标。绩效评价指标体系包括经营效益与财务状况、资产质量和风险管控、业务发展、党建工作四大类，每一大类含若干具体单项指标。评价调整指标体系由加分项、扣分项构成，评价加分项包括行业地位、产品创新；扣分项包括信息质量、计划偏离度、内控审计及财经纪律，等等。

十、中国华融"企业管理九抓"方法论

管理是一门科学，有其规律可循；管理又是一门艺术，有其运用之妙。抓好管理乃兴企之道，是企业凝聚人心、提高效率、引领方向、把控节奏的有效手段，在促进企业良性运行、提高企业经营效益方面发挥着不可替代的重要作用。

中国华融的跨越式可持续发展，正是得益于我所倡导的持之以恒重管理、强管理、抓管理的理念。经过18年的发展实践特别是近8年的市场化转型与创新探索，中国华融成功走出了一条具有自身特色的快速发展之路，经营业绩持续稳健增长，品牌和社会影响力与日俱增，圆满完成"五年三步走"创新发展战略，连续两年入选"中国企业500强"，呈现出了"国有经济充满活力、国有资本功能放大、国有资产大幅保值增值"的良好发展局面。

2017年是中国华融实施2016—2020新五年创新转型发展战略的关键之年，也是公司推进"A+H股"上市、进军"世界500强"的重要一年，只有全力抓好企业管理，才能实现公司各项既定目标，才能助推中国华融不断做强做优做大。在这样的形势下，我提出将2017年确定为"企业管理年"，通过强化企业管理、加强内部管理，不断提升发展质量和核心竞争力，实现又好又稳可持续发展。

1. "九抓"：抓党建、抓治理、抓创新、抓主业、抓转型、抓风控、抓分类、抓队伍、抓发展

站在新的起跑线上，中国华融面临的内外部形势更加错综复杂，如何推动公司在高起点上实现更高水平的发展成为我时常思考的问题。考虑到以下三方面的因素，我提出要进一步加强企业管理工作。一是国内外经济

形势的客观要求。全球经济仍复苏缓慢，中国经济下行压力不减，国内外市场"黑天鹅"事件频发，从中央经济工作会议到 2017 年全国"两会"，风险防控都是重要议题。习近平总书记明确点出了当前金融八大风险，要求把防控金融风险放到更加重要的位置。中国华融身处金融一线，更是切身感受到某些风险在增加、在上升、在冒泡，风险防化工作不容忽视。二是公司做强做大的现实选择。与 2009 年相比，今天的中国华融已涅槃重生，今非昔比，但与先进金融企业相比，公司还有许多短板可补，很多潜力可挖，特别是当前分子公司数量合计突破 60 家，管理层级、管理范围和管理链条不断扩展，管理难度和复杂程度明显增加，迫切需要在分类管理、协同管理、精细管理等方面进一步提高工作水平。三是国企责任担当的根本需要。国企为国，中国华融作为国有资产管理公司，要按照"完善治理、强化激励、突出主业、提高效率"的国企改革总体要求，以加强分类管理、提高协同效应为突破口，以强化企业管理为路径，不断提升发展质量和核心竞争力。

　　基于对当前国内外经济金融形势的准确研判和对华融自身实际的精准把握，我适时提出了"企业管理九抓"方法论，即"抓党建、抓治理、抓创新、抓主业、抓转型、抓风控、抓分类、抓队伍、抓发展"。"抓党建"，切实发挥公司党委领导核心和政治核心作用，把党建工作作为提高企业效益、增强企业竞争实力、实现国有资产保值增值的重要保障；"抓治理"，立足全面深化改革大局，巩固完善"五位一体"法人治理结构，加强"法治华融"建设，打造国企改革的标杆；"抓创新"，大力推动产品创新、强化管理创新、探索体制创新，持续优化公司产品体系和业务模式；"抓主业"，坚守金融资产管理公司本职和责任，全面支持"三去一降一补"重点任务，为推进供给侧结构性改革做出应有贡献；"抓转型"，推动业务转型、客户转型、产品转型迈出实质性步伐；"抓风控"，落实好公司

"五五"风险管控理念，下决心实质性化解风险点，确保公司又好又稳可持续发展；"抓分类"，切实提升精细化管理和整体发展水平，强化协同效应，不断提高服务实体经济的质量和水平；"抓队伍"，按照"五重五突出"要求，全面提升队伍管理能力和综合素质，打造具有"学习型组织、知识型员工、专家型队伍、国际型视野、务实型考核"特征的优秀团队，让华融人在公司转型发展的道路上实现更大价值；"抓发展"，以跻身"世界 500 强"、打造"一流资产管理公司"为目标，踏上新的征程，扎扎实实完成各项发展任务。

"企业管理九抓"内容丰富、覆盖面全，既蕴含了中国华融始终坚持的核心发展理念，又体现了新形势下的管理要求和创新转型方向。"企业管理九抓"不是简单的罗列，而是相辅相成、相互促进、相得益彰，有业务重点、有发展方向、有管理措施、有发展目标、有治理要求。我对通过"企业管理九抓"方法论打造一个更加卓越的中国华融充满信心，满怀期待。

2."五重五突出"：重落实，突出守土有责；重作风，突出持之以恒；重学习，突出知行合一；重纪律，突出坚守底线；重考核，突出三位一体

"企业管理九抓"方法论提炼了企业管理的精髓，但如何确保"企业管理九抓"落到实处，做到掷地有声、落地响亮则是提升中国华融管理水平的关键。在这种情况下，我顺势提出了"五重五突出"理念。从中国华融的管理实践来看，"五重五突出"为"企业管理九抓"方法论的落地实施提供了重要的支持和保障。

一是重落实，突出守土有责。抓好各项经营管理工作，关键在落实，根本在担当；充分发挥党委的核心作用，强化全体员工的责任意识，切实增强"党委的主体责任、纪委的监督责任、工作的整体责任、个人的担当责任""四个责任",抓好、抓早、抓落实,形成班子带头抓、中层具体抓、一级抓一级、层层抓落实的工作格局。

二是重作风,突出持之以恒。落实十八届六中全会"从严治党"要求和习近平总书记关于国企党建重要指示精神,重视加强作风建设,持之以恒转作风、敢担当、有作为,切实做到"政治上经受改革开放的考验,经济上经受权钱交易的考验,生活上经受种种诱惑的考验",为抓好抓细各项工作提供优良作风保障。

三是重学习,突出知行合一。以深入开展"两学一做"学习教育为契机,切实加强对党章党规党纪和习近平总书记系列重要讲话的学习,学深悟透,常学常新;强化问题导向,突出知行合一,将学习与公司的发展实际结合起来,努力打造学习型组织、知识型员工、专家型队伍,把学习的成果切实转化为实实在在的发展成效。

四是重纪律,突出坚守底线。始终把纪律规矩挺在前面,严格遵守党的政治纪律和政治规矩,把牢政治方向、遵循组织程序、服从组织决定,在思想上政治上行动上同以习近平同志为核心的党中央保持高度一致,不破"底线"、不越"红线"、不触"高压线",筑起纪律和规矩的坚固防线,坚决做到"程序合规、价格合理、交易合法,市场化可持续",为公司发展筑牢纪律屏障。

五是重考核,突出三位一体。充分发挥考核指挥棒的作用,突破单一利润考核,加大"务实型"和"全方位"考核,以"资本、利润、风险"为核心,优化改进评价方式,开展"政务、工作、领导班子""三位一体"考核,强化党建工作考核,加强对子公司的综合评价考核,实现以考核促发展、以考核抓落实、以考核树导向,以考核助推中国华融"做强做优做大"。

3. 内控管理"三大转变"：将短期问题整改转变为长效机制建设，将事后补救转变为事前防控，将外部合规要求转变为内部管理动力

在金融监管部门的多年工作经历告诉我，内部控制对于金融企业的持续健康发展具有极其重要的作用，在掌舵中国华融以后，我对此有了更加深刻的体会和感悟。随着公司的规模快速增长、管理层级不断扩展，内控管理的难度也在持续提高，内控管理不到位、不规范极易引发操作风险，从而埋下风险隐患。正是由于对内控管理的高度重视，内控管理几乎成为我在中国华融逢会必讲的主题之一，我要求，全系统必须要抓好抓实内控管理，切实推进内控管理"三大转变"：

一是将短期问题整改转变为长效机制建设。内控管理的提升是一个长期的过程，不能流于形式，也不能一蹴而就。日常工作和各类检查中发现的问题不仅要立查立改，更要沉下心来分析问题背后的原因，追溯问题发生的根源，举一反三，梳理、整合、优化现有规章、制度、流程，查漏补缺、填补空白，切实加强制度的执行力，建立"制度管人、流程管事"的长效机制。

二是将事后补救转变为事前防控。尽管谚语说亡羊补牢未为晚矣，但在我看来，如果事前没有进行有效的防范，等到损失发生后再进行补救，对金融企业来说已经是一种失败的表现，国内外众多的金融风险案例也证明了这一点。经营管理中发生损失后必须立即采取有效措施进行补救，但更重要的是要未雨绸缪，抓好事先的防控，从制度修订、流程改进、考核优化等方面出发，紧盯内控合规的薄弱环节，规范重点环节的操作管理。

三是将外部合规要求转变为内部管理动力。依法合规经营是金融企业生存发展的底线，是健康持续经营的护航者。要将外部合规要求与公司内部管理结合起来，将外部要求内化于公司的制度流程中，转变为提升管理水平、促进自身发展的强大动力。要加大制度执行的监督和问责力度，在

业务开展和管理活动中不触碰合规的高压线，筑起合规和内控管理的防火墙、隔离网。

十一、中国华融"五五"风险管控方法论

"生于忧患，死于安乐。"未雨绸缪、防患于未然，才是决定企业成败的关键。2009 年，我来到中国华融之初，就提出"风险管控工作是各项工作的重中之重，是企业发展的生命线"，这个简单朴实的道理，也奠定了公司风险文化的基础。我带领中国华融"一手抓改革创新、转型升级，确保公司可持续发展；一手抓调结构、转方式、防化风险，确保公司安全发展"。在长期摸索中，逐渐形成了一套完整的风险管理理论，在思想观念上牢固树立"中国华融赔不起"的理念，在业务管理中运用"五早、五防、五用、五治、五讲"的"五五"风险管控方法论，在出现风险时齐心协力打赢风险防范阻击战、风险化解歼灭战"两大战役"，中国华融特色的风控之道渐成体系。

1. "中国华融赔不起"

我一直强调，中国华融的风险是发展当中的风险，困难是前进当中的困难，矛盾是转型当中的矛盾。但面对风险，仍然要坚持底线思维，防患于未然，防患于萌发之时。在我看来，建立起贯穿公司各个层级、业务管理各个环节的风险理念和文化，风险管控就成功了一半。因此，我要求全系统坚持底线思维，牢牢树立"中国华融赔不起"的意识。这种理念源自于我对国内经济形势和中国华融现实情况的充分分析，也是保持"乱云飞渡仍从容"战略定力的必然要求。

一是国内外经济形势客观要求中国华融提升风险管控水平。国际形势

不容乐观，金融市场跌宕起伏，国内经济转型升级力度加大，"一增、一降、一紧、一窄、一冒泡"的形势短期内难有根本性转变。2017年政府工作报告明确要求稳妥推进金融监管体制改革，有序化解处置突出风险点，整顿规范金融秩序，筑牢金融风险"防火墙"。严峻的外部经济形势对中国华融的经营发展也带来了影响，中国华融的风险也有所抬头，风险防化工作需要引起高度重视。

二是监管机构对金融资产管理公司提升风险管控水平提出了更加严格的要求。2017年以来，银监会连续发布了"三违反"整治、"三套利"整治、"四不当"整治、风险防控指导意见等多项监管文件，意味着银行业监管的全面从严，这与中央经济工作会议的精神是一脉相承的。此外，各项监管法规还释放出持续强化对金融机构的审慎性和穿透性管理的强烈信号，要求我们要强化主业定位、回归服务本源，各项业务开展要大道至简，对标监管规制。为满足这些监管要求，金融资产管理公司的风险管控能力必须持续增强。

三是中国华融做强做优做大的目标对提升风险管控水平提出了现实需求。当前中国华融成为"资产规模最大、盈利能力最强、实现利润最多、股权回报最好、金融牌照齐全、总市值最高"的大型金融资产管理公司，下一步中国华融将向着A股上市、进军"世界500强"、打造一流资产管理公司的战略目标前进，这些目标的达成脱离不开风险防范水平的提升、风险化解能力的增强。良好的风险管控水平是一项核心竞争力，促使中国华融有底气、有能力承担风险、获取收益，也能在市场上为公司树立良好的品牌形象，为中国华融实现战略目标起到巨大的推动作用。

2. "五早""五防""五治""五用""五讲"

在长期的实践和摸索中，我提出了"五五"风险管控方法论，这是根据中国华融当前的风险防化形势，从工作实际出发提出的风险工作指导思想和方法论。"五五"风险管控方法论是指"五早""五防""五治""五用""五讲"，立足"五早""五防"夯实风险管理的基础工程，抓实"五治""五用"有效降低化解风险的压力，以"五讲"检验全面风险管理的工作效果。

"五早"是风险管理不可放松的基本要求。当前经济环境复杂多变，实体企业偿债能力下降，债务人逃废债情况增多。为应对这类风险，我提出风险管理首先要坚持"五早"，即"早发现、早预警、早下手、早处置、早见效"。在项目出现风险苗头时，要早发现、早动手，这既是催促项目还款的必要程序，更是项目出现风险后必须加大力度而绝不可放松的基本原则。在债务企业尚具有意愿且有一定还款能力时，早处置、早实施，抓住债务人软肋或要害，才能早见效。

"五防"是在源头控制风险，强化风险防化工作力度与成效。在风险防范时，我常常思考怎么在根源上预防和杜绝风险。我要求公司每一位员工，特别是风险管理条线上的同志，一定要具备"重视风险的意识，承受风险的心理，经营风险的本领，处置风险的能力"，牢牢守住"业务风险的底线"和"个人行为规范的底线"，才能实现公司安全发展，个人平安进步，业绩可持续增长。要在工作中坚持"五防"原则，即在心态上防止急功近利，在具体工作中防止风险居高不下、防止工作不力不为、防止市场突发事件、防止人员道德风险。

"五用"是强化风险防范的责任心，全心全力专注风险化解工作。"用法"，在处置风险项目时要及时启动司法程序追偿债权，保全资产、以诉促谈、以法促收；"用心"，做好风险防范和化解的关键是责任心，不忘初心，方得始终；"用情"，动之以情，以诚感人，在风险处置过程中，对各交易方动之以情，晓之以理，以诚感人，寻求共赢和理解；"用力"，发生风险"非一日之寒"，化解风险也非一日之功，要综合分析风险原因、债务企业还款意愿、担保措施、项目区域等，常抓不懈、全力处置，实现风险化解；"用钱"，投入必要成本，实现风险实质性化解，对项目资质好、暂时出现流动性困难的项目，以时间换空间，帮助企业渡过难关，对出现实质性风险的项目，投入必要的诉讼成本和费用，不惜一切代价，处置风险。综合使用"五用"手段，才能实现风险的彻底化解。

"五治"是分析风险发生的原因，有针对性地对风险管理体系进行改进与完善。"五治"即"治病、治人、治规、治标、治本"，体现在实际工作中即是体检询诊、吃药打针、点滴输液、病理切割、病亡善后。这其实就是要求风险发生后，分析引发风险的主要原因，对业务和管理中的薄弱环节进行完善和加固。在工作中，要建立健全全业务流程风控框架，实现"制度管人，流程管事"，对立项审查、尽职调查、业务审查、投前复核、投后管理、资产保全六个环节的制度流程进行全面梳理，覆盖公司各项业务，实现在项目前、中、后期均能够对风险进行识别、计量、监测和管控，固本补缺，防患未然。

"五讲"是风险管控的工作目标，同时也是检验风险管控工作效果的标准。"讲大局"，要从公司做强做优做大的大局出发，建立健全风险管理体系，增强风险管控能力，为公司实现 A 股上市、进军"世界 500 强"提供支持和保障；"讲业绩"，通过有效的风险管控和风险处置减少或避免损失，从而实现业绩的稳定增长；"讲价值"，风险管控要发挥最大的价值，以最小的成本将风险可能导致的损失降低到最小的程度，从而保障经营目标的实现；"讲担当"，出现风险后，相关责任单位和人员要主动担当，落实风险应对和化解的工作责任；"讲责任"，风险管控涉及面广，领导班子、中层干部、普通员工都要牢固树立风险管理的责任意识，坚守风险底线。

3. 打赢风险防范"阻击战"、风险化解"歼灭战""两大战役"

风险防范阻击战、风险化解歼灭战是一场关系中国华融发展大局的攻坚战。我一直强调，要高度重视风险管控，集中优势兵力，全力做好增量风险防范和存量风险化解工作，把提质、控险放在更加重要的位置，把风险消化在萌芽状态和初始状态，坚决打赢风险防控"阻击战"和风险化解"歼灭战"，做到不达目标誓不罢休，不获全胜绝不收兵。

一是做实增量风险项目管控，打赢风险防范阻击战。具体来说，就是要坚持增量项目"引＋防"、存量项目"查＋疏"。增量项目的投放实施要经过严格的把关，对立项审查、尽职调查、业务审查、投前复核等各个环节的风险点要进行全面把控，新增项目的投放要满足公司的准入要求、审查标准、投放条件，从源头上提高项目资质，防范项目出现风险。存量项目要做实投后管理工作，定期进行巡访和检查，按季对项目风险情况进行分析，坚持早发现、早预警，在风险出现萌芽时即及时、有效应对，掌握风险处置的主动权。此外，还要在制度完善、流程优化、监测手段丰富、系统建设、考核评价等方面加大工作力度，建立完善的风险管控体系，切实实现对增量风险的有效识别、评估、监测和控制。

二是做好存量风险处置化解，打赢风险化解歼灭战。具体来说，就是要坚持风险项目"解＋销"。项目风险处置要明确目标和任务，在我的要求下，每年年初公司都要向各分支机构下达存量风险资产清收转化任务和风险防范指标，各分支机构要制定本单位风险管理工作的总目标、任务书、时间表、责任状，从而确保项目风险处置责任落到实处。对项目风险化解要认真分析现状、原因并制定对策，对于还未发生终级风险的项目，要根据项目实际，一户一策，制定项目风险化解预案，综合采用诉讼追偿、依法催收、资产重组、资产转让、以物抵债等多种手段开展风险化解工作；对于符合转让与核销条件的风险资产，在定价合理、损失可承受两大原则下要适当地转让与核销。

十二、拉响警报、敲响警钟、提响警示，保持"三个绝不能、四个高度警惕"，努力实现"不发一案，不倒一人"

习近平总书记明确提出，必须坚定不移把党风廉政建设和反腐败斗争深入进行下去。在中国华融，遏止道德风险和违规违纪行为也一直是一项重点工作。在我的力推下，中国华融树立了一系列廉政新理念，营造了浓厚的廉政文化氛围，凝聚正能量，打造了一支依法合规的人才队伍，实现了"不发一案，不倒一人，不出大风险"。我提出要确保经营发展和党风廉政建设"两手抓、两手硬"，强调要坚持"三个绝不能"，保持"四个高度警惕"，着力打造"忠诚、干净、干事、担当"的干部员工队伍，实现"公司安全发展，个人平安进步，业绩可持续增长"。

1. "三个绝不能"：绝不能丧失理想信念、绝不能滥用手中权力、绝不能逃避监督制约

作为国企，党风廉政建设始终是中国华融的一项工作重点，这不仅是公司经营发展的需要，更是干部队伍建设的需要。在中国华融，时常会通过警示教育拉响警报、敲响警钟，促使全体员工筑牢思想防线，保持思想上和行为上的高度警惕，坚持"三个绝不能"，时时、处处用党的纯洁性要求对照自己、修正自己、提高自己。

一是绝不能丧失理想信念。"前车之覆，后车之鉴。"犯错误往往是一念之差，但"念"的根源是受个人理想信念支配的。领导干部要加强学习，提高认识，注意查找自身作风建设和党性修养中存在的问题和差距，提出自己的努力方向和改进措施，不断加强自身作风建设，提升党性修养，

坚定理想信念，从而树立正确的世界观、人生观和价值观，以及正确的权力观、地位观和利益观，保持正确的人生航向。

二是绝不能滥用手中权力。权力是把"双刃剑"，既可以提供展示才华的舞台，也可能成为以权谋私的筹码。领导干部手中的权力是人民给的，是国家赋予的，只能用来为人民、为国家谋利益，而不能用来谋取私利。领导干部要把权力作为一种责任，体现在敬业上，体现在工作态度和工作作风上，体现在业绩上，要时刻摆正位置，认清职责，秉公用权。

三是绝不能逃避监督制约。我提出了"政治上充分信任，信任与引导相结合；工作上放手使用，使用与培养相结合；生活上尽力关心，关心与解决实际问题相结合"的队伍建设要求，持续加强干部员工队伍管理，既是一种严格要求，更是一种关心爱护。领导干部和普通员工都要把接受监督看作是对自己的保护，真心实意地听取各方面意见，积极主动地接受各方面监督，敢于和习惯于在监督下开展工作，促进自身廉洁从业和依法合规履职。

2."四个高度警惕"：高度警惕精神懈怠的道德风险，高度警惕"糖衣炮弹"的侵袭，高度警惕项目运行不规范的风险隐患，高度警惕业务来往中的各种"陷阱"

金融领域由于掌握着资金配置权，本身就是腐败易发多发的重点领域。2009 年中国华融加大市场化转型以来，面临的市场环境更加复杂，面对的各种风险和诱惑更加严峻。在这种形势下，我提出，全体员工必须要对面临的形势和挑战有清醒的认识及正确的判断，要把"四个高度警惕"时时记在心头，"不发一案，不倒一人"，实现"公司安全发展、个人平安进步、业绩可持续增长"三者和谐一致。

一是要坚守道德底线，不越廉政高压线，高度警惕精神懈怠而产生的道德风险。客观分析各类违法违规案件发生的原因，可以看到，这些人员作出错误选择也不是由于一时冲动，正是因为在思想上放松了警惕，在行为上放松了要求，腐败才得以滋生和蔓延。公司的各项业务活动面对的是高度市场化的环境，在这个环境中，无论一线人员还是中后台人员，都要认识到，风险隐患无处不在，道德风险防范一刻也不能放松。特别是在与交易对手接触的过程中，在与客户往来的过程中，更要时刻绷紧廉洁自律这根弦，主动增强自我保护意识，提醒自己，管好自己。

二是要守得住清贫、抵得住诱惑，高度警惕"糖衣炮弹"的侵袭。随着公司品牌声誉的日益响亮，一些资质较差的企业为了融资，把干部员工当成公关的对象，各种"糖衣炮弹"随之而来，表现形式复杂多样，隐蔽性越来越强，防范难度加大。对此，必须切实加强自身修养，在注重他律的同时更要注重自律，坚决做到"政治上经得起改革开放的考验；经济上经得起权钱交易的考验；生活上经得起种种诱惑的考验"。

三是要坚持项目准入标准，严格审批程序，高度警惕项目运行不规范带来的道德风险隐患。随着经营业绩和个人利益挂钩日益紧密，在业务人员工作积极性不断提高的同时，项目资源个人化的倾向也在加重，容易造成项目营销、尽职调查、风险审查等关键环节的监督制约出现问题，可能诱发道德风险和操作风险，所以必须坚持项目准入标准，严格执行审批程序，确保项目质量关，不给违规操作和恶意公关以可乘之机。

四是要做事把握"度"、用权把握"廉"，高度警惕业务来往中的各种"陷阱"。在业务拓展中，我们既要讲究灵活性，更要讲究原则性和策略性，保护好自己。每一名干部员工都必须有足够的警觉，从保护自身出发，保持高度警觉，在项目营销中坚决不能收受客户的钱财和贵重礼品；对于一些确实拒收不了的礼物，要及时向单位报告，由组织帮助出面解决。

第四章

经营之道 ＞

〉〉

导语: 八年来中国华融的企业经营工作主要抓了五件事, 这就是"讲政治、抓利润、防风险、带队伍、促发展"。政治是企业的根本保障, 是大局; 发展是硬道理, 是第一要务; 风险是硬约束, 是第一责任; 利润是硬任务, 是第一目标。道理很简单, 一家企业利润太少, 就失去了存在的价值; 一家企业的风险始终是"重中之重", 始终是企业发展的生命线; 一家企业的队伍必须"忠诚、干净、干事、担当", 才能有所作为; 一家企业小发展小困难, 大发展大困难, 不发展最困难。发展中的问题要用发展来解决, 也只能在发展中得到解决。中国华融"12345 工作思路"的提出、变"坐商"为"行商"的变革、从"给米做饭"到"找米下锅"的转变、在金融资产管理公司中率先设立"首席风险官"、岁末年初和每季度都召开经营形势分析会, 等等, 都是围绕利润、风险、队伍、发展这四个经营的核心要素提出的重要举措。

成功找到企业的经营之道, 要有背水一战、置之死地而后生的勇气。在中国华融转型最困难的时期, 我带领队伍, 背水一战, 一上井冈山, 立下军令状——"谁完不成任务, 自动向党委和赖小民辞职!"再上井冈山, 提出"华融梦", 开启中国华融二次创业征程。走进延安, 学习毛主席等老一辈无产阶级革命家"进京赶考"的胸怀与气度。走进瑞金, 重走长征路，深情感党恩。走进古田，提出"打造红色金融集团、培养红色金融家队伍"。成功找到企业的经营之道，要有进取之心，知耻而后勇，意识到落后就要挨打。我经常说，比较看差距，落后求奋进。对外学先进，对内学榜样，我先后提出"远学工行，近学信达"，"外学平安，内学浙江"的理念。学工行，做中国最大，学信达，学它、赶它、超它。外学平安"六句话"真经，内学浙江"钉钉子"精神。成功找到企业的经营之道，要有事必躬亲、凡事亲力亲为的实干意识。读万卷书，行万里路，中国华融发展之路是走出来的。我自任中国华融"首席营销官"以来，一年飞33.8万公里，可以足足绕地球七八圈。我在香港对媒体朋友们说，我把企业搞肥了，把自己搞瘦了，但这是非常值得的。成功找到企业的经营之道，要培养"六有"企业家精神：有战略，战略体现未来；有思路，思路体现出路；有能力，能力体现本领；有业绩，业绩体现实力；有胸怀，胸怀体现眼光；有责任，责任体现担当。

一、我的经营观：企业经营五件事，就是"讲政治、抓利润、防风险、带队伍、促发展"

对企业领导者特别是一把手来说，企业的经营涉及方方面面，每天要处理的各类问题林林总总，但是总结起来，其中最核心、最重要的其实就是五件事，即"讲政治、抓利润、防风险、带队伍、促发展"。中国华融在任命每一个经营单元的一把手之前，我和即将上任的干部谈话，都会着重讲这五点，并告诉他们，只要抓好了这五件事，就一定能把工作做好。

1. 讲政治是企业家的根本，是大局、是责任、是纪律

对于国有企业来说，要始终把讲政治放在各项工作的"第一位"，旗帜鲜明讲政治，把握政治方向，站稳政治立场，牢固树立"四个意识"特

别是核心意识、看齐意识，在思想上政治上行动上自觉同以习近平同志为核心的党中央保持高度一致，坚定不移对党忠诚，坚持党对国有企业的领导不动摇，做政治上的明白人。在中国华融，我们要求全系统员工以坚持正确的政治方向作为各项工作的基本前提，严格执行党的政治纪律和政治规矩，确保中央政策方针、上级党委工作部署得到不折不扣贯彻落实，并把引领和推动中国华融战略转型、打造一流资产管理公司作为献身党的事业的政治责任和崇高使命，将公司发展和国有资产保值增值作为最大责任，扎实工作、勤奋敬业。中国华融近些年实现了经营业绩稳健增长、国有资产保值增值的良好局面，正是华融人政治觉悟和事业追求的集中反映，是对坚定不移"讲政治"、严格执行党的政治纪律的最好的贯彻落实。

2. 抓利润是企业家的实力，一家企业利润太少，就失去了存在的价值

"抓利润"，企业是市场经济的经营主体，基本任务就是创造效益，如果一家企业利润太少，就失去了存在的价值。利润也是企业有尊严的前提，是企业有市场地位的基础，"莫斯科不相信眼泪，市场不同情弱者"，现代经济环境奉行丛林法则，适者生存，弱者淘汰，没有利润，就算吹得天花乱坠，也没有任何意义。2009 年年初，我到华融后做的第一件事就是下达利润计划。在"以市场为导向、以客户为中心，以盈利为目标，做出利润，做大利润"思想引领下，公司才得以规模不断做大、业绩不断做强、业务不断做开，顺利完成商业化转型。

3. 防风险是企业家的底线，风险始终是"重中之重"，是企业发展的生命线

"防风险"，风险始终是"重中之重"，是企业发展的生命线。金融是经营风险的行业，天天和风险打交道，风险管控更是如此。利润反映了

企业的健康度，风险反映了企业安全度，利润线、安全线同样重要，风险管理是企业的生命线，必须要牢牢看住，保持生命线的旺盛。在中国华融，我一直强调风险与收益要并重，要"一手抓利润增长促发展不动摇，一手抓风险管控保安全不动摇"。为将这一理念落实到经营管理中，每个经营单位的一把手，除承担本单位业务发展、利润增长的第一责任以外，也要承担本单位风险管控、风险化解的第一责任。

4. 带队伍是企业家的本事，队伍要"忠诚、干净、干事、担当"

"带队伍"，确保队伍"忠诚、干净、干事、担当"。万事皆靠人，带好队伍就是为了把人这个因素的无限潜力充分地调动和发挥出来，要看好队伍、管好队伍，激励和约束两手抓。建立"选马"是为了"赛马"的用人机制，确保人才引得进、留得住、用得好，建立健全有中国华融特色的员工成长进步保障机制，加大年轻优秀干部选拔任用力度，营造年轻优秀人才脱颖而出的有利环境；要践行好企业发展成果与员工共享的理念，以"辛苦理应得到回报，贡献理应得到表彰，成绩理应得到肯定"为感恩文化，更好地实现"发展依靠员工、发展为了员工、发展成果与员工共享"，让员工的"尊严感、自豪感、幸福感、成就感、获得感"持续增强。要打破"干多干少一个样，干好干坏一个样"的分配格局，有效淡化"官本位"和"独木桥"的思想，充分体现"依法经营出效益，求真务实比贡献"的价值导向。

5. 促发展是企业家的目标，发展中的问题要用发展来解决，也只能在发展中解决

"促发展"，发展是硬道理，是第一要务，这是中国华融始终坚持的理想信条。这几年国内外整体经济形势并不好，银行业利润增速大幅下降，

四大国有银行的增速降到了个位数，而中国华融迄今还保持相对高速的增长，跑赢大市、跑赢同业。对此，有人说，发展得这么快，是不是应该缓一缓？对这种观点，我是不认可的。"萝卜快了不洗泥"，高速发展过程中难免会有疏忽和不完善的地方，但是我始终相信，不管是对我们国家的经济来说，还是对中国华融一个企业的发展来说，我们遇到的都是"发展中的风险、转型中的矛盾、工作中的不足、前进中的问题"，必须在发展中解决，在前进中化解，只有通过坚持不懈的努力、持之以恒的发展才能根本解决。所谓"大发展小困难，小发展大困难，不发展最困难"，办好华融的事情，关键就在于发展。在发展中，我们确立了"五年三步走"的发展战略，引领公司驶入超常规发展轨道；在发展中，我们强势回归主业，推动资产管理业务成为公司重要的利润增长点；在发展中，我们实现业务平台的大规模搭建，打造了"综合金融服务商"；在发展中，我们不仅把成绩实实在在"干出来"，还"说出来""传出来"，不断做响华融品牌；在发展中，我们提出"抓两头、稳中间"，构建起合理的人才梯次队伍；在发展中，我们探索创建"五有"现代金融企业，勾勒中国华融的发展蓝图。发展已经成为中国华融赢得主动、赢得优势、赢得未来的关键，成为中国华融永恒不变的主题。

二、中国华融"12345"工作思路

1. 商业化转型之初的"12345"工作思路

在中国华融市场化转型的初期，结合公司业务实际和平台建设等多方面实际情况，在"五年三步走"战略提出的同时，公司党委提出了"12345"工作思路等一系列符合公司发展实际并行之有效的工作思路，以此引领各项工作。"12345"工作思路妥善解决了传承历史、与时俱进、不断开

创商业化转型新局面的现实问题，是中国华融在商业化转型初期推动各项业务向前发展的关键，为公司完成"五年三步走"战略目标打造了坚实基础。

"12345"工作思路是在2009年年初的工作会议上提出的。当时，中国华融商业化转型面临着国内外形势风云变幻和自身发展前所未有的困难与压力，为了积极稳步扎实地推进公司的各项工作科学发展，中国华融把当年工作的总基调定为积极、稳步、扎实，提出要按照"12345"的具体工作思路，进一步强化公司总部的管控服务能力，做稳、做实、做新办事处，做强、做好、做大子公司；进一步加强内控管理、风险管理、财务管理、绩效考核管理和员工队伍管理；进一步打造华融品牌，努力提升公司软实力，不断形成"稳健、创新、和谐、发展"的企业文化，尤其要重点按照"12345"的具体工作思路抓紧抓实抓到位。

我当时提出的"12345"工作思路的具体内容是：一个理念、两大目标、三大平台、四个关系、五项业务。具体来说，即树立一个理念：坚持依法合规科学发展；明确两大目标：不断增强公司可持续发展的盈利能力，走市场化、多元化、综合化的现代金融企业发展道路；强化三大平台：总部提升管控服务能力，办事处做稳做实做新，子公司做强做好做大；处理好四个关系：处理好眼前利益和长远利益的关系，处理好业务发展与风险防范的关系，处理好局部利益与整体利益的关系，处理好公司发展与员工发展的关系；拓展五个方面的业务：资产的经营管理业务，证券业务，租赁业务，信托业务，创新业务。"12345"工作思路和我当时提出来的实现中国华融"五年三步走"创新转型发展战略以及"路线图"和"时间表"是一个有机统一的整体，也是落实战略和完成目标的具体工作指针。按照"12345"的工作思路，中国华融"五年三步走"的战略任务最终顺利完成，圆满收官。

2. 新"12345"工作思路

2014 年，公司完成改制已过去两年，即将向引战、上市发起冲刺。我与时俱进，提出要按照新"12345"工作思路，推进公司重点工作，特别是引战、上市和可持续发展。从"12345"到新"12345"工作思路，正充分体现了中国华融坚持"创新＋稳健"理念，与时俱进推动理念发展和思想进步。新"12345"工作思路的具体内容就是：

一个中心：引战、上市、提质、控险。引战上市是中心工作、"一把手"工程，公司 2014 年所有工作都要紧紧围绕引战上市中心工作，所有工作都要为引战上市让路；要对照上市公司标准，缺什么补什么，形成对公司治理、风险管控、业务经营、内部管理等一系列体制机制改革的倒逼推动机制；要对照上市公司标准，把提质、控险放在更加重要的位置，强化投资者价值管理，以价值管理引领集团价值提升与创造。

两大抓手：一手抓改革创新、转型升级，确保公司可持续发展；坚定不移做强主业、做大利润，完善经济资本管理并全面实施资产负债管理，在资产负债管理的总框架下，布局资本规划，统筹资源配置、授权管理、考核激励三大政策，以引战上市标准改变粗放增长模式，推进经济资本总量控制与价值引导下的科学管控和可持续增长。一手抓调结构、转方式、防化风险，确保公司安全发展；深化"质量效益双年"工作成果，丰富"质量效益双年"工作内涵，以调结构、转方式为内容，开展 2014 年质量效益年和风险防化年"双年"活动；以引战上市标准建设集团大风险管控体系，化解存量风险、防范增量风险，提升风险管控能力和水平。

三项重点：一是稳增长。保持 20%—25% 的合理利润增长速度区间，实现良好的经营业绩和稳定的利润增速，吸引投资者并增强投资者信心。二是强管理防化风险。关键在防风险，重在化风险，通过清理、补充和新建，持续优化风险制度建设；通过制定风险管理和内部控制三年规划，持续改进风控体系建设；通过内部培养和外部引进，持续加强风险队伍建设，着力提升风险管控能力和水平。三是抓信息披露和科技信息等基础工作。以引战上市标准建立信息披露体系，提高公司透明度；夯实信息科技等基础工作，逐步实现信息管理的"数据化、流程化、综合化、集团化、网络化"。

四方优化：一是优化公司治理体系和能力建设。建立健全系统完备、科学规范、运行有效，以"到位的党委会、规范的股东大会、健康的董事会、负责任的经营层、有效的监事会"为主要特征的"五位一体"公司治理体系，推进公司治理能力现代化。二是优化发展模式和创新转型升级。全面推进四大转型，按照"市场化、多元化、综合化、国际化"要求，打造"治理科学、管控有序、主业突出、综合经营、业绩优良"的一流资产管理公司。三是优化内部管理、考核和风险管控。以上市公司价值管理推进内部管理标准化，健全内控合规体系，梳理公司业务分类和经营管理流程，优化调整考核政策，构建集团大风险管控体系。四是优化党风廉政和队伍建设。深入开展公司系统党的群众路线教育实践活动，严格执行中央八项规定，守纪律、不违规，防范道德风险，坚持群众路线，转变工作作风，提高为民办事能力，提升干部政治素养和队伍整体素质能力。

五种关系：一是正确处理好党的领导与"三会一层"的关系，全面加强和坚持公司党委的统一领导，在公司党委的领导下充分发挥"三会一层"整体合力。二是正确处理好稳增长与控风险的关系，不发展是公司最大的风险，要坚持一切从实际出发，坚持立足于中国华融仍处于"起步爬坡过坎"的市场化转型初级阶段这个最大现实，坚持发展仍是解决中国华融所有问题的关键，用发展解决公司前进中的各种问题，用发展防范化解当前的各类风险；高度重视和关注公司发展各类风险，把防化风险的工作放到更加重要的位置，防止风险侵蚀发展成果。三是正确处理好顶层设计与接地气的关系，顶层设计方案要科学合理，既有前瞻性，又有现实性；

顶层设计要接地气要适合华融发展，顶层设计要接地气，方案要有效管用，通过科学合理的顶层设计，更好地鼓励和引导基层创新，充分发挥基层首创作用，激发创新活力和发展潜力。四是正确处理好传统业务与创新业务的关系，坚持固本拓新，既要做强金融债等老业务，也要与时俱进做好非金债等新业务，积极探索资产证券化、理财财富管理、投融资结构化交易、互联网金融等创新型业务，新老业务同步发展，互为补充，形成多点利润增长极和可持续发展的业务增长模式。五是正确处理好集权与分权的关系，既要强化集团统一管控，增强总部"三导"能力，又要完善分公司授权管理和子公司股权管理，健全市场化激励约束机制，调动公司发展上下两个积极性。

三、变"坐商"为"行商"，从"给米做饭"到"找米下锅"，打响华融品牌，服务国家战略

1. 客户在哪里

引水方知开源不易，商业化初期如何打开市场局面，是我思考最多的一个问题。我旗帜鲜明地强势回归主业，推行大客户战略，在金融市场上用一系列耳目一新的经营理念和经营举措，树立起不等不靠不要、主动出击"上门造访"客户的积极形象。我一直认为建立"以市场为导向、以客户为中心、以利润为目标"的市场化运作模式对于中国华融的商业化转型十分重要。针对客户资源不足、盈利来源少的问题，我提出向大企业、大集团、各级政府、大金融机构、大项目提供"一揽子"金融服务、打"组合拳"的大客户战略。这是中国华融发展战略的第一步，也是奠定基础的关键一步。

客户在哪里？当然要在市场中寻找，所以推行大客户战略，首先第一

步就是要变"坐商"为"行商"。思路活起来，腿脚动起来，效益才能搞起来。为了转变干部员工既有的发展思路，培养公司上下主动营销开拓市场的全新气象，我亲自作为首席营销官、首席宣传官，身先士卒，为华融寻找业务机会。在我的引领下，公司各级领导纷纷冲到第一线，亲自联系大客户、洽谈大项目。公司总部各部室也主动下基层服务，办事效率大幅提高，彻底改变了政策性业务阶段被动式市场营销的旧做法，变"坐商"为"行商"。这不仅是工作方式的转变，更是公司从政策性金融机构转变为市场化经营主体的过程中，华融人思想观念、市场适应能力和生存能力的变化和成长。

如何能赚钱？一定是从大客户个性化需求中寻找突破口，在服务大客户的过程中挖掘大客户价值。在政策性阶段，国家是"给米做饭"，我们不用管太多客户所需，而进入市场化阶段，我们就是"要想客户之所想，急客户之所急"。推行大客户战略就是要将"按需做菜、找米下锅"变成一种思维和行动习惯，通过自己主动去市场中发现复合型需求，持续地为客户量身定制产品或服务，满足客户的特定需要，进而成为一个优秀的综合金融服务商。我们满足大客户需求的基本思路在于：第一步，发掘需求，要善于主动发现客户需求，变"坐商"为"行商"；第二步，按需做菜，合理调配，不是只做"一盘菜"，而是要做"一顿完整的饭"，也就是一个组合，把"饭"做熟做好，拿着顾客的反馈意见表给大客户去看，让客户满意；类此过程经历多次之后，大客户基于信任，自然会把自己管理的某些类型企业介绍给我们，在遇到难题时，也会想到求助于我们了；第三步，设计产品，以组合的金融产品体系和完整的服务链条提供包括咨询在内的一整套方案，解决复合型问题，满足复合式需求。多年来，中国华融就是坚持这样的打法推进大客户战略，与各级政府、大企业、大金融机构等大客户建立"资源共享、优势互补、风险共担、利益均沾、互惠双赢、合作发展"的新型战略合作伙伴关系，市场化转型发展不断深入。

2. 资源共享、优势互补、风险共担、利益均沾、互惠双赢、合作发展

在推行大客户战略实施的过程中，我始终坚持要与大客户建立"资源共享、优势互补、风险共担、利益均沾、互惠双赢、合作发展"的新型战略合作伙伴关系。这是推动中国华融商业化转型实现跨越式发展，实现企业效益与社会责任并举的核心理念。"资源共享"就是要积极与大客户在地方资源、人脉资源等方面相互借力、交换资源，充分发挥资源整合效能，将双方的合作关系变成实实在在的生产力。"优势互补"就是要同大客户相互学习、相互交流，相互借鉴经验，积极深入学习双方的不同理念和机制，各展所长、各取所需，取长补短形成互补效应。"风险共担"就是在面临困难和危机时，双方要同进退、共荣辱，一致行动，相互补台，抱团取暖，共渡难关，积极协商寻求合作解决之道。"利益均沾"就是合作双方要分享利润，共享发展成果，共同获取利益，进而把握更加长远的盈利机会。"互惠双赢、合作发展"就是要与大客户以互惠互利为原则，在不断提高各自核心竞争力，实现科学、可持续发展的同时，实现共赢发展。这24个字里，包含了三个层次："资源共享、优势互补"是在强调合作的前提，"风险共担、利益均沾"是在强调合作的路径，"互惠双赢、合作发展"是在强调合作的愿景。从前提、到路径、再到愿景，短短24个字清晰地勾画出了中国华融与大客户建立战略合作伙伴关系的立体视图。多年以来，我带领中国华融坚持以签订新型战略合作协议为抓手，做响品牌、寻找商机，通过加强与政府、金融机构、大型企业的交流与合作，为公司业务快速增长打开了前所未有的局面，确保了"大客户战略"的实施带来实质性效果。

3. 以"两符合五有"优化客户结构，以大客户战略服务国家战略

与国有商业银行、股份制银行等金融机构相比，中国华融无论在资金、分支机构，还是在客户管理经验和方法上都不具有优势，若对客户实行无差别服务，就不能抓住真正的盈利来源。因此，选好大客户着力点是关键。我们要从价值定位的角度出发，第一要看政策导向，第二要看市场需求，第三要看自身优势。在当前国家实施供给侧结构性改革和"一带一路"倡议，要求金融业"回归本源"的大背景下，我提出了以"两符合五有"为原则，优化客户结构，服务国家战略，支持实体经济，全面提升综合服务水平。

"两符合"就是我们的项目资金投向要符合国家产业政策、符合国家信贷政策，积极满足重点领域金融需求。一要符合国家产业政策，支持国际产能合作，支持绿色产业，支持国家战略性新兴产业，强化"一带一路"优势产能行业的精准扶持，以政府和社会资本合作模式（PPP）等方式积极参与创新孵化、成果转移转化、技术创新服务。二要符合国家信贷政策，对于长期亏损、失去清偿能力和市场竞争力的"僵尸企业"，以及所有不符合国家产业政策的产能，坚决执行项目禁入。对于产能过剩行业中技术设备先进、产品有竞争力、有市场，暂遇困难但经过深化改革和加强内部管理仍能恢复市场竞争力的优质骨干企业，要区别对待、有扶有控地提供资金支持；加强与地方政府协作，积极运用重组、追偿、核销、转让等多种手段，加快处置不良资产；大力支持京津冀协同发展、长江经济带发展，根据西部开发、东北振兴、中部崛起、东部率先的区域发展总体战略，精准支持对宏观经济和区域经济具有重要带动作用的重点项目和工程；牢牢把握住房的居住属性，积极为城镇化建设、房屋租赁市场发展、棚户区改造和城市更新提供持续支持。

"五有"就是要准确识别客户，把好风险底线，大力支持"有主业、有市场、有效益、有品牌、有担保"的企业大客户。"有主业"是前提。

我们大力支持的客户，一定要主业突出，始终把做大做强做优主业放到企业的核心位置，且核心业务具有较强的市场竞争力和话语权。"有市场"是核心。作为市场经济经营主体，企业的产品和服务有销路，是继续生产经营、保持现金流持续循环的基本条件。我们支持的企业，其主要产品或服务的市场占有率和销售量指标应在同行业或同地区排名前列，并且有稳定的增长趋势。"有效益"是根本。企业的经营效益，是企业一切经营活动的根本出发点，是衡量企业经营管理水平的最终指标。具有良好的效益水平，企业才能不断增强市场竞争力、实现自我发展，才能保证金融机构的资金安全。我们要全面衡量企业的效益水平，要全面关注、综合评价企业的财务实力、管理能力、创新能力、执行能力、销售能力等，大力支持经营效益良好、稳定且仍具有提升空间的客户。"有品牌"是保障。品牌是企业发展的软实力，包括企业文化、品牌声誉等无形资产。品牌建设非一日之功，能够体现企业对于经营发展的精耕细作和长远战略。良好的品牌具有显著的溢价效应，能够形成大量的附加价值，带动企业发展，提升经营效益。我们要优先选择、大力支持在国内甚至国际品牌响、声誉好、具有行业影响力的客户。"有担保"是底线。押品是金融机构风险防范的最后一道防线。押品的选择应坚持合法、有价值、可抵押、可监控、可处置的原则，优先选择地理位置好、价值稳定、变现能力强、后期监管可控、对第一还款来源有促进和保障作用的资产，并根据价值稳定性、可变现难易程度等因素确定选择的优先次序，坚决杜绝无担保措施的纯信用项目。

4. "大客户"战略遍地开花结果

实践证明，中国华融集中优势资源、坚持大客户战略的打法是正确的，也是行之有效的。八年来，中国华融的大客户战略硕果累累，为公司转型发展积累了宝贵资源，使得中国华融受益无穷。截至 2017 年上半年，我们与 347 家客户签订了业务合作协议，其中涉及国内政府机构 68 家，大型金融机构 124 家，大型企业 155 家。我们与包括北京、上海、天津、重庆 4 个直辖市在内的 30 家省级人民政府签署了全面战略合作协议，成为中国迄今为止与地方政府签署战略合作协议最多的金融企业。在与大客户建立新型战略合作关系的基础上，我们成立了华融湘江银行、华融晋商、华融昆仑、华融赣南、华融创新、华融新兴等一系列平台子公司，搭建了金融控股集团。截至 2016 年年末，我们已拥有的海内外合作客户总量达到 10247 户，其中集团客户 1229 户，上市公司 439 户，还涵盖了许多大型金融机构、央企、"世界 500 强"和地方龙头企业，客户行业横跨房地产、制造业、建筑业、金融业等多个领域。特别是 2016 年贡献收入超过 1000 万元以上的大客户达 1153 户，是 2010 年的 33 倍，占公司客户总数的 14.13% 的大客户为公司贡献了 88.26% 的收入。自实施大客户战略以来，公司客户数量与质量不断增长，客户结构不断优化，助推中国华融做强了、做优了、做大了。大客户战略作为公司市场营销的发动机，成为中国华融在激烈的市场竞争中立于不败之地的关键法宝，为公司做强主业、做大利润、做响品牌发挥了重要作用。

四、背水一战，两上井冈山，走进延安、瑞金、古田，寻求革命红色基因，吸取革命营养剂

1. 拉上井冈山，"谁完不成任务，自动向党委和赖小民辞职！"

井冈山是革命的根据地，也是我党建立的第一个农村革命根据地。在巩固和发展井冈山革命根据地的斗争实践中，红军创造了人民军队建设的一系列重要经验，形成了以"胸怀理想、坚定信念，实事求是、勇闯新路，艰苦奋斗、敢于胜利，依靠群众、无私奉献"为主要内容的井冈山精神，

对中国革命的进程产生了广泛而深刻的影响。

2009年年中，我把大家拉上井冈山开会，就是要学习井冈山精神，鼓励全体华融干部员工坚定信念、实事求是，走出一条华融人的发展之路。面对分公司大面积亏损的状况，"背水一战"是唯一的选择，我们做的第一件事是下达利润计划。大家觉得压力很大，过去华融搞政策性业务从没下过利润计划，干多少算多少，搞商业化经营"两眼一抹黑"，无从下手。我说，"自己养活自己"是独立人格的底线，是人格尊严的基础保证，也是对一个"有尊严"企业的起码要求。同志们要统一思想、坚定信心、迎难而上，在下达利润计划这个问题上分公司、子公司都不许有杂音，不能等靠要，不要有幻想，必须下利润计划，而且必须完成利润计划。会上我下了第二道命令：全部分公司用两年时间扭亏为盈。"哪个分公司如果到2010年还不能扭亏为盈，对不起，一把手向党委、总裁自动辞职。"都说国有干部能上不能下，我偏就不信这个邪，到2010年底还有哪个分公司亏损的话就别干了，不换思想就换人。

在井冈山召开的这次年中会议标志着中国华融市场化转型大幕的开启。中国华融市场化转型环境下"人"的转变在于思维和心态的转变，而转变思维方式、转变心态又是最难的。那个艰难时刻，华融人最大的困难不是缺少能力和经验，而是习惯了走政策性业务的老路，市场竞争意识缺乏，缺少独立面对市场的决心、信心和勇气。在我国社会主义市场经济体制转轨时期，在金融资产管理公司商业化转型阶段，中国华融注定要转变为一个真正的现代企业。这个企业，企业中的每个人，都需要摆脱依赖思想，联合起来，同心同德，通过奋斗在市场经济中立足，并赢得自身的尊严。

2. 再上井冈山，提出"华融梦"，开启二次创业

2012年2月，国务院批准中国华融改制和转型发展方案。随后中国

华融资产管理股份有限公司正式成立，标志着公司开始由单一的政策性不良资产处置机构，转变为完全市场化经营的金融服务企业，这是中国华融二次创业的新起点。2012 年年底，中国华融年度利润首次突破百亿元大关，全年实现利润 120.60 亿元，创下公司连续四年利润大幅翻番的历史新高。创业难、守业更难、二次创业难上加难。股改后，公司内外部市场环境都发生新变化，我们又站在了更高的新的发展阶段。在新发展时期，我们不但要继续坚持打造"五有"现代金融企业的发展愿景，还需要制定更远更高更宏伟的发展目标。

2013 年，在全党深入开展群众路线教育实践活动之际，我再次带领大家在井冈山召开年中会议，重温和学习"井冈山精神"，为公司二次创业谋篇布局。为了更好地谋划未来，召开 2013 年井冈山年中会议之前，我带领公司党委班子展开深入分析，在调查研究、充分听取各方意见，认真总结近几年创新转型发展经验的基础上，顺应内外部形势新变化，提出了努力打造"'治理科学、管控有序、主业突出、综合经营、业绩优良'的一流资产管理公司"的新目标。民族复兴、华融有责，在实现中华民族伟大复兴的"中国梦"征程上，中国华融人决不缺席、决不落后、决不倦怠。打造一流资产管理公司也成为每一个华融人心中的"华融梦"，引领着华融人把自己的人生理想融入国家和民族的伟大事业中去，同时也成就一番自己的事业。

在中国华融完成股改的重要时点，我们提出打造一流资产管理公司的新目标具有重要意义。从 2009 年以来发展情况看，中国华融转型发展方向正确、路子对头、效果明显。公司不断"做强、做大、做开"，公司规模稳居中国最大的资产管理公司地位，2009 年至 2013 年经营利润连续四年大幅翻番，盈利能力、核心竞争力和公司价值显著提升。完成股份制改革后，公司搭建起以总部为主体，33 家分公司（营业部）、多家平台子公司为两翼的"一体两翼"国有大型金融控股集团架构，能够打业务"组合拳"，对外提供全牌照、多功能、一揽子综合金融服务。应该说，公司党委提出在下一阶段打造一流资产管理公司具有重要的现实基础，时机成熟，各项基础条件已经基本具备。特别是股份制改制后，打造一流资产管理公司更是必然要求。

2016年12月13日，中国华融被评为"2016年度最佳资产管理公司"。我应邀出席颁奖典礼暨2016年金融时报年会，在发表主旨演讲时我说，中国华融追求"中国梦、华融梦、个人梦"的和谐统一，广大华融员工人人都牢固树立"从我做起、从现在做起"的主人翁意识。打造一流资产管理公司就是每一个华融人心中的"华融梦"，每一个华融人都把爱岗敬业、争先创优看作是践行"华融梦"和"中国梦"的具体实践，从而凝聚起了企业健康稳健发展的强大正能量。

3. 走进延安，推进中国华融"十大战略性转型"

2014年7月，我们在革命圣地延安召开公司2014年年中工作会议。寻求革命红色基因、吸取革命营养，这既是对全体干部员工的思想教育，也是为下一步工作寻找新的动力。2014年，我国经济"新常态"的特征愈发明显，经济增速从高速转向中高速，经济新旧动能转化尚有待时日，银行业不良资产持续上升，无论是实体企业还是金融企业都面临着巨大的挑战。2014年的中国华融已经初具规模，有了一定的市场影响力和实力，但是和更优秀的机构相比，我们还不够好，我们的发展模式、盈利模式也亟需转型，以适应市场变化、适应自身发展的需要。因此，用"自力更生、艰苦奋斗，解放思想、实事求是，全心全意为人民服务"的延安精神来指导部署工作具有很重要的现实意义，我当时提出要着力解决公司当前面临的"思想认识问题、战略性转型发展问题、风险防化问题、内控体系建设问题、财务管理问题、国际化战略问题""六大问题",并作出全力推进"十个方面的战略性转型"的决定。

会上,我提出"稳中求进、紧中求新,着力防化风险,推进公司战略性转型发展",用"延安精神"推动公司各项工作,面对完成引战、加快上市和打造一流资产管理公司的要求,要全力推进十个方面的战略性转型:一是由量的扩张向质的提升转型。二是由追求利润最大化向追求价值最大化转型。三是由分散经营的传统金融公司向主业突出的现代金融控股集团转型。四是由以传统重资产业务为主向轻重资产业务并重转型。五是由国内业务为主向国内和国际业务并重转型。六是由单一业务功能向综合协同发展转型。七是由传统融资向多元化融资转型。八是由单一的风险管理向全面风险管理转型。九是由产品经营向资本经营、品牌经营转型。十是由向一般客户营销单一产品向优质客户交叉营销转型。"十大战略性转型"已经成为中国华融的一项重要战略部署,将是我们在未来坚持持续推进的重要任务。

4. 走进瑞金,重走长征路,深情感党恩

2017 年 6 月,在中国共产党成立 96 周年前夕,为推动中国华融全面加强党的领导,深入开展"两学一做"学习教育,我率领总部部室及部分分、子公司负责人,青年党员代表,新党员代表队走进了中央红军长征出发地、中华人民共和国摇篮、红色故都江西瑞金开展主题为"听党话、忆党恩,重走长征路,迈步新征程"的中国华融走进革命老区瑞金主题党日活动。

6 月 29 日上午,我带领大家来到叶坪革命旧址、中共苏区中央局旧址、"一苏大""二苏大"礼堂等革命旧址,深切缅怀革命烈士,聆听党史专家关于"中央苏区的执政基础"的现场授课。在"一苏大"礼堂旧址里,我结合中华苏维埃共和国政权历史和自己的体会,现场为全体代表讲了一

堂党课。其中，我讲到中国共产党96年来的发展历程带给我们两点深刻启示：一是党的根基在人民，党的力量在人民，中国共产党走过的历程靠的是人民的拥护、人民支持和人民支撑。二是中国共产党始终坚持为人民服务，权为民所用，情为民所系，利为民所谋，执政为民是我党始终秉持传承的执政理念。流火夏日，中国华融的党员代表们一同身处红色故都，大家用脚步丈量信仰高地，用心灵聆听党性教育，深感振奋，备受鼓舞。

在瑞金著名的"红井"前，我给大家讲述这口井的来历：1933年9月，毛泽东亲自带领红军战士动手挖了一口井，解决了沙洲坝群众吃水难的问题，人民亲切地称之为"红井"。解放后，沙洲坝人民在井边立了一块纪念碑，上书"吃水不忘挖井人，时刻想念毛主席"。红井代表的是一种精神，一种热爱人民、服务人民的亲民精神，这种精神如绵甜的井水，_丝丝缕缕_，滋润影响着一代又一代共产党人，而这纪念碑，则是后人感恩共产党的象征和见证，"吃水不忘挖井人"几乎已经成为了感恩的代名词。淡看世事去如烟，铭记恩情存如血。只有懂得感恩，我们才不会辜负那么多殷切期待的目光，我们前行的脚步才更有力量。大家纷纷表示，来到红色故都身临其境地体会当年革命前辈创业之艰辛，感悟那段腥风血雨的岁月，今天的我们更应该心怀感恩与敬意，去把自己的工作干得更好更出色。

精神激励与实践工作有机结合，才能发挥出最好效益。当天下午，我趁热打铁，紧接着召开"听党话、忆党恩，重走长征路，迈步新长征"中国华融"两学一做"主题教育座谈会，并明确提出具体工作要求，勉励大家传承历史、与时俱进、不忘初心、砥砺前行。具体要求是：要以纪念中国共产党成立96周年为契机，以深入开展"两学一做"学习教育、做"四讲四有"合格党员、落实"企业管理九抓"、创建"五有"现代金融企业为抓手，在新形势下继续把中国华融做强做优做大，继续做响中国华融红色金融品牌，使之成为国家金融安全的坚强柱石，成为党和国家最可信赖的金融骨干力量。随后，"着力打造红色金融集团、努力培养红色金融家队伍"系列活动在中国华融全系统蓬勃开展了起来。

5. 走进古田，打造红色金融集团、培养红色金融家队伍

2017 年 7 月 26—28 日，在中国人民解放军建军 90 周年之际，我们在红色革命圣地福建古田召开公司 2017 年年中工作会议。会议之所以在选择古田召开，是因为古田是立规矩、定纪律的地方，古田会议立下的规矩为我们的军队建设乃至整个党的建设都指明了方向，是党和军队建设史上的一块重要里程碑。1929 年召开的古田会议，通过了《中国共产党红军第四军第九次代表大会决议案》即《古田会议决议》，提出"党指挥枪""思想建党、政治建军""把支部建在连上"等重要原则，提出了"星星之火，可以燎原"等重要思想，是党和军队建设史上的重要转折。而华融 2017 年年中工作会，是华融党委站在全国金融工作会议的高度、推进 A 股上市、挺进"世界 500 强"、党建工作处于新节点这一重要时刻召开的会议，是一次党建会议、经营会议、红色基因教育会议，是对中国华融发展之道、经营理念、企业文化不断深化的我们华融自己的"古田会议"。在这里召开会议，一方面，我希望历史上的"古田会议"可以给我们在加强党建和党风廉政建设等方面提供很好的启示，"古田精神"可以激励我们做好各项工作；另一方面，我希望华融自己的"古田会议"也能够成为华融发展历程中一个重要时间节点，能够为华融未来更好更快发展激发更强劲的动力。

为了突出红色主题，这次年中工作会议期间安排了好几个红色教育环节。在紧张的会议中，全体会议代表参观了古田会址和纪念馆，瞻仰了主席园并敬献花篮，参加了古田会议纪念馆副馆长以古田精神为主线所作的专题党建讲座，集体观看了红色电影《古田 1929》，同时观看了"共筑华

融梦喜迎十九大"华融职工文艺汇报演出。这次华融的"古田会议",让广大干部职工回顾了革命历史,感受了革命氛围,接受了一场深刻的精神洗礼,受到了一次党性、党风、党纪教育。

这次"古田会议"恰逢中国共产党成立 96 周年,为了庆祝中国共产党成立 96 周年,我代表公司党委在会上正式提出要在全系统深入开展"加强党的领导 着力打造红色金融集团 努力培养红色金融家队伍"主题实践活动。这既是贯彻落实习近平总书记关于国有企业两个"一以贯之"重要指示、坚持"把抓好党建作为最大的政绩"的必然要求,也是公司在复杂多变的形势下统一思想、凝聚力量、做好各项工作的必然要求。抓好党建是国有企业最大的政绩,坚持党的领导是国有企业的"根"与"魂"。金融机构不能做墙上的芦苇,"头重脚轻根底浅",不能做山间的竹笋,"嘴尖皮厚腹中空"。国有企业要把党的领导这一根基打实,只有根基打扎实了,企业的各项经营才能行稳致远不偏航。所以,在喜迎党的十九大召开之际,我提出"着力打造红色金融集团,努力培养红色金融家队伍",要求公司上下全面加强党的领导,开展好主题实践活动,特别要突出"讲政治、抓利润、防风险、带队伍、促发展"的红色金融央企特色,着力打造"让党放心、人民满意、政府支持、适应市场、有竞争力、有影响力、有品牌价值的一流资产管理公司",大力培养"政治过硬、作风优良、业务精通"的红色金融家队伍。

现在看来,随着"打造红色金融集团、培养红色金融家队伍"活动的深入开展,公司上下坚定了政治站位,明确了发展目标,全体干部职工团结奋进、干事成事的"精气神"更加凸显,为不断做响中国华融红色金融集团品牌、做强做优做大中国华融的经营业绩凝聚起了磅礴正能量。

五、当好中国华融"首席营销官"，一年飞 33.8 万公里，"绕地球七八圈"

1. 拜访地方党政领导，当晚上新闻，做"免费广告"

自 2009 年我加入华融以后，一直身先士卒，主动承担起华融的首席业务宣传官、首席推销官、首席发言人的角色，走遍内地 30 多个省、市为华融寻找发展机会。八年多来我瘦了 20 多斤，但华融的发展突飞猛进。我有时跟朋友开玩笑，说我赖小民用了八年时间，把企业搞肥了，却把自己搞瘦了。事实也确实如此，2009 年的华融净资产只有 156 亿元，到 2017 年中已大幅突破 1700 亿元；2009 年总资产只有 326 亿元，2017 年已升至 1.65 万亿元；2016 年净利润更是增加 60 倍至 196 亿元。在这八年里，最多时，我一年要飞 33.8 万公里，相当于一年绕地球七八圈的路程，人不歇脚、马不停蹄，身先士卒、亲力亲为，凭着干事的激情和办好华融的责任感，高强度推进各项工作。在中国办企业一定要善于同政府打交道，既要借助政府的力量，又要发挥好市场作用，核心是要正确处理好政府和市场的关系。我除了工作没有太多爱好，所以每到一地，都是通过我多年金融工作积攒的人脉、利用华融的品牌去拜访地方党政领导，宣传华融的理念和发展情况，向地方政府沟通汇报，取得支持，与他们签订战略合作协议。全国大部分省、市、自治区的党政主要领导关心支持中国华融转型发展的情景、支持鼓励我努力办好企业的期望一直是我的工作激情与动力，印在我心中永生难忘，他们为中国华融"做强主业、做大利润、做响品牌，不断增强又好又稳科学可持续发展能力"给予了许多指导和大力支持。不仅如此，每次与当地政要会谈之后，当地主流媒体都会争相报道，往往是白天会见，当晚就能上新闻，播出时间都是黄金时间，观众都是当地最广泛的人民群众。这既是对当地政府的新闻报道，同时也是免费宣传华融品牌。

2. 看望慰问基层机构，了解一线情况，解决实际问题

除了签约，我每年都要安排大量时间进行基层调研，一方面给辛苦工作在一线的同志们"打气儿"，为同志们解决实际问题，另一方面也为能及时掌握各地区经营发展的一线情况，公司的谋篇布局寻找灵感。例如，2017年春节一过，我就赴深圳进行调研，代表集团党委和董事会向在深机构的全体干部员工过去一年的辛勤工作表示感谢，勉励同志们在新的一年"撸起袖子加油干、卷起裤腿再出发"，深入思考和实践深圳地区在公司体系中的地位，努力打造"粤港澳深"业务一体化格局，整合资源、创新模式、内外联动、协同发展，确保中国华融稳中求进，可持续发展。

近年来，国家以"三去、一降、一补"为中心任务的供给侧结构改革加速推进，实施西部开发、东北振兴、中部崛起、东部率先的区域发展总体战略，实施京津冀协同发展、长江经济带发展、"一带一路"建设三大战略，国内区域经济一体化和地方产业集聚进一步加速，国际基础设施和产能合作的大局也逐步展开。这为中国华融加强区域协同，提高区域战斗力，实现区域一体化发展带来了前所未有的契机。中国华融自改制以来，实现了超常规、跨越式、可持续发展，集团总资产、净资产、净利润屡创新高，入选"中国企业500强"。但是，随着各分子公司不断做大做强，集团公司的协同效应还没有得到充分发挥。各经营单位单打独斗、争抢客户的现象还时有发生，公司在集团作战方面尚未形成合力，内部资源未能有效整合，影响了公司开发大客户、大项目的能力。特别是作为一家中央金融机构，对国家战略转型的贡献度和影响力还偏小偏弱。

我随即萌生了一个想法，那就是结合国家区域发展战略，将国内业务版图划分出以"粤港澳深"珠三角、"京津冀"、长三角等业务板块为引领的"八大区域协同创新板块"。结合同志们加强区域内沟通交流的需求和提议，我还提出在各板块区域内探索区域联席会制度，试行轮值主席制，

针对区域内特点开展市场研究，实现信息共享，合力开发客户，协调交叉营销，共同维护客户，统筹交易条件，推广一揽子金融服务，探索银团贷款。区域联席会作为既有管理架构的补充，还能够实现对业务协同相关的热点问题、专项问题、区域性事项的合理覆盖，形成先进经营单位引领，其他经营单位跟进的"区域一体化"业务协同新模式。调研结束后，我对通过"区域协同一体化"业务协同模式创新大客户服务的构想已经酝酿成形，回京后立即召开董事长办公会进行充分研讨，组织相关部门立即研究"区域协同一体化"业务协同新模式，并在授权、资金、人才、绩效考核、风险防化等方面予以政策倾斜。

六、在金融资产管理公司中第一家设立"首席风险官"

1. 在总部设立"首席风险官"

自商业化转型以来，华融在内部管理方面，最重要的就是按照现代金融企业组织构架的要求，在原有基础上建立起与商业化业务运作机制相适应的全面风险管理体系。全面风险管理体系要求必须明确风险管理主体责任，逐层落实董事会、经营层、主管部门、各经营单元、相关责任人的风险责任和要求，构建起一套科学、合理、完善的风险管理考核体系，建立流程科学、职责明确、责任清楚、风险可控、赏罚分明的风险管理考核与问责机制。结合我在监管部门工作的一些经验成果，华融在金融资产管理公司同业中，率先在总部设立了"首席风险官"，建立了经营单位"风险总监"制度，以此为抓手，逐步探索独立、有效、全面的风险管理制度体系。

风险管理能不能有效落实，很大程度上要看风险管理的约束力度，在中国华融，"风险是硬约束，是第一责任"。在"首席风险官"和"风险总监"制度框架下，风险的约束作用体现在经营管理的各个方面。一是将风险管理的责任落实到人。在高级管理层层面，建立以"首席风险官"为核心、其他经营层成员分工负责的风险防化工作机制，在经营单位层面，切实落实以一把手为第一责任人，以"风险总监"为抓手，以项目主办人员为直接责任人的风险防化责任。二是建立风险偏好管理机制，制定集团层面的风险偏好，并分解落实到各经营单位和业务条线，子公司在集团风险偏好的框架内建立自身的风险偏好，通过风险偏好的执行落实确保公司承担的风险处于可控范围。三是在项目运作过程中发挥风险硬约束的作用，风险准入管理对项目资质进行初步把关，风险审查对项目风险与收益情况进行再次评估，投前条件落实情况复核有利于进一步降低项目的风险水平，投后监测管理能够提早发现风险迹象并做好风险应对措施，风险项目处置则是使用各类资产保全手段将风险造成的损失降至最低，各个环节的规范操作能够将项目风险控制在公司的承受范围内。

2. 每家分子公司都设立风险总监

为了加强各分子公司和各岗位人员的风险管理责任，特别是加强对风险管理责任的落实和考核，我要求华融各下属单位严格实行风险总监制度，风险总监由总部直接管理并向公司总部负责，确保履职独立性，强化风险条线管理。

选拔要专业，资质要认证。我要求各经营单位要从风险管理对人员政治素质和业务能力的基本要求出发，实行风险总监专业准入制度，认真考察选拔风险总监人选，挑选原则性强、业务素质高、有责任心的同志担任风险总监一职。入选人员要有丰富的风险条线工作经验，务必熟悉公司业务标准、流程、审批要求和风险内控制度，熟悉业务相关监管政策，具有胜任风险管理工作需要的经济、金融、法律、财务等专业知识和技能。同时，初次提任、转任风险总监的，需参加公司总部组织的专业任职资格考核。离开风险总监岗位 3 年以上又转任风险总监的，需重新参加风险管理部组织的专业任职资格考核。

岗位要专职，考核要双线。我要求风险总监作为经营单位的专职岗位，在公司首席风险官和本单位负责人的领导下，对本单位经营风险负直接责任，根据公司统一风险管理政策组织推进本单位全面风险管理工作，在有效控制风险的前提下促进分公司业务健康发展。风险总监的考核评价由总部人力资源部牵头进行考核评价，但应征求公司首席风险官和总部风险管理部的专业意见，且公司首席风险官和公司风险管理部的评分权重不低于 40%，实现公司总部以及各经营单位对风险总监的双线管理和综合考评。其他风险管理人员的管理与考核，要逐步向独立、垂直条线考核管理过渡。

机制要配套、治理要完善。逐步建立起与商业化业务运作机制相适应的全面风险管理体系：构建起风险审查、风险监测和投后管理的事前、事中、事后风险管理三道防线；通过多级风险管理和内部控制委员会，管、议、控风险；各分子公司设立独立的风险管理部门，并逐步充实风险管理工作人员；强化风险管理"一把手"责任制。尤其是各子公司还要增设董事会风险执行委员会，建立起董事会风险执行委员会、风险总监和风险管理部门为一体的子公司风险治理架构。加强子公司风险偏好制定、执行的指导和监督，构建起以集团风险偏好为"中枢"、子公司风险偏好为"脉络"的风险偏好框架。此外，还要不断充实各类专家委员会，充分发挥其风险管控与决策支持的作用，使得风险总监体系向更加纵向处置管理的方向迈步，确保风险总监的独立性。

七、前瞻预判，未雨绸缪，每季度都要召开一次经营形势分析会

1. 一年之计在于春，每年春节前召开年初工作会议

一年之计在于春。春节是我们中华民族最重要的节日之一，这既是为过去一年工作画上句号的时刻，又是新的一年新征程的起点。每年春节前的这一段时间，元旦刚刚过去不久，中国华融都会在此时召开一年里最重要的一次工作会议，来回顾过去一年工作，分析当前内外形势，部署下一阶段任务。我们的年初工作会议战略意义非常重要，许多发展理念、工作思路也都是在年初工作会议上明确提出来，又在后来的实践中得到论证和完善。我们每年的工作部署既在大方向上保持延续性，又会根据内外形势与时俱进、合理优化。

例如，在 2015 年年初工作会议上，我们提出下一年工作的总体指导思想是：全面贯彻党的十八大、十八届三中、四中全会和中央经济工作会议精神，认真学习贯彻习近平总书记系列重要讲话精神，在银监会党委的正确领导和财政部、人民银行的关心支持下，坚持"稳中求进"发展主基调，围绕"达标上市、提质控险、战略转型、可持续发展"战略目标，"稳增长、调结构、防风险、促转型"，全面加强党的领导和公司治理体系、治理能力建设，做强资产经营管理主业，完善综合金融服务功能，加大业务创新与国际化转型，确保完成在港整体上市，实现战略性转型发展，努力打造"治理科学、管控有序、主业突出、综合经营、业绩优良"的一流资产管理公司。在 2016 年年初工作会议上，我们对"稳中求进"的发展主基调的认识进一步提高，提出"稳中求进、险中取胜、创新转型、适度增长、效益优先"，对中心任务的安排进一步细化，提出"调结构、促转型、补短板、防风险、提质量"五大中心任务，并且强调重点在"稳、险、新、转、进、优"六

字上大做文章。在 2017 年年初的工作会议上，我们响应习近平总书记"做强做优做大国有企业"重要指示，提出准确把握"做强做优做大"的精神实质与深刻内涵，对"做强""做优""做大"的内涵分别予以阐述，要求全公司按照习近平总书记"完善治理、强化激励、突出主业、提高效率"的国企改革要求来做好各项工作。根据目前经营工作对提质控险和创新发展的更高要求，我们再次强调新形势下的"创新＋稳健"，努力推进中国华融"八大创新"，正确处理好"八大关系"，以加强分类管理、协同管理为重点，着力强化公司内控与管理，坚定推进"十大战略性转型"。"创新＋稳健"是中国华融一直坚持的思想，但是做得还不够，还存在薄弱环节。创新方面，存在创新意愿不足、创新产品缺乏等问题。稳健方面，公司发展的质量仍需夯实，尤其是风控、内控、管理方面等方面仍有提升空间。我之所以在 2017 年年初工作会议上再次来谈创新问题，是因为在上市以后，我们面临新的起点和新的目标，创新是唯一的出路，当前全国上下特别是金融系统将风险工作放在更加重要位置，稳健是最重要的保障。我们每年的年初工作会议都是这样做的，只要思想统一起来，战略明确起来，认真贯彻落实，完成全年工作目标任务自然是水到渠成。

2. 一季度、年中、三季度工作会议和年底谋划会

市场是瞬息万变的，政策环境也会随时发生变化，公司落实目标任务的过程中也会遇到种种问题。因此，在年初工作会议之后，我们在一季度、年中、三季度的每个季度时点都要召开一次经营形势分析会。经营形势分析会的主要任务就是分析经济金融形势和监管政策等在过去阶段发生的变化，摸清楚基层经营单元的任务完成情况，根据内外部情况对目标和政策进行适当优化微调。另一个重要任务，就是给基层单位鼓鼓劲、打打气，鼓励大家坚决完成工作目标任务。

年底的谋划会则是每年年初工作会议的一次"预演"，这个会议不提思想、不下任务，主要就是讨论。会上我会抛出一个讨论主线和下一年工作安排的整体思路，然后由公司领导分组带领基层单位展开讨论。通过密集的"头脑风暴"，当讨论结果和基层单位的意见反馈上来以后，我们对下一年的工作思路也就更加清晰了。在即将召开的年初工作会议上，我们在年底谋划会的基础上来提新政策、新目标也会充分考虑各方的意见，确保目标正确、政策合理，一旦明确下来就作为全年的指导方针不再轻易变更。

3. 董事长办公会、董事长专题会是我的"一大创新"

除了定期举行的全系统工作会议以外，董事长办公会、董事长专题会是我的"一大创新"。董事长办公会是对公司重大发展战略、经营决策事项进行讨论研究，对董事长职责范围内事项进行决策，对公司重大决议事项进行督办检查的工作制度。董事长专题会是董事长办公会议的特殊形式，是对公司特定重大事项进行讨论研究的工作机制，其在会议组织形式上适用董事长办公会的相关规定，并可根据实际情况，本着务实、高效的原则简化会议召开及组织形式。董事长办公会和董事长专题会的主要任务是传达贯彻党中央、国务院、监管部门以及公司党委、董事会的重要会议、文件或指示精神，研究讨论公司重大战略问题、重大经营管理事项、重大资本运作事项等。

在近几年的工作中，董事长办公会和董事长专题会在提高决策的科学性和民主性、进一步完善公司治理程序上发挥了越来越重要的作用。前些年，我们每年大概召开 10 次左右董事长办公会，2016 年我们召开了 17 次董事长办公会、11 次董事长专题会。通过一次次的专题会议，国家各项最新政策第一时间在公司得到学习传达，公司发展战略第一时间得到部署安排，董事会和我本人对经营中的重大事项了然于胸，确保经营工作走得稳、不走样，各项目标任务能够圆满完成。

八、比较看差距，落后求奋进，从"远学工行，近学信达"到"内学浙江，外学平安"

1. 把"中国华融"的名字先叫起来

转型之初的华融，困难重重，一片迷茫。尽管大家非常努力，也做了大量有效工作，为商业化转型打下了重要基础，但商业化转型发展成果极不理想。从管理层到经营单位，公司普遍存在士气消沉的不良情绪和"等、靠、要"的思维定式。所以，我接掌华融后第一件事就是要先把"中国华融"的名字叫起来，提振一下"精气神"和责任心，先为员工营造一种归属感。另一方面，当时社会上叫"华融"的公司很多，而国字头的"中国华融"还没有。把"中国华融"的名字叫起来，树立一个独一无二的品牌形象，对内、对外都大有好处。经过深入调研，我首先向全系响亮地提出了叫响"中国华融"品牌，打造"中国"国家级企业，彻底改变过去十年来只会叫"华融公司"的习惯，彻底抛弃没有品牌意识的政策性思维，引导大家树立叫响"中国华融"市场化的品牌意识。华融的下属公司和附属机构也要规范使用"中国华融"品牌标识，把"中国华融"的牌子立起来，传出去，叫响亮。

2. 学工行，做中国最大；学信达，学它、赶它、超它

有了统一而响亮的品牌标识，下一步就是探索形成中国华融市场化方向改革创新转型的思路。市场化转型对资产管理公司来说，是蜕变，是阵

痛，也是脱胎换骨的关键。当时，中国华融转型没有太多国际经验可借鉴，转型发展的紧迫感和压力感加剧，深化各项改革、转换经营机制、增强市场竞争力的任务比过去任何时候都更加迫切，如何向市场要利润、向市场要项目、向市场要效益呢？我由一个监管者转变为被监管者，最大的优势就是对国家宏观经济形势、国内外经济比较了解，善于判断宏观形势，把握大局和发展方向，更善于运用比较性思维来做经营管理工作。我于是把目光投向了我们的身边，因为最好的榜样往往就在身边。我就在身边找了两个榜样，一个是工行，一个是信达。工行是行业老大，向工行学习是长期的、战略性的，从金融功能和行业属性上看，华融是不可能超越工行的，我们只能借鉴，只能学习。而信达不同，它是同业先驱，向信达学习更加符合金融资产管理公司业务特色，而且通过几年革新和努力是可以实现超越的。为了便于记忆和传达，我把它叫做"比较看差距，落后求奋进；远学工行，近学信达"并在系统内传达，核心要义就是要引导全系统虚心向行业老大学习，虚心学习同业先进的发展经验，走现代金融企业发展道路，同时又要不断自我革新、自我超越，逐步探索出一条中国华融自己的市场化转型发展之路。

2010 年 6 月，国务院批复了信达的改革试点方案，标志着包括中国华融在内的资产管理公司构建现代金融服务企业的序幕将正式启动。从国家批复的信达改革试点方案中，我看到了国家对资产管理公司整体转型终于有了科学规划，转型的方向是支持其扩宽经营范围，引入战略投资者，走向市场化、多元化、综合化。改制后的信达股份在 2010 年的 7 月份正式挂牌。在我看来，当时信达公司的改革试点方案走的是彻底市场化的路子，在清理政策性资产与负债、实施股份制改造、明确市场定位与放宽业务领域、拓宽融资渠道、享受税费优惠政策等方面，体现了很多新的政策导向。有了信达转型改制的破冰，我看到了方向和希望，并对华融的市场化发展充满信息和期望。当时华融在四大资产管理公司中具备较好的转制工作和队伍基础。我就提出要按照"依法经营科学发展，风险管控责任到人，争创利润绩效优先"的经营方针，加快中国华融市场化转型的步伐，并且紧锣密鼓地筹划将华融发展成为近乎"全业务"的金融平台。

学信达，无疑是为了赶它、超它，使中国华融成为资产管理公司中的行业老大。经过全体华融人的共同努力，中国华融在上市以后，实现了在核心财务指标上对信达的超越。在感到激动和欣慰的同时，我也深知这些年在跨越式、超常规发展背后，暴露出来的内部管理、风险管控等方面的问题日益突出。这些问题需要采取有效措施及时应对。

3. 内学浙江"钉钉子"精神，外学平安"六句话"

经过深入调研和充分思考，2016 年我在华融内部掀起了又一次学习热潮，我把它称之为"内学浙江、外学平安"专项活动。其核心要义是，一方面要学习公司内部典型模范浙江分公司"三高、四无、五讲"（"高利润、高增长、高质量""无预警、无逾期、无展期、无不良项目""讲大局、讲规矩、讲专业、讲责任、讲担当"）的先进经营管理思路、做法和经验；另一方面要着眼对标国内领先的金融控股集团典范，学习中国平安"思路决定出路，专业创造价值，科技引领未来，内控完善细节，创新促进发展，多元打造品牌"的发展之道，练好内功，补齐短板，努力打造"一流资产管理公司"。

"三高、四无、五讲"。华融的浙江分公司是用"三高、四无、五讲"打造出金子一般的团队。这个团队成功实现了连续七年高增长、高速度、高利润，没有一笔不良、没有一笔逾期、没有一笔展期、没有一笔预警。这不仅在中国华融，在整个中国金融界都是罕见的。我希望通过"向浙江分公司学习"专项学习活动，引导华融系统内各经营单位学习"三高、四无、

五讲"成功经验，全面提升本单位业务创新、结构调整、防化风险、内部
管理、队伍建设等能力。

思路决定出路。一个企业的发展，关键在于找准路子，用清晰的思路
明确目标和实现形式，用正确的路径选择确保取得预期成果，努力走出一
条符合中国国情、具有自身特色的发展道路。我们学习平安就是学习他在
每一个历史阶段的战略发展均有符合实际、有效管用的发展理念引领。例
如，为应对创业之初的艰难，树立"平安永远在创业""在竞争中求生存，
在创新中求发展"的创业精神；面对国内同业竞争加剧的瓶颈，提出"过
桥论""猫论"，实施以"三外"为主的国际化战略；围绕企业中的"做
事的标准"，推行"价值最大化是检验一切工作的唯一标准"的新价值管
理文化。

专业创造价值。要学习中国平安始终秉承专业追求，不断提升专业水
平和服务能力，持续提高客户的"主观体验"，以此长期保持行业的领先
者地位。华融在发展成为中国"资产规模最大、盈利能力最强、实现利润
最多、股权回报最好、总市值最高、金融牌照齐全、品牌价值响亮"的国
有大型金融资产管理公司之后，需要进一步用专业精神创造企业价值，用
专业服务打造行业标杆，用专业手段引领现代金融。

科技引领未来。中国平安领先发展的背后，卓越的信息化建设功不可
没。围绕"科技引领金融"战略，中国平安的科技应用不仅支撑集团综合
金融版图的扩张，还促进全新金融服务模式的探索开创。华融的信息化建
设多年来一直处于持续改进、完善的状态，急需进行战略层面的整体规划
和整合，为下一步集团的综合金融服务大发展夯实基础。

内控完善细节。中国平安坚持"二流的战略、一流的执行"，良好的
执行力是企业战略得到实施的必要条件，更是企业内控管理不断完善优化
的根本保障。学习平安就是要学习其要求"重在执行"成为每一位管理者

与员工的天职，每一个员工都应从战略的高度和公司存亡的角度看待执行问题，将执行进行到底。未来华融要立足文化宣传和制度约束，一刚一柔，同向发力、同时发力，使"不敢违、不能违、不愿违"的合规意识深入人心，一方面要将制度建立在流程上，另一方面也要将流程嵌入系统。

创新促进发展。中国平安坚持践行"创新中求发展、竞争中求生存"的经营理念，抓住时代赋予的一切可能的发展机会，不断突破，求新求变。与之相似，创新也是推动中国华融实现转型发展的制胜法宝，取得良好业绩的核心灵魂。如今华融已经站上了万亿元级别的竞争平台，将面对更高、更强的挑战，依靠一个产品"一招鲜，吃遍天"的经营方式，已经很难支撑我们保持同业领先。创新，仍将是推动中国华融全面深化转型发展的不懈动力。创新的目的是使客户用更短的时间、更少的环节体验更便捷、更优惠、更人性化的产品和服务，打造差异化的核心竞争力。创新的抓手是根据客户需求，高效准确地对"不良资产经营、金融服务、资产管理与投资"三大业务板块的金融产品进行组合，充分发挥"横跨公司资本架构、纵跨企业生命周期"全周期运营商业模式的优势。华融的经营单位都要及时调整产品创新理念，由过去以"产品"为中心，转为以"客户"为中心，改变过去关注怎样把产品卖给客户，发展为以客户导向，通过不断提升客户的满意度增强客户黏性。

多元打造品牌。"一个系统、一个集团、一种文化和一个品牌"的协同效应是金融控股集团的最大优势。中国平安早在上世纪末就启动了综合金融的探索，将"打造一个客户、一个账户、多个产品、一站式服务的综合金融服务平台，推动交叉销售"作为集团战略，并直到今天仍在进行实践探索。在新的战略发展期，华融要从战略层面探索"以客户为中心，打造多个平台、多个产品、一站式服务的综合金融服务平台，推动交叉销售"的整体规划设计，打造"战略、平台、文化、网络"四位一体的综合金融优势，不断探索建立集团战略协同组织领导与协调的常态化工作机制，重新对公司总部、分公司和专业子公司之间的职能重新进行清晰划分和定位，紧密围绕客户健全完善集团的客户信息大数据管理和客户价值分群体系，侧重打通各机构之间的关联，构造完整的价值链，发挥各机构在资金端和资产端的各自优势，增强市场竞争力。

九、弘扬企业家精神，培养"六有"中国企业家

在 2014 年的亚太经合组织工商领导人峰会上，国家主席习近平指出，"我们全面深化改革，就要激发市场蕴藏的活力。市场活力来自于人，特别是来自于企业家，来自于企业家精神。"企业家精神是推动经济发展的动力，是引领企业创新、开拓和进取的源泉。近年来国企在载人航天、探月工程、深海探测、高速铁路、特高压输变电、移动通信等领域取得了一批具有世界先进水平的重大科技创新成果，许多投资大、风险大、收益薄、周期长的基础设施、公共服务、国防科技、灾害防治、脱贫攻坚、民生改善等领域的建设和项目都是国企扛起来的。事实上，新中国成立特别是改革开放以来，中国经济社会能有今日之局面，广大国有企业居功至伟，国有企业的企业家精神在其中发挥了重要作用。

企业家是企业的灵魂，是带领企业前进的领路者、带头人，企业转型发展必须强调企业家精神和履行社会责任。当前，国际国内复杂多变的不确定的宏观形势，给金融企业发展带来了巨大的挑战，许多金融企业核心竞争力不强、管理水平不高、创新能力不足，使得企业转型发展困难重重。所有这些，都给企业转型发展，特别是给金融企业家、企业管理者带来新的难题和任务。这个时候，企业家的责任、素质、水平与能力直接影响到企业的转型发展。这些年，我在金融企业担当一把手，深感工作压力和责

任重大。我深深体会到，团队是企业发展宝贵的内生动力，而金融企业家、企业带头人则是推动企业创新转型的重要驱动力。要把企业搞好，做大、做强、做深、做精，团队精神很重要，但企业家的引领驱动作用更为关键。在某种程度上说，企业家可以决定企业的命运。我认为，当前的经济形势对企业家的要求更高，企业家的责任更大、任务更重，但是当前中国的优秀企业家还远远不够，我们应当弘扬企业家精神，努力培养"六有"中国企业家：

1. 有战略，战略体现未来

做好任何事都要有一个战略，就是所谓的顶层设计。企业家一定要有前瞻性，能深刻理解企业未来的发展方向，为企业员工清晰描绘出企业发展的美好愿景。好的企业战略必须能够顺应时代的要求，既要符合国家战略方向和社会责任，也要能够让企业占据先发优势和战略优势，引领企业在行业中脱颖而出。优秀的企业一定是站在时代前列的企业，是能够扬帆弄潮的企业，而一个有战略眼光的企业家才能帮助企业分析好，规划好当前和远期的发展基调，帮助企业找到市场最根本的需要。

2. 有思路，思路体现出路

道路决定命运，思路决定出路。有了战略，还要有一系列有效管用的思路去贯彻和落实，把战略变为指导具体举措的战术。2009 年以来，公司党委提出并不断丰富了一系列独具中国华融特色的有效管用的市场化发展新理念，引领全体员工完成了思想观念大转变。如"发展是硬道理，是第一要务；风险是硬约束，是第一责任；利润是硬任务，是第一目标"，"大发展小困难，小发展大困难，不发展最困难"，"稳健型经营、集约式增长、可持续发展"，坚持"以业绩论英雄，以风险论成败，以质量论高低"，努力培养一支"想干事、能干事、会干事、干成事、不出事"的高素质人才队伍，把中国华融办成"真正的资产管理公司"等。这些发展新理念、新思路激发了全体华融人高昂的斗志，奋发的热情，创造了一个又一个新成就。

3. 有能力，能力体现本领

优秀的企业家，不能只会坐在办公室写写画画、打打报告、开开会议，而要有真本领，要具备"七种能力"，即驾驭全局的能力、开拓创新的能力、市场营销的能力、风险管控的能力、狠抓落实执行的能力、带队伍促发展的能力以及勤奋敬业、廉洁自律的能力。要学会处理好"七种关系"，即正确处理好与上级党委之间的关系，正确处理好与副手之间的关系，正确处理好与员工之间的关系，正确处理好与兄弟单位之间的关系，正确处理好与股东之间的关系，正确处理好与外部的管理、监管部门之间的关系，正确处理好与地方党政之间的关系。

4. 有业绩，业绩体现实力

"以业绩论英雄"是中国华融的一条重要的价值观。业绩是实力的体现，更是工作成绩的直接考量。一个企业，如果没有好的业绩，无法创造利润，这个企业的基本功能都是羸弱的，又谈何为国家和社会做贡献？对国有企业来说，业绩是企业家履职能力和履职成绩的基本体现。作为金融央企的掌舵人，我始终把实现国有资产保值增值放在各项工作重要位置，作为中国华融的首要职责，作为各项工作的出发点和落脚点。在我的带领下，中国华融快速发展壮大，我在良心上对得起党和国家的托付，对得起肩上的责任，对得起人民的信任。

5. 有胸怀，胸怀体现眼光

企业家的经营决策需要前瞻性、预判性和远见，需要透彻的洞察力和足够高的格局，这就是胸怀。带领团队，更需要胸怀，因为要懂团结、会团结，就要了解干部、熟悉干部，统一思想、凝聚共识，充分调动和激发身边干部的积极性、创造性，心往一处想、劲往一处使，绝不能"各吹各的号，各唱各的调"。

6. 有责任，责任体现担当

勇于承担和履行社会责任，既是中国企业与生俱来的先天使命，也是企业家最基本的职业道德和执业精神，更是企业家的一种博大胸怀与勇敢担当。企业家要有责任意识和担当精神。有责任，就是要勇于承担和履行企业的社会责任，这既是企业家的职业精神，更是一种胸怀与担当。有责任，就是要将企业的发展方向与国家的战略发展大势保持一致，确保国有资产保值增值，为国家多创利润，多做贡献。有责任，就是要向社会提供更多更好的产品与服务，并承担更多的社会义务，更多关注环保、民生、公益等，将公司的经营发展与企业社会义务相结合。有责任，就是要坚持"以人为本"，多为员工谋福祉，为员工的职业规划和个人成长提供平台，让企业发展成果与员工共享。

十、中国华融转型发展对国有企业改革的八条重要经验启示

中国华融市场化转型发展的实践证明，党中央、国务院推进金融资产管理公司市场化转型发展的决策英明果断、完全正确。中国华融的改革发

展历程也是中国国有企业深化改革的一个缩影,从中可以得到"八大启示":

1. 要有清晰的发展战略与良好的企业理念

中国华融总结提炼出 220 多条符合实际、有效管用的市场化创新发展新理念,在公司的不同阶段都确立了明确的战略目标、清晰的转型方向和准确的发展定位,为公司发展明确了方向、坚定了信心、宣示了目标。

2. 要坚持"创新 + 稳健"

中国华融一方面以创新引领公司市场化转型快速发展,另一方面坚持"底线思维、稳中求进",实现创新不违法、经营不违规、行为不违纪,两手抓、两手硬,引领公司业绩持续稳定发展。

3. 要有明确的主业和合理的盈利模式

中国华融强势回归并坚定不移做强主业,以"专业的资产经营管理者,优秀的综合金融服务商"为定位,实现"不良资产经营、金融服务、资产管理与投资"三大业务板块协同发展,为公司改革发展提供了业绩保障。

4. 要有良好的治理结构、内控和风险管理机制

中国华融建立健全"到位的党委会、规范的股东大会、健康的董事会、负责任的经营层、有效的监事会""五位一体"的现代企业治理结构,践行中国华融"五五"风险管控方法论,努力打造"制度管人、流程管事"的现代流程企业,确保公司安全稳健发展。

5. 要有有特色的企业文化

中国华融以"稳健、创新、和谐、发展"为核心文化,以"华英成秀、

融通致远"为品牌理念，以"辛苦理应得到回报，贡献理应获得表彰，成绩理应充分肯定"为感恩文化，完整构建了具有华融特色、先进务实的企业文化体系，为推进公司创新转型发展增强了巨大的精神动力。

6. 要有积极向上的战略发展目标

以完成"五年三步走"为契机，中国华融立足新起点，科学制定了公司 2016—2020 新五年创新转型发展战略目标。这一战略的总目标，就是实现打造"治理科学、管控有序、主业突出、综合经营、业绩优良"的一流资产管理公司的"华融梦"，这为公司未来五年乃至更长一段时期的发展明确了总目标、新航标，带动了全体员工的"精气神"。

7. 要有优秀的领导团队和执行团队

中国华融有一个切实落实主体责任、团结协作的领导班子，有一支"忠诚、干净、干事、担当""想干事、能干事、会干事、干成事、不出事"的员工队伍，管理团队和执行团队锐意进取、奋发有为，"敢为天下先，爱拼才会赢""聚是一团火，散是满天星，星火燎原，照亮华融"的中国华融"精气神"充分发挥，为公司发展提供了强有力的队伍支持。

8. 要有良好的经营业绩和成果

中国华融市场化转型带来的一切变化和取得的所有成效，最为直接地体现在实实在在的利润上，实现了"业绩自信、理念自信、道路自信、文化自信"的华融自信，为公司转型发展赢得了各方支持。

第五章

创新之道

〉

〉〉

　　导语: 创新是一个民族进步的灵魂, 是一个国家兴旺发达的不竭动力, 也是一个企业永葆生机的源泉。中国华融八年多来超常规跨越式发展的最宝贵经验在于创新、最强劲的动力也来自于创新。

　　创新不能胡来, 是有原则的。我的创新原则是: 创新意愿与创新能力相结合, 业务创新与风险防范相结合, 成本可算与利润可获相结合。我鼓励创新, 容忍失败, 但创新一定要成本可算、风险可控、效益可获、商业化可持续。在此基础上, 中国华融在思想观念、发展模式、体制机制、业务平台、产品服务、管理方式、企业文化、队伍建设等方面成功实施了"八大创新"。这其中, 最大的创新是将中国华融打造成为以资产经营管理为主业的"跨周期运营、全周期盈利"的金融控股集团。接下来, 中国华融的创新手笔层出不穷: 率先开辟AMC"收购＋重组"业务, 为AMC市场化转型开创了道路; 率先开展非金债业务, 为AMC市场进一步打开空间; 率先打造"债券型资产管理公司", 中国华融境内外发债屡创境内外金融市场新纪录; 率先尝试以"注册地换控股权", 成为中国第一家控股商业银行的金融资产管理公司; 成功激活珠海沉睡20年的土地, 创新搭建华融置业房地产公司, 助力横琴岛特区开发先行一步; 创下重组问题企业经典案例, 助力"新飞跃"等一系列困难企业实现新飞跃; 创建AMC"不良资产＋互联网"运作模式，搭建线上不良资产处置平台……中国华融，创新永不止步。

一、我的创新观：中国华融有"八大创新"

回顾我自己与中国华融这些年的转型和发展历程，最宝贵的无疑是在带领中国华融改革创新、转型发展、不断实践中积攒下的改革理念和创新经验，对我一生受用不尽。中国华融近年来的发展历程表明，创新是推动中国华融转型发展的制胜法宝，创新是推动中国华融取得良好业绩的核心灵魂，创新是推动中国华融实现超常规跨越式发展的重要驱动，创新是推动中国华融全系统面貌发生深刻变化的不懈动力。2009年以来，中国华融持续推进了"八大创新"：创新思想观念、创新发展模式、创新体制机制、创新业务平台、创新产品服务、创新管理方式、创新企业文化、创新队伍建设。

1. 创新思想观念是促进中国华融发展的重要基础

习近平总书记指出，"道路决定命运，落后就要挨打，发展才能自强。"中国华融人对此感同身受，在中国华融的转型初期，也是中国华融转型发展历史最困难、最艰苦的时刻，我就是从创新思想观念做起，统一创新思想、坚定改革信心，带领中国华融走出了一条具有鲜明特色的国有企业创新发展路子。道路决定命运，思路决定出路，深知创新思想观念是促进中国华融发展的重要基础，我相继提出并不断丰富了一系列独具中国华融特色的有效管用的市场化发展新理念："大发展小困难，小发展大困难，不发展最困难""发展是硬道理，是第一要务；风险是硬约束，是第一责任；利润是硬任务，是第一目标"，坚持"以业绩论英雄，以风险论成败，以质量论高低"等。事实证明，这220多条新理念有效管用、行之有效，引领全系统员工完成了思想观念的大转变，激发了全体华融人高昂的斗志，奋发的热情，创造了一个又一个新成就。

2. 创新发展模式是中国华融发展的重要方向

作为"大资管时代"的重要参与者，中国华融抢抓机遇，积极作为，依托传统不良资产主业核心优势和旗下多金融牌照子公司平台，形成了提供"逆经济周期救助型金融支持、顺经济周期投融资综合金融服务"的适应实体经济和实体企业需要的全生命周期发展模式，在盘活资产存量、化解金融风险、维护金融稳定、支持实体经济成长和转型升级中发挥了重要作用。2013年，公司党委集全体华融人智慧，根据发展新形势，提出了"打造'治理科学、管控有序、主业突出、综合经营、业绩优良'的一流资产管理公司"的新愿景，为中国华融在二次创业发展新时期再次指明了发展方向。

3. 创新体制机制是中国华融发展的重要保障

实践证明，以股份制公司治理为核心的现代金融企业制度是国有金融企业永续经营的最佳模式。中国华融近年来经营业绩连年大幅提升，强力推动了公司股份制改革的进程，只有根据公司自身特点，不断进行创新，才能建立起最符合中国华融发展需要的公司治理结构。中国华融已经构建了"到位的党委会、规范的股东大会、健康的董事会、负责任的经营层、有效的监事会"五位一体的法人治理架构。创新总部、分公司和子公司"一体两翼"经营机制，形成"一体两翼"共谋市场化转型发展的良好格局。中国华融的公司治理内涵还在不断丰富，治理机制也在不断完善，但这离一流资产管理公司要求的标准还有差距，未来还需要不断完善治理结构和管理体制，为公司的可持续发展提供可靠保障。

4. 创新业务平台是中国华融发展的重要载体

2009 年以来，中国华融努力构建政企合作、互惠共赢的新机制，与湖南省政府合作，以注册地换控股权，重组建立了华融湘江银行，成为我国第一家控股商业银行的资产管理公司；与重庆市政府合作，组建了华融渝富股权投资基金管理有限公司；与海南省政府合作，组建了华融期货公司；由山西省政府和中国华融共同发起创立的华融晋商资产管理股份有限公司；与青海省政府合作，共同组建华融昆仑青海资产管理股份有限公司等。目前，中国华融旗下有 30 多个业务平台，这些平台为中国华融搭建金融控股集团架构奠定了坚实基础，使公司业务与产品体系日趋完善，金融服务功能和手段不断增强。

5. 创新产品服务是中国华融发展的重要手段

商业化转型以来，中国华融赋予资产管理新的内涵和外延，积极探索"老业务"新做法，强调债权股权资产的固本拓新，更加注重资产的经营和增值，依托多牌照平台不断创新资产经营产品，努力为客户提供差异化和个性化服务，通过"收购＋处置""收购＋重组""主业＋副业""金融＋产业"等系列模式，持续创新综合金融"组合拳"打法，对危机企业等实施兼并、重组、并购等救助型金融服务，对小微企业提供集投资、融资、财务顾问等为一体的综合金融服务方案，对高新科技企业实施从 PE、Pre-IPO、保荐、发行承销、并购重组等全生命周期金融支持等。

6. 创新管理方式是中国华融发展的重要抓手

中国华融在发展中不断调整和优化管理方式，及时应对市场的变化和公司的发展需要，建立公司党委委员定点联系分公司制度，加强对分公司转型发展的指导；按照"确保"和"力争"两个档次制定了利润考核目标，层层分解落实到总部相关部室、各分公司和子公司；建立以利润考核为中心，以综合平衡计分卡为测算依据的绩效考核分值管理制度；以现代经济资本管理为纽带，完善风险计量、统筹配置资源、科学考核评价，强化对分公司的分类管理和授权管理；建立"努力创建好公司"的子公司评价体系和"十管七加强"的子公司管理体系，有效地提升了中国华融管控水平，为落实管理层的经营决策提供了良好的机制。

7. 创新企业文化是中国华融发展的重要动力

自从我来到中国华融工作，就特别重视公司的企业文化建设，因为企业文化代表了企业的灵魂，没有灵魂的企业做不成事，也干不好事，一个企业如果没有优秀的企业文化和公司氛围，也不可能持续发展。经过多年努力，中国华融构建了具有华融特色的企业文化建设体系，打造了"稳健、创新、和谐、发展"为核心内涵的企业文化；着力加强企业品牌建设，归纳提炼出"华英成秀融通致远"的品牌理念；积极倡导"辛苦理应得到回报，贡献理应获得表彰，成绩理应充分肯定"的感恩文化；积极倡导创新文化，强调"创新意愿与创新能力相结合，业务创新与风险防范相结合，成本可算与利润可获相结合"；积极倡导责任文化，强调"以业绩论英雄，以质量论高低，以风险论成败，以贡献论报酬"，鼓励广大员工"比较看差距，落后求奋进"，积极营造"树正气、比贡献、讲激励、促发展"良好的团队氛围，为市场化转型创造了良好的人文环境。

8. 创新队伍建设是中国华融发展的重要支撑

万事皆靠人。中国华融能有今天成就，不是靠我一己之力实现的，是几万名华融员工共同奋斗的结果。领导者是企业的舵手，负责指引方向和作出重大决策，广大员工才是企业不断行驶的真正动力源泉。中国华融大力实施人才建司、人才强司工程，通过完善和创新"老人＋新人"的用人机制、培养机制、激励机制，构建合理的人才梯次结构；打破用人的条条框框，大胆起用年轻干部，班子结构更为年轻化，全系统"70后"班子成员占到1/4；大规模开展社会招聘和内部竞聘，充实华融队伍，储蓄后备力量；不拘一格选拔重用德才兼备的优秀人才，加强青年骨干员工选拔培养，对青年员工"多压担子、多抬轿子、多给位子、多戴帽子、多指路子"，尽快实现"五子登科"，促进青年员工成长进步。公司对于员工做到了"政治上充分信任，信任与引导相结合；工作上放手使用，使用与培养相结合；生活上尽力关心，关心与解决实际问题相结合"，着力打造一支"想干事、能干事、会干事、干成事、不出事"的干部职工队伍。

二、我的创新原则：创新意愿与创新能力相结合，业务创新与风险防范相结合，成本可算与利润可获相结合

由于我个人既有金融监管单位的工作经验，即先后在人民银行资金司、信贷司、监管司、银监会北京银监局、办公厅任职，又有国有金融企业的工作实践，监管和企业的工作经历使得我对金融创新有深刻的理解和认识。尤其是我到了企业之后，感觉到创新对于企业的重要性，创新是一个金融企业转型发展的内在动力，一个企业没有不断的创新，就绝对不可能保持持续发展。但是创新又不是无原则的，通过总结多年的工作经验，我认为创新必须坚持一个原则——创新的意愿和能力相结合，创新的成本要和利益相结合，这样就真正做到成本可算、风险可控、效益可获。

1. 创新不能胡来

与全球金融业的发展趋势相适应，近年来，我国金融业的金融创新也

得到长足发展。为支持经济发展，央行和银监会、证监会、保监会在妥善处理金融创新和金融稳定关系的前提下，一直不遗余力地大力推进金融制度、金融监管和金融产品（服务）的创新。但是纵观世界金融发展史，突破性的金融创新往往伴随着巨大的潜在风险，例如资产证券化、互联网金融等重大创新。所以创新是把双刃剑，创新需要有原则和底线。

创新不是标新立异，创新不是胡编乱造，创新更不是不切实际的空想。我们倡导的创新，必须要在"符合监管，控制风险，讲求效益"的前提下，坚持"将创新意愿与创新能力相结合；将业务创新与风险防范相结合；将成本可算与利润可获相结合"的基本原则，真正做到成本可算，风险可控，效益可获。

一是创新意愿与创新能力相结合。创新意愿与创新能力相结合，强调在创新中不仅要有新想法、新思路，还要本着"大胆设想、小心求证"的原则，从自身能力和实际情况出发，给予客观充分的论证，不盲目冒进，确保创新活动与公司的管理能力和专业水平相适应，创新动能与创新机制相适应，创新目标与公司发展方向相一致。

二是业务创新与风险防范相结合。业务创新与风险防范相结合是指必须高度重视创新过程中的风险管理和控制，在创新过程中始终做到"认识你的业务，认识你的风险，认识你的客户，认识你的交易对手"，将创新活动运行在风险可控的范围内。

三是成本可算与利润可获相结合。成本可算与利润可获相结合是指要实现有效益的创新。创新最终要体现为"为公司和客户创造价值"，因此，创新必须做到求真务实，讲求实效，以增强公司盈利能力为根本目标，通过产品和服务创新，更好地满足客户需求。

2. 鼓励创新，容忍失败

一是要健全公司创新工作体系，虚实结合，突出重点，推动多层次、全方位创新。2009 年，作为公司一把手，我倡导中国华融成立公司创新工作领导小组，根据工作需要，下设若干创新工作委员会，由我任组长，其他公司领导为副组长，相关部门负责人为领导小组成员。创新工作领导小组的任务就是全面指导公司在战略与思想、组织与机构、体制与机制、业务与产品等各个方面的创新，提出不同时期的创新工作指导意见，明确不同时期创新工作的重点，激发和调动公司各个层面和全体员工的创新活力，为各项创新工作提供决策与资源支持。

二是建立长效创新激励机制。为全面促进公司创新业务开展、创新能力建设及建立长效创新激励机制，中国华融多方面、多举措地鼓励创新，奖励创新人才和单位：每年都会在集团范围内开展创新工作成果评选，根据评选结果，对获奖单位和个人给予相应的考核奖励、宣传和表彰；专门从董事长奖励基金中拿出一部分奖金奖励有突出创新贡献的个人和单位；设定专门的激励机制向创新型人才倾斜。

三是不怕失败，"一把手"勇于承担责任。创新的本质就是"试错"，"试错"意味着存在失败的可能，失败并不可怕，可怕的是畏惧失败而不尝试。在中国华融遇到重大困难、关键问题的时刻，作为公司"一把手"要勇于担当，有责任杠起重担，鼓励员工去创新，去拼市场。"敢为天下先，爱拼才会赢"是我经常在激励员工时常说的一句话，正是凭借着这种敢打敢拼、无畏失败的精神，中国华融在改制转型、创新"收购＋重组"业务、发展非金债等重大公司发展节点，都顺利挺过难关，成功创新。

3. 创新"四可"：成本可算、风险可控、效益可获、商业化可持续

一是成本可算是创新的基本前提。创新不是不计成本的推陈出新，高

成本创新导致创新的效益低下，无法为企业创造更多的价值。我本人做事有一个特点，就是先有一个明确的目标，然后筹划具体的计划和安排，稳步实现这个目标，包括从中国华融的"五年三步走"发展战略、"十大战略转型"，到"新五年创新转型发展战略"。企业的创新活动有同样要求：围绕中国华融的"八大创新"要义，做到按既定规划实施，成本可算，真正提升企业价值。

二是风险可控是创新的根本保障。对于在市场打拼的国有金融企业，风险问题是经营层关注的重中之重。在日常经营之中，中国华融重视风险防范，创立了中国华融的风险管控体系和理念，坚持"标本兼治、有效管用"的工作思路，执行"五五"风险监控方法论，推进集团全面风险管理体系建设。创新之所以是把双刃剑，就是创新可能带来不可控的潜在风险，这种潜在风险极易导致灾难性后果，席卷全球的金融危机使一些老牌的金融巨头毁于一旦，就给我们敲响了警钟。"创新 + 稳健"是企业实现又好又稳、科学可持续发展的内在要求。作为中国华融的"一把手"，我时刻在脑中紧绷风险防范这根弦，企业必须创新，又必须稳健，我也经常在大会小会中提醒华融的广大员工，"大干大风险，中干中风险，小干小风险，不干没风险"。

三是效益可获是创新的重要核心。没有效益的创新等于无用功，不能带来价值创造和成本节约的创新就是无效创新。企业追求创新，是因为创新可以创造价值，创新可以促进发展，这是创新的重要核心。创新是金融企业转型发展的内在动力，借用时下比较流行说法，创新是从"0"到"1"。"1"到"N"只是简单的复制模仿，而从"0"到"1"可以带来新的价值创造，创造新的市场和产品，是真正效益可获的创新。

四是商业可持续是创新的最终目的。商业可持续是所有企业的最终追求，创新是达到商业可持续的重要手段和途径。实现中国华融的长远科学可持续发展，实现国有资产的长久保值增值是中国华融作为国有金融企业的内在要求和首要责任。要实现上述最终目的，唯有不断突破创新。回顾过往成绩，创新是中国华融 2009 年以来实现发展的最大法宝。借助创业引领中国华融转型发展，把创新转化为实实在在的生产力，引领中国华融实现一个又一个的业绩目标。

三、最大的创新是将中国华融打造成为金融控股集团

1. 整体回归工行已不可能

四大金融资产管理公司自成立之时就有"十年大限"一说，虽然 2000 年 11 月国务院颁布的《金融资产管理公司条例》中并没有关于金融资产管理公司存续期的说法，但"十年大限"的说法就像达摩克利斯之剑，一直悬在四家金融资产管理公司头上。中国金融资产管理公司在完成政策性任务后，何去何从，在当时的历史情况下并无定论。要突破"十年大限"，那么干什么，怎么干？是回归母体银行，还是选择彻底走商业化转型之路？该怎样走？在商业化转型初期，这些问题一直困扰着四家金融资产管理公司。

在 2006 年，四家金融资产管理公司政策性资产已基本处理完毕，业务资源日趋枯竭，金融资产管理公司生存与发展的问题日益突出。中国华融也面临巨大压力，不少办事处面临"找米下锅"的境地。从 2006 年年初开始，财政部、人民银行、银监会等监管部门着手研究金融资产管理公司的转型问题。2006 年 7 月,财政部在征求人民银行、银监会意见的基础上，提出了上报国务院的《财政部关于金融资产管理公司改革发展的意见》。该《意见》提出了金融资产管理公司改革的紧迫性和必要性，明确了金融资产管理公司改革发展的目标、原则和措施。对于具体怎么转，其实有两

个倾向性意见：一是以某种形式回归母体银行，二是自身商业化转型发展。

在四家金融资产管理公司成立之初，主管机关曾表态"谁家的孩子谁抱走"，即在资产处置完成之后各自回归母体银行。因此，在"十年大限"期满后，中国华融届时将回归中国工商银行，可以说是贯穿在中国华融广大员工和管理层的头脑中的想法。回归工行，看上去确实是一条比较理想的出路，这一想法有历史的和现实的根源。首先从历史角度说，中国华融从工行分离出来，与工行具有先天的血肉关系，回归母体首先在心理上似乎是顺理成章的事情，是本能的选择。中国华融成立之初，其人员、剥离过来的不良资产都是从工商银行过来的，无论是领导层，还是遍布全国各地的 32 家办事处，基本都是从原工行抽调过来的，就连中国华融的办公用房也差不多都是工行提供的。

其次从现实情况看，十年间工商银行不断发展，相比中国华融主要专注于政策性业务，工商银行的发展程度更高，对员工的吸引力更强。不良资产剥离后，工行轻装上阵，先后完成了股改和上市，通过强化内部管理和市场开拓，逐步成为中国乃至世界最大的银行之一，和改制之前、不良资产剥离之前已经有天壤之别，所从事的业务和所控制的金融资源与中国华融有明显不同。中国华融十年时间专注于政策性业务，而随着政策性业务处置完毕，公司物业却不断萎缩。1999 年中国华融成立时，财政部的100 亿元本金实际上大部分是实物资产，政策性不良资产处置业务获得现金多半也都用于偿还债务。

最后从发展的战略考虑，工行和中国华融的业务具有相当程度的互补性。中国华融先后建有租赁、证券、信托等业务平台，如果工行以控股或收购等合适的方式整合中国华融，使其成为工行的重要组成部分，这样，工行可以比较轻松地拿到租赁、证券、资产管理等金融业务牌照，实现扩张的目的。对于中国华融来说，在混业经营渐成趋势的情况下，金融资产管理公司同国有银行加强合作，可以获得更宽广的金融平台。

正是由于上述先天的密切关系、明显的发展差距以及工行和中国华融的战略性互补关系，在中国华融成立十年后选择生存方式时，回归工行成为华融人心中一个十分重要的选项。彼时，工商银行成功上市，成为公众公司，如果回归工行，涉及中国华融员工安置、国有股权交割等问题；另外商业银行的混业经营风险问题也是监管部门需要考虑的主要因素。由于上述多方面的原因，中国华融回归工行的条件并不成熟，国家最终没有采纳回归方案，中国华融的回归之路没有走通。

2.AMC 转型的三条国际道路

处理银行的不良资产，是全球金融发展史不可回避的课题，世界上很多国家都曾遇到过严重的不良资产问题。从处理这些不良资产的方法来看，由 1989 年美联储设立重组信托公司（RTC）解决储贷协会危机开始，到后来的日本、瑞典等国家仿效设立 RCC、Securum 和 Reitriva，到亚洲金融危机时，马来西亚和韩国设立 DANAHARTA 与 KAMCO，都是按照"优良、不良资产"来分类处理，由特定机构进行管理处置，从而重新恢复银行的市场竞争力，化解金融风险。从国际实践来看，为处置银行不良资产而设立的资产管理公司，在完成历史使命后，或者到期清算，或者转型为投资银行或者专业的资产管理公司。

一是美国 RTC 模式：到期清算解散。这种模式以美国的 RTC 为代表，RTC 由政府出资设立，并规定一个存续期，不良资产处置任务完毕后金融资产管理公司即解散清算。美国资产重组托管公司（ResolutionTrustCorportation，RTC），是世界上最大的临时性金融机构，于 1989 年 8 月根据《金融机构改革、复兴和实施法案》（FIRREA）设立，主要职能是对破产储贷协会所有的资产和负债进行重组清理。储贷协会（SavingandLoan，S&L）是美国一种合作性质的非银行储蓄机构，创立的最初目的是作为商业银行、货币贷放者以及典当行的替代，满足收入有限的人对储蓄、信用和贷款的需求，主要业务是为低收入家庭买房或建房提供贷款。在20世纪70年代，美国经济遭受"滞涨"和石油危机的双重打击，出现了严重的通货膨胀，贷款利率飙升。货币当局放弃长期以来坚持的利率控制，允许银行使用市场利率进行存贷。这导致储贷协会面临商业银行以及新兴的货币市场基金对存款的激烈竞争，以及低收益抵押资产对净资本的沉重压力。大量资金被沉淀在投机性房地产贷款以及垃圾债券上，储贷协会出现了资不抵债。而当时的监管者——联邦住宅贷款银行委员会采取掩盖问题、延缓破产的措施，导致问题越来越严重。1989年，美国国会通过了《金融机构改革、复兴和实施法案》，组建资产重组托管公司（RTC），管理和销售破产金融机构的资产。RTC是作为资不抵债储贷协会的破产接收人和托管人存在的，存续期从一开始就被设定，最初设计中，其清理破产储贷协会的使命应在1993年9月终止，终止后这一职责转由联邦储蓄保险公司承担。后因倒闭储贷机构过多，这一截止期限被延长到1995年年底。对于出现问题的储贷协会，RTC主要采取援助和重组两种措施。援助行动通过实施"储蓄机构公开救助"计划，以注入现金的方式帮助储贷协会摆脱困境，但前提是有充分证据表明：援助将使其重获长期持续经营的能力，并有助于成本的节约。重组则以三种方式展开：一是即刻清算或出售，清算时，储贷协会吸收的存款可能得到立即偿付，也可能被转移到其他金融机构，属于存款保险范围的，RTC直接偿付。出售时，根据合同约定，买方承担全部存款负债，或者仅对其中已保险的部分负责，同时取得该储贷协会的全部或部分资产。二是托管，采取托管方式的储贷协会可以获得继续经营所需的资金，但须由RTC任命的人员进行管理，经过托管的储贷协会往往能在出售中卖出一个好价钱。三是加速重组计划，这与托管类似，唯一区别是：在托管的情况下，RTC 接手管理之前，储贷协会的销售工作已经开始。1989—1995年年末，RTC 共重组了 747 家储蓄机构，其中，433 家被银行并购，222家被其他储蓄机构并购，剩余 92 家进行了存款偿付。截至 1995 年年末，RTC 通过债权回收和资产出售，处理资产账面价值 4560 亿美元，回收了3950 亿美元，占账面价值 87%。到 1995 年年末，RTC 将持有的资产及相应职能转移给联邦存款保险公司。参与资产处置的人员重新回到联邦存款保险公司，其中大部分人员并入联邦存款保险公司的清算和破产管理部继续负责清算问题银行。

二是瑞典 Securum 和 Retriva 模式：转型为投资银行。20 世纪 80 年代末至 90 年代初，北欧四国丹麦、挪威、瑞典和芬兰都经历了严重的银行危机。企业经营状况恶化、大量的银行贷款无法偿还、银行的不良资产大量增加，使北欧四国在 1992 年陷入了严重的困境。为了应对危机，四国采取了各种措施进行银行重组和不良资产清理，其中，瑞典的做法较具有代表性，取得的成效也颇显著。瑞典政府牵头成立了"坏银行"Retriva 和Securum，累计注入了 423 亿瑞典克朗的资本金，分别对接 Gotabanken 和Nordbanken 两家银行的不良资产。Securum 和 Retriva 成立时通过政策性购买的方式吸收了巨额的银行不良资产，涉及债务企业上千家。Securum 和Retriva 根据企业的实际情况决定对其采取破产清算还是重组，对涉及重组的企业斟酌选择重组的模式，其中又涉及业务重组和财务结构重组。具体的清偿措施如下：第一，转换贷款。对于贷款抵押物价值较高能够基本覆盖债务成本的不良资产，通过转换贷款获得抵押物的所有权。第二，通过谈判明确债权债务关系，同时建立公正的声誉，以资产价值最大化和稳定金融市场为目标，避免树立低价变卖高成本接收的不良资产的形象。第三，企业重组。这是对盈利能力和生产能力较强，抵押物价值基本能覆盖银行债务的企业采取的重组方式。第四，破产清偿。考虑到法庭清偿或破产程序成本高、时间长，Securum 和 Retriva 将其作为资产管理公司和债务人之间的谈判手段，仅在其为收回资金唯一方法的情况下对债务人进行破产清偿。1994 年以后，瑞典逐步摆脱经济危机的影响，经济开始回升。1996 年，在基本解决银行不良信贷资产问题后，瑞典政府逐步取消对国内银行的隐性政策担保，转而寻求商业化、市场化的发展方式和道路。此时，Securum 和 Retriva 收购和管理银行不良资产后持有的房地产类资产价格逐步攀升。出于市场化操作和效益最大化目标等考虑，瑞典政府着手安排 Securum 和 Retriva 合并，组建一家以商业性业务为主、政策性业务为辅的不良资产处置机构 Venantius，至于 Securum 和 Retriva 持有的房地产类价值约 100 亿克朗的资产，则通过直接注入的方式纳入 Venantius 旗下。新组建的 Venantius 定位于专业化的房地产投资持股公司，在随后一段时间内逐步完成余下政策性不良资产的处置任务，彻底转型为商业化的银行不良资产处置机构。

三是韩国 KAMCO 模式：转型为专业的资产管理公司。韩国资产管理公司前身是成立于 1962 年 4 月 6 日的成业公社。最初，成业公社是作为韩国产业银行（KDB，也称"韩国开发银行"）下属政策性业务平台，业务领域仅限于通过公开拍卖、自愿赎回等方式，为韩国产业银行处置不良贷款，成立之初由政府注资，是永久性的机构。亚洲金融危机爆发后，韩国国会通过了《金融机构不良资产有效处置和成立韩国资产管理公司法》，成业公社正式接受政府委托，接收并处置韩国问题金融机构的不良资产，负责管理"不良资产整理基金"。1999 年 4 月 30 日，韩国政府再次扩大成业公社职能，全面授权成业公社完成收购、处置问题金融机构不良资产。2000 年 1 月 1 日，成业公社正式更名为韩国资产管理公司（KAMCO）。2000 年以后，韩国金融机构的不良贷款收购和处置以及大公司重整规模都出现了明显下降，核心业务有萎缩的趋势，KAMCO 面临市场重新定位和业务领域的调整，KAMCO 选择了继续在不良资产领域深耕，积极开拓新的业务领域，创新新的业务模式。KAMCO 不仅坚持了不良资产处置业务持续经营，而且注重发挥业务特长，利用不良资产处置过程中积累的经验和资源广泛整合业务。KAMCO 并不是简单做不良资产处置业务，它非常注重业务升级，在适当的时候由低端业务向高端业务转型。在成立之初，KAMCO 职责仅是帮助韩国产业银行化解不良贷款问题，此后业务范围逐渐扩展至其他银行和国际市场。在 KAMCO 积累了一定经验和资源后，就以不良资产处置为基础，逐步扩展业务范围，进军与不良资产处置紧密相关的企业重整业务、房地产开发业务和个人信用恢复业务等，利用已有资源、结合自身特色，实现了公司的业务整合和升级，成功创建了一种成熟的盈利模式，发展了一个稳定的专业化程度较高的市场。

3. 从"自己养活自己"到打造金控集团

一是从"给米做饭"到"找米下锅"。2006 年左右，中国华融基本完成了 6800 多亿元政策性不良资产的处置工作，在政策性业务完成之后，中国华融要开始尝试做新的业务，面对新的市场。但是在公司商业化转型初期，由于内外因素，中国华融存在对自身业务定位模糊、缺乏主营业务利润支撑、办事处大面积亏损、不能"自己养活自己"等问题。所以"养活自己"、扭转亏损成为当时中国华融的头等大事。2009 年，中国华融已经步入商业化转型过渡期的最后一年，中国华融在全国 30 个省的 32 家分支机构，有 25 个分支机构连续几年亏损。转型前，中国华融作为完全从事政策性业务的政策性金融机构，金融资产管理公司的牌子是国家给的，资金是财政部出的，从事收购不良资产的资金是人民银行提供的十年期 2.25% 的低息贷款，2000 多人的队伍也是当初从工商银行过来的，还有免税等各种政策支持，公司根本不用去市场打拼，早已习惯了"给米做饭"的业务模式。中国华融要扭转这种颓势，要自己能养活自己，就必须到市场中去找客户，到客户中去做业务，在市场化业务中去拿利润。在决定着中国华融未来生存发展的关键时刻，我和公司党委在全面总结分析中国华融的发展历史、自身定位特点、员工素质等多方面因素后，公司党委明确提出必须强势回归资产管理主业，重塑中国华融在资产管理行业的主体地位。用回归资产管理主业的战略目标发挥中国华融的品牌优势，调动十余年的不良资产经营实践经验，激发员工队伍在市场中寻找业务的热情。在强烈的变革动机下，中国华融立足独特优势，建立适应金融行业竞争的业务结构和组织管理模式，积极参与企业重组和企业价值提升过程，提供更符合市场需求的专业化金融服务。

二是综合经营是现实的选择。在国内，随着经济发展与金融改革的推进，国有商业银行、全国性股份制商业银行、中国平安、中信集团与光大等控股公司，都已经明确了金融综合经营的战略定位，并在组织架构与业务布局方面稳步推进，向综合化经营迈进已经成为我国金融业不可逆转的趋势和时代赋予的重要地位。作为国家出资建立、被赋予特定政策任务以及相应业务的非银行金融机构，与金融业的其他金融机构相比，中国华融具有特殊性：第一，中国华融曾担负国有银行不良资产剥离和财务重组的历史使命，对较大型银行和保险公司而言，其经营业务主要以不良资产管理为主，在不良资产管理经营方面具备政策和牌照优势。同时，经过十余年对不良资产管理业务的潜心经营，中国华融积累了丰富的专业化优势和客户资源，具备不良资产管理和风险化解的"一专之长"。第二，虽然相较其他金融控股集团，中国华融在资金实力和企业规模方面不占优势，但由于综合经营、产融结合、服务于广泛经济主体的经营理念，能够审时度势地根据国家宏观政策选择和调整行业侧重，更好地配合国家相关政策、改革的实施。这种特点使中国华融面临更广阔的市场，使其具有不可替代性。第三，伴随股份制改革的完成和市场化进程的深入推进，中国华融不断实现自我突破，相比同业竞争者，在市场化经营和多牌照金融服务方面具备先发优势。中国华融为适应同业竞争和金融形势日新月异的变化，不断完善业务结构和健全公司治理模式，积极参与实体经济改革。所以，中国华融未来的定位，必须立足于自身功能的特殊性，立足于通过金融控股集团的组织架构提供多元化、综合化金融服务，不是与各金融子行业的现有领先者进行正面竞争，而是通过差异化服务，形成自己的特色和优势。综合经营和金融控股集团是中国华融做好、做大、做强的战略选择。

以开展不良资产管理业务为主业是中国华融与其他类型金融控股集团显著区别所在，而且这种特色不可复制和模仿。十余年来，我和中国华融共同成长，公司上下在不良资产处置、经营、管理等方面积累了大量的资源和经验。银行、证券、租赁、信托、基金等综合金融服务与不良资产管理业务的结合，使得中国华融能够更好地发挥金融"安全网"和"稳定器"的作用，更好地服务实体经济。当代中国金融业已经步入"大资产管理"的时代，中国华融需要与时俱进，以开放的立场来看待资产管理业务，赋予不良资产管理主业以新的内涵，不断丰富资产管理业务的外延，逐步形成扩大资产管理业务。中国华融在业务范围上从不良资产、问题金融机构托管向财富管理、风险企业托管延伸，业务对象上从金融机构向非金融机构延伸，业务环节上从收购、管理、处置向收购、经营、管理、增值延伸。银行、租赁、证券、基金等金融服务业务品种丰富、形式多样，可以支持资产管理业务灵活设计交易结构、提升资产价值、丰富退出途径的有效手段，没有这些多样化的金融服务，单一维度的金融服务必然在"大资产管理"时代受到限制，落后于市场发展。

中国华融的永续经营、可持续发展需要突破业务单一的局限，以资产经营管理业务为单一主业来支撑中国华融的长期发展有较大困难，也正是由于业务单一，中国华融在改制初期，一度面临"找米下锅"的窘境。资产经营管理业务受到当前政策在收购对象、交易条件方面的严格限制。只有当银行、金融机构以及企业出现严重危机时，金融资产管理公司才能发挥其所长对处于危机的机构或企业"施救"，使金融资产管理公司面临的市场空间有限，难以发挥金融资产管理公司全方位排除社会经济的风险隐患，进行价值再造的功能。另外，资产经营管理业务盈利模式以资产增值为核心，但这一过程中，难以避免会出现资产经营周期与资金使用周期的匹配矛盾，主要依靠货币市场融资的资产经营管理业务模式，在资产经营周期较长、资产价值不稳定时，其流动性和可持续性可能会遭遇致命打击。集团战略性控股既可以提高业务发展的可持续性，又可以有效分散风险。多元化业务和产品可以在时间上和空间上解决业务结构的均衡性问题，可以从不同平台和渠道上解决业务发展和融资结构问题。

四、创新开辟了 AMC "收购＋重组"业务，为 AMC 市场化转型开创了道路

1. 政策性资源的枯竭

在中国华融主要负责对接工商银行不良资产的处置工作的时候，是处于"给米下锅"的阶段，业务来源全部是政策性资源。但是在 2006 年年末，中国华融的政策性不良资产处置任务基本完成，政策性资源日趋枯竭。例如在 2006 年 6 月底，全公司已回收现金 573 亿元，完成了三年承包任务的99.6%，全公司有 9 家办事处已提前完成了公司下达的收现目标，不少省市的办事处面临无事可做、"找米下锅"的境地，没有任何新增的政策性资源。分支机构大面积亏损，人员队伍老化，内部管理不健全，历史遗留案件多，员工"等靠要"的惯性思维还在起作用，积极适应市场、主动经营开发的商业化意识还很淡薄，中国华融在当时的境遇下，亟需创新思想观念、思

路和发展模式，以创新作为中国华融走出困境的助推器。

2. 第一次向工商银行借款

企业想要迅速发展、成长就必须充分利用财务杠杆，提高资金运用效率，这对于金融企业尤为重要。中国华融作为国有金融资产管理公司，无法像银行那样获取公众储蓄资金来支持企业发展，仅靠财政部在成立时投入的资本金完全不够支撑一个金融资产管理公司的业务发展。在政策性处置不良资产阶段，中国华融的主要资金来源是资本金和中国人民银行的低息贷款。但在步入商业化转型过渡期后，公司需要积极推进商业化业务的发展，在当时，商业化业务以商业化收购项目处置为主，收购不良资产包需要大量资金，商业化业务的资金来源怎么解决，成为头等大事。

由于在政策性处置阶段，资金依赖资本金和人民银行低息贷款，中国华融没有对外融资、有效运用财务杠杆的经营手段。商业化转型后，面对市场的竞争，需要抛弃过去的思维，以市场的方法来经营和发展企业。我和公司党委创新管理和经营思想，提出主动对外融资、获取银行授信、运用财务杠杆支持商业化业务，由此诞生了中国华融的第一笔市场化对外融资，第一次向工商银行借款。

3. 收购金融机构不良债权

"强势回归主业！"2009 年年初，中国华融党委经过深入研究，做出了这个重要的决定，喊出了这个响亮的口号。伴随着 2008 年国际金融危机下的全球经济结构再调整，中国经济增速回落的同时，"调结构、转方式"的矛盾也逐渐凸显，银行业不良贷款余额及比例不可避免要上升，非金融企业应收账款也会持续增加，同时，国家加快化解产能过剩和地方债务风险，推进产业结构转型升级，金融资产管理公司不良资产主业随之迎来新一轮发展周期。在确定不良资产作为中国华融的主业后，金融机构的不良债权就成为公司主要的业务来源。

中国华融党委把握住了中国经济金融发展的大势，认定了自身的使命，果断作出"强势回归资产管理主业"的战略决策，重新组建资产经营管理部门，选调得力团队，专门做不良资产业务。中国华融的各分支机构在市场上大力开展不良资产商业化收购，不断做强做大主业，终于形成了"只要有资产管理的市场，就要有中国华融的声音；只要有资产管理的人才，就要有中国华融的团队；只要有资产管理的经验，就要有中国华融的成功案例"的良好局面。

4. 创新性地引入"收购+重组"类不良资产业务

基于对社会资金供应和需求期限偏好错配、流动性收紧日益突出的判断，中国华融提出将"收购+重组"业务作为管理流动性风险的主要业务品种，规模化开展不良资产收购重组类业务。可以说，债务重组业务是中国华融 2010 年敏锐捕捉市场和客户需求变化开发推出的创新产品，不仅帮助分公司迅速打开市场、彻底解决了生存问题，有力地支撑了资产管理主业强势回归，更是引领了资产管理公司的行业发展。该业务作为金融资产管理公司的核心业务，市场空间十分广阔。中国华融收购重组某不良资产盘活烂尾楼项目就是创新"收购+重组"资产经营业务的典型案例。该项目是集大型商场、五星级酒店、酒店式住宅、公寓为一体的综合性商业大厦。由于该项目在开发建设过程中遭遇各种复杂的地理情况导致项目资金投入大大超出项目原预算，致使项目多次停工，导致项目"烂尾"。中国华融在对项目进行详实调查的基础上，与项目债权人、债务人达成了充分运用投行手段，收购项目相关债权并实施债务重组的方案。中国华融以收购金融机构不良债权介入该项目，进行债权资产的整合，充分运用投资银行手段，向企业提供包括设计资产整合方案、清理债权债务、设计债务重组方案、启动项目后期建设施工，招商引资、参与项目管理与监控、设计资产运营策略，以整合现金流、提供并购咨询及投资战略顾问等各项高附加值的服务，显著提升了项目价值和债权价值。该项目是中国华融较早在收购重组类业务方面的一次积极探索和尝试，以资产管理为平台，综合运用各种投行手段，围绕债务重组和资产整合，激活生产要素、提升资产价值。此类业务可形成相对稳定的产品，符合中国华融未来发展方向，对创新发展思路，转变发展方式，实现公司的可持续发展具有积极意义，是不良资产处置的新模式。

五、创新开展非金债业务，AMC 市场空间进一步打开

中国华融商业化转型后，金融不良资产业务面临收购来源不可持续的现实困境，不良资产管理业务作为主营业务之一，要实现可持续发展，亟需扩大不良资产收购业务来源，拓宽业务广度。中国华融党委正确研判当前经济形势，响应党中央号召，提出扩大不良资产收购范围，从金融机构不良资产扩大到非金融机构不良资产，推动了不良资产管理主业的可持续发展，既顺应了市场变化的客观要求，又扩大了金融服务实体经济的业务空间。

1. 业务范围局限，还不是真正的资产管理公司

在政策性业务时期，从四大国有商业银行剥离的不良资产是金融资产管理公司的主要业务来源。在顺利完成政策性不良资产处置任务后，中国华融开始商业化转型之路的探索和尝试，商业化转型的首要问题是解决可持续发展的问题。中国华融深深地认识到，政策性业务从根本上说是特定历史

阶段出现的特定业务，如此规模的不良资产释放具有不可持续性。随着商业银行风险管控能力和水平的逐渐加强与提升，来自于银行等金融机构的不良资产，无论从数量和质量上看，与政策性业务时期相比，都将处于下降通道，要想商业化转型成功，必须拓展不良资产管理业务的收购来源。

从当时的情况和业务领域分析，作为资产管理市场的主要参与者，由于监管和市场准入的限制，中国华融的业务范围仅限定在金融机构的不良资产上。从业务领域看，中国华融还不是真正的资产管理公司，这些限制极大地局限了商业化业务的拓展。我曾经在接受媒体采访时明确表示："资产管理是一个大概念，非常希望华融能够打开更大的空间——金融机构的不良资产要做，非金融机构的不良债权也应该可以做。政府融资平台、国企和民企资产、军队特种资产等管理领域，都应该是金融资产管理公司业务拓展的市场"。

2. 经营单位都去大胆尝试，"出了问题我赖小民负责"

中国华融商业化转型后，金融不良资产业务面临收购来源不可持续的现实困境，不良资产管理业务作为主营业务之一，要实现可持续发展，亟需扩大不良资产收购业务来源。作为中国华融的一把手，我的危机感比较强烈，在研判当时经济形势后，召集公司党委群力群策，响应党中央号召，提出扩大不良资产收购范围，从金融机构不良资产扩大到非金融机构不良资产。

中国华融开展非金融机构不良资产业务，既是不良资产管理业务的深入，也是进一步防范化解商业风险和金融风险的需要；既响应了中央关于"盘活存量、优化增量"的政策号召，也顺应了市场变化的客观要求；既拓宽了不良资产业务的市场渠道和盈利空间，也扩大了金融资产管理公司发挥金融服务实体经济功能的业务空间。

由于监管和业务准入的限制，在推行非金融机构不良资产业务的时候，公司存在担心和忧虑的情绪。为了给广大员工加油打气，公司"一把手"必须成为创新业务的坚实后盾，在与财政部、银监会等有关部门反复汇报沟通的前提下，我号召经营单位都去大胆尝试，"出了问题我赖小民负责"。事实证明公司党委的决断是正确的，非金融机构不良资产业务的创新尝试给公司带来了新的业务突破，从 2013 年第四季度取得非金业务领域的突破，到 2014 年由点到面全线开展，非金业务快速成长为中国华融的常态业务。截至 2014 年年底，中国华融非金收购业务占比迅速超过金融机构不良资产收购业务，成为拉动不良资产管理业务继续大幅度增长的引擎，并得到监管部门对中国华融开展非金业务试点的肯定，2015 年 7 月，财政部、银监会印发了《金融资产管理公司开展非金融机构不良资产业务管理办法》，正式宣告金融资产管理公司收购不良资产的业务范围从金融机构扩展到非金融机构。

3. 业务做开了，支持实体经济效应放大

相对于金融机构的不良资产业务，开展非金融机构不良资产业务对实体经济的支持作用更直接，更有效。随着我国经济增速放缓，部分企业负债率偏高、应收账款周转率偏低，去杠杆和盘活存量的需求日益增长，非金融机构的企业面临着转变企业发展方式、调整业务结构的客观需要，必须通过消化过剩产能、盘活资产存量，优化资产增量以应对宏观经济环境的变化。金融资产管理公司通过非金融机构不良资产业务可以有效地匹配企业盘活存量需求，为实体企业解困提供金融支持，践行国有金融企业的社会责任。例如，A 集团是我国最大的磷矿石地下开采企业和磷肥行业"三强"企业之一，拥有国内唯一不经选矿就可直接用于生产高浓度磷复肥的优质原料。同时，该集团也是中国华融的债转股企业。为支持 A 集团的设

备升级，中国华融通过开展非金业务，同时引入中国华融旗下的业务平台，打业务"组合拳"，发挥"一体两翼"的积极作用，有力地支持了 A 集团的转型发展，同时也促进了当地经济的发展，得到了当地政府部门和监管机构的一致认可。

六、创新打造"债券型资产管理公司"，中国华融境内外发债屡创金融市场新纪录

1. 从"不借钱"到"五渠引水"

2009 年我到任以前，中国华融曾经长期不向银行借款，不负债经营，用的是政策性人民银行再贷款，10 年期才 2.25% 的利率。我到任后通过深入调研认识到，负不负债并不是问题的关键，关键在于按照企业经营规律，负债经营产生的效益，能不能覆盖成本和风险，而且利用资本杠杆在有利的时机内实现大发展是很多企业采用的资本策略。我到中国华融以后，2009 年第一次向工商银行借款 390 亿，到今天我们打通了"五龙治水"：发债、保险资金、银行借款、市场、短期拆借，国家没有再拿一分钱，都是靠我们自己。目前，中国华融已形成"资本、借款、发债、基金、保险""五渠引水"的资金管理新局面，实现了发债融资的市场化、常态化和专业化，有效统筹了境内外两个市场、两种资源，极大提高了中国华融的融资能力和资本实力，为中国华融积极推进国际化战略、努力打造一流资产管理公司提供了强劲动力。

2. 打造"债券型资产管理公司"

凭借 30 多年的金融工作经验，我非常了解国家开发银行等政策性金融机构的资金来源主要是发行债券，借鉴国家开发银行的经验，我创造性

地提出打造"债券型资产管理公司"的战略目标。过去多数资产管理公司依靠银行借款，但银行借款期限短、资金成本高。相较之下，通过发债获取低成本且长期限的资金，有助于改善资产管理公司的资产负债结构。金融资产管理公司作为国有大型非银行类金融机构，自身业务经营和资金来源特点决定了公司必须建立更加稳定、持久和结构化的融资渠道，保障公司资金运营需求，提高应对流动性风险的能力和水平。所以，必须坚持"债券型资产管理公司"为战略导向，抓住外部市场环境与公司高速发展的机遇，不断增加中长期对外融资，持续改善融资来源结构，切实提高流动性风险管理水平，以稳定的、多元化的资金来源满足发展需求，才能推动公司全面转型发展。

3. 在银行间市场发行第一笔金融债

万事开头难，在我的带领下，中国华融发债开了一个好头。发行金融债是公司实现由政策性经营向市场化运作转型的重要一步，也是公司价值在市场中的一次有益的"试水"。2013 年 11 月 19 日，中国华融资产管理股份有限公司在全国银行间债券市场成功招标发行 120 亿元金融债，认购总倍数 1.43 倍，其中三年期 60 亿元，认购倍数 1.38 倍，票面发行利率 5.55%；五年期 60 亿元，认购倍数 1.48 倍，票面发行利率 5.66%。本期金融债的主承销商为华融证券，联席主承销商为中国工商银行、中信证券，经中诚信国际信用评级有限公司综合评定，中国华融主体及本期债券信用评级均为 AAA 级。中国华融此次债券发行是有史以来市场化公开发行金额最大的一只资产管理公司金融债券，得到了银行间市场中金融机构的积极踊跃认购，中国工商银行、中国农业银行、中国银行、中国建设银行、交通银行、中国邮政储蓄银行、广发银行、招商银行、浦发银行、中国民生银行、浙商银行、北京银行、张家口市商业银行、华融湘江银行、中信证券等 15

家金融机构踊跃参与投标，债券发行价格与国开行二级市场收益水平持平，这是市场对中国华融自 2009 年以来取得良好业绩的充分肯定。

4. 首笔境外债在香港受到热捧

如果说境内发债是面对国内投资者的检验，那么发行境外债就是直接面对国际金融市场的检验。2014 年 7 月 9 日，中国华融通过境外平台公司成功定价发行 15 亿美元金融债券。这是中国华融首次发行境外债，是金融资产管理公司境外发行美元债券最大规模之一和中资金融机构境外发行美元债券最大规模之一。我和经营层亲自带队分别赴香港、新加坡、伦敦，与境外金融市场近百家机构投资者广泛沟通交流，路演见面，向投资者讲述中国华融的改革发展历程，阐述发展战略规划，详尽回答投资者关于中国华融改革转型、经营模式、财务状况和发展趋势的有关问题。本次发行受到投资者的充分肯定和踊跃认购，市场反应强烈，订单金额超过 128 亿美元，超额认购 8.5 倍。15 亿美元债券中，三年期 3 亿美元，票面利率 3%，共计获得 227 位投资者认购，订单金额逾 49 亿美元，超额认购 16.3 倍；五年期 12 亿美元，票面利率 4%，共计获得 277 位投资者认购，订单金额逾 79 亿美元，超额认购 6.6 倍。从投资者地域分布来看，三年期债券亚洲占 82%，欧洲占 17%，美国离岸账户占 1%；五年期债券亚洲占 85%，欧洲占 14%，美国离岸账户占 1%。债券发行前，国际三大信用评级公司穆迪、标普和惠誉分别给予中国华融 "A3" "A-" 和 "A" 的信用评级，所有评级展望均为 "稳定"，与已公开上市的中国信达资产管理股份有限公司持平，略低于政策性金融机构（国家信用）、四大国有商业银行评级水平，高于国内绝大部分金融机构，处于四大金融资产管理公司领先地位。

5. 创下全球 S 规则最大高等级美元金融机构债

2017 年 4 月 20 日，经国家发改委批准，中国华融通过境外平台公司成功发行 34 亿美元双币种高级无抵押债券，市场反响热烈，投资者踊跃认购，创中资非银行金融机构境外发债多项纪录，这次债券发行等值 34 亿美元（美元债券 29.7 亿元，新币债券 6 亿元），吸引全球 400 余家投资者认购，认购倍数达 4.6 倍。此次债券发行美元、新币，固息、浮息等 6 个品种，其中三年期美元浮息 5 亿美元，掉期后利率 3.327%；五年期美元浮息 10 亿美元，掉期后利率 3.725%；五年期美元固息 5.7 亿美元，票面利率 3.75%；十年期美元固息 7 亿美元，票面利率 4.75%；三十年期美元固息 2 亿美元，票面利率 5.5%；四年期新币固息 6 亿新币，票面利率 3.2%。本次双币种、固息和浮息、短中长和超长期限债券发行，是中国华融境外债券市场的又一里程碑，创造了中资非银行金融机构境外发债的多项纪录：一是等值 34 亿美元发行规模创中资非银行金融机构最大规模高等级债券发行新纪录；二是 6 亿新币创中资机构最大规模新币发行新纪录；三是创中资非银行金融机构首单 30 年期美元债券发行纪录；四是创资产管理公司首单浮息美元债券发行纪录。

这次债券发行，克服了国内外的重重挑战和不利因素，一方面，美联储进入快速加息周期，国际资本市场波动加大，避险情绪浓郁；另一方面，2017 年 4 月 18 日当周大量中资高质量发行人公布债券路演发行，其中不乏国家开发投资公司、国家电网、工商银行、南方电网等体量巨大、高评级的中资发行人。我高度重视此次境外发债，在综合考量国内经济形势回暖、2016 年公司业绩刚刚发布市场反响强烈等因素之后果断决策，于 2017 年 4 月中旬启动境外债路演发行。我亲自带队，坐镇香港指挥，熊丘谷副总裁率领公司路演团队在香港、新加坡两地开展路演推介。公司本次在香港、新加坡路演推介，共举办了 20 多场与投资者一对一、一对多的沟通会、投资者电话会，累计与境外逾 100 人次投资者进行沟通，向投资者阐述公司信用亮点，详尽回答投资者问题，为债券成功发行奠定坚实基础。

我提出要保持"乱云飞渡仍从容"的战略定力，亲历亲为，靠前指挥，准确把握时间窗口，加大债券发行组织安排，合理安排发行品种，加强境内外银行、投资者沟通，深入挖掘市场潜力。首先，准确把握时间窗口，把握美元债券市场回暖，规避法国大选市场不确定性因素，提早安排债券发行。其次，加大债券发行创新，一是紧跟国家"一带一路"重大倡议，拓展新币投资者基础，发行"一带一路"新币债券；二是把握美联储加息、投资者浮息债券需求旺盛，发行美元浮息债券，扩大债券发行规模，降低债券发行成本。三是采用逆向询价方式挖掘特定投资者（保险公司 / 养老基金等）超长年期投资需求，发行三十年期美元债券。最后，加大债券发行保障。一是引入工、中、建、交四家国有大型银行参与债券发行，扩大境外投行承销群体，向本次债券发行提供超过 15 亿美元的境内银行授信支持，缓解债券承销发行压力。二是提前做好利率、汇率调期安排，加大债券发行风险防范。发行次日完成 15 亿浮息美元、6 亿新币，共计 19.3 亿等值美元的利率、汇率调期，有效防控债券发行市场风险。此次债券发行的成功，充分反映了国际市场对中国华融发展成果和投资价值的强大认可，为中国华融国际化发展战略提供了充足资金保障，奠定了坚实品牌基础，彰显了中国华融良好的品牌实力和国际影响力，也充分体现了国际国内投资者对中国经济发展充满信心，对中国市场看好，对中国华融品牌充分认可。

6. 中国华融在港成功发行 26 亿美元债券

2016 年 11 月，特朗普刚刚当选美国总统，中国华融准备在香港发 30

亿美金全球最大债券，当时几十家投行说我们很难发出去，建议发10亿—15亿美元，同时建议推迟半个月。我提出推迟一周，发债金额坚决一分钱不少，我相信中国华融的实力和品牌。我当时做了一个理性分析，不管大家赞成还是不赞成特朗普，大家都要承认他，他上台后的十天半月里一定是市场震荡、止损、企稳、回升、见涨、大涨的一个过程，最后结果会非常成功。2017年1月18日，中国华融通过境外平台公司在香港发行15亿美元非次级永续债券和11亿美元高等级债券（共26亿美元），市场反响热烈，投资者踊跃认购，认购倍数3.08倍，当天一共有3个债券，第一个是一家国企，发3亿美金，利率提高到6.2%也没发出去，成本太高；第二个是韩国一个主权债券，6亿美金，利率也非常高。本次发债，穆迪和惠誉分别给予本次非次级永续债券"Baa1"和"A–"，高等级美元债券"Baa1"和"A"的债项评级。由于公司优异的业绩表现、优秀的基本面、优良的国际信用评级、强大的品牌影响力、合理的价格指引区间以及出色的路演基础，各类投资者踊跃认购。最终，公司非次级永续债券发行规模15亿美元，票面利率为4.50%；三年期高等级美元债券发行规模11亿美元，票面利率3.375%，本次境外发债共获得356个订单，订单总金额80亿美元，超额认购3.08倍。同时，本次债券投资者中涌现出许多欧洲知名投资者，欧洲投资者认购比例持续提高。这次发债是中国华融首次永续债券与高等级美元债券同日定价发行，是公司海外资本市场融资的一次积极的创新和尝试，创中资机构境外第一家高等级永续和高等级无抵押债券双品种同时发行，这次总发行规模是2017年以来亚洲（除日本）地区最大规模的美元债发行，永续债券实现在中国华融和华融国际层面计入权益工具，充分体现了国际资本市场和投资者对中国华融发展成果和投资价值的认可，标志着中国华融国际化发展战略取得新突破。

七、以"注册地换控股权"，中国华融成为中国第一家控股商业银行的金融资产管理公司

1. 前期同业重组均未成功

时间进入 2009 年，我带领中国华融开始大踏步进行商业化转型。中国金融业以银行为主导，银行牌照是一项重要的资源。同时，银行是金融控股集团架构中最重要的组成部分，也是其他各项金融服务的基础与核心，缺乏银行支撑的金融控股集团在业务和功能手段上始终是不完整的，无法成为真正的金融控股集团。我越发深刻地认识到，中国华融需要拥有一张银行牌照，以做大做强子公司，更好地发挥"一体两翼"的协同效应，加快自身的资源整合和商业化转型。2007 年年初，湖南省政府决定将资本规模较小、经营管理水平较低、潜在风险不断积累的湘潭、株洲、岳阳和衡阳 4 家城市商业银行及邵阳市城市信用社改革重组为一家新的股份制商业银行。两家同业前期均与湖南省政府进行接触，意图参与收购重组，但均未成功。2009 年我到任后，凭借在中国人民银行和中国银监会多年的金融工作经验，多次拜访湖南省委省政府领导，反复沟通接洽，终于在 2009 年 6 月，湖南省政府邀请中国华融作为战略投资者，参与"四行一社"改革重组，共同组建区域性商业银行，双方就改革重组"四行一社"达成高度共识，并确定重组的基本目标是建成一家扎根湖南、辐射全国、妥善处理历史亏损，法人治理结构完善、市场竞争能力较强的区域性商业银行。

2. "注册地换控股权"，地方政府"不求所有，但求所在"

重组"四行一社"，组建新的商业银行之初，我就创造性地提出"以注册地换控制权"的战略方针。彼时，通过湖南省内力量实现对"四行一社"进行的改革重组，可行性越来越低，但深化地方金融体制改革，整合地方

金融资源，完善地方金融体系，防范化解金融风险，却越来越紧迫。对于新银行，湖南省政府提出要"不求所有、但求所在"的战略思想与我提出的"以注册地换控股权"的创新思路高度一致。中国华融成为我国第一家控股商业银行的金融资产管理公司，湖南省有了第一家总行注册在湖南的区域性商业银行。2009年6月末，我决定，全面实施参与湖南"四行一社"改革重组，以此新的业务平台实现公司经营范围的重大突破，为公司发展成为市场化、多元化、综合性金融控股集团奠定基础。7月，湖南省政府正式决定引进中国华融作为战略投资者参与组建湖南省区域性商业银行。7月16日，中国华融与湖南省政府签订了《关于共同组建区域性商业银行的备忘录》，确立了"政府推动、市场运作、依法合规、政策支持、互利共赢、科学发展"的基本原则，启动了湖南省"四行一社"改革重组工作。经过近三个月沟通和磋商，中国华融与湖南省政府就改革重组框架协议达成了一致。2010年2月1日，财政部正式批复同意中国华融参与湖南"四行一社"改革重组工作。3月3日，中国华融与"四行一社"正式签订《关于湖南省"四行一社"重组并新设华融湘江银行之合作框架协议书》，改革重组工作从此正式全面展开。

3. 政策限制的突破

股权结构设计是重组"四行一社"，组建新的商业银行最关键的环节之一。按照银监会等监管机构的监管要求，控股股东的股权比例有一定限制。同时，"四行一社"改革重组涉及地方省市两级政府，涉及各行社及其7818个股东，其中法人股东294户，个人股东7524户，各方诉求不一，意见很难达成一致。新老股东、地方政府、新银行、原"四行一社"员工等的利益都需要得到合理的保护。经过清查摸底，"四行一社"股本总额为141428.28万股，其中，国家股30950.56万股，法人股102530.73万股，个人股 7946.99 万股。股份存在着诸多不规范的问题，需要在重组过程中予以解决。为规范股权结构，重组工作充分借鉴了国内其他城市商业银行改革重组的经验，通过与湖南省股权登记托管有限责任公司沟通，制定了股权清理、确权登记、托管的工作方案，将"四行一社"股权委托股权登记托管公司进行托管，实现了对股权结构的梳理规范。

我带领重组团队积极与中国银监会等监管部门沟通，提出注资 20.8 亿元，既能有效地满足原"四行一社"的改制化解处置原"四行一社"不良资产的需求，又能有力地支持新银行的健康发展和监管合规。同时，又能实现中国华融对新银行实现控股。通过反复汇报沟通，最终，获得了银监会等监管部门的理解和支持。监管机构最终同意了重组方案，新银行股权结构为：注册资本 40.8 亿元，其中，中国华融以现金出资 20.8 亿元，占 20.8 亿股，占比 50.98%；中国华融一致行动人以现金出资 3 亿元，占 3 亿股，占比 7.35%；"四行一社"老股东以 17 亿元净资产作价入股新银行，占 17 亿股，占比 41.67%。审计评估后，根据净资产确认情况，再次明确，对于"四行一社"中株洲、岳阳、衡阳三家每股价格不足 1 元的银行按 1 元的价格入股，对经审计评估后净资产超过 17 亿股本的 4.16 亿元净资产，先确认为新银行对湘潭市商业银行和邵阳市城市信用社老股东的负债，在新银行成立一年内，按每股 1 元的价格转为新银行的股本，股权分配方案得到各行股东的认可。同时，方案还明确"四行一社"自审计评估基准日（2009 年 12 月 31 日）至验资截止日期间产生的经营利润经中介机构审计后，将用于对各行社老股东进行现金分红。

同时，参与"四行一社"改革重组还需要财政部的同意，当时中国华融是财政部全资持有的政策性公司，属于政策性金融机构。在我的不懈努力推动下，经过多次沟通协调，财政部对中国华融商业化转型探索表示支持，允许中国华融参与"四行一社"改革重组，支持湖南省地方政府化解金融风险，重新组建新的商业银行，支持地方经济发展。

4. 华融湘江银行挂牌成立

尽职调查是"四行一社"改革重组的第一项基础性工作。在签订备忘录后，中国华融迅速成立了由公司领导亲自挂帅的领导小组，专门设立了公司第二重组办公室，组成了一支专业团队，选聘中介机构，赴湖南全面开展尽职调查工作。随后，现场尽职调查工作启动。尽管存在一些问题，但可喜的是，形势并没有想象中的严重。"四行一社"自成立以来，经过十余年的发展，经营规模、资产质量、经营效益都不断地得到发展，在服务地方经济、服务中小企业、服务城市居民方面发挥了重要作用。在完成尽职调查后，需要得到湖南省政府对尽职调查结果的认可。我带领重组团队与湖南省政府进行了多次对话，反复沟通，最终获得了湖南方面对尽职调查工作的认可。

不良资产剥离和处置是顺利完成重组工作的前提条件。在这方面，中国华融具有非常丰富的经验和技能。首先需要对"四行一社"资产状况进行评估。根据审计评估结果，不良贷款共计21.58亿元，计提拨备13.51亿元，不良贷款率为13.48%，拨备覆盖率为62.6%。不良资产处置方案是银监会审核"四行一社"重组和筹建新银行的必要材料。为达到监管部门规定的新银行不良贷款率不高于2%，拨备覆盖率达到150%的监管要求，经过与湖南省金融办和中国华融一致行动人进行了多次协调，最终确定不良资产剥离和处置方案为中国华融与一致行动人共同组建资产管理公司，剥离、处置"四行一社"不良资产，并按出资比例分享收益、承担损失。由新成立的华融汇通资产管理有限公司购买"四行一社"所有不良信贷资产，买包资金按照4:4:2的比例分三年到位，处置收益超过购买价格部分，需全额回拨给新银行，这一方案得到各方面的高度认可。

土地资产处置也是新银行组建的重要环节。"四行一社"共有36宗、7217.72亩的土地资产，其中大部分是历年来风险处置时置入的土地资产。这些土地资产普遍存在着土地规划、拆迁、招拍挂、土地出让金返还、税费减免等方面的问题。在中国华融的全力推动下，各地市政府、省政府明确了支持政策，共完善了5300亩土地权益手续，使土地资产达到评估入账条件，真正做实了资产。

业务整合是保证新银行开业后有效运行的关键所在。业务整合工作异常复杂，"四行一社"普遍存在业务体系不健全、业务系统较落后、业务结构不均衡、产品体系不完整、营销渠道不畅通、信息科技水平参差不齐等问题，与区域性商业银行发展的内在要求存在较大差距。业务整合要为打造具有核心竞争力和品牌价值的区域性现代化商业银行打下良好基础，一是要使得新银行在制度、IT系统上实现"四行一社"通用业务、产品和服务制度、流程的统一；二是最大限度保留和提升"四行一社"有推广价值的特色业务和创新业务，逐步形成新银行的核心竞争力；三是满足各级监管部门对银行内控管理的基本要求，有效防范和控制风险（特别是操作风险）。

最终，通过与湖南省政府沟通协商，新银行最终被命名为"华融湘江银行"。2010年8月26日，联席办向银监会提交了《关于筹建华融湘江银行的请示》。9月2日,银监会正式批准筹建华融湘江银行股份有限公司。2010年10月12日，华融湘江银行正式挂牌成立。在中国华融转型发展最困难的时候，转型发展起步的关键阶段，特别是中国华融在夹缝中求生存、在迷茫中谋转型、在困难中促发展的时候，重组了华融湘江银行，意义不言而喻。重组设立华融湘江银行，是中国华融在商业化转型道路上迈出的关键一步，成为我国第一家控股商业银行的金融资产管理公司。在中国华融整个转型的板块中，在国务院批准中国华融改革发展的方案中，都有华融湘江银行的影子。华融湘江银行的成功组建，增加了中国华融可持续发展能力和成功转型的胜算，也增强了金融服务的手段，强化了金融服务的功能，提升了金融服务的品质，完善了金融服务的体系，对中国华融未来转型发展主业的形成意义重大。在国务院批准中国华融改革转型发展的文件中明确规定，中国华融未来发展的主业重点是银行类相关业务。我将中国华融资产管理股份有限公司改制挂牌的日子选择在 10 月 12 日，即华融湘江银行开业的同一天，其深远意义就在于此。

结合实际，我为华融湘江银行确立了全新的发展战略目标，即按照现代股份制商业银行"小、精、专、新、特"经营理念，彻底走"市场化、多元化、区域化、资本化、国际化"的特色化发展道路，利用五年左右的时间，努力把新银行建设成为一家立足湖南、辐射全国的区域性现代化商业银行。华融湘江银行是我到任后中国华融最大手笔的投资之一，公司投20 个亿赚了一个银行，五年时间，资产规模从 350 个亿快速发展到目前接近 3000 个亿。如果现在释放出售 10% 的股权，就可以卖到 43 亿。可以看出，这笔投资为国家赚了多少钱！这个并购重组创造了一个奇迹。

八、激活珠海沉睡 20 年的土地，创新搭建华融置业房地产公司，助力横琴岛特区开发先行一步

1. 激活土地，成立华融置业

土地抵押贷款是中国银行业信贷资产的重要构成部分。在中国华融接收或收购的不良贷款中，房地产抵押贷款占有不小的比重，但苦于没有自己的房地产开发平台，无法对相关的房地产资产价值进行深度挖掘。2009年年初，我决定组建中国华融自己的房地产开发平台，深入拓展中国华融

的不良资产管理主业。激活信东公司，设立华融置业公司是我的一个重要的切入点和突破口。

为协助工商银行进行股份制改革，2005 年 5 月，中国华融接受财政部委托，管理和处置工商银行股改剥离的损失类不良资产。6 月，根据资产转让协议，中国华融接收了工商银行长春分行等 6 家分行对信东公司的出资和债权，共计 2.8 亿元。2006 年 3 月，完成了信东公司的股东变更及法人代表变更工作，信东公司出资人由工商银行变更为中国华融。

信东公司成立于 1994 年 4 月，由工商银行长春分行等 6 家分行出资 2.8 亿元，山西华康信托投资公司（以下简称"华康信托"）出资 2000 万元，合计出资 3 亿元。华康信托的 2000 万元出资由于不属于工行系统而未被剥离到中国华融。信东公司实际注册资本 5000 万元，由工商银行长春分行出资，其余 2.5 亿元体现在长期负债中。7 家投资人投资到位后，全部资金用于购买珠海横琴岛上的 10 块土地，总面积 173457.63 平方米。2006 年年末，成为信东公司出资人之后，中国华融成立了横琴岛项目组。项目组对横琴岛项目发展前景进行了深入分析，并于 2007 年年初完成了《关于横琴岛项目发展前景的分析报告》，建议将信东公司发展成为中国华融的房地产平台公司。2007 年年末，中国华融太原办事处与华康信托破产清算组签订资产置换协议，成功实现了以华康信托对信东公司的 2000 万元出资权，抵偿华康信托欠中国华融太原办事处 13201 万元债务的方案。至此，中国华融拥有了对信东公司的全部投资权 3 亿元，其中，5000 万元为股权，2.5 亿元为债权。

2009 年 3 月末，我对琴海湾项目地块进行了实地考察，作出了"激活信东公司，搭建房地产业务平台"的战略决策。要想使信东公司尽快摆脱历史包袱，轻装上阵，还需要对其债务进行重组。我决定将持有信东公司的 26942.57 万元应收账款转为对信东公司的资本投入。信东公司由此成为中国华融的全资子公司，并于 2009 年 7 月 1 日正式更名为"华融置业有限责任公司"。中国华融搭建房地产业务平台的战略布局取得了阶段性的成果。

我带领中国华融进入房地产行业与其他企业涉足房地产行业之间有着重大差别。房地产相关业务与中国华融不良资产管理主业密切相关。华融置业的业务定位是紧紧依靠中国华融不良资产管理主业，盘活抵债土地资产和相关债转股、债务企业土地资产。以往，在不良资产处置过程中，相关土地资产都是直接转让。现在，中国华融可以通过土地开发运营大幅提升原有土地价值，实现了国有资产保值增值。不良资产管理业务的内涵得到了丰富，中国华融也进一步增强了可持续发展能力。

2. "琴海湾"和"双鱼座"

横琴岛与粤港澳毗邻，具有独特的区位优势。2009 年 8 月 14 日，国务院批复《横琴总体发展规划》，横琴岛成为国内第一个粤港澳紧密合作示范区。横琴岛地区发展进入新阶段，土地价值得以提升。华融置业刚刚成立不久，便迎来了良好发展机遇。根据珠海市横琴新区管委会关于横琴新区建设用地整合处理方案的规定，中国华融通过收购不良资产获得的 8 宗土地资产可获得补偿 11.86 亿元。我指示华融置业认真研究土地价值和现金价值，研究后，华融置业认为不要现金补偿而借此机会要求政府通过土地整合以土地代替现金补偿，将对公司的发展更有利，既可以取得更高的回报，又可以锻炼队伍培养人才。此后，华融置业与横琴新区管委会就置换补偿的细节进行了多次磋商，最终确定了位于澳门大学区域的三块土地给予现金补偿，其余地块在横琴岛内实施整合置换的方案。对于整合后置换的地块，横琴新区管委会给予靠近小横琴山地块和靠近横琴口岸地块两种选择。经过考察调研和听取汇报，我认为，靠近小横琴山地块五年后才能开发，周期过长，而靠近横琴口岸对面地块，近期可着手开发且位置极佳，最终决定选择靠近横琴口岸地块，即现在的"琴海湾"项目地块。2011 年 3 月，华融置业与珠海市横琴新区管委会签订《国有土地使用权置换补偿协议》，明确了土地补偿的位置、面积及相应的规划指标，中国华融在横琴岛拥有和管理的土地统一置换至现"琴海湾"项目用地。

项目命名为"华融·琴海湾"后，我指示华融置业立即启动了项目定位、规划、设计、招标等一系列工作。与原有土地账面价值相比，不良资产价值得到大幅度提高。这也充分验证了我搭建房地产业务平台，创新不良资产管理模式，实施沉淀不良资产再投入、再开发战略决策的正确性。"华融·琴海湾"项目坐落于国家级新区——横琴新区，位于横琴新区横琴口岸对面，属国家级稀缺型关口物业，距离澳门不到 1 公里，距离香港 41 海里，项目北看小横琴山，南望横琴滨海湿地公园及大横琴山，东眺澳门赌场城市景观及远眺海景，景观资源优势明显。未来 10 到 15 年，横琴新区将建设成为连通港澳、区域共建的"开放岛"，经济繁荣、宜居宜业的"活力岛"，知识密集、信息发达的"智能岛"，资源节约、环境友好的"生态岛"。"华融·琴海湾"等项目已成为盘活不良资产的经典案例，受到监管部门以及当地政府和社会各界的一致好评。

位于横琴自贸区的中国华融横琴大厦已于 2016 年上市，该项目东邻碧海、西接翠峰，华融横琴大厦位于横琴新区口岸服务区，与澳门威尼斯人酒店直线距离不足 500 米。因为象征丰盈有余的双鱼造型，还有个非常浪漫的名字——双鱼座，是享誉世界的阿特金斯公司在中国设计的又一力作，其设计师与著名的迪拜帆船酒店设计师师出同门。华融横琴大厦总占地面积约 2 万平方米，总建筑面积约 10 万平方米，以超前的空间布局、创新的设计及符合国际主流的低碳环保理念，建成超五星级酒店、甲级写字楼和世界旗舰商业群组成的商务复合型物业，有机地将办公商务、酒店及完备的配套功能结合起来，适应横琴新区高端服务业定位的新发展，成为横琴新区复合型标杆性物业。

九、创新重组问题企业的经典案例，助力"新飞跃"实现新飞跃

1."新飞跃"的困境

浙江飞跃是以缝制设备生产销售为主，以环保业、国内外贸易等为辅的大型企业集团，其主导产品飞跃缝纫机曾享誉国内外。由于企业快速扩张发展、购买土地等原因及 2008 年金融危机造成的国内外需求萎缩，企业出现了严重的流动资金短缺，后在当地政府的支持下，浙江飞跃进行了债务重组，暂时摆脱了资金链断裂的危机，重新恢复了生产经营，但由于资产大、负担重，2011 年再次陷入举步维艰的境地，无法偿还广东发展银行杭州分行的债权，企业陷入了生死未卜的境地。

2. 华融助力"新飞跃"脱困重生

2012 年年末，广东发展银行杭州分行考虑到当年不良率的考核压力，欲向金融资产管理公司公开出让对飞跃公司的债权。飞跃公司具有良好工业生产基础和强大品牌价值，为帮助企业轻装上阵，实现"轻资产、降负担、促转型"的目标，我指示中国华融浙江分公司要以此为契机，积极与飞跃集团、当地政府等相关方面联系沟通。中国华融浙江分公司结合各方的利益诉求，以风险可控、利益可获为前提，最终与各方达成了合作共识，并于 2012 年 12 月 28 日以公开竞价程序收购了广东发展银行杭州分行对飞跃公司的债权。在此之前，广东发展银行杭州分行曾尝试过多种处置方式，但均未达到预期的处置效果。浙江分公司能行吗？中国华融给出

了一份独特的答卷。一是在处置上创新思路。浙江分公司积极与相关方沟通协商，推进处置进程，突破单纯处置抵押物的固有债权回收模式，不断挖掘债权背后的价值。针对债务人飞跃公司在现有困境下具有的良好工业生产基础和强大品牌价值以及各级政府的大力扶持等有利因素，与当地政府、当地龙头企业多次深入沟通协商，通过引入当地实力雄厚的某集团承担债务，优化了债权要素，提高了债权价值，降低了债权风险，不仅确保了在短期内实现所有债权的处置安全退出，而且获取了一定的处置收益。二是在交易结构上创新。根据债权的实际情况，优化债权要素，降低企业财务负担，引入第三方承担债务，由实力雄厚的企业提供担保，抵押措施进一步优化的交易结构，确保了收购资金安全。三是在获得政府支持上创新。发挥政府在支持、推动实体经济发展方面的巨大作用和重要影响力，在充分考虑政府需求的前提下，与当地政府进行深入沟通协商，设计交易结构，积极争取政府的支持和帮助，促使台州市椒江区政府正式出台了《关于浙江新飞跃股份有限公司转型发展专题会议纪要》（2013 年第 47 号文），明确将飞跃厂区的土地以非交易性过户方式分割到承债企业，极大地增强了浙江分公司与当地企业进行谈判的实力，并成功引入新的偿债方，推进了债权处置的进程。

3. 党和国家领导人出访的"国礼"

在中国华融的大力支持下，飞跃公司轻装上阵，面对国内外经济形势好转、制造业景气指数回升，大力推进家用缝纫机的研发和市场推广，积极布局电脑横机和服装智能吊挂系统，企业经营形势有了较大好转。2013 年飞跃已成功开发了 3 个家用机新型号，标志着飞跃公司在家用机市场的技术主导地位进一步增强，产品结构向高附加值的成套缝制装备转化，毛利水平直线攀升，所有产品的平均毛利率为 18.87%，高于行业平均水平，也高于企业的历史同期水平。飞跃公司所生产的多功能家用缝纫机成功入选了"国家外交礼品""党际交流礼品"。2013 年 3 月，党和国家领导人出访非洲坦桑尼亚，将飞跃多功能家用缝纫机作为"国礼"赠送给坦桑尼亚妇女和发展基金会。此后，飞跃公司身价倍增，特别是在印尼和巴西等新兴市场区域，供不应求，产销比达到 102.70%，订单已安排至 2014 年，实现了满负荷生产。

　　飞跃公司的起死回生是中国华融以支持实体经济发展的内在要求为目的，通过发挥资产管理的专业优势和救助性金融功能，积极服务实体经济，与问题企业同舟共济，协助问题企业破茧化蝶的典型之作。中国华融充分综合运用了不良资产收购、处置、财务顾问等多种手段，发挥了危机救助的专业技术、经验和资源等自身优势，推动资本有效流动和资源优化配置、实现了危机化解和企业重生，不仅体现了中国华融稳定器和安全网的作用，也凸显了中国华融的独特优势和核心竞争力。从某种意义上看，它是金融支持实体企业的一种创新模式。这种对投行手段的综合运用，将投资银行业务与资产管理主业相结合，充分发挥以投资银行业务为主的综合性金融服务功能，把简单的收购处置转变为资产经营，从而帮助企业盘活资产，整合资源，实现起死回生。这一模式对救助受到宏观经济形势影响陷入了债务困境的企业，解决债务危机、整合资源、走出困境提供了可行之路，从而得到了社会各界的认可和肯定。

十、创新 AMC"不良资产 + 互联网"，搭建线上不良资产处置平台

1. 与淘宝网合作处置不良资产

　　"互联网 +"与不良资产处置的结合，是新信息技术发展和不良资产

市场最新进展的自然融合，是新技术革命与"新常态"的时代产物。"互联网＋"与不良资产处置的结合，能借助信息技术、数据分析、平台效应等创造不良资产处置的新模式，提高处置回收的效率和水平，并将进一步有效推进金融资产管理公司转型升级。在金融市场化改革不断深化、技术创新不断涌现的背景下观察，"互联网＋"不良资产处置代表了一种未来市场发展的重要趋势。从 2015 年开始，诸多互联网不良资产处置平台相继出现。为了进一步加大不良资产经营的创新力度，我决定与淘宝网合作处置不良资产，创新 AMC "不良资产＋互联网"，搭建线上不良资产处置平台。2015 年 12 月，中国华融成功举办不良资产推介峰会暨中国华融与淘宝网合作启动仪式，本次不良资产推介峰会为中国华融自 2010年以后组织的最大规模的不良资产推介，也是近年来行业内规模最大的一次不良资产推介，资产总规模高达 515 亿元，资产户数为 2360 多户。此次推介资产分布在全国 24 个省市，超过一半的资产来自于浙江、广东和江苏 3 个省。债务人所涉及的行业分布广泛，涉及批发和零售业，纺织、医药、化工、机械设备等制造业，建筑业，交通运输业，住宿和餐饮业等多个行业。这次峰会也标志着中国华融与淘宝网围绕"不良资产＋互联网"进行深入合作的开始。推介会上的资产上线淘宝网不良资产处置平台进行资产招商，招商期为 90 天，这次资产上线不仅全面展示了中国华融的各类资产，亦通过淘宝网的网络平台吸引了更多潜在投资者。中国华融与淘宝网开展深度合作，借助淘宝网资产处置平台盘活存量，是中国华融坚定不移做强不良资产经营业务的重要体现，是中国华融支持经济结构调整和转型升级的重要举措，也是双方响应国家"十三五"规划号召、提高金融服务实体经济质效的有益尝试。淘宝网资产处置平台将成为中国华融拓宽不良资产处置渠道、培育不良资产二级市场、完善不良资产完整价值链的新方式。

2. 发起成立华融中关村金融资产交易中心

近年来，非标金融资产规模迅速增长，非标资产的流动性提升，非标金融资产的标准化市场需求逐步扩大。目前上海（陆金所）、浙江（网金社）、深圳（前海金融资产交易所）都已经陆续设立了互联网金融资产交易平台/中心。为此，我提出，要全面落实与北京市的战略合作，全面深化"资源共享、优势互补、风险共担、利益均沾、互惠双赢、合作发展"的战略合作伙伴关系，将北京地区科技、金融和互联网资源优势，与公司的资产管理和综合金融服务优势及遍布全国的营销网络相结合，打造全国性的互联网金融交易平台。我认为，发起成立中关村金融资产交易中心有四个方面的战略意义：第一是公司做响品牌、做强做大资产管理业务的需要。首先是可以吸引产业链中不同主体积极参与到不良资产投资中来，进一步增强不良资产市场交易的活跃度和专业化程度，提高不良资产处置回收的效率和水平，推动中国华融的不良资产主业由重资产的资产经营模式向轻资本的资产管理模式转型；其次是可以整合集团内部产品、服务和渠道，开展集团协同化的财富管理业务，在线上实现对客户提供综合化金融产品和一站式服务。第二是积极适应新常态、寻找新动力、实现新发展，提前布局互联网金融行业的重要举措。通过技术手段来降低成本，利用大数据管理风险、解决信息不对称，化解存量风险、盘活金融资产，是助力供给侧结构性改革，激发公司内生增长动力的重要手段。通过平台提供的撮合等中介方式，在对接资产端与资金端、资产收购方与下游催收方的过程中，利用采集到的数据建立客户数据库。同时，借鉴成熟互联网企业的数据分析模式，对数据进行挖掘和分析，并持续进行更新，形成有关客户的信用状况、风险状况等信息源，从而更好地对金融交易资源进行有效整合和匹配，不断扩大客户基数和客户黏性。第三是非标金融资产管理模式创新的需要。运用互联网工具打通时间和空间的阻碍，既可以增加投融资的渠道和方式，也极大地提高了资产的流动性，解决了传统非标金融资产流动性不足的问题。第四是做好公司市值管理的需要。在一系列政策的推动和市场需求引导下，与互联网相结合的金融创新层出不穷，各类金融机构也争相触网。"金融＋互联网"成为金融机构业务创新的重要依托。通过发起成立中关村金融资产交易中心，可以有效提升中国华融在资本市场的内在估值和华融品牌价值。

第六章

用人之道

〉

〉〉

　　导语：万事皆靠人，人才是中国华融最宝贵的资源。企业是由人组成的，企业的事也是人干出来的。但众所周知，人的问题又是世界上最复杂的问题是之一。所以，解决好用人之道，是一个企业家成功最关键的一环，也是一个企业迈向成功最关键的一步。

　　我在中国华融八年，始终秉持这样的人才观：想干事、能干事、会干事、干成事、不出事的才是真正的人才。我始终秉持这样的用人标准：以政治论强弱，以业绩论英雄，以风险论成败，以质量论高低，以贡献论报酬；我秉持这样的用人原则：让想干事者有机会、能干事者有舞台、会干事者有位子、干成事者有表彰，不让有能力的老实人吃亏，不让投机钻营者得利。火车跑得快，全靠车头带。我善于在实际工作中抓住关键少数，着力打造政治强、业务精、纪律严、作风实、业绩优、口碑好的领导班子，告诫他们讲话把握一个"准"，做事把握一个"度"，用权把握一个"廉"，行为把握一个"正"。我善于在工作实践中发现并推广个人典型，当年力排众议引进的"疯子"周伙荣，最终使广东分公司成为全系统"领头羊"，"周伙荣工作法"至今还是鼓舞公司士气的典型。另一个团队典型是浙江分公司，连续八年实现"三高、四无、五讲"，我立即部署公司上下开展"向浙江分公司学习"专项活动。我善于在工作实践中抓青年工作，倡导青年兴，华融兴，让华融青年"五子登科"，健康成长。我善于在工作实践中发挥老同志传帮带作用，因为老同志是华融的宝贵财富。我善于在工作实践中发现人才、引进人才，五湖四海聚华融，择天下英才而用之，近几年中国华融吸引、聚集和培育了一批"七型人才"，他们是建设华融"学习型组织、知识型员工、专家型队伍、国际型视野、务实型考核""五型"团队的生力军和主力军。

一、我的人才观：想干事、能干事、会干事、干成事、不出事

我对每一位中国华融员工的期望都是一句话："想干事、能干事、会干事、干成事、不出事"，这也成为了每一个中国华融人奋斗的目标。

"想干事"是动力，我相信这也是每位员工加入这个中国华融这个集体的初衷。"能干事"是基础，这要求每位员工都要具有市场竞争力的专业水准。金融行业是知识密集型行业，熟悉风险、法律、咨询、评估、财务、基金、保荐人等专业型、复合型人才是公司当下与未来发展的关键，引进高质量专业型人才能够进一步提升员工队伍的专业水平，逐步改善员工队伍结构。随着完成改制，公司走上国际化发展的新征程，实现在香港上市，公司对团队建设的要求也不断提高，内涵也不断丰富。我们突出对专业人才的重视，对国际化人才的需求和科学务实的考评标准，形成了"学习型组织、知识型员工、专家型队伍、国际型视野、务实型考核"的"五型"团队建设目标。"会干事"是要求，要求每位员工要懂得团结、协作和管理。人心齐，泰山移。只要人们心向一处，共同努力，就能发挥出移动高山的巨大力量，克服任何困难。干事创业，创新改革，如果缺少团队精神、缺失凝心聚力，遇事相互拆台、担责相

互推诿，泰山搬不走，难关攻不掉，任何事情都做不成。我们现在所处的时代，对团队意识与协作精神的渴求比任何一个时代都更为迫切，更为重要。一个拥有核心凝聚力的团队，必将拥有强大的战斗力。"干成事"是目标，业绩和管理效能就是衡量贡献大小的直接标尺，中国华融是国有企业，是一个市场经营主体，做出业绩是职责所在，中国华融长期坚持"实绩导向"，破除了传统的国有企业"干部只能上不能下"的思想，推动形成能者上、庸者下、劣者汰的有效机制。对于违反组织纪律、受到责任追究、年度考核不合格的领导干部，按照有关规定免职或降职。"不出事"是底线，中国华融是国有金融企业，要坚决贯彻从严治党要求，在与企业、客户往来时，坚决风险底线和廉政高压线。

"想干事、能干事、会干事、干成事、不出事"，按照我的人才观，就要使"想干事者有机会、能干事者有舞台、会干事者有位子、干成事者有表彰、不让有能力的老实人吃亏、不让投机钻营者得利"，使各类人才的聪明才智得到充分发挥，让"有为者有位，有位者更有为"。在能力提升上着力加强员工十大能力建设，弘扬华融"精气神"，倡导"我与祖国共奋进，同为华融添光彩"。正是在这些先进理念的指导下，公司系统全体员工形成了"比、学、赶、帮、超"的良好氛围，出色地完成了中国华融"五年三步走"的重大任务。

为将人才理念落到实处，八年多来，我们大力实施人才建司、人才强司工程，通过完善和创新"老人＋新人"的用人机制、培养机制、激励机制，既"盘活存量"，用好现有人员，发挥其最大效能；又"优化增量"，招聘、引进优秀外部人员，充实市场化、专业化、综合化、国际化人才，构建起了合理的人才梯次结构。公司打破用人的条条框框，大胆启用年轻干部，班子结构更为年轻化；大规模开展社会招聘和内部竞聘，充实华融队伍，储蓄后备力量；不拘一格选拔重用德才兼备的优秀人才，加强青年骨干员工选拔培养，对青年员工"多压担子、多抬轿子、多给位子、多戴帽子、多指路子"，尽快实现"五子登科"，促进青年员工成长进步；部署实施《中国华融员工成长进步保障计划》，推动专业职务序列、企业年金建设等实现历史性突破。中国华融的队伍建设取得了一个又一个新亮点，对公司改革发展、经营管理发挥了重要的促进作用。

特别应提到的是，以成功上市为标志，在圆满完成"五年三步走"发展战略后，我认为应与时俱进，对中国华融的人才理念进行创新与丰富，并提出实施新五年"人才强司"战略。一是实施人才"十大工程"：一百名"一把手"打造工程、三百名高层次人才引进工程、五百名青年英才培养工程、产业专家型人才开发工程、"赢在中层"人才素质提升工程、后备干部储备工程、人才激励保障工程、人才培训"两个抓手"建设工程、专业职务序列实施工程、人才流动退出机制改革工程。二是培养"百名中层、千名骨干、万名优秀员工"，加大引进和培养"七型人才"，打造年龄、学历、专业、层级等方面均合理的各层级员工梯次结构。"百名中层"：加强"一把手"能力建设，改进选拔任用工作，培养和打造全系统各单位约一百名"一把手"；"千名骨干"：培养和引进管理人才、业务领军人才、客户人才，建立产业类专家队伍，培养千名骨干员工；"万名优秀员工"：健全"青年英才培养工程库"，实施骨干员工"导师制"，落实"强身健体计划"，完善后备干部考核评价机制，推进内部人才市场建设，培养万名优秀员工；"七型人才"：高学历型人才、高素质型人才、综合型人才、创新型人才、实干型人才、专家型人才、国际型人才。目前，这些战略正在稳步实施，效果显著，华融的队伍在不断壮大，华融人的素质不断提高，华融的精气神生生不息。

二、我的用人标准：以政治论强弱、以业绩论英雄、以风险论成败、以质量论高低、以贡献论报酬

选人标准是干部工作的首要准则，选人用人关系企业的市场竞争力，关乎企业发展的成败，是深化国有企业改革发展中的重要问题。作为国有企业，中国华融在选人用人上首先要严格参照执行《党政领导干部选拔任用工作条例》，同时又要把握政府机关和企业的现实差异，建立符合企业市场化运营所需要的人才标准，形成党管干部、党管人才与市场化人力资源配置的有机结合。

1. "五不原则"与"四个导向"

中国华融在选人用人上坚持"不搞照顾、不搞平衡、不搞关系、不搞特殊、不搞论资排辈"的"五不原则"，突出重品行、重实干、重业绩、重群众公认，遵循"市场导向、有为导向、专家导向、群众导向""四个导向"，把合适的人放在合适的岗位，干合适的工作。

市场导向。目前，公司创新转型的发展和员工队伍的专业素质仍存一定矛盾，适应公司上市发展的高层次、高技能、创新型、复合型、市场型、国际型的专业人才较稀缺。为此，我们坚持"五湖四海"的选人原则，拓宽识人、选人渠道，充分发挥市场化选人机制，通过内部推荐、定向挖掘、异地揽才等渠道，招聘引进了一批公司转型发展过程中所紧缺的优秀人才，有效激发了公司人力资源的活力。近年来，中国华融不断引进总经理助理以上级员工，对调整完善干部队伍结构，有效支撑中国华融超常规、跨越式发展，顺利完成公司转型、改制、引战、上市等核心工作发挥了重要作用。

有为导向。"有为"者是不是"有位"，"有位"者能不能更"有为"是衡量干部资源配置效果的基本标准。面对公司超常规、跨越式发展的压力，

公司党委在干部使用上更加注重赛马机制，通过各种途径给员工创造机会，干得好就继续使用，干得不好就调整到更适合的岗位，力争把合适的人用到合适的岗位上，发挥其最大潜能；着重提拔一线、年轻、有成绩的骨干，通过内部竞争上岗、交流任职、岗位实践等多种方式，帮助年轻干部尽快成长。2012 年以来，公司共提拔总经理助理以上级领导岗位优秀员工 400 人次，一批有活力、有潜质的年轻骨干从竞争中脱颖而出，成为各项业务工作的中坚力量。

专家导向。公司制定了《员工专业职务管理暂行办法》，为专业性人才拓宽了职业发展路径，激励员工提高专业能力和职业素养。研究并出台公司《子公司专职董事履职及考核办法（试行）》《审查专家管理办法办法（试行）》《风险总监管理办法（试行）》等专业条线干部管理制度，为新形势下公司创新转型发展需要的干部员工队伍提供了科学的制度依据，进一步提升了公司发展与人才建设的科学性、紧密型、合规性。

群众导向。一个没有群众基础的领导干部是无法凝聚起有战斗力的队伍的，一个无法团结的队伍是注定失败的。干部的选任一定要坚持走群众路线，让广大员工推荐自己认为最适合的人选，对民主推荐的结果，进行深入、实事求是的分析，凡测评不过半数的不列为考查对象。对经公司党委研究同意的提任干部实行任前公示制，对公示中群众反映的问题均进行认真核实，做到群众反映的问题没有核实的不任用，有影响任职问题的不任用，反映问题较严重但一时难以调查清楚的暂缓任用，让使任前公示切实收到效果，确保新提拔的干部业绩突出、群众认可。

2. "四个坚持"：坚持德才标准任贤、坚持公道正派举贤、坚持全面客观识贤、坚持广开视野选贤

坚持德才兼备、以德为先，是我们党选人用人的根本标准。在这个基

础上，结合企业发展实际，中国华融总结出"德才兼备、以德为先、注重实绩、群众公认"的选人标准。首先要"德才兼备、以德为先"，只有这样才能把政治上靠得住、工作上有本事、作风上过得硬、人民群众信得过的干部选拔到各级领导岗位上来。"惟贤惟德，能服于人。"德，主要体现在理想信念、党性修养、道德品质、思想作风等方面；才，就是个人能力和专业素养。坚持德才兼备、以德为先，凝练而科学地概括了党的干部应当具备的基本条件，既要求德与才缺一不可，又突出德的主导作用，强调选人用人要坚持以德为前提、以德为基础、以德为先决条件。"德"必须驭"才"，"才"必须从"德"，绝不能舍本逐末。

同时，还要坚持"注重实绩、群众公认"。中国华融是国有企业，是一个市场经营主体，做出业绩是职责所在，也是对党和政府负责、对国有资产负责的基本担当。就像我们"听党的话，跟政府走，按市场规律办事"的经营理念一样，干部的能力最终要反映在市场上，反映在经营业绩上，反映在发展成效上。"注重实绩"就能让想干事者有机会，敢干事者没顾虑，能干事者有舞台，干成事者有地位。近年来，本着竞争择优、从严选拔的指导思想，中国华融在总部开展了多次内部竞争上岗，很好地践行了符合公司实际的选人用人标准。竞争上岗各环节都向全体员工公开披露并接受监督，从前期的方案设计到竞聘工作的具体实施，始终坚持"公开、公平、公正、择优、透明"原则，百分之百按照笔试、面试和考官评分成绩录用，全面考察人选的素质能力，并将竞争上岗与部室推荐意见有机结合，全面考察人选的综合表现，不搞简单的"以考定绩""以分取人"。具体来说，为全面考查反映人选在竞聘过程中以及部室日常工作的情况，人选最终得分通过笔试、面试以及部室推荐排序得分加权平均得出，其中笔试得分占比10%，面试得分占比80%，部室推荐得分占比10%。从最终得分情况看，日常工作表现及竞聘过程中表现均较突出、综合素质较好、有一定发展潜力的人选最终得分大多排名靠前，较好地反映了人选的综合情况，又适当反映了人选之间的差距。同时，最终得分较高的人选，绝大多数都是部室推荐排序靠前的人选，这也说明最终得分与部室推荐排序情况有较高的吻合性，较好地反映了竞聘人选的实际情况。选拔人才还要坚持"群众公认"，要始终相信群众的眼睛是雪亮的，领导干部称不称职、优不优秀，群众最有发言权。因此，只有选出深得群众拥护的干部，能够调动起团队的积极性，才能团结带领广大员工更好地干事成事。在中国华融的干部考查工作中，我们注重干部的工作实绩和一贯表现。在考查内容上，注重拟任人选的综合素质和发展潜力，着重了解考查对象本人的德、能、勤、绩、廉等全方面的情况。在综合分析考查情况时，既尊重多数员工的意见，也不忽视少数人的意见；严格执行干部选拔任用工作程序，切实做好民主推荐、考察、外调、讨论决定、任职等各环节工作；坚持走群众路线，民主推荐过程中凡测评不过半数的不列为考查对象；坚持干部任前公示制，对公示中群众反映的问题，均进行了认真核实；做到群众反映的问题没有核实的不任用，有影响任职问题的不任用，反映问题较严重但一时难以调查清楚的暂缓任用，使任前公示收到切实效果；对引进人才严格执行外调组织程序，成立外调组到拟引进人才所在单位进行外调，向所在单位任职部门、组织人事部门和纪委监察部门了解拟引进人员情况。

3. 让想干事者有机会、能干事者有舞台、会干事者有位子、干成事者有表彰，不让有能力的老实人吃亏，不让投机钻营者得利

我常说，要发挥思想教育的引领作用，提升员工"敢为"的觉悟境界；发挥好干部培训的助推作用，增强员工"能为"的实际本领；发挥好选拔考核的导向作用，激发员工"想为"的内生动力；让广大员工切身感到了中国华融就是自己才能得到最大发挥的场所，给他们施展才华的舞台，让

他们"共同享有人生出彩的机会，共同享有梦想成真的机会，共同享有同祖国和时代一起成长与进步的机会"。最终的目的就是使"想干事者有机会、能干事者有舞台、会干事者有位子、干成事者有表彰，不让有能力的老实人吃亏、不让投机钻营者得利"。

4. 用"相马、赛马、育马"机制发现人才、培养人才、造就人才

带好队伍的关键是指导思想。面对公司市场化转型发展的新局面和新形势，我坚持践行"人力资源是第一资源"观念，提出了一系列具有创新性、实用性和有效性的干部人才队伍建设理念。在员工引进上坚持"五湖四海"的原则，建立"相马、赛马、育马"机制，不论地域，不论感情，唯才是举，大力引进公司转型发展过程中所紧缺的各类人才。"相马"，就是要发现人才，慧眼识英雄；"赛马"，就是要制定用人机制，大胆启用懂市场、敢开拓的中青年干部，打破"论资排辈"；"育马"，就是要加大对人才的培养，制定有效的育人机制、激励机制和问责机制。

三、抓关键少数：火车跑得快，全靠车头带

一个好的一把手，一个好的领导班子是团结带领全体员工锐意进取、奋勇拼搏的"关键少数"。对此，中国华融推动总部及各经营单元以"创新进取、团结协作、风清气正、作风正派、奋发有为"为目标，努力建设"学习型、创新型、务实型、廉洁型"的"四型"领导班子，要求各级领导班子成员努力提升"七种能力"，正确处理"七个关系"。在对领导班子的考评上，我们着重突出"政治强、业务精、纪律严、作风实、业绩优、口碑好"的要求，重点关注"平时工作看出来，关键时刻站出来，困难时刻挺过来"的担当能力，以及能否坚持"一线工作法"、做到"领导指挥

在一线、情况掌握在一线、措施落实在一线、问题解决在一线"。

中国华融一直高度重视各级领导班子的建设。早在 2009 年，公司就提出"70 后人才培养使用计划"，在分公司、营业部和子公司的领导班子中至少配备一名 70 后年轻干部。加大总部、分公司和子公司之间的干部轮岗与交流，建立"能上能下、能左能右"的干部轮岗交流机制，原则上对在同一岗位工作满五年的中层管理人员，进行轮岗交流。同时，中国华融积极健全后备干部和年轻干部培养使用机制，全面推动后备干部选拔培养工作，通过多岗位锻炼、交流任职等方式，储备后备干部队伍，让青年骨干尽快成长。

1. 讲话把握一个"准"，做事把握一个"度"，用权把握一个"廉"，行为把握一个"正"

这是中国华融领导干部个人行为规范的底线。我们还强调，必须严肃党内生活，抓住领导干部这个关键少数，以上率下带领团队做强做优做大。对领导干部严把政治关、作风关、能力关和廉洁关，甄别干部的忠诚度、干净度、担当度、匹配度和认可度。公司始终坚持用好并不断完善干部监督制度。2014 年，公司专门成立党建工作办公室，专门负责公司党建和党员领导干部监督、干部个人有关事项报告、干部档案专项审核等工作，进一步强化干部监督机制。对拟提任领导干部在提交公司党委审议前，公司党委组织部都事先征求公司纪委和审计部意见，认真把好监督关，发现问题及时纠正。近年来，对全系统直管干部开展个人事项报告的组织填报、信息录入、抽查核实、综合汇总上报工作，因个人报告事项违反有关规定的暂缓提任或停止提任。

坚持领导干部任前廉政谈话和任职谈话制度。公司党委对干部做出任职决定前，由公司纪委进行任前廉政谈话，由公司党委指定专人进行任职谈话，指出优缺点和努力方向，同时对个别干部存在的不足和不影响任职的问题有针对性地进行了提醒，打"预防针"，防止干部"带病上岗"。

2. "一把手"要会"弹钢琴"，要具备七种能力，正确处理七个关系

"一把手"是领头羊，"一把手"的综合素质和能力直接影响到本单位的发展和走势。中国华融旗下有约 60 家分、子公司和 20 个总部部门，这些部门的一把手在落实公司重大战略决策和经营管理重点工作中发挥着中流砥柱的作用，也是所在单位的"火车头"，尤为关键。因此，我非常重视"一把手"的能力建设，重点培养"一把手"的"七种能力"：驾驭全局的能力、开拓创新的能力、市场营销的能力、风险防控的能力、狠抓落实执行的能力、带队伍促发展的能力、勤奋敬业和廉洁自律的能力。具备这些能力，"一把手"才能务实抓好利润、防好风险、带好队伍、推动发展，做到"心中有员工、胸中有大义、肩上有责任、脚下有乾坤"。

一是能够驾驭全局的能力。"一把手"是班子的核心，工作具有不同于一般干部的特点，要站在全局的高度总揽发展，做到宏观在胸、中观在握、微观在点，抓大事、抓根本、抓主要矛盾，带动全局工作。驾驭全局的能力是"一把手"履行好职责的必然要求。驾驭全局，要胸有全局，既要吃透上情，对路线、方针、政策和公司总部的指示精神有全面正确的理解，又要了解下情，对本单位业务开展的实际情况心中有数，更要率先垂范。驾驭全局，要善于抓住带有全局性、方向性、关键性的问题不放。"一把手"要学会"弹钢琴"，防止"眉毛胡子一把抓，西瓜芝麻一起数"，唯有如此，才能在工作中实现重点突破。

二是开拓创新的能力。在企业发展的初级阶段，大力提倡和引导创新尤为重要。"一把手"工作上要勇于创新，敢于打破固有的思维模式，善于在普遍性事物中总结规律性，在一般性事物中看到特殊性，在看似不可

能中找到可行性，"变不可能为可能"。"一把手"要确立"创新思维"，有创新的意识、锐气和魄力，克服不加分析的生搬硬套，根据本单位实际，因地制宜，从思想观念、发展战略、管理模式、组织架构、体制机制、市场化运作方式、产品开发以及人才队伍建设等多方面加大创新力度，提升企业核心竞争力，实现以创新引领企业转型发展。

三是市场营销的能力。市场是企业发展的土壤，客户尤其是大客户，是中国华融的生存之本、利润之源，是我们赢得市场、竞争制胜的法宝。我倡导各位"一把手"克服官本位思想，减少行政色彩，增加市场意识，变"坐商"为"行商"，走出华融，深入到市场、客户、项目中去，亲自担当"首席营销官"，加强市场营销能力，利用区域特色和专业优势开展高层拜访，走访政府、企业、金融机构，营销大客户，在推进"市场经济"的同时也注重"市长经济"，积极促成商机，切实推进"大客户战略"的实施，实现公司成长与市场拓展同步，实现公司与客户的共赢发展，不断彰显中国华融"听党的话，跟政府走，按市场规律办事"的经营特色。

四是风险防控的能力。风险管控是企业各项工作的"重中之重"，是企业发展的生命线。企业越是经营向好，越要提升品质，越要注意风险。各单位"一把手"既是完成经营目标的第一责任人，也是本单位风险管理的第一责任人。"一把手"抓风险管理，就是要坚持国家宏观调控的政策底线、坚持监管要求的合规底线、坚持业务经营的风险损失底线和坚持公司品牌的市场声誉底线，严防道德风险，注重预防为主、主动管控，做实风控措施，实现"无风险的利润"。

五是狠抓落实执行的能力。如果落实工作抓得不好，再好的方针、思路、政策、措施也会落空，再好的目标任务也实现不了。"一把手"抓落实，核心就是"抓大事、重小事、破难事"，注重"三事并行"。作为决策执行的"领头羊"，"一把手"应带头讲责任、讲纪律、讲大局、讲奉献，坚持以身作则，亲力亲为，带头执行，遇到问题不塞责，碰到困难不回避，急难险重带头上，促进决策顺利执行，落到实处见成效。

六是带队伍促发展的能力。中国华融做强主业、做大利润、做实风控、做响品牌，需要一支思想统一、目标明确、求真务实、讲求实效的团队。这就需要"一把手"努力提高抓班子、带队伍、促发展的本领。这方面，学习借鉴古人"相马、赛马、育马"的"三马机制"很有必要。"相马"，就是要发现人才，慧眼识英雄。"赛马"，就是要制定用人机制，大胆启用懂市场、敢开拓的中青年干部，打破"论资排辈"。"育马"，就是要加大对人才的培养，制定有效的育人机制、有效的激励机制和责任问责机制。

七是勤奋敬业、廉洁自律的能力。"一把手"是领导班子中的"帅"，拥有更为集中的权力，也意味着面临更大的廉政风险。我要求中国华融各部门"一把手"不断增强廉洁自律意识，强化"依法合规科学发展"理念，构筑起牢固的思想道德防线，切实做到"带头学习、带头严以律己、带头勤政、带头廉政""四个带头"，以及"正确对待组织、正确对待同志、正确对待群众、正确对待自己、正确对待名利""五个正确对待"，讲话把握一个"准"，做事把握一个"度"，用权把握一个"廉"，行为把握一个"正"，确保自己"不出事"，带领的队伍"不出事"。

"一把手"还要学会处理好"七种关系"：正确处理好与上级党委之间的关系；正确处理好与副手、员工之间的关系；正确处理好与总部部门之间的关系；正确处理好与兄弟单位之间的关系；正确处理好与股东之间的关系；正确处理好与外部管理、监管部门之间的关系；正确处理好与地方党政机关之间的关系。

3. 打造"政治强、业务精、纪律严、作风实、业绩优、口碑好"的领导班子

在对领导班子的考评上,我们着重突出"政治强、业务精、纪律严、作风实、业绩优、口碑好"的要求,重点关注"平时工作看出来,关键时刻站出来,困难时刻挺过来"的担当能力,以及能否坚持"一线工作法",即做到"领导指挥在一线、情况掌握在一线、措施落实在一线、问题解决在一线"。考核是指挥棒,更是一种价值导向,通过严格的考核不断增强干部队伍的生机和活力,对"一把手"到龄改任、班子配备不足、结构不合理、工作业绩不突出、任职期满考核和年度考核不合格、连续两年未完成目标任务的领导班子和干部进行充实调整,以提高分支机构领导班子的战斗力。

四、抓个人典型:引进一个"疯子",带领广东分公司大踏步创新转型,形成"周伙荣工作法"

引进周伙荣同志的经历是我津津乐道的一段故事。优秀领导班子的价值在中国华融"市场化转型发展的带头人"——周伙荣同志身上得到了充分淋漓的展现。在中国华融改革创新、转型发展、实现扭亏为盈的艰难历程中,周伙荣同志带领广东分公司从全系统倒数第一一跃成为转型发展的"领头羊",公司商业化转型发展、争创利润的精神、榜样、标杆和旗帜,起到了引进一个改变一方、带动全局的作用,是中国华融创新组织人事工作机制、支撑公司超常规跨越式发展的典型案例。周伙荣同志取得的成绩为他和他的集体带来了众多荣誉。他领导的中国华融广东分公司被中华全国总工会授予"全国工人先锋号"荣誉称号,被中国金融工会授予"全国金融五一劳动奖状",并代表中国华融在银监会组织的"创先争优"经验交流会上作了交流发言。周伙荣同志本人，被中华全国总工会授予"全国五一劳动奖章"，被中国银监会党委授予"优秀共产党员"荣誉称号，被公司评为年度"感动中国华融十大人物"。

1. 落后的广东分公司"四个极不相称"

在中国华融市场转型的前夕，广东分公司在 2006—2008 年连续三年亏损，2008 年亏损了 1800 多万元，在各分公司中排名倒数第一。2009 年年初我第一次到广东调研，对分公司党委提出了批评，指出"四个极不相称"：当时广东分公司的业绩状况与广东在改革开放中的地位相比极不相称，与所有金融机构在广东的业绩相比极不相称，与公司党委、总裁的要求期待相比极不相称，与员工求新、求变、求发展的美好愿景相比极不相称。

2. 引进一个"疯子"，广东分公司成为全系统"领头羊"

思来想去，我决定拿广东分公司做文章。原因很简单，广东分公司地处中国改革开放前沿，理应发扬敢为人先的拓荒牛精神，带头闯出一条适合中国华融转型发展的新路子。

2009 年 4 月，我和公司党委着手调整广东分公司领导班子。在深圳市领导的推荐下，我们引进了优秀金融人才"老金融"周伙荣同志。当时的周伙荣在广东金融界是一个较有名气的人物，深耕广东市场几十年，先后在广发银行、深圳市商业银行和平安银行工作过。凭借过硬本领，周伙荣一步一个脚印从基层干到了平安银行副行级领导职位。谈话中，我说"中国华融是国企，不能给你高薪，但可以给你一个国有金融机构干事的平台"。中国华融的国企平台、我的影响和感召力打动了他，他毅然决定放弃几百万的年薪，义无反顾地来到中国华融。周伙荣同志貌不惊人、行事低调，但勤奋务实、精明能干，业务熟、勇于开拓进取、敢于担当，来到广东分公司后先任党委副书记、副总经理，当年就提出要"摘掉亏损帽子，实现2000万元收入"，大家都说"赖总裁引进来个疯子"。然而，就是这个"疯子"，2009年年底报到总部的商业化收入是3600万元！事实上，2009年广东分公司一举完成了5600万元收入，轧去上年亏损实现盈利700万元，刷新了广东分公司业绩新纪录，甩掉了广东分公司多年亏损的帽子。实践证明，周伙荣的确是一名难得的金融干将，他凭借自己丰富的金融工作经验和精通业务的本领，依托自己多年精心培育的客户群，发扬"五加二""白加黑""狼性管理"等精神，大胆创新，开拓出一条以资产管理为平台、以投资银行及金融服务为手段、以提升资产价值为核心的发展模式，创造了一个又一个奇迹，成就了一个又一个"变不可能为可能"。

2010年，他主持分公司工作后更一发不可收拾，全国分公司当年全系统一共下了1亿元利润计划，很多省仅下了5万元、10万元任务，而广东一家就担了2000万元任务。第一季度广东分公司就实现了利润2400多万元，完成了全年任务！核实利润数据后，我主持召开总裁办公会议，会议作出"五点决定"：（1）给广东分公司荣记"集体一等功"；（2）广东分公司由B类升为A类分公司；（3）从总裁奖励基金中拿出80万元重奖广东分公司的班子成员；（4）奖励公务用车一台；（5）我本人亲自带队去广州，召开"广东分公司一季度特别贡献表彰现场大会"。在广州的现场会上，我即席脱稿作了一个半小时的讲话，总结了广东分公司创新发展的十大经验，号召全系统学习广东分公司，为华融添光彩，并提出了中国华融有名的感恩文化："辛苦理应得到回报，贡献理应获得表彰，成绩理应充分肯定"。在周伙荣同志的带领下，继2010年第一季度完成全年任务后，广东分公司上半年实现利润5000多万元，第三季度实现利润8000多万元，2010年年底广东分公司实现了创纪录的1.33亿元利润，大大超过了当年的利润计划；一年后的2011年，实现利润2.74亿元；两年后的 2012 年，实现利润 5.6 亿元；三年后的 2013 年，实现利润 8.8 亿元；2014 年实现利润首次突破 10 亿元大关，目前仍继续领跑分公司板块的发展。在周伙荣的带领下，广东分公司一马当先，成为全系统名副其实的"领头羊"。一石激起千层浪，广东犹如我投下的一点星火，引燃了中国华融"聚是一团火，散是满天星，星火燎原，照亮华融"的精气神。全国 32 家分公司"比较看差距、落后求奋进"，干事创业的激情被调动起来了，创先争优的紧迫感被逼出来了，我把整个华融激活了，上下搅动起来了，比学赶超、你追我赶，利润连续高速增长，分公司在 2009 年实现利润 4.12 亿元的基础上，2010 年实现利润 8.94 亿元，所有分公司全部盈利，兑现了我和大家"两年时间实现扭亏增盈"的承诺；2011 年实现利润 28.43 亿元，一举超过子公司，彻底扭转了靠子公司养活的尴尬局面，"一体两翼"不再是一个空口号；2012 年实现利润 62.53 亿元，2013 年实现利润 103.4 亿元，破百亿大关。在广东分公司的带领下，分公司中的"亿元俱乐部""五亿俱乐部""十亿俱乐部"成员不断增加，2016 年共有广东、浙江、北京三家分公司实现利润突破十亿元人民币。

3. "周伙荣工作法"——新时代的老黄牛精神

2013 年，以党的群众路线教育实践活动为契机，我提出并经党委会议一致通过号召全系统学习"周伙荣工作法"，其核心是"新时代的老黄牛精神"，要义是"创新、激情、勤奋、坚毅、执着、效益"。唯有创新，方能发展；唯有激情，方能进取；唯有勤奋，方有作为；唯有坚毅，方能强大；唯有执着，方可成功；唯有效益，方有尊严。简而言之，周伙荣精神就是新时期老黄牛精神，周伙荣工作法就是以新时期老黄牛精神辛勤耕耘的工作法。他带领广东分公司全体员工，一直倡导和践行"特别能吃苦、特别能战斗"的精神，倡导和践行"五加二""白加黑"的精神，倡导和践行"苦干实干加巧干"的精神。面对工作中的困难,他提出"要敢于向不可能挑战,敢于向市场叫板"的理念;面对开拓市场的压力,他提出"要实行'狼性管理,变羊群为狼群'";面对客户营销的艰辛,他提出"脚步要勤、脸皮要厚";面对项目推进中的困难,他提出"困难总是有的,办法总会更多";他既敢立利润目标军令状,更有实现利润目标的高超能力,坚持"以利润论英雄,以风险论成败,以质量论高低,以贡献论报酬"。2016 年,周伙荣同志从中国华融光荣退休,我代表公司特意授予他"中国华融荣誉员工"称号,感谢他在华融创新改革转型中发挥的引领作用;感谢他树立的旗帜、榜样和标杆;感谢他为华融留下了宝贵精神财富——"周伙荣工作法"。"周伙荣工作法"将会被我们记住、学习,并不断地传承、丰富和延伸下去。

五、抓团队典型:连续八年实现"三高、四无、五讲"业绩的优秀团队——浙江分公司

2009 年中国华融开启市场化转型以来,涌现出了一批引领改革发展的优秀团队,浙江分公司就是其中一个典范。浙江分公司面对近年来经济形势复杂多变、各类风险不断积聚的不利局面,迎难而上,脱颖而出,连续八年实现盈利高增长,"不发一案、不倒一人、不出一单风险",实现又好又稳科学可持续发展,走出了一条基层经营单位创新转型发展的新路子。2009—2015 年,浙江分公司分别实现利润 351 万元、1.11 亿元、2.43 亿元、4.59 亿元、7.17 亿元、11.2 亿元、14.64 亿元,年度增幅分别为316%、119%、89%、56%、56%、31%,复合增长率达到 68%。浙江分公司连续八年实现"三高、四无、五讲",保持高增长、无风险的良好发展局面,已经成为中国华融全系统的一面旗帜。

1. 浙江是个老先进单位，主业做得好，创造利润多，关键还没风险

浙江分公司是中国华融的老先进，主业做得好，创造利润多，关键还没风险，近些年，浙江分公司"三高、四无、五讲"的旗帜在华融系统深入人心。

三高：连续八年"高利润、高增长、高质量、无风险、可持续"。浙江分公司通过"抓党建与抓业务相结合、创利润与防风险相结合、稳增长与调结构相结合、谋发展与促转型相结合"的"四个结合"，不断做强主业、做优结构、做大利润，特别是把不良资产包"收购＋处置"、问题企业重组等传统业务做精做细，做出了中国华融的特色。近年来，其资产管理主业投放金额占比均在96%以上，业务结构健康稳定，形成了优质上市公司客户、集团客户、金融机构客户各占三分之一的"三三制"客户结构，实现了科学发展、稳健发展、可持续发展。

四无：连续八年"无预警、无逾期、无展期、无不良项目"。浙江分公司坚持"制度管人、流程管事"，重点做到"两手抓"：一手抓建立科学规范的管理机制，完善制度、优化流程、强化执行；一手抓"风险管控1234工作法"，突出"风险管控源头把关"一个核心理念，形成"前台控制线"和"中后台控制线"两条主线，做到"准入风险防范印证与制衡相协同、操作风险防范静态与动态相协同、市场风险防范定性与定量相协同"三个有效协同，严格"项目立项严谨、尽职调查全面、业务审查独立、后续管理主动"四个操作标准，努力把风险防范化解各项工作落到实处。

五讲：连续八年"讲大局、讲规矩、讲专业、讲责任、讲担当"。浙江分公司在业务发展中牢固树立"五讲"意识。讲大局，坚定不移地以中国华融市场化理念和信条为引领，加快分公司转型发展；讲规矩，坚持不懈地把公司党委的各项战略部署、公司总部的各项规章制度落到实处；讲专业，力求对业务精通熟悉，风险苗头认真梳理、操作细节把握准确、前瞻判断预警及时；讲责任，切实履行党委的主体责任、纪委的监督责任、工作的整体责任和个人的担当责任；讲担当，"一把手"勇于负责、敢于担当，班子成员严格履行分管职责，团结协作、群策群力做好各项工作。

2. "向浙江分公司学习"专项活动——"三高、四无、五讲"

浙江分公司连续八年实现"三高、四无、五讲"的背后，有许多经验可以总结，其中最关键的正是分公司在市场拼打中凝聚起的一支"团结敬业、创新稳健、上下齐心、廉洁干事"的队伍。浙江分公司按照"学习型组织、知识型员工、专家型队伍、国际型视野、务实型考核"的标准，重点引进综合素质好、具有一定从业经验的人员，同时着眼业务经营、内部管理实际问题开展有针对性的研究与培训。浙江分公司在干部选拔任用上严格标准，能上能下，充分调动全体员工奋勇争先、比学赶超的积极性；落实公司感恩文化，制定并实施以市场化为导向、体现"多劳多得、优劳多得"的绩效分配考核办法，将个人绩效与工作业绩紧密挂钩，落实"以业绩论英雄、以风险论成败、以质量论高低、以贡献论报酬"的正向激励；严格执行中央八项规定，坚持经营管理与党风廉政建设"同部署、同推进、同落实"，营造风清气正、廉洁干事的工作氛围。

近年来，浙江分公司深入贯彻落实中国华融关于做强主业、服务实体经济供给侧结构性改革的战略部署，积极发挥了金融资产管理公司在服务实体经济转型发展的特殊功能作用。浙江分公司携手地方政府，大力发挥政企合力，共同推进问题企业重组业务，帮助问题企业脱困重生，化解实体经济风险，确保地方民生稳定，在问题企业重组上打出了中国华融的品牌。借助主业优势，中国华融浙江分公司先后与杭州市、舟山市政府签订战略合作协议，大力推进属地问题企业重组，实现了"企业脱困重生、银行化解不良、政府维护稳定、公司实现创利"四方共赢的良好效应。这些问题企业的重组业务很快得到了肯定。浙江省政府相关负责人表示："华融浙江分公司在处理问题贷款和困难企业方面，注重专业服务和精准破解，这为全省金融服务质量的提升贡献了力量。"

2016年，按照中央"两学一做"学习教育要求，为进一步弘扬优秀企业文化，发挥先进典型的标杆作用和引领作用，在公司系统掀起"比学赶帮超"的热潮，公司党委决定授予浙江分公司"发展质量优秀奖"，同时号召全系统在继续学习"周伙荣工作法"的基础上，从2016年开始，重点开展"向浙江分公司学习"专项活动。如今，专项活动开展效果良好，"三高、四无、五讲"的旗帜在基层深入人心，引领作用在不断加强，相信未来在中国华融必将涌现出更多像浙江分公司这样优秀的团队。

六、抓青年工作：弘扬"五四精神"，我与祖国共奋进，同为华融添光彩

青年兴，华融兴；青年强，华融强。青年是华融的未来，青年是华融的希望。我常常讲，对青年员工要"多压担子、多抬轿子、多给位子、多戴帽子、多指路子"，尽快实现"五子登科"。我感悟到，要从中国华融永续经营的战略高度考虑，把青年人才的培养和积累作为事关华融兴衰的根本任务，把青年群体的成长进步作为华融基业长青的重要依托，设身处地支持青年工作，努力营造有利于青年人才健康成长、施展才干的良好环境。华融发展的昨天依靠青年，华融的未来也需要依靠青年，当代华融青年使命光荣、责任重大。

1. 青年兴，华融兴；青年是华融的希望和未来

习近平总书记指出，实现中国梦，需要依靠青年，也能成就青年。中

国华融近年来转型发展的辉煌历程，也是公司系统青年工作大发展的历程。

市场化转型初期，中国华融面临年轻干部偏少、青年队伍偏弱、发展后劲不足、员工活力不强、发展困难重重等问题。我清楚记得，2009 年年初时全系统员工平均年龄 49.9 岁，公司成立十年没有进过新员工，总部机关团员仅有 5 人。2009 年以来，公司党委高度重视青年工作，提出了一些鼓励青年成才干事的理念，推出了一些帮助青年成才干事的政策，让一大批年轻干部脱颖而出，在中国华融成才干事的大舞台中施展才华。通过大胆使用年轻干部和招聘青年员工，整个员工队伍的平均年龄大大降低，干部队伍结构大大改善。截至 2016 年年底，全系统员工总数为 11365 人，其中 40 岁以下青年员工 7883 名，占全系统员工总数的 70%，97% 以上的员工是 2009 年 1 月后进入公司的，公司系统青年员工平均年龄 30 岁，为公司发展注入了新鲜血液；其中 93% 的青年员工取得本科及以上学历，取得硕士研究生及以上学历者高达 34%。公司员工队伍呈现出了新的活力和发展后劲。

2. 让华融青年"五子登科"

2012 年五四青年节，我提出了重视和加强青年人才培养工作的"五子登科"理念，即"多压担子、多抬轿子、多戴帽子、多给位子、多指路子"，明确了要真正从思想认识和具体政策措施上，加大对青年骨干力量的培养使用力度，让青年尽快担当起推动公司经营发展主力军作用。从实践效果看，"五子登科"的措施很到位，效果很显著，2009 年以后入司的青年员工已成为本单位的骨干和业务带头人，综合素质高，工作上独当一面，一大批年富力强的青年骨干脱颖而出，走上各级领导岗位。截至 2016 年年末，公司"一体两翼"领导班子平均年龄 47 岁，"70 后"班子成员共计 216 人，占比 41.14%；"80 后"干部进入中层管理人员队伍的共有 15 人。广大青年立足岗位、成长进步，以实际行动继承发扬"五四精神"，为公司成为中国"资产规模最大、盈利能力最强、实现利润最多、股权回报最好、总市值最高、金融牌照齐全、品牌价值响亮"的大型国有金融资产管理公司做出了突出贡献。青年员工已经成为了中国华融的主力军，中国华融也已成为一家富有生气、富有前景的上市公司。

3. 金融机构中的第一个青联组织

中国华融拥有一支积极热情，充满活力的志愿服务队伍。2011年，中国华融青年联合会（以下简称"华融青联"）成立，成为在银监会主管的9家金融机构中的第一个青联组织。2015年，中国华融又率先在银监会系统成立中国华融青年志愿者协会，专门负责组织青年开展志愿活动，并制定了《中国华融青年志愿者协会章程（试行）》办法，协会宗旨为弘扬"奉献、友爱、互助、进步"的志愿者精神，推动中国华融系统志愿服务活动深入开展。

中国华融的青年志愿者队伍，是公司为回报社会不懈努力的重要社团组织，自成立起始终践行"让青春在服务中闪光"的青春宣言。2016年1月，中国华融四川分公司青年工作委员会及团支部组织了暖冬行动，为支持贫困家庭学生读书，资助了3个贫困家庭的6名孩子，同时发动分公司员工捐赠衣物300余件，并送到宣汉县峰城镇仁义村贫困户手中，为50余户贫困家庭增添了防寒衣物，既有效缓解了贫困家庭的学费支出压力，还为这些学生带去了关怀和温暖；10月，来自公司总部及西南片区分支机构的14名青年志愿者共赴宣汉，慰问贫困山区村小学生，赠送电脑及文体用品，深入宣汉县峰城镇仁义村贫困户家中同生活共劳动，为宣汉县青年创业项目献计献策；11月，中国华融青年志愿者协会与中国华融青年联合会联动，为宣汉县峰城镇仁义村发起爱心捐衣的倡议，将募集到的1497件，共计

45 箱爱心衣物和祝福一同寄给宣汉县需要帮助的残疾人及村民，充分发扬了我们"聚是一团火，散是满天星"的华融精神，为仁义村村民寒冷的冬季增添了华融的温暖祝福。

助力公益、回报社会、热心慈善是中国华融社会责任理念的重要组成部分。我们希望善款不仅能为需要帮助的人带去了中国华融人的祝福与关爱，更能为他们带去中国华融人勇于拼搏的精气神，激励他们战胜严寒，迎接春天！

经过多年的不懈努力，公司目前已拥有较为完备的志愿工作组织架构和管理体系，目前全公司建有 141 个团委（团支部）、约 30 个青年工作委员会、12 个青年研究小组。2016 年，公司青年组织配合公司总部各部门以及各分公司、子公司开展了多项公益活动，总部公益事业领域共投入人民币 11.57 万元，志愿者 212 人，员工志愿者活动总时数 820 小时。

4. 每年五四青年节的座谈和寄语

回顾我个人的职业生涯，除了自身的努力之外，领导的重视、组织的培养、环境的造就起到了非常主要的推动作用，我也愿意把这种指导、帮助、扶持继续传承下去，帮助现在的青年人。每年的五四青年节，公司都会组织与青年员工的座谈，在乐见青年队伍不断壮大的同时，我对他们的成长成才也寄予厚望。

当代华融青年应按照习近平总书记在考察中国政法大学时提出的"要立志干大事，不要立志做大官"的要求，努力做到"立德树人，德法兼修，励志勤学，刻苦磨炼"。我认为，当代华融青年的使命与责任就是"我与祖国共奋进、同为华融添光彩"，具体体现为"六个争当"：一是争当中国华融实现共产主义远大理想和中国特色社会主义道路的信仰者；二是争当中国华融学习习近平总书记系列重要讲话和治国理政新思想新理念新战略的引领者；三是争当中国华融理想信念和先进企业文化的传播者；四是争当中国华融改革创新转型发展的推动者；五是争当中国华融完成各项经营任务和风险防化的实践者；六是争当中国华融开辟未来、创造历史、勇于担当的责任者。

我提出华融青年要培育"五大素养"：忠诚、勤奋、激情、干净、担当，对华融青年寄予"八点希望"：坚定信念、爱岗敬业、勤奋学习、积极实践、勇于担当、开拓创新、团结协作、激情活力。我还送给了青年员工"四方面寄语"：关于梦想，生逢其时，大有可为；关于信念，扣好扣子，走好人生；关于成长，脚踏实地，积蓄能量；关于工作，空谈误国，实干兴邦。

七、抓在岗培训：培训出干部，培训出人才

我非常重视让员工在实践中发展成长，在培训中学习进步。众所周知，金融行业是典型的知识密集型行业，对专业人才有很大的需求。几年前，我们就把"创建学习型组织，争做知识型员工"作为公司人才队伍建设的一个重要抓手，通过增加培训、讲座和交流，在公司上下营造浓厚的学习氛围。我提出"培训普惠制""培训是福利"的理念，有效提升了整体员工队伍的综合素质。中国华融的每一个成员都由于受到尊重、爱惜而认同华融的文化，使文化与人的力量结合在一起，积极开拓、勇于创新、顽强拼搏、乐于奉献，为公司科学可持续发展提供了强有力的人才保障。

我们以加强员工队伍的"十大能力"建设为目标，实现在实践中发展成长，在培训中学习进步，具体来说，就是不断加强领导决策能力建设，不断加强依法经营能力建设，不断加强市场运作能力建设，不断加强开拓创新能力建设，不断加强风险防控能力建设，不断加强处理应对复杂突发

事件和风险危机的能力建设，不断加强分析解决实际问题的能力建设，不断加强与各类人打交道的能力建设，不断加强营造和谐科学务实的企业文化的能力建设，不断加强自身反腐倡廉的能力建设。

截至 2016 年年末，中国华融全系统 1.13 万名正式员工平均年龄 36.6 岁，其中本科以上学历占比 85%，硕士以上学历占比 29%，员工中拥有保荐代表人、注册会计师、注册资产评估师、律师等 50 余类专业资格人才，高学历型、复合型、专家型、国际型人才队伍建设成效明显。中国华融管理团队和执行团队锐意进取、敬业高效、奋发有为，"敢为天下先，爱拼才会赢"和"聚是一团火，散是满天星，星火燎原，照亮华融"的中国华融"精气神"充分发挥，高素质的专业人才队伍已经成为中国华融创新稳健、可持续发展的根本元素。

八、抓人才引进：五湖四海聚华融，择天下英才而用之

习近平总书记说过，"党和人民事业要不断发展，就要把各方面人才更好使用起来，聚天下英才而用之。我们要以识才的慧眼、爱才的诚意、用才的胆识、容才的雅量、聚才的良方，广开进贤之路，把党内和党外、国内和国外等各方面优秀人才吸引过来、凝聚起来，努力形成人人渴望成才、人人努力成才、人人皆可成才、人人尽展其才的良好局面。"近年来，我大力提倡人才引进，坚持资源统筹，干部选拔破除部门、单位和地区壁垒，重点引进和培养"七型人才"。在干部引进上坚持"五湖四海"的原则，不论地域，不论感情，唯才是举，大力引进公司转型发展过程中所紧缺的各类领导干部。只有坚持"五湖四海"，才能任人唯贤、广开进贤之路，实现群英荟萃、人才辈出，才能不拘一格选人用人，唯才是举，打破地域、身份、学历等方面的束缚，破除论资排辈、平衡照顾的思维定势，坚持以

实绩论英雄、凭德才用干部。

1. 按照"量足、质优"研究制定公司人才发展规划

从 2009 年开始，在中国其他很多央企因为金融危机而减少招聘员工的情况下，中国华融开始逆潮流而动，在市场上大规模招聘员工，2009 年当年就招聘了近百人，重点吸纳了一批基本素质好、专业能力突出、发展潜力较大的年轻优秀人才，为公司改制后的长远发展做好人才储备工作。公司党委从加强领导班子建设，促进公司长期可持续发展的高度，充分认识做好培养后备干部的重要意义，建立了后备干部管理制度，适时推进后备人才库建设。

"质优"更是我在选人用人上关注的重点。近年来，公司适时重点引进和培养"七型人才"，主要包括高学历型人才、高素质型人才、综合型人才、创新型人才、实干型人才、专家型人才、国际型人才，还引进了十几名厅局级干部。例如，随着公司在香港成功上市，国际化业务不断取得新突破，我们在人才使用和管理上也不断与时俱进。2016 年 10 月，公司针对境外人员不断增多的新形势，专门增设了境外机构人员管理组，负责指导境外机构的外派人员调配、任免管理以及本地员工招聘、任免，探索完善境外人员管理办法，协助指导境外机构开展党建工作等，进一步加强对境外机构人员的管理；探索建立《境外机构人员管理办法》等相关制度，着力探索出一套有针对性、实效性和可操作性的境外人员管理体系。以华融金控作为试点专门设立监察总监职务，承担起党委、纪委和监事会三重责任，持续加强境外员工队伍思想教育，加大境外领导班子管控力度，国际化平台团队的管理取得良好成效。

我支持引进专业人才，风险、法律、咨询、评估、财务等专业人才，以及基金、保荐人等专业型、复合型人才是公司当下与未来发展的关键，

引进高质量专业型人才能够进一步提升员工队伍的专业水平，逐步改善员工队伍结构。公司还执行领导干部免职和降职制度，坚持"实践出真知，一线出干部"，深入推行干部交流制度，加强管理监督，促进结构调整，"一体两翼"多向交流。通过长期挂职和短期项目锻炼相结合的方式，中国华融加大了总部、分公司、子公司之间的干部多向交流培养力度，对在一个岗位上工作满三年的，根据工作需要，有计划地组织交流任职。另一方面，加大考核问责力度。"动员千遍，不如问责一次。"我们破除了传统的国有企业"干部只能上不能下"的思想，推动形成能者上、庸者下、劣者汰的有效机制。对于违反组织纪律、受到责任追究、年度考核不合格的领导干部，按照有关规定免职或降职。

截至 2016 年年末，公司全系统共有中层管理人员 525 人（总部 98 人，分公司 140 人，子公司 254 人，巡视员 33 人），约占全体员工的 5%。通过调整充实，中层领导班子政治意识、大局意识、核心意识、看齐意识进一步增强，促发展、防风险、带队伍能力进一步提高。目前公司"一体两翼"的领导班子平均年龄 47 岁，"70 后"班子成员已成为公司中层管理人员主力，共计 216 人，占比 41.14%（总部 55 人，分公司 53 人，子公司 108 人）；"80 后"干部开始进入中层管理人员队伍，全系统共有"80 后"中层管理员人员 15 人（其中总部 4 人、分公司 1 人、子公司 10 人）；公司系统研究生以上学历领导班子成员达 276 人，占比达 52.57%。公司中层领导班子的年龄结构、知识结构和专业结构得到进一步优化，凝聚力和战斗力不断增强，成为带领中国华融创新发展的中坚力量。

2. 既要引得进，更要留得住、用得好，要用事业留人、机制留人、感情留人、适当待遇留人、企业愿景留人

如今金融业的市场化程度越来越高，如何吸引人才、留住人才、用好人才是金融企业人力资源建设的重要问题。中国华融十分重视平台、待遇和团队氛围的统一，坚持"事业留人、机制留人、感情留人、企业愿景留人"的理念。

事业留人是根本。每一位员工加入公司，都是为了实现他的社会价值和个人价值，一个好的平台就要有好的事业和光明的职业发展前景。我们推进员工成长进步保障计划，建立专业成长通道，落实一般员工培养锻炼、新员工导师制，着力加快对年轻员工的培养。建立"选马"机制是为了"赛马"的用人机制，确保人才引得进、留得住、用得好，建立健全有中国华融特色的员工成长进步保障机制。我们适时组织实施公司总部高级员工竞争上岗工作，加大年轻优秀干部选拔任用力度，营造年轻优秀人才脱颖而出的有利环境，努力让每一位华融人都有公平竞争的进步通道和光明的职业前景。

感情留人是纽带。我们在日常工作和管理中要以诚待人，以情感人，努力营造一种积极向上、和谐融洽的人际关系和良好氛围，使大家心情舒畅地工作。中国华融通过全面扎实的带队伍工作，把人这个因素的无限潜力充分地调动和发挥出来了。我们一直在践行企业发展成果与员工共享的理念，以"辛苦理应得到回报，贡献理应得到表彰，成绩理应得到肯定"为感恩文化，较好实现了"发展依靠员工、发展为了员工、发展成果与员工共享"，员工的"尊严感、自豪感、幸福感、成就感、获得感"持续增强。对这一点，我个人的感触很深，这些年来华融人以"五加二""白加黑"的工作节奏创造了发展奇迹，但是也有不少人由于种种原因身体出现了问题。我在各类会议上经常强调，对健康出现问题的同志，公司要在符合政策的范围内尽最大可能予以帮扶，让员工真正体会到雪中送炭见真情。

适当的待遇留人是基础。适当的待遇不仅是一种保障，更是对员工价值的认可，是吸引干部员工为公司发展努力拼搏，与公司同命运、共奋进的基本前提。为此，公司在监管政策的要求范围内努力给予员工合理的报酬和激励，制定并完善薪酬制度，建立了市场化的分配激励机制。按照"绩效优先、兼顾公平"的原则和公司发展成果与员工共享的理念，我们将人员费用向"贡献度、进步度、健康度"好的单位和一线员工倾斜，鼓励绩效分配向岗位价值高、本人能力强和绩效贡献大的员工倾斜。市场化转型以来，我们通过岗位价值理念的引入，打破了"干多干少一个样，干好干坏一个样"的分配格局，有效淡化了"官本位"和"独木桥"的思想，充分体现了"依法经营出效益，求真务实比贡献"的价值导向，员工的思想观念得到了市场化的洗礼，为公司进一步转型改制奠定了重要的机制基础。2013年集团公司成功申请并建立企业年金制度，成为建立健全员工激励保障机制，构建多支柱养老保障体系，提高集团公司员工退休后生活保障水平的重大举措。

企业愿景留人是关键。近年来，随着中国华融圆满完成"改制—引战—上市"三部曲，开始新五年创新发展战略的征程，华融人自身的职业发展已经和华融的成果发展紧密地联系在了一起，中国华融的跨越式发展令世人瞩目，我们的发展愿景已成为留住人才、凝聚人才、吸引人才的关键。中国华融的事业是面向未来的事业，"华融梦"更是全体华融人的梦，需要一代又一代华融人接续奋斗。中国华融引进和招聘的新同志，在为华融不断注入了新鲜血液，逐步成为各条业务战线上的骨干，为未来事业的发展充实了后续力量。随着改制的成功，中国华融凝聚和带领的队伍越来越强壮，中国华融的未来发展也将更加灿烂辉煌。

九、发挥老同志传帮带作用：老同志是华融的财富

我坚定地认为，老同志是中国华融的宝贵财富，老干部工作是公司各项工作的重要组成部分，是公司党委与广大老同志密切联系的桥梁与纽带。

在今年的老同志慰问座谈会中，公司一些老同志表示，只有公司好，员工才会好，公司是每一个退休员工的强大后盾，可谓华融好，大家好；华融强，大家强。我们将继续努力，团结带领大家把华融做得更大更强更优，为老同志创造更好的环境，使老同志"老有所依、老有所靠、老有所想、老有所乐"。正是因为如此，近年来有不少同志真诚地对我说："董事长，我们希望退休退在华融！"

每值新春佳节来临之际，我都会组织召开公司总部退休员工新春慰问座谈会，热烈欢迎老同志"回家"过年。公司能够取得当前优良的成绩，离不开各位老领导、老同志一直以来的关心与支持。公司的一些老同志，过去长期担任领导职务，在中国华融发展改革壮大进程中，兢兢业业，无私奉献。大家虽然陆续离开工作岗位，退休了，但身退心不退，仍然壮志不减、心系华融，通过多种方式关心支持公司工作。可以说，中国华融取得的每一项成果都凝聚着广大老同志的辛勤汗水，每项事业的进步都与老同志的关心、支持密不可分，也为全系统广大员工树立了榜样。

2017 年的座谈会上，我在认真听取了部分老同志的发言后，决定现场办公，立即回应老同志提出的合理诉求和建议，并号召有关部门马上研究，力求妥善解决老同志提出的问题。我一直强调，老同志们是中国华融改革发展的"传播者、建言者、引导者"，要十分重视老同志们对公司提出的宝贵意见和建议。

十、建设"学习型组织、知识型员工、专家型队伍、国际型视野、务实型考核""五型"团队

"积力之所举，则无不胜也；众智之所为，则无不成也。"聚众人的力量去做事情，就没有不胜利的，集众人的智慧做事情，就没有不成功的。

1. "五个一"理念：一个"一把手"、一个团队、一套制度、一种文化、一份业绩

企业规模有大有小，大有大的做法，小有小的打法，但是一些基本的原理、基本的关系、基本的逻辑，都是大同小异。一个理念决定一个行动，一个行动创造一个价值，一个价值会有一份收益。总结中国华融市场化转型的发展历程，我感悟到，我们之所以能够在市场上取得一席之地、实现持续稳健快速发展，很重要的原因在于坚持"五个一"理念，即"一个'一把手'、一个团队、一套制度、一种文化、一份业绩"。通过践行"五个一"理念，公司党委的核心作用、"三会一层"的带头作用、"一把手"的引领作用以及全体华融人勇于担当、奋发有为、锐意创新、奋力拼搏的责任意识都被充分调动起来，公司发展的内生动力源源不断增强，推动中国华融加速前进。

第一个"一"，是"一个'一把手'"。火车跑得快，全靠车头带，"一把手"很关键。身为"领头羊"，"一把手"的品格直接影响团队的高度，眼光决定团队的命运，行为带动团队的成效。"一把手"的任务，就是要善于创造并实现梦想，要善于出主意、用干部，要善于身体力行、带领队伍，要善于调动一切热情、克服困难、完成任务。"一把手"既是一个单位激扬热情、放飞梦想的创造者，又是一个机构长治久安、健康发展的护卫者。从中国华融分支机构的发展实践看，"一把手"对所在单位的引领作用非常重要。很多时候，分支机构的团队没变，条件、环境没变，只是换了一个有开拓能力的"一把手"，结果就大不一样了，思想观念、经营思路、业务发展、员工精神面貌都随之发生了变化，部分单位一举改变了落后面貌，由落后变为先进。广东分公司的发展变化就是最鲜活的事例。2009年，我大胆启用周伙荣同志，他带领广东分公司"五加二""白加黑"地苦干实干加巧干，第一季度就完成全年工作任务，使亏损最严重的广东分公司

迅速扭亏为盈，从倒数第一变成了排头兵。

第二个"一"，是"一个团队"。一分部署，九分落实。"一把手"的思想战略、理念文化，要有一个团队帮助落实。一个好的领军人物，加上优秀的团队，一定会干成事。中国华融的团队非常好，员工队伍执行力强，落实能力强，干事能力强，做到了"想干事、能干事、会干事、干成事、不出事。从 2009 年至今，中国华融在转型，我自己在转型，我领导我的团队也在转型，面对压力、面对市场，员工队伍上下搅动起来，大家干得热火朝天，整个中国华融如同一池春水，生机勃勃，形成了"聚是一团火，散是满天星，星火燎原，照亮华融"的"精气神"。遍布全国各地的 60 家分公司、子公司星星点点，员工在各个岗位星星点点，就像井冈山的星火燎原一样，照亮中国华融、发展中国华融、壮大中国华融，造就了中国最大的金融资产管理公司。

第三个"一"，是"一套制度"。企业发展需要科学健全的机制，队伍建设也要有好的机制来保障。人才工作体制性机制性障碍不消除，会造成对整个人才资源的粗放式、低效率的管理和开发利用，直接影响到人才队伍建设的成效和经济社会发展水平的提高。近年来中国华融以改革的思路、创新的精神、开放的眼光、务实的态度，倡导科学培养人才，广泛聚集人才，用好用活人才，构成了一套充满活力和竞争力的人才发展体制机制。我们以市场化引进领军人才为标志，创新人才管理体制，大力调整完善班子结构；以"想干事、能干事、会干事、干成事、不出事"为目标，创新人才队伍建设机制，逐步构建梯次合理的员工队伍；以贯彻落实中央"深化国有企业负责人薪酬制度改革"精神为导向，创新正向激励和有效问责机制，实现"公司发展成果由全体员工共享"。

第四个"一"，是"一种文化"。一个没有文化的民族是注定要灭亡的，一个没有文化的企业是注定要失败的。企业为树，文化为根，没有深厚的文化底蕴做支撑，企业走不远、飞不高，也走不好。中国华融在市场化转型的过程中，坚定文化自觉自信，注重提升企业发展软实力，不断加强和推进中国华融先进企业文化建设，形成了一整套系统的中国华融市场化发展新理念，以"稳健、创新、和谐、发展"为核心文化，以"华英成秀、融通致远"为品牌理念，以"辛苦理应得到回报，贡献理应得到表彰，成绩理应得到肯定"为感恩文化，坚持"以政治论强弱，以业绩论英雄，以风险论成败，以质量论高低，以贡献论报酬"，完整构建了具有华融特色、先进务实的企业文化体系。这些先进文化和理念非常精炼，每个华融员工"入耳入脑入心入行动"，成为员工的自觉行为，使员工作为华融人的荣誉感和自豪感进一步增强、对华融事业的热爱和信念更为坚定，形成强大凝聚力，推进公司创新转型发展。

第五个"一"，是"一份业绩"。如果有好的"一把手"、好的团队、好的制度、好的文化，但如果没有好的业绩，对于企业来说，就都是空中楼阁。市场化经济中，企业从它"出生"起就肩负着一个重要的使命——创造利润，没有利润的企业是无法生存的。具体到中国华融来说，只有通过做强主业、做大利润，才能增强自身实力。公司市场化转型带来的一切变化和取得的所有成效，也最为直接地体现在实实在在的利润上。回顾公司近年来的发展过程，从"给米做饭"，到"找米下锅"，再到"送米上门""把米做熟""新米回锅"，我们始终在围绕"米"来做文章。"米"就是客户，就是项目，公司上下集中精力拓市场、找项目、做业务，不断增强公司的利润，壮大公司的实力。多创利润添后劲，骄人业绩提振了华融人的信心和勇气，打开了公司转型发展的新局面。

2. 抓两头，稳中间，努力构建合理的人才梯次结构

"抓两头"就是要一手抓领导班子建设和一把手建设，一手抓优秀年

轻干部的选拔任用；"稳中间"就是要发挥好老同志的传帮带作用。在稳定中间基本力量的同时，着重抓好领导班子建设和青年员工充实培养，用好用活人才，激发队伍活力，优化人才结构。同时采用不换思想就换人的改革办法，充分调动分支机构领导的作用，着力调结构，在内部推荐、定向猎挖、异地揽才等人才引进方式的基础上，向社会公开招聘高、精、尖的年轻专业人才，充实中层管理人员队伍，公司人力资源短板得到根本性扭转。

3. 坚持"十贵十重"

在为青年人才成长"搭台唱戏"之外，我也意识到，当前社会发展加快、公司转型加速、公司青年员工增多，公司青年工作的工作对象、工作环境、工作重心等都发生了变化。立足青年人成长的新特点和新规律，我对青年员工成长成才提出了更多要求，希望他们能朝着更高的目标努力，让青春在做强做优做大中国华融中闪光，奋发有为创造中国华融更加美好的明天。我专门提出了坚持"十贵十重"的希望：一是贵在成效，重在优良业绩、求真务实上下功夫；二是贵在学习，重在金石之见、建言献策上下功夫；三是贵在创新，重在开拓进取、敢为人先上下功夫；四是贵在实践，重在实干协作、干事成事上下功夫；五是贵在调研，重在深入基层、贴近实际上下功夫；六是贵在团结，重在齐心协力、协同效应上下功夫；七是贵在责任，重在勤奋敬业、勇于担当上下功夫；八是贵在廉洁，重在修身自我、干净自律上下功夫；九是贵在发展，重在从我做起、奉献华融上下功夫；十是贵在坚持，重在建章立制、一以贯之上下功夫。

让人欣慰的是，青年员工没有辜负我和公司党委的期望，这些年轻人发挥自己的优势特长，心系公司中心任务，服务公司发展大局，为公司改革发展献计献策，积极参与公司各项大型活动，立足岗位、奋发有为、热爱华融、奉献华融，充分体现了中国华融"聚是一团火，散是满天星，星火燎原，照亮华融"的精气神。由具备研究能力且有研究兴趣的青年员工组建了 12 个青年研究小组，整合全系统青年研究力量，为公司党委科学决策和公司转型发展提供了智力服务。每年举办一次的"金石之见·点亮华融"青年论坛金点子征集活动，至今已成功举办了六期，效果很好、参与率高，已经成为中国华融青年工作的一张名片，也发展成为公司的"智库"之一。青年员工还积极开展"岗位大练兵，争做服务明星"活动，努力提升岗位技能与专业素养；主动参与义务植树、赴宣汉扶贫走访、募捐送温暖捐赠等活动，热心公益、献出爱心，让我真切感受到了他们展现青春风采、岗位建功立业的积极性、主动性和创造性，为他们深感骄傲自豪。

当今时代，科技进步突飞猛进，知识经济蓬勃兴起，人才资源越来越成为经济发展和社会进步的强大推动力。区域竞争归根到底是人才的竞争，谁拥有了人才优势，谁就拥有了竞争优势。

今天，中国华融"学习型组织、知识型员工、专家型队伍、国际型视野、务实型考核""五型"团队结构合理、战斗力超强，经受了市场竞争的检验和快速发展的洗礼，已成为中国华融最宝贵的财富。

第七章

文化之道

〉

〉〉

　　导语: 企业文化是一个企业的灵魂。一个没有文化的民族注定要失败，一个没有文化的企业注定要消亡。中国华融的文化之道表明: 企业文化可以帮助企业内部建立统一价值观，组成命运共同体，从而凝聚起推动企业发展的强大合力，同时对外可以帮助企业树立良好品牌形象，不断增强客户群体的认可度、信赖度和忠诚度，持续增强市场竞争力和品牌价值。

　　中国华融的文化之道集中体现在 220 多条"中国华融市场化理念与信条"上，公司把这些理念和信条印成小册子，人手一册，同时在公司的电视屏幕上滚动播出，真正做到入耳入脑入心入行动；中国华融的文化之道还体现在"敢为天下先，爱拼才会赢"的华融精神上，体现在"华英成秀，融通致远"的品牌理念上，体现在"干出来，说出来，传出来"的品牌策略上，体现在"聚是一团火，散是满天星，星火燎原，照亮华融"的华融精气神上，体现在"辛苦理应得到回报、贡献理应得到表彰、成绩理应得到肯定"的华融感恩文化上，体现在建设"有尊严、有价值、有内涵、有实力、有责任"的"五有"现代金融企业公司愿景上，体现在"不忘初心，永葆信心"的华融自信上，体现在"感动华融十大人物"的感人事迹上、体现在纷至沓来的鲜花、掌声及各种荣誉上，更体现在一万二千名中国华融人的一言一行、一举一动上。

在中国华融，企业文化如空气般无处不在，如细雨般润物无声，如信仰般给人以不断进取的勇气、智慧和激情。

一、华融文化：集中体现在 220 多条"中国华融市场化理念与信条"上

小企业发展靠个人能力；中型企业发展靠"个人 + 制度"；大型企业发展靠"个人能力 + 制度 + 企业文化"。大型企业没有正向的文化根本发展不起来。华融要成长，要保持竞争力，要基业长青，就必须有自己强大的文化基因。在我接掌华融后，在改变同志们政策性时代的惯性思维、坚决推进商业化改革、当年实现盈利的过程中，我深深体会到重新布局华融企业文化的迫切性。只有与华融商业化转型发展战略相契合的带有华融特色的企业文化，才能帮助华融培育出拥有共同价值观的同行者，才能打造出一支目标一致、团结一心的华融的队伍！

1. 符合实际、有效管用

管理的理念与信条无需阐述复杂的概念，而是要说朗朗上口、有效管用的"人话"。公司商业化转型发展以来，我们陆续提出和公司商业化转型发展战略相契合的、独具华融特色的一系列新理念和信条，这些新理念、新信条都不是什么长篇大论，而是或经过我反复推敲、高度提炼，或是我灵感一现、妙手偶得的语录。作为华融的"一把手"，我讲出的这些符合实际、通俗易懂又朗朗上口的语录非常容易引起大家的共鸣，这些话常常像是投入池塘的一粒石子，给华融这池水引来一层层的涟漪——这些新理念、新信条很快开始在各类场合被领导和员工重复引用，过不了几天就会出现在总部大楼每层的信息屏上，成为了华融每位员工行为养成的"尺子"

和"镜子";或是被引用在公司各经营单位的工作计划、运营报告中,指导着华融党的建设、创新发展、业务经营、风险防化、队伍建设,以及社会责任践行等各个条线的工作方向。

为了使华融企业文化的管理与宣传更加标准化、更具规划性,从2011年起,我们对这些新理念和信条进行了系统的梳理、完善和充实,形成华融商业化发展新理念47条,向公司全系统印发。2012年,我们以公司改制进入第二次创业新世代为契机,将华融不断充实的理念和信条整理总结并制作成企业文化手册——《中国华融·理念与信条(企业文化)》,在公司全系统宣传推广。随着华融各个阶段战略规划的推进,华融的企业文化内涵也不断丰富,华融的理念与信条不断更新、升级。截至2017年,华融企业理念和信条已增至220多条。《中国华融·理念与信条(企业文化)》已经成为公司"一体两翼"各单位企业文化建设的理论依据,成为了中国华融企业文化的标志性理论成果。

不仅如此,这220多条"中国华融市场化理念与信条"还名声远扬。有一次一位省长老朋友给我打电话时突然提到听说华融有本"红宝书",要我一定送他一本读读。还有一次遇到一位央企领导,说朋友向他推荐了华融的"理念与信条",他读了颇受启发。而在华融系统内,这些与时俱进的理念与信条如今已被华融人贯穿于工作实践中,落实在业务拓展中,形成推动公司发展的强大内生动力,引导华融人完成一项又一项历史使命,同时将继续引领华融人实现"华融梦"。

2. 入耳入脑入心入行动

为了强化华融企业价值观与个人价值观的有机统一,使华融新理念、新信条入耳入脑入心入行动,深化华融企业文化建设,提升华融企业文化软实力,公司专门成立了"中国华融企业文化建设领导小组",由我挂帅担任组长，分管领导和有关部门负责人为成员，下设办事机构，负责公司企业文化建设措施的具体落实和推动，建立起企业文化组织领导和执行体系。

一是通过建章立制规范员工行为，做到有效约束。行为规范涵盖员工日常行为、行政办公、对外业务往来、对内敬业奉献等各方面，并将企业文化和个人道德修养作为一项指标纳入对公司各单位的考评体系中。

二是践行感恩文化，实行贴合公司实际的正向激励机制，有效支撑公司新五年发展战略的推进。为了践行华融特有的"辛苦理应得到回报，贡献理应得到表彰，成绩理应得到肯定"的感恩文化，华融不断建设完善荣誉体系，例如早期的"董事长奖励基金"和当前更加细化、优化的"五优五户"荣誉体系（即优秀单位、优秀个人、优秀共产党员、优秀党委书记、优秀纪委书记，利润贡献大户、风险化解好户、产品创新优户、业务转型新户、队伍建设强户）。公司将评优结果与奖励挂钩，做到从荣誉到物质的全方位激励。同时，在系统内，充分发挥"典型引路"的作用，发动和组织广大员工学习先进模范，激发高涨的工作热情，介绍创新的业务模式，推广先进的工作方法，有效支撑公司新五年发展战略的推进。

三是系统实施培训计划、宣传活动，聚集传递企业正能量。在华融，我们自己培养了一支华融企业文化培训讲师队伍，作为华融文化建设的"布道者和感召者"，与业务培训有机结合，系统性地开展企业文化培训活动、宣传活动。同时，开展形式多样的企业文化活动，丰富员工精神文化生活，提养员工精气神，聚集传递企业正能量。

中国华融正是凭借这220多条朗朗上口、有效管用的理念和信条，通过正向激励和有效约束，把企业文化管理应用到了公司经营发展的全过程和各个环节，通过创新企业文化，推动了思维观念、发展战略、体制机制、业务产品、队伍建设方面的创新，支撑了公司商业化转型创新发展；同时公司的蓬勃发展又反过来带动了华融企业文化的更新与升级，实现了企业文化与创新发展的良性互动。

3. 思路决定出路，引领思想观念大转变

2009 年，我刚刚接掌中国华融时，公司正面临着从政策性阶段"给米做饭"到今后"找米下锅"的历史性转变和现实挑战，面临着企业大面积亏损、经营困难的现实问题。面对长期从事政策性业务形成的思想观念陈旧、思维方式简单、业务运作单一、经营业绩低迷、队伍结构不合理的实际困难，我敏锐地意识到"思路决定出路"——唯有重塑发展思路、重塑企业文化，才能成功"脱壳"获得"新生"，才能趟出一条适应商业化转型要求的科学发展之路。借助公司党委一班人的集体智慧，我们从强化队伍的市场意识入手，大胆提出"依法合规科学发展，风险管控责任到人，争创利润绩效优先"的经营方针，确立了"五年三步走"发展战略和"12345"的工作思路。针对政策性时期形成的思想观念已无法适应商业化转型发展需求的现状，我率先提出"向市场要资源，向市场要效益"，倡导建立"以市场为导向、以客户为中心、以利润为目标"的市场化运作模式，并进一步明确"发展是硬道理，是第一要务；风险是硬约束，是第一责任；利润是硬任务，是第一目标"的发展宗旨，提出"大发展、小困难；小发展、大困难；不发展、最困难"的中国华融发展观，构架起中国华融全面推进商业化转型的发展思路和价值理念体系。

2009—2012 年，中国华融发生了翻天覆地的变化，连续四年实现利润大幅翻番的超常规跨越式发展，可谓成绩斐然！然而作为企业"一把手"，在带领大家闯出一条生路，带领公司蓬勃发展的同时，我必须居安思危，时刻警惕着公司快速发展过程中潜在的风险和存在的问题。随着公司资本规模硬约束及审慎监管政策的强化，部分经营单位单纯追求发展速度和资

产规模而忽视发展质量，带有冲动性、扩张性的盈利模式变得不可持续。针对这一问题，2012 年年初，我果断提出了"华融传统向华融创新转变、华融速度向华融效益转变、华融产品向华融品牌转变"的发展战略，由追求"过高过快"的增长速度转到速度与"质量、效益"并重的内涵式发展上来，最终实现公司可持续的发展。2013 年，中国华融经营业绩已跃居行业领先地位，我继而提出要不断加强风险管控，不断提升发展质量和效益，努力打造"治理科学、管控有序、主业突出、综合经营、业绩优良"的一流资产管理公司的新发展目标。

2015 年，公司在香港上市后，我们立足新起点，将公司战略的核心聚焦在可持续发展上，研究制定出公司新五年创新转型发展战略，"做强做优做大国有企业"，进军"世界 500 强"，打造"一流资产管理公司"在全球市场叫响"中国华融"这一中国金融资管品牌，助推中国经济转型发展，实现伟大"中国梦""华融梦"！

二、华融精神：敢为天下先，爱拼才会赢

一家企业"一把手"的自我定位、个人特质在很大程度上影响着这家企业的文化氛围。如果"一把手"竞争意识强，那么企业也会更加上进求胜；如果"一把手"善于驾驭、分析数据，那么企业更会倾向于理性做出决定，促使企业稳健发展。我自认为是一个敢打敢拼、不服输的人，也是一个敢于挑战、勇于创新的人。我常说，这几年华融发生的巨大变化中，最令我感到欣慰的是华融人精神面貌、思想观念上的变化。"敢为天下先，爱拼才会赢"的精神才是华融不断发展的源动力。

1. 道路决定命运，市场不相信眼泪

道路决定命运，思路决定出路。回顾华融自成立以来，尤其是 2009 年商业化转型这八年来，坚持"听党的话，跟政府走，按市场规律办事"经营理念，不忘初心、砥砺前行，圆满完成"改制—引战—上市"三部曲，最大限度实现国有资产保值增值，实现了跨越式的发展，取得了令人骄傲的成绩。苦干取得成绩，实力赢得尊严，文化获得认同。如今回过头看，之前的每一步都在朝着既定方向坚定地迈进。

2009 年我接手华融时，华融经营亏损严重，按照当初国家政策设计，四家资产管理公司的存续期为 10 年，2009 年 10 月 19 日就是华融的大限之日。10 年存续期后资产管理公司怎么转型，当时没有国际成功经验，回归工商银行也不现实，这家国字头金融央企的命运交到我手上，既让我倍感压力，同时又彻底激起了我不服输的斗志和强烈的事业心！我 2009 年 1 月 19 日来到华融，2 月 26 号就召开了全系统工作会议，前后一个多月时间就拿出了一整套的发展方案，根据华融自身条件提出"五年三步走"的战略目标：第一步，实施推进大客户战略，彻底走市场化的路子；第二步，引进优秀的战略投资者，构建现代金融企业；第三步，择机上市，实现华融整体的跨越发展。当时，在四家资产管理公司中，中国华融是第一家提出向市场化、多元化、综合化、国际化的现代金融控股集团转型的资产管理公司，引领了整个资产管理公司转型。当时很多人对这一"宏大"的目标感到遥不可及，但是在我的坚持下，凭借着全体华融人心往一处想、劲往一处使地顽强拼搏的精神，公司在经历了市场化转型的阵痛后，八年间利润连年创新。截至 2016 年年末，华融总资产达到 14119.7 亿元，比 2008 年末增长近 43 倍；净资产超过 1500 亿元，比 2008 年末增长近 10 倍；实现净利润 231.1 亿元，比 2008 年增长近 68 倍。

随着公司规模不断做大、业绩不断做强、业务不断做开，经国务院批准，

2012 年 10 月 12 日，中国华融资产管理股份有限公司揭牌成立，标志着中国华融完成了从政策性向商业化的转型。2014 年 8 月底，经国务院批准，中国华融又圆满完成了引入战略投资者的工作。在最终选择引入七家战略投资者时，除了决定引入高盛、华平这样的全球顶级金融机构外，我还大胆决定引入一家民营企业——复星国际，在金融行业混合所有制改革中开了先河，使得华融成为国内首家由国有 + 外资 + 民营多种所有制资本共同持股的金融资产管理公司，同时引战融入资本 145.43 亿元人民币，公司资本得到充实、股权结构得到优化，为公司未来上市奠定了重要基础。

华融的在港上市可谓逆势而上，过程惊心动魄。2015 年 6 月下旬，中国内地和香港股市行情急转直下，中国内地 A 股千股跌停，香港股市也从 30000 点到了 19000 点左右，直至 8 月下旬市场仍不见好转。与 6 月初的市场行情相比，上证综合指数累计跌幅逾 30%，香港恒生指数累计跌幅达 22%，跌幅之大、之快，历史罕见，境外资本市场持续低迷，道琼斯指数、纳斯达克指数累计跌幅均超过 5%。同时，另一家大型金融央企也宣布拟于同期上市，发行时间几乎与中国华融撞车，而历史上撞车发行成功的例子几乎未曾听说。2015 年 7 月 3 日，在中国华融正式向香港联交所递交上市申请之后的第二天，香港主要媒体关于中国华融的标题是："中国华融逆市递交 IPO 申请"。9 月，资本市场波幅相对收窄，进入短暂调整期。虽然随着中央一系列救市措施的逐渐到位，市场开始企稳，投资者情绪也已渐渐稳定，但大多数投行对可能出现的发行窗口并不乐观，建议公司持续观望，等待时机。但是我权衡利弊，决定带着我的团队冒着枪林弹雨冲向市场，因为华融就像是我自己的孩子一样，我心里非常清楚它是好还是丑，我坚信一定能发出去。这份坚定源于我对中国华融良好业绩的自信，也源于我对市场走势的判断。10 月 8 日，国庆长假一结束，我就召开党委会议，果断决策，决定抓住稍纵即逝的宝贵发行窗口，全面启动上市

路演工作，上下一心，全力以赴，克服市场环境不利影响，实现"2015 年
10 月 30 日在港挂牌上市"的目标！在接下来的 5 个路演工作日中，公司管
理层兵分三路，在香港、新加坡、伦敦和纽约进行了 50 余场一对一投资者
会议，5 场大型午餐会，累计会见 300 余家全球知名投资者。路演首日的投
资者午餐会上，面对在港数百家机构 300 多名与会代表、50 家媒体，我脱
稿演讲 50 多分钟，从公司的顶层设计方案、战略规划到具体的经营业绩、
创新业务，用大量的数据解释华融的发展现状、投资亮点及未来前景。据说，
作为国企老总在港路演脱稿演讲，我是第一位。我的"脱口秀"吸引了不
少国际投资者的眼球，赢得了境内外媒体和股评家的赞誉，海内外媒体大
量报道中国华融在港上市的相关消息，形成一股"华融热"，因此很快拿
到 60 多亿美元的订单，实现在 13 倍以上的国际超额认购！最终中国华融
股票以 3.09 港元 / 股的价格成功发行，募集资金总额约为港币 196.97 亿元，
最大程度地实现了国有资产保值增值。

2. 因形势而变，因政策而变，因市场而变，因客户而变，因项目而变

世上唯一不变的就是"变"，不日新者必日退。在当前国际国内经济
大环境下，各种产业发展面临着市场容量饱和，竞争加剧，产业结构调
整乏力等诸多困难和矛盾，企业尤其需要变中求新，闯出一条转型发展的
道路。

回首中国华融这几年，之所以能实现超常规、跨越式的发展，其根本
原因是我们一直坚持走具有华融特色的创新驱动的发展道路，适应新常态、
寻找新动力、实现新发展。战略上，因形势、因政策而变；战术上，因市场、
因客户、因项目而变，在市场化竞争中占领了先机、赢得了主动。

战略布局上，公司紧跟国家发展战略，及时把握政策、市场机遇，搭
建平台，拓展业务。公司积极对接国家"一带一路、内外联动"的国际化

战略，提出"立足港澳台，服务大中华"，并相继搭建了华融（香港）国际、华融澳门、华融前海财富管理、华融西部开发投资、华融华侨资产管理等战略平台，支持中国企业走出去；紧抓国家"自贸区建设"战略机遇，在上海自贸区率先成立了分支机构，成为在上海自贸区设立分支机构的第一家国有金融资产管理公司，在业内起到了很好的引领示范和辐射带动作用；深入参与地方资产管理公司建设，分别与山西省人民政府、青海省人民政府共同组建华融晋商、华融昆仑青海等地方资产管理公司，助力地方政府化解和防范区域性金融风险。

战术打法上，华融根据市场和客户的需求、项目的需要，通过业务模式和投资方式的创新，积极探索并开展各项业务，为国家创财富、民众谋福利的同时，华融自身也实现了超常规、跨越式的发展，八年多来，中国华融总资产增长近 50 倍，净资产增长近 11 倍，净利润增长 68 倍。在当前国家推进去产能、去库存、去杠杆、降成本、补短板这"三去一降一补"五大任务中，华融充分利用资产管理公司的专业优势，发挥资产管理公司的独特作用，深度参与相关项目，支持企业债转股，助力企业重组并购，帮助"僵尸企业"退出，设立企业发展基金，推动"大众创业、万众创新"。

3. "五加二" "白加黑" "夜（里）总（开）会"

回首中国华融的发展史，作为政策性时代专门接收处置工商银行 7.1 万户企业、4077 亿元不良资产而设立的机构，华融可谓应大势而生，肩负了重要的历史任务；在完成政策性不良资产处置后，华融进行商业化转型，实现超常规、跨越式发展，可谓是乘大势而起。华融的发展史是一部涅槃重生、后来者居上的赶超史，是一部发奋图强的创业史，是一部众志成城的奋斗史，而推动华融书写华丽篇章的原动力正是千千万万的华融人激情、勤奋、坚毅、执着的中国华融"精气神"。在推动华融商业化转型浴火重生的时期，在华融"冒着枪林弹雨"，赴港上市的日子，在无数个紧张而平凡的日日夜夜，都有华融人在各自岗位上谱写的"五加二""白加黑""夜（里）总（开）会"的奋斗故事。

华融商业化转型初期，广东分公司原总经理周伙荣同志带领广东分公司创造出由连续四年亏损、业绩系统内垫底一跃成为系统最赚钱、业绩排名第一的"奇迹"。广东分公司的"咸鱼翻身"引燃了中国华融"聚是一团火，散是满天星，星火燎原，照亮华融"的精气神。周伙荣同志一直倡导和践行的"特别能吃苦、特别能战斗""五加二""白加黑"的精神在公司系统内被迅速效仿，全国32家分公司"比较看差距、落后求奋进"，干事创业的激情被调动起来了，大家争先创优、比学赶超，"五加二""白加黑""夜（里）总（开）会"苦干实干加巧干，利润连续高速增长。在2009年分公司实现利润4.12亿元的基础上，2010年实现利润8.94亿元，所有分公司全部盈利，兑现了大家和我"两年时间实现扭亏增盈"的承诺；2011年实现利润28.43亿元，一举超过子公司，彻底扭转了靠子公司养活的尴尬局面；2012年实现利润62.53亿元，2013年实现利润103.4亿元，破百亿大关。到2015年年底，32家分支机构实现总利润192亿元，与2010年公司下达全系统32家分支机构利润计划1亿元相比天差地别。

华融2015年赴港上市的过程可谓惊心动魄。6月下旬，中国内地和香港股市行情急转直下，上半年规模在1亿美元以上的港股IPO项目几乎全部破发，一些正在准备冲刺港股的公司暂停了上市计划，取而代之的是对市场的消极观望。前期对华融香港IPO有浓厚兴趣的投资者此时变得"谨慎"，甚至"冷淡"，给华融如期完成上市发行带来严峻的考验。为了找到"理性"而充足的基石与锚定投资者，营造良好的市场氛围，有效降低发行风险，公司高管团队在正式路演前就密集开展"高层营销"工作，先后率队于美国及新加坡、英国、中东、香港、内地（北、上、广深）等地组织了 60 余场非交易路演（含 1 对多）、5 场小规模午（晚）餐会，在公司进行了 100 余场反向路演，会见了约 150 家潜在投资者，被投行誉为史上"最勤勉"的上市路演推荐团队！在那些难忘的日子里，为了在有限的时间里约见更多的投资者，整个路演高管团队白天约见投资者，晚上坐飞机赶行程，往往飞机刚一落地，路演团队就直奔路演现场。非交易路演期间，无论是高管团队还是工作人员一直处于连轴转的状态。经过反复讲解和不懈努力，投资者逐步感受到中国华融的诚意，更加认可公司的综合实力和发展潜力，有的投资者甚至提供了非常有帮助的投资故事建议，部分投资者明确表示了基石和锚定投资意向。截至 2015 年 9 月底，仍具有较强烈基石投资意愿的投资者拟认购金额超过 50 亿美元，已签约基石投资者拟认购金额约 20 亿美元，基石投资订单已经超过 1 倍订单覆盖。

三、品牌理念：华英成秀，融通致远

对于一个企业而言，文化理念是其核心竞争力的生动体现。自 2012 年中国华融改制以来，我顺势提出大力发展以"稳健、创新、和谐、发展"为核心的企业文化建设，着力构建中国华融独具特色、先进务实的企业文化体系，强力助推公司创新转型发展。

1. 中国华融的核心文化：稳健、创新、和谐、发展

稳健是保障，坚持稳健的经营发展策略就是要坚持稳健经营、稳中求进，在依法合规和控制风险前提下稳步推进公司科学发展。坚持稳健经营就是在坚持创新引领华融勇往前闯的同时还必须要搂得住，要正确处理好"八大关系"：速度与质量的关系，效益与风险的关系，创新与合规的关系，

总量与结构的关系，集权与分权的关系，当前与长远的关系，条条与块块的关系，发展成果与员工共享的关系。坚持创新和稳健正是华融生生不息发展的核心动力。

创新，就是要大胆探索，通过持续创新提升公司核心竞争力和品牌价值，实现经济效益的持续增长。华融多年来的发展历程表明，创新是推动中国华融转型发展的制胜法宝，创新是推动中国华融取得良好业绩的核心灵魂，创新是推动中国华融实现超常规跨越式发展的重要驱动。创新已成为中国华融发展的永恒动力，不仅带给了中国华融思路与出路，更增添了中国华融的活力和实力。十届全国人大常委会副委员长蒋正华在2012年授予中国华融首家"全国企业创新示范基地"称号时高度评价中国华融创新工作有"三个好"：创新理念好、创新机制好、创新成果好。银监会领导在2010年初视察中国华融时指出：中国华融的最大成效就在于"创新"，这些褒奖和荣誉是对中国华融近年来致力于创新驱动科学发展最大的肯定。

和谐，就是要营造团结协作、沟通顺畅、和睦相处、气氛融洽、成果共享、各得其所的人文环境，加强人文环境建设，积极营造和谐氛围。华融通过建立各级党委与员工的沟通机制，建立完善公司领导与普通员工的沟通渠道，公司领导到基层出差调研，直接与基层员工见面，公司工会、团委不定期组织公司领导与员工的对话座谈活动，与员工交流思想，通过建立网上交流平台，给员工提供随时发表意见和建议的信息通道。各部门、各单位时刻关注员工在工作、生活中的状态，做好一人一事的思想交流沟通，加强人文关怀和心理疏导，通过采取谈心谈话、日常交流的方式，帮助员工疏通思想问题，尽力解决工作、生活中遇到的困难。各基层党组织坚持每半年开展一次主题党日活动，形式丰富多彩，在教育员工的同时激发了员工的工作热情、增强了团队的凝聚力。华融通过大力开展群众性精神文明创建和劳动竞赛活动，形成两个文明建设相互促进、共同发展的良好局面。围绕商业化转型中心工作，深入开展"依法经营出效益，求真务实比贡献"商业化转型竞赛活动，积极开展公司系统的评先树优工作，大力宣传表彰先进典型的先进事迹，用生动的事例教育员工爱岗敬业、奋发图强，在本职岗位上建功立业。公司各级工会组织通过深化建设"职工之家"活动，积极开展丰富多彩的文化体育活动，丰富员工的文化生活，在维护员工身心健康方面发挥作用。公司通过推进民主管理，维护员工的知情权、参与权、监督权，集中员工群众的集体智慧促进公司的转型发展。

发展是目标，就是要坚持发展是第一要务的理念，始终抓住发展这个中心任务，通过扎实推进公司发展，实现公司科学发展和员工个人职业发展的有机结合，进而为推动金融服务业的繁荣和发展做出应有贡献。发展是硬道理。办好华融的全部事情，关键在于发展。在发展中，我们确立了"五年三步走"的发展战略，引领公司驶入超常规发展轨道；在发展中，我们强势回归主业，推动资产管理业务成为公司重要的利润增长点；在发展中，我们实现了业务平台的大规模搭建，打造"综合金融服务商"；在发展中，我们不仅实实在在把成绩"干出来"，还"说出来""传出来"，不断唱响华融品牌；在发展中，我们提出"抓两头、稳中间"，构建起合理的人才梯次队伍；在发展中，我们探索创建"五有"现代金融企业的有效途径，勾勒中国华融发展蓝图。总之，我们各项工作取得的成就和进步，靠的是发展；我们战胜各种严峻挑战，靠的是发展；我们解决前进道路上的困难和问题，仍然靠的是发展。我们强调的发展，是更有效益的发展，更有质量的发展，更有后劲的发展，更有创新能力的发展，更有安全保障的发展，更有前瞻性的发展，更有凝聚力的发展，更有品位的发展，更有社会责任的发展，更有幸福指数的发展。发展已经成为中国华融赢得主动、赢得优势、赢得未来的关键，成为中国华融永恒不变的主题。

2."华英成秀，融通致远"的深刻内涵

企业要成长，要保持竞争，要基业长青，就一定要有自己强大的文化基因。越早开始思考企业文化，就越能为企业未来发展打下更加坚实的基础。在华融商业化转型的这几年，我们逐渐探索，提出了一系列具有华融特质的文化理念和信条，在不断强化中国华融硬实力的同时提升我们的软实力，把中国华融打造成一个有尊严、有价值、有内涵、有实力、有责任的五有现代金融企业。

"华英成秀，融通致远"是我们提出的华融品牌理念，既反映出中国华融的企业精神和经营理念，又与中国优秀传统文化相契合。"华英成秀"出自《黄帝内经》："夏三月，此谓蕃秀。天地气交，万物华实，夜卧早起，无厌于日，使志无怒，使华英成秀，使气得泄，若所爱在外，此夏气之应，养长之道也"。"英，荣而不实者；秀，荣而实者也。"对《黄帝内经》中这句话的通俗理解是：夏季的三个月是自然界万物繁茂秀美的时令，万物在这个时节应该顺应这种变化，充分成长，变得更加成熟，人在这个季节切忌发怒，应使自己的气机宣畅，通泄自如，对外界事物保有浓厚的兴趣，这是适应夏季的养生之道。

人的养生要顺应天时，在万物生长的时令情绪高涨，充分成长才能有所收获，实现自我超越；企业发展壮大同样也要在顺应大势的前提下抓住机遇，奋力拼搏、自我革新，才能实现企业的蓬勃发展。

中国华融成立十八年来，特别是商业化转型发展的八年来，把握国家战略实施带来的市场机遇，充分发挥了华融人"撸起袖子加油干""敢为天下先，爱拼才会赢"的创新和拼搏精神，使得中国华融从一家资源枯竭、经营困难的政策性不良资产处置机构，彻底转型为一家连年利润大幅翻番、国有资产不断保值增值的大型金融控股集团，并成功完成了股份制改革、引进战略投资者和在港上市，开辟了一条"创新＋稳健"的发展

之路，实现了跨越式的发展。数载寒耕暑播，而今硕果累累。如今的中国华融呈现出"国有经济焕发活力、国有资本功能放大、国有资产大幅保值增值"的良好态势，中国华融将继续秉持这一企业理念，将华融努力打造成"治理科学、管控有序、主业突出、综合经营、业绩优良"的一流资产管理公司，实现为国家、社会、股东、客户、企业、员工创造可持续增长价值。

"融通致远"，"融通"意为融合通达，南朝任昉《齐竟陵文宣王行状》中说："公道识虚远，表里融通"。现代意义上的"融通"主要指资金流通、融会贯通、相互沟通使之融洽的意思。"致远"一词出自《墨子·亲士》："良弓难张，然可以及高入深；良马难乘，然可以任重致远；良才难令，然可以致君见尊。"后人将"致远"引申为实现远大的理想、成就伟大事业，有"直挂云帆济沧海"之意境。如诸葛亮的《戒子篇》就说："夫君子之行，静以修身，俭以养德，非淡泊无以明志，非宁静无以致远。"。

对国家、社会和客户而言，中国华融的"融通致远"可以理解为通过充分发挥资产管理公司对金融资产收持、重组、流动及保理四大金融功能，保全资产，筹措、融通和配置社会资源，化解金融风险、维护金融稳定，支持国家经济改革和产业结构调整，服务企业全生命周期发展的需要，帮助客户实现财富的保值增值，为社会提供稳定的金融环境，利用中国华融优质资源与金融专业的优势在带动社会整体发展的同时，实现自身的可持续发展。

"融通致远"对中国华融自身而言可以理解为，在战略布局层面，依托华融自身不良资产经营管理主业的核心优势，充分发挥旗下分公司和控股子公司的"一体两翼"协同作战、协同创新，打好"组合拳"，推动综合经营效益从"加法"到"乘法"；在资源运用层面，以全球视野广纳国际先进的综合金融经营经验，在资本、财务、业务、渠道、人才、信息技术等多方面通过整合、通连、互动、共享与互补，实现集团资源运用收益最大化，助力中国华融集约化成长，实现中国华融可持续发展。

四、品牌精神：干出来，说出来，传出来

什么是品牌？品牌可以理解为是一个企业综合实力的体现。中国的产品成千上万，但是真正称得上是全球品牌的还是不多。在过去的经济发展模式中，我们更多是在追求发展速度，而轻视了质量上的提升。对于中国经济建设中存在的这一问题，习近平总书记指出，要进一步推动中国制造向中国创造转变，由中国速度向中国质量转变，由中国产品向中国品牌转变。习近平总书记这"三大转变"在指明中国经济建设、品牌建设的方向的同时，也道出了中国品牌建设任重道远。

品牌怎么建设？品牌是靠干出来、说出来、传出来的。干出来业绩，说出来理念，传出来美誉度、公信力，才能形成一个企业的品牌。

1. 干出来是业绩，是基础

首先是要干出来，品牌不是靠吹的，是靠实打实的业绩支撑的，而业绩是要通过创新＋稳健，扎扎实实、脚踏实地干出来的。华融1999年成立的时候业务很单一，就是帮助国有银行、国有企业化解不良资产，支持国有银行的改革发展，支持国有企业脱困，防范化解系统性风险。那个时候既没有市场概念，也没有品牌概念。华融进入市场化转型阶段后，特别是2009年我来到华融后，才提出坚持"创新＋稳健"，做强主业，做大利润，做强品牌，不断增强国有企业的竞争力和国际国内的影响力这一经营理念。十八大五中全会提出了五大发展理念：创新、协调、绿色、开放、共享。习近平总书记把创新放在首位，多次提出创新、创新，再创新，把

创新驱动发展战略摆在国家发展全局的核心位置，这一点我感同身受。一个企业要发展，必须创新，创新是要往前闯，稳健是要搂得住。只有坚持创新的企业才有活力。可以说创新是企业发展及企业品牌建设生生不息的内在动力；稳健是企业品牌建设实现可持续发展的基本保证。

中国华融经过这几年"创新+稳健"式的发展，发生了天翻地覆的变化，企业效益取得了显著提高，品牌建设取得了巨大进步。2009年我接掌中国华融的时候，华融总资产只有326亿元，净资产只有156亿元，到了2016年，总资产已升至1.4万亿元，净资产大幅增至1500亿元，净利润更增加60倍至196亿元。短短八年时间，再造了近十个华融！创造了一个奇迹。可以说中国华融切实贯彻落实了习近平总书记关于做强做优做大国有企业，增强国有经济活力，放大国有资本功能，最大限度实现国有资产保值增值的要求。在实现超常规发展的同时，我们抗风险的能力也在增加，截至2016年年底，中国华融的拨备覆盖率高达444%，远超出银监会要求的150%，商业银行平均拨备是176%左右，我们远高于所有商业银行的拨备水平。

2. 说出来是宣传，是策略

随着公司商业化市场的打开，业务不断拓展，公司利润逐年攀升，员工队伍不断壮大，客户规模稳步增长，公司影响力不断增强，如何对外讲述好华融的企业故事，展现企业独特优势；对内做好企业内部的文化认同，提升华融故事背后的文化内涵与哲学，成为了公司品牌建设的一项首要任务。公司以引战、上市为契机，充分论证，反复打磨、高度提炼，形成了独特的"华融故事"，向潜在投资者展示了华融"跨周期运营、全周期盈利"的商业模式，呈现了公司历史沿革、业务体系、财务信息、风险管控、行业发展的全景图。这一本凭借华融人和专业中介机构的集体智慧，通过翔实的财务数据和经典案例讲出的华融故事，也是对公司商业化转型以来，实现超常规、跨越式发展的第一次全景式生动写照。

华融故事的精彩之处是充分体现了华融的优势：

一是创新能力强，始终以创新引领不良资产行业发展。中国华融是国内第一家通过国际招标打包出售不良资产的金融资产管理公司，树立了业内按照国际惯例批量处置金融不良资产的典范；中国华融是国内第一家托管处置大型综合性民营企业集团的金融资产管理公司，发挥了通过金融资产管理公司市场化处置危机企业集团、化解系统性金融风险的重要作用；中国华融是国内第一家与外资投资者共同发起设立专业子公司从事基于不良资产的特殊机遇投资业务的金融资产管理公司，是不良资产管理行业中外合资的经典案例；中国华融是国内第一家规模化开展不良资产收购重组类业务的金融资产管理公司，引领同业确立了市场化环境下不良资产经营业务的主流业务模式；中国华融是国内第一家用商业化重组债权资产构建资产池发行资产证券化产品的金融资产管理公司，为金融资产管理公司探索出了轻资产运营的有效途径；中国华融是国内第一家重组并设立商业银行、金融租赁、信托等金融子公司的金融资产管理公司，为打造全产业链综合金融服务开创了先河；中国华融是国内第一家在上海自贸区成立分公司，积极利用自贸区的优惠政策和资源优势拓展不良资产管理及相关业务的金融资产管理公司，为推进集团的国际化战略做出有益的尝试。

二是业务规模大，成为中国资产规模最大的金融资产管理公司。中国华融以不良资产经营业务为基础，逐步向产业链上游延伸，创新构建了涵盖证券、金融租赁、银行、期货等多层次、强协同的全方位金融服务平台。在大力推进各业务平台的持续发展和协同运营的同时，中国华融利用不良资产经营业务所积累的核心竞争力，依托多牌照的金融子公司平台，搭建了"大资管"背景下极具竞争力的、差异化的资产管理和投资平台，通过促进非标准化资产向标准化资产的转换，帮助投资者把握另类资产的投资机遇。

三是盈利能力强，创造利润最多、ROE 回报最好的金融资产管理公司。依托以集团总部为主体、以遍布全国的分支机构和运营多元的子公司为两翼的"一体两翼"战略架构，中国华融实现了集团核心资源的高效协同，形成了增长强劲且规模效益显著的业务模式。中国华融净利润规模与 ROE 均居于四大资产管理公司中的领先地位，成为了中国盈利能力最强的金融资产管理公司。

四是业务范围广，成为持有金融牌照齐全、业务覆盖面广泛的金融资产管理公司。2006 年以来，中国华融通过问题企业重组、与政府机构合作等方式，搭建了包括证券、金融租赁、银行、信托、私募基金等业务平台。中国华融利用母公司专业的不良资产管理能力、丰富的运营管理经验、优质的项目资源、广泛的客户群体以及遍布全国的网络布局，帮助各子公司形成了核心竞争力。中国华融通过全方位的金融服务平台以及差异化的资产管理和投资平台为客户提供一揽子的金融产品和服务。中国华融创新建立了横跨公司资本架构、纵跨企业生命周期的综合性产品服务体系。中国华融拥有丰富的金融产品和多元的服务手段，全面覆盖公司资本架构，包括高级债、夹层债、次级债以及股权投资。中国华融针对在早期、成长期、成熟期等不同生命周期的企业，提供定制化金融产品和服务。中国华融以满足客户个性化、多元化需求为切入点，将客户带入金融服务增值链，为客户提供一站式、综合化金融服务。

五是风险管理体系健全、风控流程先进，具有稳健的风险管理文化和充足的拨备覆盖。中国华融有效地将风险管理文化贯彻到日常运营中。在十八年的发展历程中，中国华融积累了宝贵的项目经验以及对于各类风险识别、计量和管控的能力。风险管理能力是中国华融的核心竞争力。中国华融成功建立了与集团管控模式相适应、与市场化业务运行机制相契合的全面风险管理体系。中国华融通过先进的风险管理流程和有效的风险防范措施（包括审慎的拨备政策和严格的抵质押保证要求），有效地识别和化解风险，持续树立风险偏好明确、责任制度分明、绩效考核挂钩的风险管理文化。中国华融始终贯彻审慎稳健的风险管理策略，各项风险指标始终保持在良好的水平，通过超额抵质押保证措施和审慎的拨备计提政策，实现潜在信用风险最大限度的降低和充分覆盖。

六是以"大客户"战略为指导，以全国化的网络布局为依托，建立了"一体两翼"的业务协同体系。中国华融在集团层面上推进以"大客户战略"为核心的战略协同，致力于与重点客户深度合作。中国华融强调资源、资本、风险、财务和组织等的集团集中管控，引导网络、客户、业务、技术、资金等核心资源的高效共享，实现对同一客户的深度覆盖，不同业务的高效合作。以"大客户战略"为核心的战略协同，中国华融有选择地将各级政府、大企业、大集团、大金融机构定位为重点服务的客户，通过持续深度合作获得这些客户的核心战略资源，把握战略机遇，优化战略布局，创造战略价值。中国华融构建了以总部为主体、以遍布全国的 33 家分公司和运营多元的子公司为两翼的"一体两翼"业务网络，为发挥集团的业务协同效应奠定了基础。

七是强大的股东背景以及锐意进取、极具战略眼光的管理团队。中国华融于 1999 年由财政部设立，是少数由财政部直接控股的金融机构之一。受益于此，截至最后实际可行日期，中国华融拥有世界三大评级机构穆迪、标普、惠誉给予的中国非银行金融机构的最高主体评级 (A3/A-/A)。在 2014 年，公司以"引资（本）、引制（度）、引智（力）、引资（源）"为目标，成功引入中国人寿集团、美国华平集团、中信证券国际、马来西亚国库控股、中金、中粮集团、复星国际以及高盛集团等八家战略投资者，在四大资产管理公司中率先引入境内民营资本，探索混合所有制改革。中国华融的战略股东在各自行业均处于领先地位，享有盛名，可为公司多元化战略提供强有力的支持。中国华融的管理团队经验丰富、锐意进取，具有战略性的视野和卓越的领导力，成功引领我们从单一的不良资产处置机构向专业的资产经营管理者兼综合金融服务提供商的转型。公司管理团队成员平均拥有约 25 年的与金融业相关的管理经验，曾在国务院有关部委和监管机构、大型商业银行等重要机构担任要职，对中国的宏观经济环境及金融体系具有深入、独到的理解和把握。

八是备受推崇且具有影响力的企业品牌。中国华融始终坚持"华英成秀，融通致远"的品牌理念，中国华融的品牌价值已经得到业界广泛认可，先后成为亚洲品牌协会认可的"2011 年中国品牌 100 强"和"2014 年亚洲品牌 500 强"、中国生产力学会认可的"2010 年度中国最具创新力企业"和"2011 中国经济最具发展潜力企业"，荣获中国银行业协会颁发的"2011年中国银行业最佳社会责任实践案例奖"、国务院扶贫开发领导小组颁发的"2013 年全国扶贫开发先进集体"、中国企业联合会和中国企业家协会颁发的"2012—2013 全国企业文化优秀成果奖"等。

在引战、上市过程中，精彩的华融故事让投资者了解了华融成就，发现了华融的投资价值；同时，中国华融的企业理念、品牌价值也得到了进一步推广，中国华融的形象和品牌声誉得到进一步提升。中国华融成功登陆香港资本市场也为金融资产管理公司在资本市场上赢得了地位、发出了声音，树立了金融资产管理公司的良好品牌与形象，为下一步金融资产管理公司深化改革、加快发展打下了良好基础，营造了有利环境。

3. 传出来是品牌，是美誉度、公信力

干出来的业绩，形成的品牌故事、企业理念还要通过宣传讲出来，传出来，一传十，十传百，百传千，千传亿，口口相传，久久为功。品牌建

设离不开宣传与推广。中国华融通过组织、参与国内外业界知名研讨会、交流会、展览会,向社会各界、境内外同行充分展示中国华融优异的经营成果、企业的投资价值和良好的企业形象,提升中国华融影响力及品牌形象。2016 年 11 月,经中国外交部和银监会批准,中国华融联合亚洲开发银行在上海举办了国有资产管理公司国际论坛(InternationalPublicAMCsForum,简称 IPAF)亚欧不良资产管理金融稳定研讨会,与有关各界深入探讨了亚欧国有资产管理公司在防化经济金融风险、维护金融稳定中的角色和作用。这是我国金融资产管理公司组建十八年以来第一次在国内成功举办的大型国际性亚太会议,会议的成功举办彰显了我国资产管理公司的企业价值和品牌魅力。

此外,我们还将品牌宣传与商业化业务的市场营销相结合,加强华融品牌的宣传与推介。近年来,中国华融先后组织参加各类大型展览会 20 余次。2016 年,中国华融作为"资产规模最大、盈利能力最强、实现利润最多、股权回报良好、金融牌照齐全、品牌价值响亮"的大型国有金融资产管理公司,应邀参加了北京国际金融博览会、中国国际金融展等多个行业内规格最高、规模最大、影响力最强、参展企业最多的国际展会,在开拓国内外市场的同时利用展会平台提高华融品牌的知名度,宣传华融的核心价值观,提升华融的企业价值。

中国华融成立十八年来,特别是商业化转型以来取得的成绩也获得了上级主管部门、国际评级机构、海内外新闻媒体充分肯定和积极评价。财政部连续多年授予华融 A 类最高评级。国际三大权威信用评级机构惠誉、标普和穆迪对中国华融分别给予了"A""A-"和"A3"的公司主体信用评级,高于国内绝大部分金融机构,在四大金融资产管理公司中处于领先地位。中国华融连续两年入选"中国企业 500 强""中国服务企业 500 强",《财富》(中文版)"中国 500 强",成为"最赚钱的前 30 家中国企业"

之一。由于中国华融良好的股价表现，中国华融股票已成功入选恒生综合大中型股、富时中国50、恒生中国H股金融行业和MSCI中国等重要指数，公司价值得到投资者广泛认同。

这里我要特别感谢媒体朋友这几年对华融品牌的宣传。企业的发展，除了企业自己实干以外，还要媒体积极、正面的宣传。尤其是国有企业，受传统文化影响，往往很少发声，对自己做出的贡献少说或不说，遇到舆论质疑时往往回应、解释得不够。但是在当前经济进入新常态、改革步入深水区的关键时期，一方面国有企业应积极主动地宣传自己，在苦干实干的同时也应注重企业品牌形象的打造和美誉度的维护；另一方面，也希望新闻媒体通过积极正面的宣传，激发正能量，弘扬主旋律，大力支持国有企业的改革发展和品牌建设，加油鼓劲、凝心聚力，营造干事创业的舆论氛围，连接中外、沟通世界，助推中国企业打造中国品牌。

今天，华融品牌已赢得大家的认可，但是华融的品牌建设依然任重道远。中国华融已入选"中国500强"，但是我们离"世界500强"、全球知名品牌，甚至国内很多优秀的品牌还有很大的差距。不过我们有信心在以习近平同志为核心的党中央正确领导下，按照创新、协调、绿色、共享、开放的五大发展理念，坚持"思路决定出路、专业创造价值、科技引领未来、内控完善细节、创新促进发展、多元打造品牌"，在推进国有企业品牌建设中继续努力，不忘初心，让中国华融在中国国有经济的大潮当中，在国际资本市场的竞争当中品牌高举，口口相传，事事做响，久久为功。

五、华融精气神：聚是一团火，散是满天星，星火燎原，照亮华融

中国华融这几年来能实现跨越式的增长、超常规的发展和华融拥有与

市场化发展相契合的先进的企业文化是分不开的。先进的企业文化在华融内部汇聚了创新、激情、勤奋、坚毅、执着的正能量，激发了华融人"聚是一团火，散是满天星，星火燎原，照亮华融"的精气神。现在的华融人以金融支持服务国家供给侧改革为使命，迎着改革发展的潮头，不忘初心、砥砺前行，在实现打造"治理科学、管控有序、主业突出、综合经营、业绩优良"的一流资产管理公司的"华融梦"道路上勇往直前。

1. 人活着是要有一点精神的

人是要有点精神的。它是一种思想信仰，是一种品格修养，是一种道德理念，是一种人生态度，是一种气概情怀，同时也是一种文化传承。企业也要有企业的精神。人无精神不立，企业无精神不强，国无精神不兴。美国著名管理学者托马斯·彼得曾说："一个伟大的组织能够长期的生存下来，最主要的条件并非结构、形式和管理技能，而是我们称之为信念的那种精神力量以及信念对组织全体成员所具有的感召力"。在十八年的历程中华融从一个单一不良资产处置机构发展为可提供资产经营管理、银行、证券、信托、租赁、投资、期货、置业等一揽子综合金融服务的大型金融控股集团。从最初 1 年完不成 1 个亿的净利润，变成如今 1 年创造 230 多亿的净利润。截至 2016 年年末，华融集团总资产 14119.7 亿元，比我来华融前 2008 年年末增长近 43 倍；净资产超过 1500 亿元，比 2008 年年末增长近十倍；实现净利润 231.1 亿元，比 2008 年增长近 68 倍，相当于用八年时间再造了近十个中国华融！在这一过程中，华融圆满完成改制、引战、在港上市。中国华融之所以能一次次渡过难关，创造奇迹，正是凭借了每个华融人"聚是一团火，散是满天星，星火燎原，照亮华融"的"精气神"。在今天的中国华融，时时刻刻都能感觉到我们这个队伍激情满怀、斗志昂扬，大家都想干事，都在为华融的更美好的未来奋力拼搏。

2. 单兵作战与协同作战

我多次在不同场合对华融员工尤其是青年员工提出要求与期望，希望大家既要注重提高单兵作战能力，也要注重提高协同作战能力，齐心协力使中国华融这艘大船稳步前行。在市场化转型发展实践中，华融也培养了一支专业敬业的人才队伍。单兵作战，体现华融的速度和效率；协同作战，体现华融的团队精神和管理上的有序运转。

为紧跟国家"一带一路"宏观战略，深入布局中国华融国际化战略发展，利用澳门独特的经济金融环境和资源优势，加大与公司驻港机构和珠三角机构在业务上的有效互联，2016 年 9 月下旬，公司决定适时在澳门成立新平台。为加快推进华融澳门子公司筹建工作，公司抽调精兵强将，成立了华融澳门子公司 4 人筹建组，在人手短缺的情况下单兵作战，身兼多职，"五加二""白加黑"，白天报申请、开证明、拿许可、做备案、办手续；晚上开会理工作、定计划、解难题；夜里分头进行各种材料起草与资料准备，只用了短短 2 个月就顺利把一个法人机构落户在美丽的澳门，这就是华融的速度和效率！ 12 月 5 日，中国华融（澳门）国际股份有限公司成立，中国华融成为第一家进驻澳门的资产管理公司！

华融引战、H 股上市可以说是公司有史以来项目涉及面最广、工程最浩大的两个项目，其中的尽职调查、招股说明书撰写与验证工作覆盖公司全部经营单位，各项业务、管理工作条线，以及公司众多客户及供应商，尤其是在 H 股上市过程中，尽调种类多达十几种。要在两三个月内保质保量地完成如此浩大的工程，对于公司的基础管理、人员的协作能力、项目的沟通机制都提出了很高的要求。为了确保公司 H 股上市工作顺利推进，公司高层成立上市工作领导小组，由我本人任组长，下设上市办公室，也就是之前为华融引战专门成立的引战上市办公室作为执行层面的牵头部门，并在集团总部、分公司与营业部以及各直管子公司内部设立凯旋项目工作组，由各单位主要领导担任工作组组长，指定综合、业务、财务、法律等条线的业务骨干人员为专门联络人，负责统筹安排落实本单位 H 股上市各项工作，举全公司之力，确保上市成功。

在华融 H 股上市尽调、招股书撰写与验证工作中，财务、业务数据填报相互勾稽，各类工作条线穿插进行，上市工作能否顺利推进非常考验集团的管理能力和沟通机制。上市执行团队根据既定上市时点倒排出时间表，并由专人控制，将每一条线的工作都细化到"日"，每项任务都拆解分配到公司各经营单位及各家中介机构，具体到人，严格跟进各项工作完成进度。当时在全系统启动 H 股上市尽调工作正值年底，公司各经营单位的工作任务都十分繁重，进行如此大规模、高难度的尽职调查，工作强度和压力可想而知。然而大家还是顶住了压力，凭借着极强的责任心和高度协作的团队精神，上下联动、加班加点，攻坚克难，完成了 2400 余张尽调清单、700 余张审计底表的填报与交叉核对，上万份招股说明书验证资料的提供与审核。

六、感恩文化：辛苦理应得到回报，贡献理应得到表彰，成绩理应得到肯定

中国五千年传统"知恩、感恩、报恩"文化源远流长，施恩、报恩和感恩，是中国历来传唱的普世价值，因而，像"滴水之恩当涌泉相报""知恩图报，善莫大焉"等价值观深入人心、广为流传。对于感恩文化，习近平总书记强调："有一颗感恩的心很重要，所有的人都要有感恩的心。"总书记关于感恩的表达不是孤立的，而是有着深远意义的。在构建现代化的社会治理体系过程中，在实现中华民族伟大复兴中国梦的社会进程中，感恩文化有着不可替代的作用。感恩文化是中华民族的传统美德，是人性

中最光辉、最善良的一面。

　　无论社会如何进步，文明如何发达，感恩这种美德将与人类共存。我常常想，如果一个企业中，每一位员工经常处于感恩文化的熏陶中，内心始终充满着感恩，那么他的工作态度一定是积极向上；如果一个企业中，感恩文化内化于每一位员工的内心，那么这个企业一定是充满友爱和互助的。在华融，我们的感恩文化是"辛苦理应得到回报，贡献理应得到表彰，成绩理应得到肯定"。

1. 在华融，不是董事长、总裁的工资最高

　　我出身于江西瑞金老区的农民家庭，1979 年，17 岁的我成为县里的高考文科状元，在五个文科大学生中，是唯一一个考到省城，在省城的重点大学读书的。四年的本科求学生涯结束后，我被分配到北京中国人民银行工作。从求学到工作，我始终抱有一颗感恩的心，感恩党和国家给了我一个又一个改变命运的机遇。来到华融，是我人生的重要转折，我原本想，自己在央行工作那么多年，当过司长，后来到银监会工作，当过北京银监局局长，当过办公厅主任，这样的政治履历走走仕途也还可以。但是命运让我来到了华融，让我走上了企业家的道路。来到华融之初，我的很多理想，在今天来看，很小。我自己都没有想到，能够把华融做到这么大。

　　在华融，不是董事长的工资最高。2015 年 1 月 1 日起，《中央管理企业负责人薪酬制度改革方案》正式实施，华融响应中央的号召，我作为党委书记、董事长带头开始限薪，整个班子成员都限薪，因此，在华融，董事长、总裁的工资都没有集团部门负责人的收入高。华融上市第一年，根据我们的薪酬报表，我们整个集团最高收入的前五名都是工作在业务一线的员工，没有一个公司领导。我们有很好的薪酬奖励制度，很多政策都对我们一线做业务的员工倾斜，只要你能做出成绩、为公司创造出利润，

就可以拿到高薪，这样的业务创收人才也会得到重用。我提出的理念："辛苦理应得到回报，贡献理应得到表彰，成绩理应得到肯定"，在华融得到了很好的实践，也取得了很好的效果，我的这些好的理念，在华融通过制度化得到了保障。

在华融工作这八年多来，我感到很欣慰，我对得起自己的良心，对得起党和国家。有的人为官久了，久而久之就忘本了，忘记了组织培养和群众信任的恩情，忘记了"我是谁、我从哪里来、我到哪里去"。试想如果我们领导干部经常把感恩牢记于心、外化于行、行之以忠，感恩国家、感恩先辈、感恩组织、感恩人民，努力工作回报恩情，做到以为人民服务为最高宗旨，密切与人民群众的血肉联系，我们党的凝聚力就会进一步增强，国家的软实力就会进一步提高。

2. 董事长奖励基金

华融的感恩文化正逐渐深入每个员工的内心，我想这有利于增强我们企业干部和员工的社会责任感。对一个普通人来说，他怀着感恩的心去生活，就会感恩父母，就会锻炼好自己的身体不使父母担心，就会锻炼自己的能力，获得到一份属于自己的工作，使父母亲过去几十年时间含辛茹苦在他的成长中付出的心血能够得到应有的回报，这会增加他们前进的动力。作为一个领导干部，他得到群众的信任，群众推荐了他；他得到了组织的信任，组织委派了他；他如果怀着一种感恩的心情去工作，那么他就能把这个工作做好。作为一个央企的干部，如果他能够怀着感恩的心情去工作，他就会有"聚财为国"的责任感。

随着华融的发展壮大，在我们给国家缴纳的利润越来越多，我也在思考不断提高员工福利的各种方式方法，我提出的设立"董事长奖励基金"就是其中一项很好的实践。我设立这个基金的初衷就是想要充分调动华融广大员工的工作积极性，希望通过这个基金体现我的"依法经营出效益、求真务实比贡献"的经营理念。我也觉得华融能够构建一套科学合理有效的正向激励机制，有利于调动广大员工的工作积极性，使华融的感恩文化进一步得到延伸。因此，我让我们的人力部门专门制定"董事长奖励基金"的管理办法，用于奖励在公司发展、内部管理、业务经营与市场拓展中作出重大和特殊贡献、有突出表现的集体和个人。

我设立的这个基金现在正成为对华融现有绩效考核分配制度的有益补充，且主要用于对公司现行绩效分配制度难以覆盖的集体或个人额外贡献的奖励。在具体的实践中，奖励基金的奖励范围、条件和标准将随公司绩效考核分配制度的调整而动态调整；对做出突出贡献的集体或个人，在公司整体奖励分配体系中应相互衔接，同一性质的工作业绩原则上不重复奖励。有两大奖项我觉得值得推广：一是"业绩贡献奖"，奖励超额完成公司下达利润计划且风险控制得力的分公司（含营业部，下同）、子公司经营班子成员；二是"特殊贡献奖"，奖励为公司长远发展做出突出贡献和为提升公司的社会影响力做出重大贡献的集体或个人，包括获得"全国五一劳动奖章""全国五一劳动奖状""荣誉员工"等荣誉称号的集体或个人，以及公司认定符合条件的其他集体和个人。

七、公司愿景："有尊严、有价值、有内涵、有实力、有责任"的"五有"现代金融企业

中国有句古语："得人心者得天下"。我常常在思考，得人心可以得天下，如得人心，那治理公司应该会很容易了。华融作为一个企业组织，企业是一群人的集合，如何得到这群人的人心，我觉得通过企业文化建设，建立企业共同的价值观念，可以将企业全体员工凝结成一股绳。企业如果

没有共同价值观念，就是一盘散沙；无共同价值观的组织，就如陌路人临时搭伙。只有通过众人认同的企业文化在企业内部形成共同的价值观念，才能把众人团结得如同一块钢板，坚不可摧；企业成员也将按照这样的标准去行动，在组织内形成强大的凝聚力量，形成推动企业发展的巨大合力。

1. "五有"的提出

自我接掌华融以来，十分重视先进企业文化建设，提出建设"有尊严、有价值、有内涵、有实力、有责任"的现代金融企业发展目标。"五有"的想法来源于我率团出访印澳新的外事活动中，受到优秀企业发展历程的启发而提出来的，后经党委会研究通过，决定在全系统深入开展创建"五有"现代金融企业的活动。为此，公司党委专门成立了创建"五有"现代金融企业工作指导小组，下设办公室，推动此项工作。公司党委还专门印发文件，号召全系统深入开展创建"五有"现代金融企业大讨论、大思考、大实践的活动。我希望华融各单位的"一把手"和全体员工积极行动起来，响应党委号召，努力创建"五有"现代金融企业，把中国华融建设成我们共有的美好家园。

一次澳洲出访，让我有机会对公司的战略合作伙伴澳大利亚国民银行集团有了更为深刻的了解和认识，这家金融百年老店的发展之路深深地触动了我。用国际化的视野对照先进，凭借公司党委委员的智慧，在公司近年来发展实践的基础上，我经过深思熟虑和深入调研思考，顺应绝大多数公司员工的合理诉求和美好愿景，对公司的未来发展方向有了更为深入的认识和全面的谋划。后来，在广西、长沙、华融湘江银行调研时，我也强调了要建设"五有"企业，并最终形成创建"五有"企业的理论和实践基本思考，提交党委会审议通过，并向全系统号召和推动。为什么提出创建"五有"企业呢？主要是基于以下考虑：一是当时国际国内发展形势和新兴国家面临的发展机遇；二是公司当时的发展现状；三是公司面临改制发展问题；四是华融未来的发展；五是业界的快速发展。虽然，华融在公司党委的正确领导下，按照"五年三步走"的战略规划，公司上下开拓进取、改革创新，各项业务取得了超常规发展。在我提出"五有"之际，正是国家"十二五"规划开局之年，中央提出了以科学发展为主题，以加快转变经济增长方式为主线。那时的华融同样面临科学发展、转变方式等重大改革发展问题。

我判断2011年是公司推进实现股份制改革，全面建设市场化、多元化、综合化、国际化现代金融企业的重要一年，处于转型改制前夕这一关键时刻的华融，未来究竟要走成什么样子，最终实现怎样的发展愿景，亟需一个明确的答案，以达到对外指明方向，明确标杆，对内坚定信心，凝聚人心的科学可持续发展目的。对此，我希望通过"五有"的提出，来引导公司上下紧紧抓住金融危机后的发展机遇、紧紧抓住新兴国家的发展机遇、紧紧抓住公司跨越式发展的机遇、紧紧抓住公司上下全体员工求新求变求发展美好愿景的机遇，进一步明确发展方向，坚定发展信心，宣示发展目标，提升发展品质，增强实现可持续发展的能力，围绕2011年"促改制、抓利润、防风险"三大中心工作，在全系统深入开展创建"有尊严、有价值、有内涵、有实力、有责任"的现代金融企业大讨论、大思考、大实践活动。

"大讨论"就是通过有组织的学习、研讨、座谈等灵活多样的方式，解放思想，广开言路，加大交流，迸发火花，加强对"五有"现代金融企业内涵的理解和认识。"大思考"就是通过撰写思想报告、公司基层调研、主题征文等形式，促进各单位、各级党委、各位员工在思想层面对"五有"现代金融企业内涵的不断深入、不断丰富、不断系统，形成各种形式的理论学习成果，打造学习型组织，争做知识型员工。"大实践"就是结合公司党委要求和自身实际提出活动的目标要求和创建标准，将党委要求、单位目标与员工发展结合起来，让"五有"体现在工作成效上，贯穿在业务拓展中，铭刻在思想行动上，切实把学习成果转化为"促改制、抓利润、防风险"的实际成效，转化为全面完成全年各项工作任务目标的动力。

2."五有"价值观大讨论

自2011年3月开展在全系统创建"五有"现代金融企业活动大讨论、大思考、大实践以来，华融上下围绕如何创建"有尊严、有价值、有内涵、有实力、有责任"的现代金融企业，进行了多形式、多层面、多角度的讨论思考，进一步加强对创建"五有"企业大讨论的引导和交流，丰富创建"五有"企业内涵。

"有尊严"是前提。就是企业的各项权利被社会所尊重和承认。利润是企业赢得尊严的物质基础，一个企业没有利润，连生存都有问题，更何谈尊严。对中国华融来说，就是要多创造利润，利润多了才有尊严。"有为才有位"，企业发展了，实力增强了，对国家和社会的贡献必将随之增加，在经济社会中的地位必将随之提高，企业才能得到社会的认可和尊重。华融凭借跨越式发展态势，不仅获得了利润，而且赢得了前所未有的尊严和尊重。几十个省、市政府与中国华融签订战略合作协议，凸显了中国华融的社会地位和尊严。通过"做出来、说出来、传出去"，中国华融的品牌影响力越来越大，社会对中国华融的认可度也越来越高。公司有尊严了，华融员工也越来越感到自豪，也越来越有尊严了。

"有价值"是核心。作为现代金融企业，必须为股东、为客户、为社会创造价值，这是企业生存的基础。不能创造价值的企业，是没有可持续发展能力的，也不会被社会认可，最终会被市场淘汰。作为改制转型中的中国华融，必须培养独有的创造价值、打造价值链的能力，才能形成可持续发展的核心竞争力。

"有内涵"是根本。就是要走内涵式发展路子。"有内涵"是对内在品质的更高追求，对我们的企业文化、价值观以及专业技能、知识、产品、服务提出了更高的要求，要适应市场的变化，用先进的理念为指导统领我们的工作，为客户提供高品质的综合金融服务。中国华融的发展要更有创新能力的发展，更有前瞻性的发展，更有可持续的发展，更有品位和经营之道的发展。中国华融的经营之道，简单地说就是"听党的话，跟政府走，按市场规律办事"。

"有实力"是保障。是企业生存发展的基本要求，包含软实力和硬实力。软实力包括企业文化、品牌声誉等无形资产；硬实力包括企业的财务实力、管理能力、创新能力、执行能力、销售能力等，是企业综合素质的体现。在市场化经济中，企业需要靠实力说话，靠实力竞争，以实力论英雄，以实力赢得尊严。具体到中国华融就是主业要强、利润要大、品牌要响，可持续发展能力高以及企业文化建设好，这是不断创造价值的过程积累，也是践行社会责任的基础。

"有责任"是担当。就是要履行央企的政治责任和社会责任，这是企业的一种胸怀和担当，体现企业的职业精神。政治责任，就是要勇于承担和履行央企的历史使命，将企业的经营和业务发展方向与国家的战略发展方向保持一致，自觉维护国家的利益和民族的尊严，为国家多创利润，多做贡献。社会责任，指企业不仅要注重自身发展，创造利润，而且要承担更多的社会责任和义务，要多关注环保、民生、公益等，将公司的业务发展与企业的社会责任相结合。从国有企业性质的角度来说，就是要保证国有资产的保值增值，这是企业的使命。从市场的角度来说，就是要向社会提供好的金融产品和服务，这是企业的职责。从员工发展角度来说，就是要为员工谋福祉，为员工的职业规划和个人成长提供机会，让公司成为员工值得信赖与发展的平台，让企业发展与员工成长进步同步，让企业改革成果与员工共享，这是企业的义务。

"五有"企业勾勒出了华融未来发展的美好愿景,对华融全系统的工作起到重要的导向作用,具有极其重要的现实意义。创建"五有"现代金融企业,是公司创建美好家园、增强内部凝聚力的现实需要。商业化转型以来,伴随公司业务的不断发展,公司员工的信心提振起来了,团队凝聚力不断增强,新老员工紧密结合,更多的优秀人才来到中国华融,公司内部已经形成了一股强大的凝聚力量。创建"五有"现代金融企业,是公司做强主业、做大利润、做响品牌、实现可持续发展的根本利益所在。自成立以来,作为政策性金融机构,公司肩负着国家赋予的历史使命,承接、管理和处置国有银行不良资产,较好地发挥了维护金融稳定的作用。创建"五有"现代金融企业的提出,进一步指明了我们以创新为引领发掘不良资产价值、培育综合金融服务功能、构建现代金融服务企业的发展方向,从而探索出一条富有中国华融特色的金融控股公司发展之路,实现由单一处置不良资产的政策性金融机构向市场化的"专业的资产管理者,优秀的综合金融服务商"的转型。

在"五有"价值深入全公司上下之后,我从工作中有了很多的延伸的想法,后面我相继提出了"五新"(新动力、新平台、新模式、新路子、新发展)、"五化"(合作多元化、业务基金化、管理市场化、运作规范化、人才专业化)等理念,进一步加大了华融的转型力度,不仅优化了我们的客户结构,创新了我们的业务模式,为国家经济社会平稳健康发展,不断贡献新动能。

八、榜样的力量:"感动华融十大人物"

我在中国华融始终致力于打造优良的企业文化,通过这些年的实践和积累,华融企业文化感召力日益增强,人才队伍建设成效明显,拥有了一支"想干事、能干事、会干事、干成事、不出事"的高管团队和执行团队，员工队伍"精气神"突显。同时，在我的主导下，华融持续推进干部人力资源管理制度改革，切实优化领导班子结构，拓宽人才引进渠道，打造"政治强、业务精、纪律严、作风实、业绩优、口碑好"的领导班子、"想干事、能干事、会干事、干成事、不出事"的员工队伍和"学习型组织、知识型员工、专家型队伍、国际型视野、务实型考核"的"五型"团队不断取得成效。

在华融"改制—引战—上市"的征程中，涌现出一大批感动中国华融的先进人物和楷模，他们顽强拼搏，艰苦奋斗，忘我工作，无私奉献，取得了经营业绩强劲增长的可喜成绩，有力地推动了华融市场化改革发展。我认为这些员工是华融最宝贵的财富，同时，榜样的力量是无穷的，我要通过表彰他们，激励我们全系统的员工向榜样看齐。因此，我和公司党委决定，设立"感动中国华融十大人物"奖项，每两年评选一次，至今已经连续举办了三届。

1. "华融十杰"

2009 年 10 月 19 日，是华融公司成立十周年的华诞，这十年来，华融广大员工爱岗敬业，无私奉献，勇于创新和拼搏，为华融的发展做出了巨大的贡献，为了表彰广大员工为华融发展做出的突出贡献，我提议开展"华融十杰"评选表彰活动，经过层层推荐和认真评选，授予了胡继良、史书新等十位同志"华融十杰"的荣誉称号。如今，这十位同志，有的已经退休，有的已经走上了管理的岗位，成为华融的中层管理人员。目前在岗的这些同志，他们身上无不闪烁着忠诚于华融事业、投身于华融事业、奉献于华融事业的可贵品质，他们的事迹是华融在创业发展中形成的华融精神的真实写照和具体体现，也是华融人学习的榜样。

2. 三届 "感动华融十大人物"

每一届 "感动中国华融十大人物" 都是全体华融人的优秀代表，尽管他们工作岗位、工作经历、典型事迹各不相同，但有一个共同点，就是他们身上都鲜明地体现出了华融人 "锐意改革、开拓创新，敢为天下先，爱拼才会赢" 的创新意识与拼搏精神，体现出了中国华融 "聚是一团火，散是满天星，星火燎原，照亮华融" 的精气神，体现出了 "创新、激情、勤奋、坚毅、执着、效益" 的 "周伙荣精神"。大家辛勤付出、顽强拼搏，敢于担当、勇于作为，攻坚克难、奋发有为，把 "个人梦" 寓于 "华融梦" 之中，在平凡的工作岗位上创造了不平凡的业绩，为华融市场化转型发展做出了贡献。

九、鲜花与掌声：八年来收获了 43 项公司荣誉和 22 项个人荣誉

八年来，华融收获了很多的鲜花和掌声，载誉丰厚。在我的带领下，华融快速发展取得的良好成效得到了上级主管部门和社会各界的充分肯定和积极评价。财政部连续两年授予公司 A 类 AAA 级最高评价，国际三大信用评级机构穆迪、标普和惠誉全部给予公司 "A" 类主体信用评级，所有评级展望均为 "稳定"，处于四大金融资产管理公司领先地位。公司先后荣获 "全国创新示范基地" "亚洲品牌 500 强" "中国品牌 100 强" "2014 年度资产管理公司" 等荣誉。

1. 公司荣誉

华融这八年多来，公司的品牌价值和国际国内影响力显著提升，尤其是成功入选 "中国企业 500 强" "中国服务企业 500 强"，《财富》(中文版)"中国 500 强"，成为 "最赚钱的前 30 家中国企业" 之一，荣获中国证券金

紫荆"最佳上市公司"称号。中国华融（2799.HK）股票入选恒生综合大中型指数成份股、富时中国 50 指数、恒生中国 H 股金融行业指数、MSCI 中国指数等重要指数，公司荣获中国证券金紫荆奖"最佳上市公司"称号。中国华融股价表现总体平稳、跑赢大市，保持中国最大金融资产管理公司地位，公司价值得到投资者广泛认同，中国华融品牌价值和国际国内影响力显著提升。

华融自成立以来，积极履行央企社会责任，坚持发展成果与社会共享，为国家、社会、股东、客户、企业、员工创造更多价值，企业社会责任感、国家使命感、股东服务感大大增强。近年来，中国华融总资产、净资产、净利润、缴纳税费能力大幅增长，为国有资产保值增值做出积极贡献。自 2009 年以来，中国华融累计纳税超过 530 亿元，成为注册地北京西城区的"利税大户"，入选国家税务总局评选的由"中国 500 强企业""世界 500 强企业"行业龙头企业组成的"千户集团"企业名单，成为行业利税大户，有效履行央企社会责任，支持国民经济发展。华融注重股东回报，2016 年度每股收益 0.5 元，计划派息 58.8 亿元，派息比例远高于招股书承诺，为广大股东创造更大价值。公司落实中央"精准扶贫"要求，履行社会责任，2016 年新增定点扶贫资金 600 万元，累计在定点扶贫地区宣汉县投入定点扶贫资金超过 3000 万元，捐助钱物 1100 多万元，并设立"中国华融（抚州）教育基金""中国华融赣南老区红军后代教育基金"等，力行慈善。公司扶贫工作入选"2016 企业扶贫优秀案例"，入选中国扶贫基金会、中国社会科学院"企业扶贫蓝皮书"。

2. 个人荣誉

在华融工作这八年多来，我可以自豪地说"我就是华融的首席市场营销官。"这八年多来，我每年都要飞 30 多万公里，四处"推销"华融，我每年飞的这个距离，可以一年绕地球七八圈，全国走了 30 多个省、区、市，以"人不歇脚，马不停蹄"来形容不为过。这其中的奔波，这其中的奋斗，成就了今天熠熠生辉的"华融梦"。

这些年来，我长期从事货币政策、信贷管理和金融监管等工作，曾获得"中国科技与金融青年优秀论文"奖。我有很多的社会兼职，包括中国国际贸易促进委员会、中国国际商会副会长，中国企业联合会、中国企业家协会副会长，中国科技金融促进会副理事长，中华全国青年联合会委员、常委，北京市青联委员、常委，中国金融学会理事，中国国际金融学会理事会副秘书长，北京金融学会副会长，中华民族文化促进会常务理事，中国金融青年论坛常务理事长，《银行家》杂志编辑委员会委员。

华融工作这八年多来，我带领我的团队砥砺前行，我本人也获得了诸多的奖项。2012 年，我当选第十二届全国人民代表大会代表，我也荣获中国企业联合会评选的 2016—2017 年度"全国企业文化建设突出贡献人物"，2017 年中国证券金紫荆"香港回归二十周年资本市场特别贡献奖"，人民日报社评选的 2016"中国品牌人物奖"，荣获亚洲品牌协会评选的"2016 年全国五一品牌建设奖——十大功勋人物"、2016 年第十一届"亚洲品牌十大杰出人物"、2014 年第九届"亚洲品牌十大杰出人物"和 2013 年第八届"亚洲品牌年度人物大奖"，《企业观察报》等四家单位联合颁发的 2016 年"中国金融行业最具社会责任企业家"荣誉称号，中国企业十大新闻评选委员会评选的 2015 年"中国企业十大人物"，新华社、《经济参考报》、新华网和《财经国家周刊》联合评选的"2014 年中国财经年度人物"，新华网与中国社科院主办评选的"2014 年中国企业社会责任杰出企业家奖"，中国生产力学会评选的"2013 年全国先进生产力杰出人物"。

2016 年 11 月 23 日，第六届中国证券"金紫荆奖"颁奖典礼在港举行。

华融荣获第六届中国证券金紫荆奖"最佳上市公司"，我本人荣获"最具影响力上市公司领袖"，这份奖项沉甸甸的，它们是华融上市以来，公司和我本人首次得到的香港资本市场的奖项，体现了国际资本市场对华融的认同。中国证券"金紫荆奖"是香港大公文汇传媒集团联合北京上市公司协会、香港中国企业协会、香港中国金融协会、香港中资证券业协会、香港特许秘书公会、香港证券学会，针对中国内地和香港地区所有的上市公司、投行、基金及其高管进行对比和综合评测，推选出的年度特色突出、成就巨大的企业和管理者。

中国证券"金紫荆奖"组委会在对我的颁奖词中指出，中国华融"数载寒耕暑播，而今硕果累累，成绩斐然；数载励精图治，而今创新求实，阔步前行。赖小民董事长凭借敢为天下先的创新意识和进取精神，布局发展战略，领跑同行企业；他带领企业构建了'一体两翼'的金融服务架构，稳中求进，险中取胜，成功破解国字头金融央企转型困境。2015年，在经济增速放缓、金融市场跌宕起伏的大背景下，他带领企业成功登陆香港资本市场，全面开启市场化、多元化、综合化、国际化新征程，实现超常规跨越式可持续发展。他不忘初心，砥砺前行，以'十三五'规划为指引，牢牢把握国内经济结构调整和转型升级带来的机遇，致力建设'一流资产管理公司'"。我想这份颁奖词代表了社会各界、资本市场的投资者对我的认同，未来我将继续带领我的团队不忘初心，砥砺前行，再创华融新的辉煌。

第八章

责任之道

〉

〉〉

　　导语：有实力的企业拥有现在，有责任的企业拥有未来。一家企业要想走得长远，就必须积极履行社会责任。企业作为经济社会的基本单位，有义务充当相应的社会责任主体，承担社会责任天经地义。国企事关国计民生，承担社会责任更是义不容辞，国企要成为习近平总书记所期望的充当党和国家最可信赖的"六种重要力量"，就必须担负起应该承担的责任，始终对国家负责、始终对社会负责、始终对企业负责、始终对职工群众负责。

　　中国华融始终自觉带头承担、履行与之相适应的社会责任，始终坚持"国计为重、民生为本、感恩为怀、责任为念、奉献为先"和"发展成果与全社会共享"的责任理念，以实际行动和成效打造"敢于担当，勇于奉献，追求经济效益和社会效益和谐统一"的负责任金融央企形象，争当履行社会责任的央企样板。我用一个公式对中国华融的社会责任作了精准量化：中国华融社会责任＝多创利润＋多缴利税＋职工工资增长＋各种利息费用支出＋各项公益投资捐助＋社会就业＋支持社会经济和谐发展。在我作为公司党委书记、董事长荣获"中国金融行业最具社会责任企业家"的那一刻，就深知，是深明大义的全体中国华融人扛起了责任的大旗，是责任在不断地增加中国华融品牌的含金量和美誉度。

　　首先，中国华融的责任之道体现在它带着金融服务实体经济的先天基因，在深入开展供给侧改革、化解经济金融风险、支持地方经济发展、主推产业转型升级等方面发挥了独特作用，同时通过国有资本功能放大、保持国有经济充满活力、确保国有资产大幅保值增值，为国家、股东、社会、客户创造了可持续增长价值。其次，中国华融的责任之道体现在实施精准扶贫的有效举措上，探索出了科教扶贫、智力扶贫、品牌扶贫、效益扶贫、项目扶贫、战略扶贫的中国华融扶贫经验。同时，在地震等重大自然灾害发生时、在红色赣南等革命老区的热土上、在倾情社会公益和建设美丽中国的行动中，都高高飘扬着中国华融的责任之旗。其次，中国华融的责任之道还体现在实实在在为员工谋福祉上。发展依靠员工、发展为了员工、发展成果与员工共享是中国华融一贯秉承的理念，我拿自己的稿费倡导设立公司大病救助基金，设立中国华融员工大病救助基金和爱心信托，让每一位中国华融员工真切地感知到来自公司的关怀和集体的温暖。中国华融正式员工数量从 2009 年的 2900 多人发展到 2017 年 6 月末的 1.2 万人，员工队伍不断扩大和持续保持稳定，本身就是企业积极履责的表现，也是积极履职的结果。

一、中国华融的社会责任 = 多创利润 + 多缴利税 + 职工工资增长 + 各种利息费用支出 + 各项公益投资捐助 + 社会就业 + 支持社会经济和谐发展

社会是水，企业是鱼。中国华融作为一家金融央企，社会责任责无旁贷，所以我始终把中国华融的社会责任牢牢记在心里，并将其进行科学的量化、细化、具体化，这就是中国华融的社会责任公式：中国华融的社会责任 = 多创利润 + 多缴利税 + 职工工资增长 + 各种利息费用支出 + 各项公益投资捐助 + 社会就业 + 支持社会经济和谐发展。在我看来，企业的社会责任一定是实实在在的工作，而不是一个浮名，所以我将中国华融的社会责任通

过一个个具体的指标加以分解，用具体数字和事例来衡量中国华融的社会责任是否到位。

在多创利润和多缴利税方面。2016 年，中国华融总资产、净资产、净利润、缴纳税费能力大幅增长，截至 2016 年 12 月 31 日，中国华融集团总资产突破 1.4 万亿元，达到人民币 14119.7 亿元，较年初增长 62.9%，比 2008 年年末增长近 43 倍；净资产突破 1500 亿元，较年初增长 26.3%，比 2008 年年末增长近 10 倍；净利润达人民币 231.1 亿元，较上年增长 36.3%，比 2008 年年末增长近 68 倍，其中归属于本公司股东净利润 196.1 亿元，较上年增长 35.4%；平均股权回报率达 18.4%，股东回报良好；自 2009 年以来累计纳税超过 530 亿元，成为注册地北京西城区的"利税大户"，入选国家税务总局评选的由"中国 500 强企业""世界 500 强企业"行业龙头企业组成的"千户集团"企业名单，成为行业利税大户，有效支持了国民经济发展。

在职工工资增长和社会就业方面。我认为对职工来说，企业就是一个"家"，大家在企业工作的时间比在家的时间还多，所以企业对满足广大职工群众日益增长的物质、文化生活需要责无旁贷。我带领中国华融坚持以"民生为本"，关爱员工成长，共享发展成果，高度重视保障所有员工的合法权益，为员工创建平等和多元化的工作环境，保障员工权益和提供有竞争力的福利待遇。截至 2016 年年末，中国华融拥有正式员工 11365 人，是 2009 年的 5 倍多，其中女员工占比 46.8%，境外员工占比 3.9%。我坚持将公司薪酬管理与集团战略、业务发展及人才引进相结合，坚持以效益为中心，优化工效挂钩工资费用分配机制，在集团内建立了以效益为中心、利润贡献为导向的激励约束机制，完善了具有市场竞争力、与业绩相匹配的薪酬管理体系，实现了多劳多得、优绩优酬。

在各项公益投资捐助方面，我坚持"发展成果与社会共享"，不仅捐钱捐物"授人以鱼",更注重提供金融支持和智力支持"授人以渔",不断加大对革命老区、民族地区、边疆地区、贫困地区发展的扶持力度。在我的领导下,中国华融多年投身精准扶贫攻坚战,以"保持扶贫力度、集中资金优势、精准扶贫发力、确保扶贫实效"为指导思想,为定点扶贫地区四川省宣汉县投入资金,捐助钱物,入选《中国扶贫开发年鉴2016》和"2016企业扶贫优秀案例"。此外,我始终情系老区发展,设立"中国华融(抚州)教育基金"和"中国华融赣南老区红军后代教育基金",有力支持了革命老区的教育事业,实现了中国华融与革命老区的结对结缘、共享共进。

在各种利息费用支出和支持社会经济和谐发展方面,我认为只有社会经济快速发展,形成良好的社会发展环境,才能为企业发展壮大提供根本的保障。而社会的进步发展,又依赖每一个社会个体主动承担自身的社会责任,所以我带领中国华融始终坚持以"国计为重",紧跟国家战略,支持实体经济。秉持着"听党的话,跟政府走,按市场规律办事"的经营理念,党的十八大以来,中国华融紧跟国家"一带一路"、自贸区建设、京津冀一体化、长江经济带等发展战略,充分发挥资产管理公司独特作用和辐射全国的网络优势,创新搭建新型战略平台,金融服务手段和功能不断完善,有力支持了国家供给侧结构性改革和实体经济转型升级,也实现了自身的"做强做优做大"。同时,我始终关注发展绿色产业,自身经营过程中,大力倡导绿色办公,坚持"勤俭节约办企业",在集团开展多样化绿色办公实践活动,通过无纸化办公、日常节水节电宣传引导及节能设备更换等,降低运营能耗,将绿色、低碳、可持续发展理念体现在运营管理全过程。同时,依托资源及品牌优势,我还积极支持绿色产业全面发展,通过多金融牌照业务平台,运用成熟的资产管理、资本运营和基金运作模式以及丰富市场经验,设计出大量金融服务实体经济、支持绿色产业开发的产品与服务。

侠之大者，为国为民；企之优者，利国利民。我的企业社会责任之道就是要把履行企业社会责任作为企业科学可持续发展的一种长远投资，通过履行社会责任，唱响品牌、维护客户关系、吸引人才，在各个方面建立起声誉，获得全社会的认可，以此一方面展示企业实力和责任感，提高企业知名度，吸引更多有实力、有信誉的客户，从而优化企业的外部经营环境；另一方面使社会公众认识到企业的存在和发展有助于公众利益，从而为企业奠定良好的公共关系基础，最终为企业的长远发展提供更广阔的舞台。特别是在党领导下的国有企业，更要牢牢把握国有企业发展的政治方向，在经济结构上保证社会主义公有制经济的主体地位，在社会责任上除了一般意义上的生态环境保护、社会回馈等方面以外，还要宣扬积极向上的"正能量"、打造优秀的企业内部文化、弘扬社会正气、践行社会主义核心价值观，实现文化自信，体现主人翁、创新、拼搏、团结、民主和科学精神，对全社会的文化需求、文化氛围和文化创造发挥带动引领作用，把几十年来国有企业先后创造的"大庆精神""铁人精神""两弹一星精神""载人航天精神""青藏铁路精神"等这些先进文化力量传承下去。从这个高度认识企业的社会责任，就不仅能提高企业竞争力，而且可以成为我国社会主义先进文化的重要内容和生动体现，给经济和社会发展提供强大的精神力量。所以我认为，企业的社会责任绝不仅仅是一般意义上的员工保障、节能减排、环境保护、扶贫等工作，更应该从社会系统的角度加以认识，遵循"三个原则"和"六个层次"。

三个原则分别是：

责权原则。企业作为经济社会的基本单位，有权利，也有义务成为相应社会责任的主体。社会生产大分工使得社会组织形式更加多样，企业作为社会中的一个基本单位成为组成现代社会的重要基础，与社会中的人一样，企业也应成为社会责任的主体。

反哺原则。企业发展对外部资源环境的依赖决定了企业必须承担相应社会责任。企业的发展离不开全社会的支持，尤其是在外部环境、人才培养、上下游企业合作等与企业发展直接相关的方面，只有全社会的共同配合，企业才能健康发展，所以企业需要建立更全面的社会责任理念。

法定原则。企业公民的社会身份决定了企业具有承担社会责任的法律义务。企业作为社会的一分子，是独立的法人，必须承担法人的相关责任，这些责任也成为企业社会责任的基本底线。

在这三个原则基础上，还可以从低到高分为"六个层次"：第一是要遵守国家法律法规，和谐社会必然是法治社会，社会责任要求企业必然是遵纪守法、依法治企的企业；第二是自觉遵守全社会共同的理想信念和道德规范，把维护、实践社会主义核心价值体系融入企业社会责任建设，遵守商业道德，倡导诚信经营的文明道德风尚；第三是遵守国家产业政策，搞好企业经营发展，促进社会生产力水平提高，增强履行社会责任的能力，为社会和谐创造物质基础，增加社会就业；第四是推进可持续发展，提高资源利用效率，促进生态环境好转，为人类的生态环境保护做出应有的贡献；第五是正确处理国家、企业、职工三者利益关系，尽到企业的纳税义务，完善职工薪酬体系，尤其是国有企业要时刻以国家利益为重；第六是积极参与扶贫济困、社会福利、社会志愿活动等公益事业。

紧紧围绕这"三个原则"和"六个层次"，经过十多年艰苦奋斗，中国华融终于成为一家社会责任表现突出的企业，实现了企业的长治久安和科学可持续发展。

二、中国华融从诞生之日起，就带着金融服务实体经济的先天基因

1. 救助性金融功能，化解经济金融风险

中国华融自诞生之日起，便肩负着"全力支持国有银行改制上市，全力服务国有企业改革脱困，全力化解系统性金融风险"的政策性使命。在政策性处置阶段，中国华融不辱使命，圆满完成国家赋予的不良资产政策性处置任务，切实发挥了维护中国金融体系稳定运行的"安全网"和"稳定器"的重要作用。从 2009 年起，中国华融步入市场化转型快速发展的新时期。虽然已不承担国家赋予的政策性任务，但我深知，不良资产经营业务是金融资产管理公司化解金融体系不良资产、防范金融风险、承担社会责任的最佳方式，所以一直以来都把"做强主业"挂在嘴边、记在心里、体现在行动上、落实在业绩上。在不良资产包市场，中国华融 2014 年中标 400 多亿元，2015 年中标 1700 多亿元，2016 年中标 2700 多亿元，年均增长率超过 150%，市场占有率保持在 30% 以上，2016 年市场占有率更是超过 50%。这些数据表明，公司在银行业降低不良资产规模和不良率、化解系统性金融风险方面发挥了积极、重要的作用。

2. 推行大客户战略，支持地方经济发展

2009 年以来，我带领中国华融践行"听党的话，跟政府走，按市场规律办事"的经营理念，与地方各级政府共商合作大计，共谋发展大业，建立起"资源共享、优势互补、风险共担、利益均沾、互惠双赢、合作发展"的战略合作伙伴关系，以期为地方经济发展做出更大的贡献。截至 2016 年年底，我代表中国华融与包括 4 个直辖市在内的 20 多家省、区、市级政府签订了战略合作协议，中国华融成为了与地方政府签署战略合作协议

最多的金融央企。

战略合作协议的重要内容之一是与地方政府合作设立新平台。通过设立新平台，一方面可以整合地方政府所拥有的属地优质资源，将公司的资金与优质项目对接，提高资金运作效率；另一方面新平台作为地方经济的参与者，可以为地方经济繁荣和税收做贡献。在不良资产经营领域，我基于帮助地方政府化解过剩产能、防范金融风险、助推金融振兴的考虑，发挥中国华融专业特长，率先跟地方政府商讨合作成立资产管理公司，带领中国华融于先后与山西、青海省政府合作组建了华融晋商资产管理股份有限公司（以下简称"华融晋商"）和华融昆仑青海资产管理股份有限公司两家地方资产管理公司，在四大国有金融资产管理公司中创下了先例。

当时，国务院放开了地方成立资产管理公司的限制，山西省作为以煤炭产业为支柱的大省，产能过剩、经济转型的压力较大，经济增长的数据连续在全国排在中下游。作为金融央企，中国华融一直与山西地方政府和当地企业有着较好的合作关系，本着"立足地方，服务地方，支持地方，发展地方"的经营理念和为地方经济转型升级发展提供多层次、全方位的金融服务的责任，我多次赴山西拜会省委省政府领导，得到了他们的亲切接见，他们对我提出的合作组建地方资产管理公司的想法非常支持，亲自部署安排相关工作。我也深受感动，开全体职工大会加快推进相关工作。功夫不负有心人，2016 年年初，作为中国华融与山西省政府合作成立的地方资产管理公司——华融晋商正式成立，从 2016 年 2 月成立至 2016 年年底，华融晋商累计收购和处置银行不良资产 77 亿元，占山西省 2016 全年不良资产成交规模的 80% 以上，其中实质性收购太原市城区信用联社不良资产包 42.5 亿元，为其向太原市农商行的改制转型奠定了坚实基础，有效贯彻落实了山西金融改革的战略意图，为维护地方经济金融安全稳定运行做出了积极贡献。

其他还包括，与湖南省政府合作重组设立华融湘江银行，与海南省政府合作重组海南星海期货经纪有限公司成立华融期货公司，与重庆市政府合作组建华融渝富股权投资基金公司，与浙江省政府合作设立华融黄公望金融小镇。目前，中国华融依托集团旗下 33 家分公司（营业部）、30 多家子公司所形成的"一体两翼"架构，为深化与地方政府的合作打通了主渠道。以不良资产经营为专业优势，通过开展不良资产收购并重组业务、问题企业重组业务，可以救助地方支柱和关键企业，实现"企业脱困重生、银行化解不良、政府维护稳定、公司实现创利"四方共赢的良好社会效应。

3. 紧贴国家战略，支持重点区域发展

对于国有企业，我始终坚持企业自身发展一定要融入国家发展之中，在紧跟国家战略中寻找新动力、增添新平台，形成新利润增长点。与此同时，一系列的国家战略也为中国华融的转型发展创造了难得的历史机遇，指明了前进的方向，提供了战略和政策保障。两个非常突出的事例就是紧跟"一带一路"倡议推进公司国际化发展和大力支持京津冀协同发展战略。

一是大力对接党中央、国务院的"一带一路"倡议。从 2013 年起，我便在"一带一路"沿线地区加速布局——在境外成立 8 家子公司，在境内新增 7 家平台——为"一带一路"建设提供融资、融智、融商的多元化、现代化综合金融服务。2014 年 12 月 22 日，华融西部开发投资公司（以下简称"华融西部"）在丝绸之路经济带的重要战略支点、我国内陆地区第一个对外开放试验区——宁夏银川成立，注册资本 4 亿元。华融西部通过股权投资、债权投资、单一项目基金或产业投资基金、不良资产投资基金等业务模式，为"丝绸之路经济带"提供全方位综合金融服务。2015 年 12 月 29 日，华融华侨资产管理股份有限公司（以下简称"华融华侨"）在广东知名侨乡汕头揭牌开业。华融华侨的成立，对于落实"一带一路"

重大倡议和国务院关于建设华侨经济文化合作试验区规划，打造汇聚华侨资源、加强侨资管理的核心平台具有重要战略意义。2014年9月30日，中国华融上海自贸区分公司成立，中国华融成为首家在自贸区设立分支机构的金融资产管理公司，随后，加速在各大自贸区、海上丝绸之路的重要支点——广东、天津和福建——分别设立华融广东自贸区投融资控股公司、华融天津自贸区投资公司、华融福建自贸区投资股份有限公司。

除了建立新平台，华融现有平台还积极为"一带一路"企业走出去提供跨境投融资和资金流动的便利。2016年9月，华融证券股份有限公司以国家实施"一带一路"建设为契机，以泛珠三角区域合作为目的，与桂林银行、广东南粤银行等金融机构发起成立了粤桂黔高铁经济带金融同业联盟。联盟整合金融机构、风险投资、中介机构及境内资本市场，聚集各类金融服务元素，为粤桂黔高铁经济带沿线的地方政府、企业和居民等金融消费者提供多功能、多层次、一站式的金融服务。为使中国华融的国际化发展更好地对接国家"一带一路"倡议，我将中国华融的国际化战略明确制定为"立足港澳台、服务大中华，对接国家'一带一路'、内外联动"的国际化发展战略，努力将位于香港的华融国际、华融金控等优秀机构打造成为中国华融"国际化战略的桥头堡、业务创新的新领地、人才培养的制高点、市场化管理的示范区、经营业绩的排头兵"，为国家"一带一路"建设发挥更加积极的作用。

三十多年的工作经验告诉我，"一带一路"沿线多数国家的货币体系和金融市场建设较落后，货币体系稳定性较差，资金来源和投融资模式单一，难以有效满足"一带一路"建设的金融需求，加之沿线各国区域金融合作水平不高，难以共同形成有效的金融支持。针对这些问题，我以第十二届全国人大代表的身份，在2016年两会期间向大会提交《关于政策支持金融创新更高效服务"一带一路"的建议》。其中，我从国家宏观政策的角度出发，提出了六条具有针对性的建议：一是制定金融支持"一带一路"建设的总体规划；二是通过建立"一带一路"产业基金与国别基金，积极撬动社会资本与国际资本投资；三是加强跨境金融基础设施建设，提高跨境人民币的服务功能；四是进一步扩大"一带一路"建设债券贴息优惠和发行范围；五是积极发挥外汇储备对"一带一路"建设的战略支持功能；六是支持多层次融资模式创新，构建金融支持体系。这些建议，刊登于《人民日报》等主流媒体，得到了有关部门的高度重视。

二是深耕京津冀协同发展。京津冀区域发展总体战略对于优化我国生产力布局、提升发展质量效益意义重大。对此，我积极推进中国华融与京津冀三地政府开展战略合作，代表中国华融拜访北京市、天津市、河北省以及廊坊市、涿州市、北京市西城区政府并签署全面战略合作协议，与西城区、顺义区人民政府分别合作组建了华融创新投资股份有限公司、华融新兴产业投资管理股份有限公司，旨在通过金融投资为地区经济注入活力。中国华融旗下子公司华融金融租赁股份有限公司与天津东丽区人民政府达成一致，未来3—5年为东丽区基础设施建设提供10亿—20亿元资金支持，积极推动京津冀一体化建设，优化提升区域核心功能，通过基金化、证券化、结构化等创新业务，加速地区经济建设。截至2016年年末，中国华融集团累计在京津冀地区开展合作项目312个，项目投放金额达625亿元，涉及450余家国企、民企优质客户，为京津冀协同发展做出了积极的贡献。

通过深化服务国家区域发展战略，中国华融还围绕国家及地区政策，为自贸区、长江经济带、西部发展等地方经济建设做出了应有的贡献。

4. 紧随政策导向，支持产业转型升级

金融资产管理公司作为国民经济和金融体系的重要组成部分，在调整产业结构、支持产业转型升级、服务实体经济发展等方面使命重大，责任

光荣。多年来，我带领中国华融充分发挥不良资产经营和综合金融服务的优势，加大对传统产业改造升级、战略性新兴产业等领域的资金投入，努力为经济结构优化尽心、出力、做事。

我积极鼓励引导分子公司投资战略性新兴产业等领域，通过打业务"组合拳"，以"存量＋增量""金融＋产业""债权＋股权""自主资金＋结构化融资"等金融手段，为国家重点支持的新兴行业提供优质、实惠的融资。2014年，中国华融广东分公司联合中国华融国际控股有限公司（以下简称"华融国际"）及华融控股（深圳）股权投资基金管理有限公司投资珠海银隆新能源有限公司。该公司作为"新能源汽车产学研产业化示范基地"，是广东省第一批23个战略性新兴产业基地之一。在获得中国华融资金支持后，该公司加速电动公交车的生产与北方生产基地的建设，先后向石家庄、珠海、北京交付多批公交车辆。亚太经济合作组织（APEC）峰会期间，其产品作为我国节能环保技术的代表，被调入会场作为部长级官员专用载乘大巴。

对于部分重点行业中发展前景较好、技术水平较强但遭遇暂时困难的大中型国有企业或优质民营企业，实施"债转股"是有效降低企业融资杠杆和资金成本、妥善化解经济金融风险的重要债务重组工具。中国华融设立市场化债转股实施机构——华融瑞通股权投资管理有限公司，并由其设立"中国华融债转股并购重组基金"，以金融央企的资金支持市场化债转股，帮助优质企业脱困转型。

随着经济进入新常态，国家对煤炭钢铁等过剩行业开展供给侧结构改革，其中所面临的一大突出难题是"僵尸企业"如何平稳退出。中国华融在其中充分发挥金融资产管理公司的独特作用，对于经营陷入困境、技术水平低下的大量"僵尸企业"，通过对不良资产进行组合出售、打包处置、资产转让、资产置换、资产重组，处置不良资产，助推"僵尸企业"平稳退出。在不良资产经营主业方面，中国华融安徽分公司在 2014 年以债权收购重组的方式帮助蚌埠国祯广场、国祯生物质发电公司盘活资金共 7 亿多元。该笔资金的支持，使发电公司改进了以往的高耗能高污染的火力发电方式，变成利用当地农田废弃秸秆进行发电的清洁发电方式，有力支持了发电公司的转型升级，保护了当地生态环境。华融晋商 2016 年积极助力山西省煤炭行业"调结构、去产能、去杠杆"，截至 2016 年年底，累计向山西省同煤集团、阳煤集团、潞安集团等 5 户大型国有煤炭支柱企业投入资金 53 亿元，支持其扩大先进产能。同时，华融晋商积极响应山西省政府支持实体经济的号召，助力新能源汽车、现代物流业等重点新兴行业的发展；在国家第四批新能源汽车推广目录下达前夕的关键时刻，向山西大运汽车股份有限公司、成功汽车公司及时投放资金 13 亿元，有力促进了山西新能源汽车行业的发展壮大；向山西方略保税物流中心有限公司投资 5 亿元，支持内陆唯一的综合保税园区改扩建。利用综合金融服务手段，华融金融租赁发挥较传统信贷业务模式灵活、服务范围广、直接支持实体经济的优势，以服务实体经济为使命，着力支持新一代信息技术、高端装备制造、新能源、新材料、节能环保和生物等战略性新兴产业、基础设施互联互通以及飞机、船舶、公交、环保、医疗、文化等产业，重点支持杭州湾产业集聚区、金华产业集聚区、绍兴县纺织品综合服务区、永康五金产业集群等现代产业集群转型升级示范区，海洋、环保等战略性新兴产业。

5. 优化金融服务，支持小微企业发展

中国的小微企业在吸纳就业、推动创新、活跃市场方面发挥着重要的作用，是国民经济发展的生力军。作为金融央企的中国华融，有责任也有能力为我国小微企业的成长提供支援。多年来，我带领中国华融积极贯彻

落实国务院和银监会有关指导意见，引导旗下分子公司提升小微企业金融服务水平，积极支持小微企业良性发展，尤其对初创期的中小微企业给予充分的资源支持。

华融湘江银行坚持"小、精、专、新、特"的特色定位，深入开展小微企业金融服务，致力于为中小企业提供高效、优质、全方位的金融服务。截至 2016 年年末，华融湘江银行全行小微贷款余额 349.49 亿元，占比超过 31%，小微贷款增长全面达标。2016 年，华融湘江银行向中国人民银行申请并获得了人民币 10 亿元支小再贷款，加大支持实体经济发展和扶持小微企业成长的力度，同时积极开展创业担保贷业务，有序开展"两权抵押贷款业务"试点。由于支持中小企业融资成绩突出，该行被湖南省人民政府授予"支持地方经济建设和中小企业融资考评"一等奖。

华融金融租赁针对小微企业融资需求，结合自身业务特点，切实推出多项措施支持小微企业发展。一是持续推广厂商租赁为服务小微企业的主要产品，继续开发具有一定实力的合作厂商，扩大厂商合作规模和范围。2016 年，华融金融租赁全年与 16 家厂商持续合作，新增投放规模近 14 亿元。二是加大小微企业资金投放力度。优先满足小微企业融资需求，并在监管许可范围内不限制投放规模，持续提高小微企业金融服务的覆盖面和获得率。2016 年，华融金融租赁全年共支持小微企业 126 户，项目金额 42.49 亿元。三是积极探索农业产业链金融，促进现代农业发展。在已进行的湖州市吴兴区现代农业示范区农机租赁调研基础上，华融金融租赁进一步探索该领域相关业务，2014 年成功开展一单金华市农业装备项目。2016 年，华融金融租赁股份有限公司服务资产在人民币 3000 万元以下规模的企业数量达 4000 余家，提供金融服务规模超过人民币 200 亿元，涉及建筑机械、工程机械、机床设备等产品，在服务小微企业方面取得显著成效。

三、为国家、股东、社会、客户创造可持续增长价值

1. 国有资本功能放大，国有经济充满活力，国有资产大幅保值增值

企业自身的发展是企业承担社会责任的基础，脱离了发展的基调，一切企业社会责任只会成为无源之水、无本之木。自 2009 年 1 月 19 日到任中国华融后，我始终坚持"发展是硬道理，是第一要务"，始终把实现国有资产保值增值放在各项工作的重要位置，作为中国华融的首要职责，作为各项工作的出发点和落脚点。

守土有责、守土负责、守土尽责。这是我作为一个央企掌门人始终坚守的信念。我认为，当前我国长期处于社会主义初级阶段的基本国情决定了必须坚持和完善公有制为主体、多种所有制经济共同发展的基本经济制度。在社会主义基本经济制度下推动国有企业与市场经济融合是一项前无古人的事业，没有现成的道路可走。从国际上看，西方发达国家在 20 世纪 70 年代先后推行的国有企业改革大多采用的是私有化模式，不少转型国家进行的国有企业改革也是采用私有化模式。我国的国有企业改革走的是一条在坚持公有制为主体的前提下推动国有企业与市场经济深入融合的道路，改革的目的不是削弱国有企业，更不是搞全盘私有化，而是通过改革实现国有企业的自我完善，使其能够更好地肩负起推动经济发展、完善和发展中国特色社会主义制度、实现中华民族伟大复兴的使命和责任。当前，国有企业总体上已经同市场经济相融合，在适应市场化、国际化新形势，在规范经营决策、资产保值增值、公平参与竞争、提高企业效率、增强企业活力、承担社会责任等方面取得了很大进展。我国改革开放以来国有企业发展取得的巨大成就也说明，只要从实际出发坚定不移推进市场取向改革，国有企业就能发挥自身优势，焕发出旺盛的生命力。

从另一个角度看，国有企业是我国国民经济的重要支柱，是中国特

色社会主义的重要物质基础和政治基础，而且是体现国家意志的企业。国有企业作为国有经济的骨干和支柱，在支撑、引导和带动经济社会发展，发挥国有经济的控制力、影响力、带动力方面，有着不可替代的作用。新中国成立后特别是改革开放以来，国有企业改革发展取得巨大成就，为国家建设和民生改善做出了重大贡献。截至 2015 年年底，我国国有企业达到 16.7 万家，企业资产总额 119.2 万亿元，所有者权益 40.14 万亿元，营业收入 45.47 万亿元，利润总额 2.3 万亿元，与 2005 年相比，年均分别增长 16.7%、14.2%、12.3%、9%。2016 年发布的"世界 500 强"企业榜单中，我国企业有 110 家，居世界第二位，其中国有企业 83 家。国有企业不但在各个基础行业占有重要地位，承担着生产公共产品、建设重大工程项目、推动国家技术创新等职责，而且还肩负着优化产业结构、引领经济发展、带动其他所有制经济健康发展的重任，是推动经济发展当之无愧的主力军、排头兵和突击队。

以先进国有企业为榜样，八年多来，我带领中国华融不断做强做大做优，经过全体员工的艰苦努力、开拓创新、扎实工作，2009 年实现大部分分公司扭亏为盈，2010 年、2011 年实现净利润连年翻番，2013 年起净利润过百亿，到 2016 年集团总资产突破万亿元，集团净资产突破 1500 亿元，集团净利润突破 230 亿元，2009 年至 2016 年间净利润年均复合增长率达 63.8%。回首在 1999 年成立之初，国家给了中国华融 100 亿元资本金，接下来的十八年里没有再给过中国华融一分钱。华融从 1999 年到 2009 年年初这十年间增加了 56 亿的净资产，从 2009 年初到 2016 年年末这八年增加了 1300 多亿的净资产，而这 1300 多亿，都是华融的利润一点点积累起来的。八年时间里，中国华融的净资产增长近 10 倍，相当于用八年时间再造 10 个中国华融，最大限度地实现了"国有经济充满活力、国有资本功能放大、国有资产大幅保值增值"的目标。

2. 为股东创造良好回报

股东和广大投资者为企业的发展提供了坚实的资金支持，满足了企业发展扩张过程中对资本的需求，同时促进了国有企业多元化的公司治理结构。所以，我非常重视为股东创造良好、可持续的价值回报，致力于做大华融股权资本的同时保持较高的股权回报率。2012—2016 年间，华融的平均股权回报率分别为 19.25%，22.75%，19.14%，17.29% 以及 18.4%，这些数据不论在金融资产管理公司、还是在金融机构同业中都是绝无仅有的。在做大归属股东净利润这块"蛋糕"的同时，中国华融还通过"分蛋糕"让股东获得尽可能多的回报。

2016 年 3 月份，华融向截至特别股利日名列公司股东名册的股东派发上市前特别股利，总额为 12.48 亿元。2016 年归属于本公司股东的净利润为 196.13 亿元，扣除依法提取法定公积金和一般准备余额后剩余 170.83 亿元，公司决定拿出其中的 58.8 亿元向全体股东派发现金股利，现金股利的总额占归属于母公司股东净利润的 30.0%。全体股东获得每 10 股人民币 1.506 元（含税）的现金股利，派息比例远高于招股书承诺。

3. 为社会贡献巨额税收

我认为，企业承担社会责任最主要的方式，不是慈善捐款，而是纳税。因为税收是政府财政收入的主要来源，而财政收入是政府提供国防、基础设施、医疗、教育等公共产品的资金来源。依法纳税，是企业在享受公共资源的同时，回馈社会、报答社会的体现，也是践行反哺原则的体现。我始终将依法纳税作为光荣而神圣的使命，从来不认为纳税多是吃亏，反而认为纳税越多对国家和人民的贡献就越大。

国有企业是社会主义公有制的重要实现形式，也是二次分配中贯彻纳税责任为国家增加转移支付，从而成为有效遏制社会两极分化的重要力量。

所以我带领中国华融始终坚决拥护和忠实履行党中央、国务院的决策部署，保障国家政策贯彻落实，忠实履行自身的纳税义务，在上缴股东分红的同时，承担自觉主动足额纳税的社会责任。

2009年以来，在党中央、国务院的关怀和银监会党委的正确领导以及财政部、人民银行、证监会等关心支持下，中国华融已经成为纳税金额位居全国前列的大型国有金融控股集团，自2009年以来累计缴纳税费超过530亿元，2016年缴纳各项税费139.5亿元，成为北京市西城区利税大户，入选国家税务总局评选的"全国纳税前1000户企业"名单，充分体现了发展成果与社会共享的理念。

4. 以客户为中心，与客户共成长

客户是企业的生命之本、发展之基、价值之源。在带领华融发展的过程中，我始终强调要努力为客户提供全方位、高质量、令人满意的产品及服务，这是中国华融不懈的追求。在我的带领下，华融以"感恩为怀"，坚持客户至上，实现互惠共赢，推进大客户战略，坚持"因形势而变，因政策而变，因市场而变，因客户而变，因项目而变"；坚持"以客户为中心，与客户共成长"的服务理念，坚持为客户创造可持续增长价值的价值观，主动发现客户的各类金融服务需求，"按需做菜"，为客户量身定做产品服务方案。

2009年年初，我来到中国华融后不久，就觉察到了客户需求的变化，即随着经济发展、社会财富增加，大量的客户需求已经不仅仅停留在不良资产处置层面上，而更多的是实现财富增值，因此，包括多种业务在内的资产管理需求成为行业发展的重点。对此，我带领中国华融顺应客户需求，整合银行、证券、信托、租赁、投资、期货、置业等多功能平台，充分发挥"一体两翼"协同效应，为客户提供"横跨公司资本架构、纵跨企业生命周期"的一揽子综合金融服务，为企业创造发展提升的新价值。我到任

华融后，强势带领中国华融回归主业，践行大客户战略，成立资产经营部，发挥金融资产管理公司区别于银行、保险公司、证券公司的业务专长，大力满足客户处置、化解不良资产等需求，为客户提供逆周期的不良资产经营业务，在经济下行背景下与实体企业共渡难关，帮扶小微企业、救助危机企业、重组问题企业，为一大批符合国家产业政策导向、具有发展潜力的企业渡过了暂时性的困难，取得了良好的经济效益和社会效益。除了帮助遇到暂时流动性困难的企业，中国华融还通过问题企业重组业务，对陷入困境的危机企业实施救助性金融服务。自 2011 年开展首单问题企业重组业务以来，经过六年多的摸索和创新，中国华融已成功实施了问题企业重组飞跃集团项目、债务重组凯翔集团项目等一大批具有代表性的项目，累计投放 100 多亿元。2011 年，全国缝制设备行业的排头兵企业飞跃集团因市场环境变化、举债累累而处于举步维艰状态，中国华融浙江分公司先后出资 3.8 亿元收购商业银行及其他资产公司对飞跃集团相关企业的不良资产，与当地政府部门合作引进战略合作者，直接盘活约 8 亿元存量资产，实现资产增值超过 60 亿元，盘活了当地 300 多亩的科技创业园，彻底帮助飞跃集团走出了生产经营困境。2013 年习近平主席出访非洲时，还将新飞跃生产的缝纫机作为"国礼"赠送给了坦桑尼亚妇女和发展基金会。

在这个过程中，中国华融也逐渐从"单一的不良资产处置机构"向"专业的资产经营管理者、优秀的综合金融服务商"转型，形成了以不良资产主业为基础、以综合金融服务为依托、以第三方资产管理为新的利润增长点的业务模式，真正满足客户全方位、全周期的金融服务需求。

2016 年，为进一步提升重点客户的服务体验，我决定加大对重点客户的支持力度，出台一系列重点支持客户专项支持政策，包括内部借款利率、业务授权等方面的优惠。重点支持客户系列政策的出台，为公司向重点客户提供精准营销和综合服务奠定了基础，提升了公司服务优质客户的能力，增强了客户黏性。截至 2017 年 9 月末，中国华融存量客户超过万家，已与包括 4 个直辖市在内的 30 家省级政府、大型金融机构和企业类客户签署了全面战略合作协议，实现了客户资源的集中化管理和平台式共享。同时加大了与重点支持客户的业务合作力度，提升了服务优质客户的能力，使客户黏性持续增强，客户满意度不断提高，达 90% 以上。

四、发展依靠员工、发展为了员工、发展成果与员工共享

我认为，国有企业履行社会责任实质上也要求企业对自身员工负责，给予员工充分的人文关怀，在当今的知识经济和信息化时代，优秀人才是企业最重要的资源，拥有一流人才是企业成功的关键因素。尊重人才，保障职工的工资、福利水平，提升职工全面发展的机会，使得职工获得安全感和归属感，是国有企业责无旁贷的责任。特别是作为国有企业，更要坚持党的群众路线，始终发挥党委的政治核心作用、党支部的战斗堡垒作用和党员的先锋模范作用，坚持扎根到职工群众中，问政于民、问需于民、问计于民。只有这样，才会带来员工积极性的提高和责任心的增强，从而有助于企业的良好发展。过去在计划经济时期，吸收劳动力就业是国家赋予国有企业的基本社会责任。在社会主义市场经济条件下，虽然国有企业不再具有法定的解决社会就业问题的职责，但作为共和国长子的国有企业，解决社会就业、保障员工权益，应该成为国有企业的自觉承担。中国华融从 2009 年的 2000 多名员工发展到今天的 1.2 万名员工，在 31 个省、自治区、直辖市提供了大量就业岗位的同时，也非常注重保障员工的权益。

我一直在华融系统内倡导"辛苦理应得到回报，贡献理应得到表彰，成绩理应得到肯定"的感恩文化，对辛勤工作、成效突出的员工不吝提薪、表彰、嘉奖、提拔，通过各种激励措施来增强员工的尊严感、自豪感、幸

福感、成就感、获得感。虽然我本人由于财政部工资限制，工资比公司总部部室、分子公司"一把手"和部分高级员工都要低，但我仍然坚持努力提高员工们的工资，让员工更多地分享公司发展的成果。我专门设立董事长奖励基金，用于奖励在公司发展、内部管理、业务经营与市场拓展中做出重大和特殊贡献、有突出表现的集体和个人。中国华融在招聘事宜上杜绝一切形式由于性别、地域、民族、宗教、年龄等方面引起的不平等现象发生，确保所有员工均享有公平、公正、公开的工作机会。在薪酬上，坚持以岗定薪、以绩定奖的员工薪酬管理机制，根据岗位职责、员工能力和业绩贡献合理分配员工薪酬；在培训上，以"培训普惠制"为指引，大力构建"宽领域、多层次、广覆盖、多元化、套餐式、组合拳"的综合培训体系，不断提升员工能力素质，助推员工成长；在职务晋升上，致力于为员工提供广阔的发展空间，增强员工的尊严感、自豪感、幸福感、成就感和获得感，加大年轻干部的选拔任用；在业余生活上，丰富员工精神文化生活，促进员工交流沟通，提振中国华融员工"聚是一团火，散是满天星，星火燎原，照亮华融"的"精气神"。通过举办包括"弘扬长征精神，共筑华融梦想"第二届系统职工文艺会演、职工运动会等一系列活动，打造了"政治强、业务精、纪律严、作风实、业绩优、口碑好"的领导班子，"想干事、能干事、会干事、干成事、不出事"的员工队伍和"学习型组织、知识型员工、专家型队伍、国际型视野、务实型考核"的"五型"团队。

如果说薪酬是对员工既有付出的肯定，那么培训就是对员工未来发展的支持。我一直坚持"培训是福利""培训普惠制""培训出干部""培训出人才"的培训理念，加大对员工培训的投入，实现员工与企业的共同成长。目前，中国华融已经初步构建起"宽领域、多层次、广覆盖、多元化、套餐式、组合拳"的综合培训体系，能够为不同层级、不同专业条线的干部员工提供内容丰富、形式灵活、高效务实的培训，包括新员工入职培训、政策制度讲解、业务案例分析、专题讲座、知识和技能培训、课题研究、网络学院等形式。自 2009 年年初到 2016 年年末，公司全系统共组织各项培训达 5013 期，累计培训 31 万人次，平均每年培训 6.33 万人次。此外，我在公司内设立"强身健体"计划，为员工提供多岗位交流锻炼的机会，帮助干部员工成长进步。

我始终坚持"发展依靠员工、发展为了员工、发展成果与员工共享"的理念，强化员工保障，提高员工福利。公司每年开展为员工办理"十件实事"的活动，为员工创造更便利、更舒适、更健康的工作环境。每年的"十件实事"由公司工会广泛征求员工意见后确定，并在网上公布，在当年内落实。近几年来，入选"十件实事"的包括公司停车场配备电动车充电桩、办公大楼安装新风系统、安装雾霾表及时检测空气质量、办公场所内增加空气净化器、更新总部健身室活动设施、设立公司内部门诊、搭建员工挂号平台缓解员工挂号难问题、组织开展青年员工交流联谊，等等。这些实事、好事涉及广大员工的身体健康、医疗保健等切身利益，体现了公司对员工个人生活的关爱。

精神文化生活是员工工作的有效调节。近三年来，我每年从工会中拿出一定经费投入到员工精神文化生活中，通过举办文体兴趣小组、健康讲座、职工运动会、健步走活动、周五观影等员工喜闻乐见的活动，丰富员工的精神文化世界。公司先后于 2012 年、2016 年成功举办公司职工文艺会演。其中，在 2016 年的文艺汇演中，共创作和演出了具有华融特色、彰显员工精气神的优秀作品 32 个，参与演职人员共计 820 余人，极大地丰富了员工的精神文化生活。

五、设立中国华融员工大病救助基金和爱心信托

为进一步解决员工的后顾之忧，在我的提议下，华融为每位员工定期缴纳养老、失业、医疗、工伤、生育等各类保险及住房公积金，并为员工购买商业保险，实现全面覆盖、全面保护、全面关怀。在商业补充医疗方面，公司于 2011 年正式实施《补充医疗暂行规定》，首次在总部实行员工集中投保商业医疗保险，使在职员工和退休员工的医疗保障水平得到明显提高，看病就医增加了又一重保障。在此基础上，我倡议发起"中国华融员工大病救助基金"，为身患重疾的员工解燃眉之急、雪中送炭、奉献爱心。2014 年，我决定在公司设立"华融爱心信托"，汇聚公司员工对社会公益的爱心，发挥金融机构的专业优势，对公益资金实施专业化管理。我带头捐助《战略大转型——中国华融创新发展理论与实践》个人稿酬共计 200 万元，同时发动中国华融一万余名员工进行爱心接力，2016 年共募集善款人民币 319.70 万元，并注入"中国华融员工大病救助基金"和"华融爱心信托"中。目前，"中国华融员工大病救助基金"和"华融爱心信托"总体规模逾人民币 800 万元，中国华融已建立起具有华融特色的社会扶贫、困难帮扶和专项救助"三位一体"的社会公益、员工保障综合体系。

2016 年年初，正是在工作紧张的时刻，突然一位公司领导向我请假，说要去治病，我感到十分突然。详细了解之下才知道，这位公司领导已经带病坚持工作了半年之久，现在已经到了不得不尽快治疗的时刻。在感动之余，我突然想到，同志们在我带领下都是"五加二""白加黑"地工作，身体长时间处于忙碌之中，得病都没能及时休息，这是我的工作失误啊！一种愧疚感涌上心头，立刻部署在全公司开展一次调查，看看有多少同志还在带病坚持工作，让大家赶快休息治病，不能耽误了治疗。中国华融人工作是"拼命三郎"，但工作只是人生的一个方面，不能为了工作不管不

顾身体，大家还有家庭，大都是上有老下有小，家中的顶梁柱，不能不顾身体。同时，由于医疗报销体制的问题，一些同志生病以来，生活也面临一定困难，我又立刻布置在全公司开展一次"送温暖活动"，我们既然有了大病救助基金，就不能只趴在账上落个空名，一定要起到实实在在的作用，做到雪中送炭。在"送温暖活动"中，中国华融落实困难救助资金人民币30.2万元，帮助困难职工84人次；"华融爱心信托"年度帮扶困难员工25人次，投入帮扶资金人民币18万元；"华融大病救助基金"年度救助罹患大病员工26人次，投入资金人民币76.6万元。扶危济困，爱心帮扶，中国华融社会扶贫、困难帮扶和专项救助"三位一体"的综合保障体系切实为员工提供了坚实可靠的保障，进一步解决了员工的后顾之忧。

六、实施精准扶贫，坚持科教扶贫、智力扶贫、品牌扶贫、效益扶贫、项目扶贫、战略扶贫

1. 十五载定点扶贫，宣汉旧貌换新颜

扶危济贫是中华民族的传统美德，亦是企业义不容辞的社会责任。中国华融作为国务院扶贫办指定的定点扶贫单位，多年来认真贯彻落实中央精神，将精准扶贫作为重大政治任务，主动承担央企社会责任，扎实有效开展对民族地区、边疆地区、贫困地区的精准扶贫工作，探索出一套行之有效的"科教扶贫、智力扶贫、品牌扶贫、效益扶贫、项目扶贫、战略扶贫"的"扶贫组合拳"打法，重点实施产业扶贫、民生扶贫、教育扶贫形成了以定点扶贫为主、兼顾专项扶贫和社会扶贫的"大扶贫"格局，并通过不断改进扶贫资金和项目管理方法提升工作效率，为精准扶贫国家战略树立央企范本。

下足"绣花"功夫，落实定点扶贫。当前脱贫攻坚工作已经进入啃硬

骨头、攻坚拔寨的冲刺阶段。习近平总书记在参加十二届全国人大五次会议四川代表团审议时指出，脱贫攻坚越往后，难度越大，越要压实责任、精准施策、过细工作。中国华融积极响应国家号召，自 2002 年将四川省宣汉县确定为定点扶贫对象以来，对症下药、精耕细作，下足"绣花"功夫做好精准扶贫，助力宣汉县实现 2020 年前脱贫摘帽的目标。中国华融已累计投入定点扶贫资金超过 3000 万元，捐助钱物共计 1100 多万元。"绣花"功夫贵在精细。中国华融坚持"五个始终"原则对宣汉县精准扶贫、精准施策，即始终坚持目标精准，确保"到点、到村、到户、到人"，增加当地居民收入、改善基本生活条件；始终坚持定位准确，在了解当地需求的基础上，依靠当地党委和政府，开展扶贫工作；始终坚持措施到位，根据贫困地区的实际需求，精准施策；始终坚持机制灵活，因地制宜，建立长期有效的扶贫机制；始终坚持效果务实，实现建档立卡贫困人口的精准脱贫，实现政治、经济、社会和企业效益的有机统一。按照精准扶贫的基本方略，公司党委决定将定点扶贫工作重心由科教扶贫为主转为瞄准建档立卡贫困地区和人口的精准帮扶为主，力求做到不漏一户不落一人，通过异地搬迁等方式集中力量对宣汉县峰城镇仁义村进行对口帮扶，年度定点扶贫资金中安排 300 万元定向支持仁义村建设成为"中国华融精准扶贫示范村"。"绣花"功夫重在持恒。中国华融始终坚持"三个结合、三个侧重"导向，即当前需求与长远发展相结合，侧重解决当前需求；点与面的帮扶相结合，侧重对点精准发力；满足贫困地区需要与公司能力相结合，以公司现有能力努力满足贫困地区的需要。中国华融定点扶贫始终注重长效意识，2016 年中国华融制定了《2016—2020 年定点扶贫工作规划》，努力探索开展产业扶贫、教育扶贫的扶贫"造血"机制，攻坚扶贫注重标本兼治疗，不仅要"扶上马"，还要及时"送一程"，保持扶贫的连续性，继续加大对定点扶贫地区的基础设施、教育文化、产业发展投资，实现持久扶贫、稳步脱贫。

做好"授人以渔",推进产业扶贫。扶贫先扶志,造血拔穷根。中国华融对宣汉县定点扶贫过程中,不仅捐钱捐物,"授人以鱼",更注重"授人以渔",为贫困地区提供金融支持和智力支持,着力从提升贫困人口劳动技能、帮助贫困地区产业开发、配套建设民生工程等方面予以帮扶。2016年,中国华融投入定点扶贫资金人民币62万元在宣汉县设立了"中国华融农业产业扶贫基金",该基金配合县政府的有关政策,用于建档立卡贫困村贫困户发展种植业、养殖业、农旅集合等产业提供启动、周转用无息借款,按照无偿使用、归还本金、滚动运转的模式,解决贫困户发展农业产业资金严重短缺的问题,激励农户勤劳致富,支持当地蜀宣花牛、黑毛香猪等特色养殖业的发展,惠及3个村建档立卡贫困户365户,共计1339人;帮助贫困村形成1—2个长效产业;大力帮助当地发展"一村一品"等特色产业,制定发展计划,提供配套资金,帮助开拓市场。公司驻村第一书记组织当地村民先后成立了金丰城种养殖专业合作社和精准养殖专业合作社,奠定规模化种养殖产业发展的基础。2016年,中国华融捐资150万元修建宣汉特色农产品"桃花米"加工厂,50万元入股精准养殖专业合作社。截至2016年年末,加工厂实现销售约人民币30.5万元,户均增收约人民币1000元,合作社共养殖蜀宣花牛62头,每年预计可为全村114户贫困户带来户均人民币500元以上的分红收入。

坚持补齐短板,助力教育扶贫。扶贫必扶智,治穷必治愚。让贫困地区的孩子们接受良好教育,是扶贫开发的重要任务,也是阻断贫困代际传递的重要途径。中国华融始终牵住"智力扶贫"这个贫困地区脱贫致富的"牛鼻子",针对"基础设施、教师、学生"教育扶贫三要素,打造出了一系列教育扶贫品牌项目,为贫困地区的教育事业发展提供了积极支持。多年来,中国华融在宣汉县援建了小学、幼儿园以及多所乡镇学校的教学楼和运动场等基础设施，在全县 35 所山区学校打建了"华融井"，捐赠的乒乓球台基本覆盖了全县所有乡镇，极大改善了当地办学条件，并自 2012 年起陆续设立"中国华融助学扶贫基金""中国华融·宣汉县最美乡村教师"奖励基金，激励贫困学生爱学习、求奋进，鼓励和引导广大教师长期扎根乡村学校、服务乡村教育，有效支持当地教育事业的发展，取得良好的社会反响。宣汉县自发命名的"中国华融学校""华融幼儿园""华融大道""华融市场"和"华融井"，是中国华融多年来倾情扶贫的最好见证。

2. 心系墩村发展，书写援疆新篇

2016 年是中国华融援建新疆，中国华融新疆分公司开展"访惠聚"驻村工作和"民族团结一家亲"活动的第三个年头。中国华融人舍小家、顾大家，扎根边疆，艰辛付出，为实现民族团结、新疆社会稳定与长治久安总目标做出重要贡献。当地政府对中国华融多年来带领村民取得的可喜成绩给予高度评价，对中国华融的多方援助表示真诚的感谢。

2016 年 11 月 23 日，为落实党中央、国务院援疆工作决策部署，认真践行"听党的话，跟政府走，按市场规律办事"经营理念，切实履行中国华融的央企社会责任，全力配合地方党委政府做好扶贫维稳工作，中国华融捐资 200 万元援建新疆和田市吐沙拉乡墩村村委会新办公楼，标志着中国华融扎实开展"访惠聚"驻村工作和"民族团结一家亲"活动，努力建设团结和谐、繁荣富裕、文明进步、安居乐业的社会主义新墩村的新起点、新高度。墩村老支书、老村民介绍，该办公楼及附属设施已达到了自治区提出的全面建成"六室一场一中心一超市"村级标准化阵地要求，成为和田地区村级阵地建设的样板，不禁竖起了大拇指。他们说："以前我们村委会很破旧而且面积小，召开村民大会时村民都坐不下，冬天也无法取暖，村民办事非常困难，在中国华融的帮助下这些问题现在都解决了，我们也

可以像城里居民一样，坐在宽敞明亮的大厅，可以在规范的场地举办婚丧嫁娶，购买物品以及有头痛脑热小病等都不用出村了，墩村这几年发生了巨大的变化，非常感谢党和政府！感谢中国华融！"

中国华融向墩村贫困群众捐赠了价值21万多元的"爱心冬衣"和60吨"爱心煤炭"，向墩村小学捐赠了400套学习用具。中国华融的爱心义举获得了当地民众的盛赞，墩村小学的阿依古丽校长向公司回赠了"热心助学，大爱无边"的锦旗。

咬定青山不放松，打赢扶贫攻坚战。中国华融多年来切实履行国有金融企业的社会责任，进一步推进精准扶贫、精准脱贫，为贫困地区发展尽心出力，获得了广泛认可和好评。中国华融定点扶贫工作情况入选《中国扶贫开发年鉴2016》，公司教育扶贫案例被评为"2016企业扶贫优秀案例"，入选《扶贫蓝皮书》，并先后获国务院扶贫办、中国红十字会总会等机构颁发的多项荣誉和表彰。未来，中国华融将以"强化领导、巩固成果、加大力度、精准施策、扶贫攻坚、务求实效"为原则，充分发挥公司作为金融机构的独特优势，重点从金融知识、金融政策、金融机构、金融资金、金融人才、金融产业六个方面实施金融精准扶贫工作，巩固扶贫工作成果，继续做好对四川省宣汉县的定点扶贫工作，继续开展已有的专项扶贫项目和社会扶贫工作，确保做到精准扶贫、精准规划、精准项目、精准施策、精准投入、精准效果，为"十三五"期间打赢脱贫攻坚战、全面建成小康社会贡献力量。

七、心系地震灾区，华融大爱无疆

灾难无情，华融有爱。近年来，我国多地发生多次重大、特大自然灾害，给当地造成重大财产损失和人员伤亡，灾区同胞的安危冷暖紧紧牵动着华融人的心。中国华融一次次扛起了央企社会责任的大旗，发出了中国华融人"一方有难、八方支援"的正能量。

2008年5月12日，四川省汶川县发生7.8级强烈地震，消息传来，引起了华融公司党委和广大员工的高度关注和深切同情。公司党委第一时间向总部各部门、各办事处和子公司发出向地震灾区义务捐款的倡议。与此同时，公司工会立即组织公司系统各部门、各单位员工开展爱心捐款活动。广大员工积极响应公司号召，发扬一方有难、八方支援传统美德，慷慨解囊，纷纷伸出援助之手。有的员工通过多种形式参加社会捐款后，仍积极参加单位组织的捐款活动；有的员工在外地出差，主动给单位打回电话积极报名捐款。捐款过程中呈现出一幕幕感人场景，最终公司系统的单位和员工个人共捐款500多万元。2010年4月14日，青海玉树地震发生后，公司及时发出《向玉树灾区捐款倡议书》，合计向灾区捐款330万元。2013年四川雅安地震期间，中国华融号召全系统员工踊跃向灾区人民伸出援手、奉献爱心，组织员工积极捐款捐物。2014年8月3日，云南省昭通市鲁甸县发生6.5级地震，我在获悉地震灾情后迅速作出指示，号召全系统向地震灾区开展爱心捐助活动。公司董事会办公室、办公室、计划财务部、公司工会、党群宣传部精心部署、密切协作，第一时间与中国红十字会总会联系确认捐款事宜，并迅速协调有关子公司落实资金。公司总部以机关工会委员会和机关团委的名义共同发出倡议，号召公司总部员工积极奉献爱心，汇聚华融力量，为云南鲁甸地震灾区送去爱与希望。我与公司领导带头捐款，公司全系统积极响应，以高度的责任心和使命感踊跃捐款，奉献爱心，踊跃捐助。短短十天时间，捐款活动共收到来自公司总部、有关子公司和总部员工个人的各类爱心捐款200余万元，并及时以公司名义捐至中国红十字会总会云南鲁甸地震救灾专用账户，用于灾区抢险救灾和灾后恢复重建工作。2016年，华融置业有限责任公司南京项目公司为援助江苏省盐城市阜宁县射阳县龙卷风冰雹区人民救灾救急，倡议全体党员积极开展爱心捐款活动，通过江苏省慈善总会捐赠给灾区。华融渝富股权投资基金管理有限公司向遭遇特大洪水的芜湖市捐助人民币 20 万元赈灾款。

中国华融人在一次次灾难面前众志成城，共襄义举，充分诠释了华融无私奉献、守望相助的人间大爱，彰显了中央金融企业扶危济困、共克时艰的责任担当！ 2017 年 8 月，四川九寨地区发生地震第二天，我代表公司党委第一时间发出倡议，全系统员工自愿捐款 300 万元，奉献爱心。

八、难忘红色赣南，为革命老区经济发展"输血＋造血"

"国计为重、民生为本、感恩为怀、责任为念、奉献为先"是中国华融优秀企业文化的重要组成部分。近年来，中国华融始终坚持以"奉献为先"，坚持"发展成果与社会共享"，积极回馈社会，不断加大对革命老区发展的扶持力度，通过设立华融赣南产融投资有限责任公司，发起成立老区红军后代教育基金等一系列措施，有力支持革命老区发展，实现中国华融与革命老区的结对结缘，共享共进。

1. "输血造血"并重，赣南产融投资为老区经济腾飞插上新翅膀

支持革命老区经济加快发展，努力走出一条欠发达地区实现跨越式发展的新路子，使原中央苏区人民早日过上富裕幸福的生活，是中央扶贫攻坚工作的重点方向。习近平总书记关心支持老区发展，曾在赣州扶贫和贫困状态报告中特别作出重要批示："赣南苏区是中央革命根据地的主体，为中国革命作出了巨大贡献和巨大牺牲，如何进一步帮助和支持赣南苏区发展，使这里与全国同步进入全面小康社会，苏区人民过上富裕幸福的生

活，应当高度重视和深入研究"。

2015 年 12 月 15 日上午，中国华融与赣州市人民政府签署全面战略合作协议，同时华融赣南产融投资有限责任公司揭牌。这是中国华融积极落实党中央国务院重大决策，认真学习贯彻落实习近平总书记的系列重要讲话精神，坚持"听党的话，跟政府走，按市场规律办事"的经营理念的重要体现，也是利用市场化手段支持赣南地区发展，运用市场化手段为赣南老区经济发展提供"造血机制"和综合金融服务，积极履行央企责任，加快建设小康社会的创新举措，是国有企业与地方政府构建"资源共享、优势互补、风险共担、利益均沾、互惠双赢、合作发展"新型战略合作关系的有益尝试，是中国华融和赣州市人民政府适应新常态、寻找新动力、实现新发展的合作共赢标志。对于运用"创新、协调、绿色、开放、共享"的新理念推动和深化国有企业体制机制改革、服务地方实体经济发展、防范化解金融风险、促进产融结合、实现多方合作共赢意义重大。

作为著名的革命老区，赣州拥有悠久的红色历史传统。毛泽东等老一辈无产阶级革命家和一大批开国元帅、将军在这里战斗生活过。当年赣南有 33 万人参加红军，参战战士近 60 万人，牺牲革命烈士 10.8 万人，约占全国烈士总数的 7.5%、江西烈士总数的 43.4%。赣州作为革命老区、共和国的摇篮，近年来在江西省委、省政府的领导下，大力实施"新型工业化、新型城镇化、农业农村现代化、发展生态化"战略，着力建设创业、宜居、平安、生态、幸福赣州，积极打造"两个中心（区域性交通枢纽中心和金融中心）、两个示范区（江西生态经济和生态文明示范区）、三个基地（全国重要的钨产业、稀土产业战略基地和世界最大的优质脐橙产业基地）"，有效促进了经济社会发展提速、提质、提效，实现了发展规模、发展层次和发展水平的新跨越。

东方欲晓，莫道君行早。作为中国华融与江西赣州战略合作的重要成果，华融赣南产融投资的成立可谓是恰逢其时、珠联璧合、水到渠成。华融赣南产融投资设立于国家"十三五"规划行将启动之际，抢个好先机；设立于国务院批复同意赣州高新技术产业园区升级为国家级高新区之际，为赣州再添一个好彩头；设立于中国华融成功在香港联交所上市之后，成为上市公司的重要平台公司。华融赣南产融投资的股东背景既有中央企业又有地方政府，中央企业股东来自金融业，地方政府股东来自实体企业，央地结合再加上产融结合，可谓是天作之合。可以说，华融赣南产融投资承载着中国华融和赣州的厚望，不仅要给股东赚钱盈利，实现国有资产的保值增值，还要承载起服务赣南苏区经济结构调整、产业转型升级，尽点心、出点力、做点事。

华融赣南产融投资的实力和责任源自政策支持、战略举措、市场运作、合作共赢、可持续发展。设立华融赣南产融投资契合国家政策需要，符合中国华融发展战略，具有优势产业支撑。作为"立足赣南、依托赣南、支持赣南、服务赣南"的重要产融平台，华融赣南产融投资有限责任公司是中国华融 10 月 30 日成功在香港联合交易所主板上市后设立的重要子公司。公司立足于赣南的优势产业，在小、精、专、新、特方面大做文章，为赣南地区各类国有民营企业客户提供优质金融服务，为赣南龙头产业、支柱行业、高新企业提供专业化的服务，助力促进赣南苏区经济结构调整和产业转型升级，服务地方实体经济发展，为地方金融人才的培养贡献力量，努力为赣州在"红色故都""江南宋城""客家摇篮""世界橙乡"等"城市名片"之后再增加一张"区域性金融中心"的新名片。截至 2016 年年末，华融赣南产融投资有限责任公司成立短短一年时间，资产规模已达四五十个亿，实现营业收入 1.89 亿元，为地方创造税收近三千万元，成为拉动赣南地方发展，创造社会财富的新增长点与新动力，用良好的业绩、用奋斗的精神、用对华融品牌的实践打造出一份亮丽的业绩。

2. 红军后代教育基金托起老区学子梦

赣南作为共和国摇篮，工农红军长征出发地，这方红色土地和这里英勇的人民，与红军长征的光辉历史紧密相连，为夺取长征胜利付出了重大牺牲，做出了不可磨灭的历史贡献。

为纪念中国工农红军长征胜利 80 周年，深入学习贯彻十八届六中全会精神，落实党中央"弘扬长征精神，决胜全面小康"精准扶贫政策，切实履行央企责任，认真实施教育扶贫，回报老区人民，2016 年 11 月，中国华融旗下华融赣南、华融福建自贸区和华融致远 3 家子公司共同捐助设立"中国华融赣南老区红军后代教育基金"，计划 5 年内每年捐赠 100 万元，对红军老战士、红军失散人员、原中央苏区干部后代（直系五代以内）以及英模、烈士后代中的贫困学生进行资助。该项公益慈善资助基金的成立，是中国华融"弘扬长征精神，履行央企责任，共筑华融梦想"的一项具体举措，也是中国华融对华融赣南产融投资有限责任公司成立一周年之际简朴的庆祝。"中国华融赣南老区红军后代教育基金"表明了中国华融人的心意，对老区人民的感情，对红军长征后代的一份情怀，非常具有纪念意义。捐赠教育事业是最佳的慈善选择，关爱红军后代成长不仅仅是一项普通的公益事业，更是对贫苦地区孩子未来的保障，是对赣南经济社会可持续发展的保障，充分体现了中国华融为支持赣南老区的发展、为实现教育扶贫、为培养赣南人才尽点心、出点力、做点事的社会责任感和担当。

中国华融为革命老区经济发展做出的卓越贡献得到了当地政府的大力感谢，中国华融将发挥华融赣南产融投资有限责任公司的重要产融平台作用，并联合华融福建自贸区、华融致远把这个好事做好、好事做实，把教育基金担当起来、规范起来、管理起来，不辜负赣南老区人民的厚望，积极履行央企社会责任，支持赣南老区精准扶贫，为支持赣南等原中央苏区振兴发展，实现赣州与全国同步实现全面建设小康社会目标做出应有的贡献，让中国华融这面大旗在赣南老区高高飘扬、口口相传、事事作响、久久为功。

3. 捐建"中国华融瑞金希望小学"

为积极响应中共中央、国务院关于打赢脱贫攻坚战的号召，践行国有金融机构精准扶贫社会责任，支持革命老区和国家重点贫困地区实现 2020 年消除贫困的目标，努力打造中国华融"红色金融集团"，我和党委提出计划在 2017—2020 年期间由母公司和集团内各子公司共同捐资 1.1 亿元开展教育扶贫，在 11 个革命老区和贫困地区各建设一所中国华融希望学校（每所 1000 万元），重点支持瑞金、延安、井冈山、遵义、西柏坡、韶山、吕梁山区、大别山区、沂蒙山区、闽西革命老区、四川宣汉等革命老区、贫困地区教育事业发展，为帮助革命老区、贫困地区实现脱贫目标尽点心、出点力、做点事。

2017 年 7 月，在中国共产党成立 96 周年之际，我带领公司团队走进革命老区瑞金长征出发地，举行了"中国华融瑞金希望小学"捐建仪式，中国华融的第一面红色金融集团旗帜插在了"共和国摇篮"红都瑞金，今后还将在延安、遵义、西柏坡等各个革命老区、红色圣地高高飘扬。

九、支持低碳经济，发展绿色金融

1. 瞄准绿色扶贫，助推新能源产业

2017 年 1 月 8 日，中国华融出资人民币 5100 万元，联合阳光凯迪集团共同组建了华融凯迪绿色产业基金管理有限公司，注册资本人民币 1 亿元，专注于绿色生态和扶贫产业投资。华融凯迪紧贴国家生态文明和脱贫攻坚战略，服务绿色产业和"三农"事业发展，发起设立绿色产业和扶贫

产业投资基金并对基金资产进行管理。

阳光凯迪新能源集团，既是与中国华融一道落实中央"绿色产业、精准扶贫"要求的同行者，也是我们重要的战略合作伙伴。自2007年建立业务合作关系以来，双方按照"资源共享、优势互补、风险共担、利益均沾、互惠双赢、合作发展"的原则拓宽合作领域，合作规模累计近80亿元。2012年，中国华融落实中央"金融服务实体经济""大力支持战略新兴产业"要求，成为阳光凯迪集团的核心战略投资人，支持阳光凯迪集团和凯迪生态发展生物质能源产业。生物质发电产业在原材料供应方面高度依托农业和林业作为原材料，同时吸收当地农民就业，与国家"绿色产业、精准扶贫"战略高度契合，最大限度地实现了政治、经济、社会、企业和农民的效益最大化。在此基础上，中国华融与阳光凯迪集团的合作继续"开花结果"，双方在对接国家扶贫战略实施金融扶贫、精准扶贫、产业扶贫上达成高度共识，合作设立"华融凯迪绿色产业扶贫投资基金管理有限公司"，通过产融结合方式，整合社会资本和多方资源，助力国家实现2020年扶贫攻坚任务。

华凯绿色产业基金的成立是中国华融坚持"听党的话，跟政府走，按市场规律办事"的重要成果，也是中国华融近年加强产融结合，服务实体经济，落实金融扶贫的具体举措，更是中国华融加大产融结合，实施国有企业、民营企业混合所有制的有益尝试。在精准扶贫中金融扮演着重要角色，可以从金融知识、金融政策、金融资金、金融机构、金融人才、金融产业六大方面实施金融精准扶贫，"输血"和"造血"相结合。华凯绿色产业基金的组建就是金融六大扶贫的集中体现，未来华凯绿色产业基金将本着"股权多元化、业务基金化、管理市场化、队伍专业化、运作规范化"的经营宗旨，服务绿色经济产业、可循环发展产业和扶贫产业等实体经济发展，大力发展普惠金融、绿色金融，为贫困地区脱贫致富谱写新的篇章，推动国家绿色发展和精准扶贫战略目标的全面落实，努力成为"国内有影响、行业有品牌、公司有位置、自身有实力"的专业型的基金公司。

2016年度，中国华融投资支持的10家生物质电厂投产发电，每年可节约煤炭消耗76.5万吨，带给当地农民约人民币8亿元劳动收入，可带动7.5—8万户农村家庭增收脱贫。在中国华融的支持下，阳光凯迪集团迅速做强做优做大生物质能源产业，成为中国生物能源领域的龙头企业。中国华融通过对阳光凯迪集团的积极支持，推动了生物质能源产业的快速发展，助推国家能源结构调整、能源战略安全以及绿色可持续发展目标的实现。

2. 践行绿色发展，助推绿色经济

近年来，中国华融响应中央节能减排号召，发挥多牌照资源优势，积极引导旗下子公司，大力开展绿色金融服务。湖南省委、省政府提出，要深入推进"两型社会"建设，打造天蓝、地绿、水净的湖南。作为社会的资金中介机构，华融湘江银行以国家产业政策为导向，以绿色金融理念引导转型发展，加强环境与社会风险管理，重点支持了低碳经济、节能减排、产业升级、保护环境的绿色工业、绿色农业和第三产业发展，把"绿色信贷"理念融入到信贷政策之中，为郴州南方污水处理有限责任公司、株洲县自来水公司、株洲循环经济投资发展集团有限公司、湘潭宏润高科材料有限公司等一批社会影响较大的重点环保企业及项目提供了有力的信贷资金支持。华融湘江银行主动加强环境与社会风险管理，严格实施绿色信贷标准。按照区别对待、有保有压的原则，严格控制新增对高耗能、高污染项目以及产品出口的信贷支持，加大对排放超标企业和落后产能的退出力度；贷款评审阶段重点审查环保审批文件的合规性、完整性和相关程序的合法性，贷款发放环节重点审核借款人生产能耗与环保合规信息；贷后管理阶段确保严格的退出标准，加强实时风险预警管理工作，对能耗、环保不达标，或违反国家有关规定的贷款企业，建立环保风险信贷退出机制。

实施绿色信贷政策以来，华融湘江银行贷款所支持项目可实现每年节约标准煤 3016.15 吨，年减排二氧化碳 8241.04 吨，年减排化学需氧量（COD）1874.38 吨，年减排氨氮 127.90 吨，年减排二氧化硫 2200.49 吨，年减排氮氧化物 2143.96 吨，年综合利用固体废弃物 816.26 万吨，年节水量 90.5 万吨。

除此之外，中国华融成功举办两届"华融绿色湘江"主题活动，是中国华融融入地方经济，促进湖南绿色发展、和谐发展的重要举措，是主动与金融同业加强交流与合作的有益尝试，在美丽中国建设中起到重要的示范带动作用。由中国华融主办、华融湘江银行承办的"华融绿色湘江论坛"是"问策绿色湘江"、促进绿色经济金融发展的大型主题论坛，是贯彻党的十八大发出"着力推进绿色发展、循环发展、低碳发展，建设美丽中国"号召的一次重要论坛，对于践行科学发展观，唤起和培育人们的低碳与生态意识，转变经济增长方式，建设绿色湘江、助推湖南绿色经济发展具有积极作用。

3. 发行绿色债券，推动金融创新

近年来，国内外市场有关绿色金融的实践方兴未艾，绿色债券、绿色证券、绿色保险、环境基金等创新型金融产品不断涌现，金融和生态环境保护融合的广度和深度不断拓展，金融租赁公司的发展方向也不断调整，带动绿色租赁业蓬勃兴起。近年来，华融金融租赁逐步完善绿色金融体系，提升绿色金融属性，践行绿色发展社会责任。

2017 年 2 月 14 日，华融金融租赁在全国银行间债券市场成功簿记发行 2017 年第一期绿色金融债券 20 亿元，包括三年期和五年期两个品种，发行主体及债项评级均为 AAA，募集资金将专项用于绿色产业租赁项目。本次债券募集资金将依据法律和监管部门的批准，专项用于环保、节能、

清洁能源和清洁交通等支持环境改善、应对气候变化的绿色项目新投放，优化发行人负债结构，进一步推动发行人绿色金融业务的发展，提升绿色金融领域金融服务水平。本期债券是行业内成功发行的单笔规模最大的绿色金融债券，发行利率合理，市场反响良好，是华融金融租赁在银行间债券市场的又一次精彩亮相。

实体经济发展是中国经济发展之基石，绿色发展是中国经济发展的必然要求。作为大型金融央企，中国华融愿秉持"华英成秀，融通致远"的核心理念，与各界同仁共同努力，贯彻落实好中央"创新、协调、绿色、开放、共享"五大发展理念，助推环保、节能、新能源等领域的技术进步，全力发展绿色金融，提升经济增长潜力，助推我国经济转型升级！

十、倾情社会公益，建设美丽中国

1. 公益助学，情满湘江

多年来，中国华融始终关注公益教育事业的发展，先后在湖南多地捐资捐物，为"三湘四水"的教育事业和社会进步贡献了应尽力量。自2014年开始，华融湘江银行启动"华融湘江银行·绿色助学行动"公益项目，每年面向1000名家境贫寒、品学兼优学生进行资助，旨在帮助寒门学子圆大学梦。与此同时华融湘江银行管理人员、员工自愿与受助学生结成互助对子，开展"手拉手"活动，进行一对一帮扶，从经济、生活、情感沟通上全方位关注受助学子；通过开展假期社会实践活动，为受助学子提供基层网点社会实践岗位；通过开展"绿色公益夏令营""三下乡"等方式，进一步加大对学生的帮扶力度，推动绿色助学行动深入开展。2014年，中国华融捐赠200万元在湖南省凤凰县建立了"华融湘西民族学校"，助力少数民族地区教育事业的发展，有效改善了当地办学条件和教育质量，得到了湘西州人民政府的热烈欢迎和由衷感谢。2016年，华融湘江银行捐资人民币320万元，继续资助青年学子健康成长。中国华融的爱心善举帮助一个又一个寒门学子走入大学的殿堂，开启了人生新希望的篇章，同时也得到了共青团湖南省委、湖南省青年联合会的高度关注与支持。

2. 志愿行动，奉献真情

值得一提的是，中国华融拥有一支积极热情，充满活力的志愿服务队伍。2011年，华融青年联合会成立。2015年，中国华融又率先在银监会系统成立青年志愿者协会，并制定了《中国华融青年志愿者协会章程（试行）》办法，协会宗旨为弘扬"奉献、友爱、互助、进步"的志愿者精神，推动中国华融系统志愿服务活动深入开展。

经过多年的不懈努力，公司目前已拥有较为完备的志愿工作组织架构和管理体系，目前全公司建有141个团委（团支部）、约30个青年工作委员会、12个青年研究小组。2016年，配合公司总部各部门以及各分公司、子公司开展了多项公益活动，总部公益事业领域共投入人民币11.57万元，志愿者212人，员工志愿者活动总时数820小时。

中国华融的青年志愿者队伍，是公司为回报社会不懈努力的重要社团组织，自成立起始终践行"让青春在服务中闪光"的青春宣言。华融青联持续多年在公司开展"情系华融，寒冬送暖"爱心捐赠活动，在寒冬里给贫困山区的人们送去防寒防冻物资，帮助他们温暖过冬。2013年3月，中国华融青年员工走进农民工子弟学校——北京海淀振兴小学校舍，开展"学雷锋手拉手"爱心捐赠慰问活动，捐赠了台式电脑、教学教具、笔记本等物品。2016年1月，中国华融四川分公司青年工作委员会及团支部组织了暖冬行动，为支持贫困家庭学生读书，资助了3个贫困家庭的6名孩子，同时发动分公司员工捐赠衣物300余件，并送到宣汉县峰城镇仁义村贫困户手中，为 50 余户贫困家庭增添了防寒衣物，既有效缓解了贫困家庭的学费支出压力，还为这些学生带去了关怀和温暖；10 月，中国华融组织了青年员工赴宣汉走基层活动，来自公司总部及西南片区分支机构的 14 名青年志愿者共赴宣汉，慰问贫困山区村小学生，赠送电脑及文体用品，深入宣汉县峰城镇仁义村贫困户家中同生活共劳动，为宣汉县青年创业项目献计献策；11 月，中国华融青年志愿者协会与中国华融青年联合会联动，为宣汉县峰城镇仁义村发起爱心捐衣的倡议，将募集到的 1497 件，共计 45 箱爱心衣物和祝福一同寄给宣汉县需要帮助的残疾人及村民，充分发扬了我们"聚是一团火，散是满天星"的华融精神，为仁义村村民寒冷的冬季增添了华融的温暖祝福。

在遵循总部志愿者管理办法的同时，中国华融各分公司、子公司充分结合自身情况，制定更细化的志愿者管理长效机制。2016 年 5 月，华融证券股份有限公司成立了青年志愿者协会，意在推动华融证券系统青年志愿者工作，更好引导华融证券青年和广大员工弘扬"奉献、友爱、互助、进步"的志愿精神，开展丰富多彩的志愿服务行动。2016 年，华融金融租赁股份有限公司在杭州灵隐街道黄龙社区开展"防诈骗宣传"志愿服务活动，吸引许多社区居民前来咨询。华融金融租赁志愿者们在活动现场耐心解答居民关于防金融诈骗方面的疑问，并将印有常见诈骗手段的《防范和识别金融诈骗常见伎俩 50 种》发放到居民手中，通过浅显易懂的案例让居民对诈骗手法进行了解，提升居民防诈骗识别能力。华融置业有限责任公司珠海支部积极组织全体党员及中层以上管理人员开展"做合格共产党员，奉献爱心为生命加油"无偿献血活动，华融置业在重庆市举办主题为"好人在身边"微访谈活动，活动现场人数逾 500 人，华融置业作为爱心帮扶企业代表，为好人模范颁奖。

3. 爱心信托，保驾护航

为进一步发挥信托制度在社会公益事业中的积极作用，切实履行企业社会责任，2014 年 7 月，中国华融针对社会公益、定点扶贫及内部扶助等成立了华融爱心信托。

"华融·爱心"信托构建了社会扶贫济危的新模式，一方面通过发挥信托制度的专业优势，提高中国华融公益资金管理的独立性和专业性，另一方面提高了公司以及信托行业的社会公信力，对信托业长远发展形成了正面影响力和持久推动力。爱心信托资金一是用于国内社会突发重大灾害事件的赈灾捐款；二是用于中国华融定点扶贫；三是用于支持社会公益事业的其他公益事项。信托计划存续期间，信托计划财产专户闲置资金可以存放银行或投资于流动性好、变现能力强的国债、政策性金融债、货币市场基金、银行保本理财产品等低风险金融产品，以及委托人同意的其他金融产品。中国华融将不定期追加委托资金如扶贫资金、团体捐款以及系统内员工个人捐款。2015 年及 2016 年连续组织开展"华融员工年度爱心捐款活动"，2016 年度公司通过"华融爱心信托"对外捐助资金 7.07 万元。

除此之外，中国华融公司及分公司、子公司投入大量人力物力参与到所在地社区的发展建设中，支持地区发展。2016 年，中国华融内蒙古分公司出资人民币 68 万元参与位于和林格尔县的提水工程建设。中国华融贵州分公司对贵州省铜仁市思南县凉水井镇茶山村张家组进组公路硬化项目给予了人民币 10 万元的资金支持，投资人民币 47.5 万元建设村中蓄水池工程，并指导 62 户农户的水池进户管安装。中国华融海南分公司帮助海南省万宁市南桥镇桥中村养猪项目，受助人员 191 户，公益投入金额人民币 11.65 万元（其中员工个人捐款人民币 1.65 万元）。中国华融广西分公司青年工作委员会发动青年员工自发捐款，联合分公司所在社区积极发动辖区民营企业及社会各阶层力量，募捐款项近人民币 2 万元，全部用于购置鸡苗，亲自送到伶俐镇独岭村的贫困家庭手中。

春风化雨，润物无声。助力公益、回报社会、热心慈善是中国华融社会责任理念的重要组成部分。我们希望这些善款不仅能为需要帮助的人带去中国华融人的祝福与关爱，更能为他们带去中国华融人勇于拼搏的精气神，激励他们战胜困难，迎接更加美好的明天！

第九章

处事之道

〉

〉〉

　　导语: 我的处事之道有一个总的原则, 那就是道法自然、知行合一。"人法地, 地法天, 天法道, 道法自然", 悟天道、明人道、启商道, 大千世界, 以道相通。道法自然的哲学观体现了人与外界和谐相处、共生共存共发展的追求, 而认识、掌握和利用自然和经济社会发展规律, 才能真正达到人与外部世界和谐相处的"天人合一"境界。知行合一要解决的本质上是理论与实践相结合的问题。掌握知识就是"知", 用于指导实践就是"行", 只有把"知"和"行"有机统一起来, 才能称得上"善"。在现实生活中, 我总喜欢琢磨历史发展、社会进步和自然运行的客观规律, 更喜欢发现、总结、提炼工作中的基本规律。我认为, 找到规律, 就是找到"道", 运用于实践工作中并发挥出应有的效能, 就是"知行合一"。

　　我的处事之道, 遵循"党性、良心和责任"的基本原则。我是一名中国共产党党员, 党性是第一原则, 无论何时何地都决不会忘却和放弃。朱熹说"良心者, 本然之善心。即所谓仁义之心也。"良心是人之所以为人的本质特征, 是人类道德情感的基本形式, 也是个人自律的突出体现。责任首先是要做好自己的分内之事, 我当国企领导就要想方设法把企业搞好, 当全国人大代表就要察实情讲真话, 为国计民生鼓与呼。我的处事之道, 包含有道路决定命运、思路决定出路、细节决定成败的人生思考, 包含有勤于学习、善于总结、敢于创新、勇于实践的人生经验，包含有"心中有员工、胸中有大义、肩上有责任、脚下有乾坤"的治企心得，还包含着有"品德高尚、学问高深、品味高雅"的修为追求。"世事洞明皆学问，人情练达即文章"。所谓处事之道，就是处世之道，就是做人之道。

一、"党性、良心和责任"

作为中国华融的党委书记、华融掌舵人、一名党龄三十余年的老党员，我个人求学、工作、干事、创业的每一步成长都得益于党和国家的培养，时刻秉持共产党员的"党性、良心和责任"，兢兢业业履行"一把手"职责，全身心扑在中国华融的事业上。

1. 三十多年的金融老兵

少时清贫，律己甚严，铸就了我独特的人格特征。作为一名在金融战线工作了三十年的老兵，作为金融央企负责人，我严格要求自己按"党性、良心和责任"为人做事，生活中几乎没有什么爱好，既不打高尔夫球，也不好旅游，吃穿上从不讲究，对金融人士普遍钟爱的奢侈品牌则近乎于"无知"。唯一的爱好就是读书。繁忙工作之余，我出版了多部经济、金融理论和实务著作如《金融监管理论与实务》《现代金融企业制度政策与实务》《透析金融问题促进金融发展》《中国银行业不良贷款证券化研究》《后危机时代金融控股公司选择模式研究》《战略大转型——中国华融创新发展理论与实践》《画龙点睛 扬帆起航——中国华融 H 股上市纪实》等多部理论著作，并在《人民日报》《求是》等权威报刊发表理论文章 100 多篇。这些著作和论文既是我三十多年金融实践的理论结晶，也很好地指导和促进了我的金融实践。

2. 角色大转换

八年来，我带领中国华融不断做强做优做大的内在精神力量就是"党性、良心和责任"，我来到中国华融，也是出于"党性、良心和责任"。说实话，我当时根本没想到自己会到华融工作，一开始也不愿意到华融工作，因为这次职业选择，是从机关到企业的巨大转变。

从 1983 年走出江西财经大学校门进入中国人民银行总行工作算起，我先后在计划资金、信贷管理、货币政策、银行监管等部门工作，后来到银监会任北京银监局局长、党委书记、办公厅主任兼中国银监会首席新闻发言人，来华融之前，做了 26 年宏观政策与监管，从货币政策、信贷管理、金融监管、金融服务，到经营企业，由监管者变为被监管者对我来说既是一次角色的转变，也是工作方式、工作环境的转变。

当时华融经营转型困难我早有耳闻，至今还清晰记得收到刘明康同志对华融有关诉讼案件的严厉批示，第一次看到华融财务报表、商业化转型发展效果不太好的情形。那时我正在中央党校中青班学习，校园飘着雪，我的心情也颇有些沉重。当时我任中国银监会办公厅主任、首席新闻发言人，原以为一直会在银监会机关干下去。没想到银监会领导找我谈话，要我去华融任总裁，我服从组织安排。但当时华融的不良资产资源已基本处置完毕，商业化转型刚起步，处境异常艰难。实话说，我接掌华融后深感压力巨大。

3. 一个不服输的人

压力就是动力。我是个不服输的人。既来之，则安之，要干之，干成之。这家顶着国字头帽子金融央企的尴尬处境，彻底激起了我的使命感和事业心。我下定决心，无论是出自一名老党员的"党性、良心与责任"和自身的价值，还是基于必须改变华融与业界快速发展极不相称的现状的要求，我都必须迎难而上。能不能干得好，已远超出我个人荣辱得失，关系的是华融数百亿国有资产能否保值增值，是数千名华融员工的职业尊严和价值福祉。作为企业的掌门人、带头人，我唯有尽心尽力、努力工作、开拓创新、敢于进取、勇于担当，方能不负银监会党委重托和全系统干部职工祈盼，才对得起自己的"党性、良心和责任"。

党性，是共产党人的首要政治品质，是做好一切工作的根本出发点。有了坚定的理想信念，站位就高了，眼界就宽了，心胸就开阔了，在胜利和顺境时不骄傲不急躁，在困难和逆境时不消沉不动摇，经受住各种风险和困难考验。良心，是为人处世的内在道德标准，是实现知行合一的重要载体。"自修之道，莫难于养心"。秉持良心办事，是自觉性、自制力和意志力的重要体现，是一种自我约束、自我克制、自我完善。

二、道路决定命运，思路决定出路，细节决定成败

习近平总书记在参观《复兴之路》展览时指出，道路决定命运，发展才能自强。对此我深有感触。道路问题是企业发展第一位的问题，中国华融市场化转型发展的成就不是从天而降的，正是因为我们在实践中始终坚持"道路决定命运，思路决定出路，细节决定成败"，摸索出了一条适合中国国情、符合华融特色的金融资产管理公司转型发展之路，带动市场化转型发展取得显著成效，形成了"业绩自信、理念自信、道路自信、文化自信""四大自信"，中国华融的路也越走越宽。

1. 自己养活自己

道路决定命运，思路决定出路。发展战略、转型目标、公司定位、工作步骤、工作方法确定以后，关键是狠抓落实。华融首先必须实现"自己

养活自己"，这是我 2009 年年初来到华融时给大家提出的第一个目标，指出的第一条出路。

初来华融之时，我的感觉是喜忧掺半。喜的是，华融经过前两任总裁和全体华融人的努力打下了良好的基础，大家很勤奋，工作富有成效，前前后后处理了 6800 亿元的不良资产，在支持国有银行改革发展、支持国有企业脱困，特别是防范、化解系统性风险方面功不可没。忧的是，尽管大家非常努力，取得了一些成果，但是由于抱着"十年大限、回归工行"的想法，守着过去的经验，不能适应新的形势，只能"在夹缝中求生存，在迷茫中谋转型，在困难中促发展"。当时主要面临几个问题最为棘手：一是主业不强。原有政策性剥离的不良资产已处置得所剩无几，新的资产包又很少，而且大家也不愿意做不良资产业务，普遍认为资产包处置难度大，盈利少，业务开展得不偿失，所以传统不良资产业务基本已被放弃。二是方向不明。虽然商业化转型搭建了一些金融领域子公司，但普遍行业排名靠后，子公司各自为战，竞争力不强，和母公司也没有发挥协同效应。三是人员老化，思想守旧不创新。大多数同志还处在政策性时期的固有思维下，等靠要思想严重，市场开拓意识不强。四是经济形势不好。从外部环境看，国内外经济形势也是让人忧心忡忡，国际金融危机仍在发展中，世界经济疲弱不振；2008 年中国经济连续四个月下行，第四季度 GDP 同比增速跌至 6.8%，2009 年第一季度甚至只有 6.1%，创下多年来最低点。公司内外两相对照，真是让人感觉一副千斤重担压在肩头。一句话，作为刚接手华融"一把手"的我而言，压力山大。

思路决定出路。经过深入调研，我初步形成了一整套中国华融市场化方向改革创新转型的完整思路，作为"一把手"，我提出了转变思想观念，过去"给米做饭"，现在要"找米下锅"。过去国家给"米"在于给了6800 个亿的不良资产，工商银行划了 2000 多名人才，人民银行给了 1000

个亿的长期低息贷款，财政部给了工资奖金福利，有些业务的发展可以不用借钱。现在除了国家给的 100 个亿的资本金，上述五个方面都没有了，我们搞商业化转型是非常困难的。在这样的情况下，经过公司党委的集体研究，我提出首先要改变亏损的局面，实现自己养活自己，已经开始商业化转型的华融公司作为一家金融企业，必须以实现利润为核心，必须明确收入和利润考核目标，并层层分解落实到各经营单位，以确保公司的生存与发展。

2009 年是国内外形势很困难的一年，各方面压力很大，当时有员工就困惑，说为什么在这样困难的形势下，公司党委仍然下大决心确定以收入和利润考核为目标，并分解下达任务指标？我们主要是有以下几个方面的考虑：一是广大员工合理的切身利益保障的需要。公司的经营收入和利润提高了，员工的收入和福利水平才能有保障。公司党委首先考虑的是要努力确保广大员工每年收入和福利有适当的增长，坚持把员工利益放在首位，真正体现发展成果由员工共享的第一要求。2009 年合理的收入和福利增长需要相应的利润增长支撑，当时安排下达的确保收入和利润目标是满足公司员工收入和福利合理增长的最低需要。二是公司发展需要加大拨备、提升抗风险能力，这是解决现实问题的实际需要。公司拨备严重不足，一些业务遗留问题风险敞口压力较大，以后开展业务也有可能出现一些风险，需要实现更多的利润增加拨备，增强抗风险能力。比如当时的石家庄资产包很有可能形成损失，将要侵蚀利润。三是为商业化转型打下坚实基础、促进公司长远发展的需要。鼓舞士气，凝聚人心，增强工作责任心也必须实现更多的利润。四是公司商业化转型走市场化发展道路的客观现实要求和内在发展的根本需要。一个企业没有利润无法生存，更谈不上发展；一个企业利润太少没有地位，更谈不上核心竞争力，所以必须切实转变思想观念，明确以实现利润为核心，确保公司科学发展。

基于以上考虑，尽管当时困难较多，压力较大，形势不如往年，但我们仍然给经营单位下达了收入和利润目标考核任务，目标分为两类：一类是确保实现指标，一类是力争实现指标。为了使这两类指标更加科学和符合实际，每位公司领导还分别与办事处、子公司主要负责人谈话，安排任务，听取意见，根据大家的意见，结合公司的整体考虑，正式下达收入和利润考核目标。

让我倍感欣慰的是，同志们对下达的目标任务没有太多争论，没有讨价还价。这充分说明了同志们能深刻体会到公司党委、总部的决心，理解了公司党委的意图，体现了大局观、责任感和危机意识。我清楚记得当时有个分公司的老总说："现在不是讨论干不干、接不接任务的问题，而是讨论怎么干，怎么干得更好的问题。"这个看法很正确，这是信心的体现，是干好工作的根本保证。我后来也一直坚持这个思想，任务有比没有好，任务早下比晚下好，工作早干比晚干好，工作需要我们努力，时代呼唤我们进步，逆水行舟不进则退，我们必须前进，否则就会被淘汰。

2. 回归本源，做强主业

来到华融之初，我就有一种强烈的意识，国家专门成立资产管理公司就是专司不良资产处置的，这是华融的主业。中国华融不能没有主业，也不能不做主业，这是国家赋予我们的使命，也是我们资产管理公司生存的根本。资产管理公司不做不良资产主业，于情于理于法都说不过去。

因此，在2009年年初我就代表公司党委提出要强势回归主业。我当时在全系统大会上强调，全国金融市场不良资产总量高达一万多亿元，这对于以不良资产管理处置起家、有着得天独厚优势的华融来说，是难得的拓展市场的机遇，我们可以在处置不良资产、化解金融风险方面发挥更多的作用。不良资产管理与处置是我们的固本业务，也是公司生存发展的基本业务，我们一定不能轻易丢掉这块业务，要抓住这个机遇，发展壮大自己，做出自己的品牌，创出更好的效益，只要做好了，这个领域仍然有很大的发展空间和盈利空间。我说，华融最大的品牌是资产管理，最大的优势也是资产管理，但到现在我们的资产管理业务才占总业务量的13%，其他资产管理公司都占50%以上，如果资产管理业务不能成为我们的强项，新业务又做不好的话，我们的出路在哪里？公司如何发展？华融是我们自己的家园，同志们对华融是怀有浓厚感情的，我来到华融与同志们一起共事是缘份，如果把华融比作是一条船，我是船长，广大干部员工是船员。我们这艘船目前还在岸边，怎么驶向大海，怎样在市场经济的大海中经受住风浪的颠簸掌舵航行，这是需要我们深思的问题。因此，一定要发挥我们自己的优势和强项，在资产管理方面做出华融的品牌，绝对不能"荒了自己的地，肥了别人的田"。

从提出回归主业到现在，我们取得了显著成效。这些年，中国华融始终坚持做强不良资产主业，改制不改姓、转型不转向、创新不偏离主业，以"专业的资产经营管理者，优秀的综合金融服务商"为定位，强势回归并深耕主业，以不良资产主业为基础，以综合金融服务为依托，以第三方资产管理为新的利润增长点，实现"不良资产经营、金融服务、资产管理和投资"三大业务板块协同发展，既能够提供逆周期的不良资产经营管理业务，又能够提供顺周期的金融牌照业务，可以打业务"组合拳"，对外提供不良资产经营、资产经营管理、银行、证券、信托、租赁、投资、期货、置业等全牌照、多功能、一揽子综合金融服务，为企业提供全生命周期、全产业链金融服务，成为了中国资产管理规模最大的金融资产管理公司。

2017年的政府工作报告提出，"促进金融机构突出主业、下沉重心，增强服务实体经济能力"。2017年全国银行业监督管理工作会议要求，银行业的改革发展要以推进供给侧结构性改革为主线，切实提升服务实体经济的质效。中国华融也将继续认真贯彻落实银监会党委工作要求，以回归本源专注主业为导向，坚定不移做强不良资产经营主业，持续提升综合金融服务水平，全力支持供给侧结构性改革，服务实体经济转型发展。

3. 综合金融服务是大势所趋

回顾金融行业上百年的发展历程，实践证明混业经营的效率更高、效果更好、抗风险能力更强，金融控股集团已经成为世界各国大型金融机构的主要发展方向。2009 年的华融是"小公司，大平台"，如何以大补小，是我思考较多的问题。经过认真调研，我发现，公司自身转型发展其实有基础，搭建形成了一些金融服务平台，积累了从不良资产收购、管理、处置到大型金融集团风险处置的经验，同时，有一支经验丰富、勇于拼搏、团结敬业、专业化特色明显的宝贵人才队伍。并且当时公司未来的发展前景较好，发展空间很大，国家对资产管理公司整体转型已有了科学规划，如果条件允许，我们还可以做保险、财务公司、投资、基金、期货等业务。可以说，只要按照建立现代金融企业的发展方向，积极引进优秀的战略投资者，增强公司的资本实力和抗风险能力，走一条市场化、多元化、综合化发展的现代金融企业新路子，中国华融的明天一定会更加美好。近年来，按着这个方向和路径，中国华融加快推进综合经营，已经成为名副其实的金融控股集团。在这个过程中，我有几点体会特别深刻：

一是开展综合经营要"听党的话，跟政府走，按市场规律办事"，对接国家战略、实体经济、市场需求、客户要求。随着我国多层次资本市场的逐步建立，实体经济对金融服务的需求更加多元化、个性化，金融服务的选择余地也更多，但与此同时，金融服务和金融产品也更加复杂，实体企业迫切需要更加专业化和综合化、全生命周期、一站式的金融服务。当前，我国正在全面推进供给侧结构性改革，落实"三去一降一补"五大中心任务，金融机构开展多牌照综合金融服务必须在这个大局下进行。从中国华融的实践看，我们积极适应新常态、寻找新动力、实现新发展，坚持"听党的话，跟政府走，按市场规律办事"，对接国家发展战略和实体经济需求，加强与地方政府合作，加大产融结合力度，近年来搭建多个新战略平台，完善综合金融服务功能，丰富综合金融服务手段，助力实体企业转型升级。如与湖南省政府合作组建华融湘江银行，成为中国第一家控股商业银行的金融资产管理公司；与安徽省政府合作，在同业中首家获批组建消费金融公司，增强金融服务手段；与山西、青海政府合作设立地方金融资产管理公司，支持地方经济发展；与重庆市政府合作设立华融渝富，与海南省政府合作重组华融期货，与深圳市政府联合组建华融前海等。

二是开展综合经营要强化集团管控，打造完善的公司治理结构和坚实的内控体系。金融控股集团组织机构庞杂，业务复杂，一旦出现问题，负外部性巨大，因此，完善的公司治理和内控体系是金融控股集团稳健经营的重要保障。"没有最好的法人治理结构，只有最合适的法人治理结构"。中国华融始终高度重视公司治理结构和内控体系建设，2012 年股份制改制之初，在深入思考国际公司治理成熟经验和中国国有企业管理特点的基础上，我们构建了以"到位的党委会、规范的股东大会、健康的董事会、负责任的经营层、有效的监事会""五位一体"为主要特征的现代金融企业法人治理结构，并通过引战、上市形成"1+8"典型"国有 + 国企 + 外资 + 民营"的混合所有制股权结构，重点完善公司法人治理、业务治理和风险管控治理"三大治理体系"，重点提高重大项目决策、经营管理、监督检查、信息科技管治、队伍尽职责任"五大治理能力"，建立高效的运营机制、快速的市场响应机制、联动的协同机制、有效的正向激励机制、严格的监督约束机制"五大经营机制"，强化集团资源管控、资本管控、风险管控、财务管控、组织管控"五大管控"，持续加强治理体系和治理能力建设，不断提升集团管控和内部管理水平，确保金融控股集团健康有序运行。

三是开展综合经营要避免"综合而不能整合",充分发挥协同优势。金融控股集团最大的优势就在于整合分散的金融资源,充分运用人力、资金、网络及渠道等方面的资源,加强银行、证券、信托等业务的协同作战,以规模化、大型化和完善的功能来提升竞争力。目前,中国华融服务网络遍及全国30个省、自治区、直辖市和香港、澳门特别行政区,设有33家分公司和华融证券、华融金融租赁、华融湘江银行、华融国际信托、华融期货、华融置业、华融(香港)国际等30余家平台子公司,业务领域涵盖"不良资产经营、综合金融服务、资产管理和投资"三大板块,可以打业务"组合拳",对外提供不良资产经营、资产经营管理、银行、证券、信托、租赁、投资、期货、置业等跨周期、全牌照、多功能、一揽子综合金融服务。在开展综合经营的过程中,中国华融推进总部、分公司、子公司之间的协调发展,强化总部管控服务能力,充分发挥分子公司之间的协同效应,以有效管用的协同战略实现客户深度覆盖:建立协同策略,形成优势互补、有效协同的综合金融产业链;确定协同规则,制定合作操作指引、考核激励机制;创新协同产品,实现交叉销售,为客户提供一揽子金融服务;搭建协同平台,实现业务及客户信息共享,从而实现了高度的战略协同、业务协同、平台协同等,做稳、做实、做新分公司,做强、做好、做大子公司。

四是开展综合经营要坚守底线思维、强化风险意识,切实加强风险管控和风险隔离。金融控股集团综合经营既是重要的优势,也是一把"双刃剑",一旦发生风险,会有更强的传染性和危害性。因此,在推进综合经营的过程中,中国华融始终把风险防控作为各项工作的重中之重,坚持"在经营中承担风险,在创新中规避风险,在管理中减少风险,在发展中化解风险",倡导"中国华融赔不起",做到风险"早发现、早预警、早处置、早实施、早见效"，构建"全覆盖的风险管理、全类型的风险管理、全过程的风险管理、全新方法的风险管理、全员的风险管理""五全"集团大风险管理体系，"标本兼治"加强集团层面的风险管控和防化。我们重视加强集团对子公司的风险管理，将子公司风险管理全面纳入集团统一风险管理，要求子公司坚决执行和落实好集团风险偏好；加强内部交易与关联交易管理，建立严格的风险隔离制度，等等。通过以上措施，为安全稳健开展综合经营切实筑好"防火墙"、建好"隔离带"、织好"安全网"。

三、勤于学习，善于总结，敢于创新，勇于实践

回顾求学、工作之路，"勤于学习，善于总结，敢于创新，勇于实践"是我的座右铭，也是自己一直努力追求的目标。我一直在学习中总结，在创新中实践，把理论和实践结合起来，形成了自己独特的思考和做事风格。

1. 向实践学，向书本学，向身边的同志学

毛主席曾将"本领恐慌"与政治恐慌、经济恐慌相提并论，并把学习比喻成"开铺子"，"本来东西不多，一卖就完，空空如也，再开下去就不成了，再开就一定要进货。""本领恐慌"，也就是"知识恐慌""业务恐慌""技能恐慌"。消除"本领恐慌"的根本办法，是加强学习、提升能力、练好内功。

人的知识来自三个方面：书本、实践、他人。通过向书本学、向实践学、向人学，可以实现四个方面的学习：理论学习、实践学习、新知识学习、活经验学习。书本的知识占20%，来自书本、学校的知识有助于开阔视野，

这是基础，但学得再好，学历再高，顶多占 20%；60% 的知识是通过社会实践学习，这是根本，社会实践是一个大学校、大舞台、大课堂、大熔炉、大社会，我大学学的宏观经济，不是金融，但干了三十多年的金融，都是在社会实践中不断学习，实践是提升能力的最好途径；20% 的知识是向他人学习，向人学成本最低、效率最高，是拿来主义，"三人行必有我师""三个臭皮匠赛过诸葛亮""听君一席话，胜读十年书"说的就是这个道理。

不管对于领导班子还是个人而言，不善于学习，很难走远、走高、走稳。特别是作为企业的"一把手""掌舵人"，在知识飞速更新的时代，要领导好一个大企业，首先必须要学习。我每天晚上都会学习、看书，经常到很晚，但是看到好的观点、思路都很兴奋，也就不觉得困。当然，不仅要自己学，还要带领别人学。我在华融提出创建"学习型组织"、打造"知识型员工"，努力营造一个讲学习、爱学习、集体学习的良好氛围。

我很关心青年人的学习成长，经常和华融的青年员工说，青年时期是一个人学习的最佳时期，青年人接受新生事物快，捕捉信息敏锐，应变能力强，这些都是学习的有利条件。对于青年员工来说，面对越来越艰巨的任务、越来越多的业务领域，光靠"吃老本"是绝对不行的，必须增强学习的紧迫感，加强学习。同样，对于公司来说，公司业务的快速发展，也迫切需要一大批业务精、能力强、素质好、知识丰富的优秀人才。因此，青年人要主动适应公司业务发展需要，充分利用自身优势，自觉学习、刻苦学习、勤奋学习，认真学习做好本职工作所需要的新知识、新理论、新技术、新方法，丰富知识体系，优化知识结构，精通岗位技能，提高综合素质，争取早日成为"一专多能"的复合型人才。

2. 归纳 220 多条理念信条

我记得在参加一次高级别座谈会上，一位中央领导肯定了我的发言，并指出：能同时做到干得好、写得好、说得好的领导干部并不多见。如果能同时做到上述三点，就能很好地提升领导者的个人魅力。这么多年来，我基于工作的实践经验，喜欢做一些理论思考，喜欢总结提炼一些有思想价值的内容，沉淀下来。它们都来源于实践，又很好地运用于实践，是理论思考的结晶，也是从实践中发掘的真知。

来华融之初，有的同志善意提醒我："不是你改变华融，就是华融改变你。"听后，我一笑置之，因为我坚信我能改变华融。要改变华融，从何入手？我首先把思想观念作为突破口，持续进行洗脑"风暴"，坚定必胜的信念，大力转变员工的观念，解放思想，实事求是，转变作风，创新转型，为华融确定了"以市场为导向，以客户为中心，以盈利为目标""听党的话，跟政府走，按市场规律办事""大发展小困难，小发展大困难，不发展最困难""比较看差距，落后求奋进""想干事、能干事、会干事、干成事、不出事""先立规矩后办事，立了规矩办好事""以业绩论英雄，以风险论成败，以质量论高低，以贡献论报酬"等一系列商业化转型的新理念，让这些先进的企业文化入耳、入脑、入心、入行动。这些新理念系统总结整理成为220多条的"中国华融理念与信条"，因为从工作中来，所以条条不虚，用于指导工作时条条管用，而且易懂易记，朗朗上口，深受员工欢迎，特别有效管用，一直引领中国华融不断创新发展。

3. 全面推进中国华融"八大创新"

有记者采访时觉得我的观念总是特别超前，非常创新，确实如此。因为旁人看来，国企管理者素来"根正苗红"，即便是有些故事的，也都是一看开头就能知道结尾，毫无悬念。特别是有的人在政府待过多年后，再转到企业工作，往往容易求稳。我不太一样。在机关工作了 26 年后转到企业，对我来说是翻开了职业生涯新的一页，也因此发现个人的思想观念、行事风格，包括做事的魄力与效果，都很适合市场、适合企业。

　　我是那种骨子里就崇尚创新、改革的人，说话办事都很有激情、风风火火，愿意把工作做得有声有色。我这个人历来非常自信，做事自信，做人也自信，我觉得只要认真去做、用心去做，就没有办不成的事，因此总是抱着一种自信的心态来干事，并带领周围的人一起干事。我喜欢把思维打得很开，喜欢着眼大局，见微知著，考虑问题不是就事论事，而是因为一件事马上想到各种方案，注重宏观微观相结合、国内国际相结合、点和面相结合。我也慢慢体会到，一个国家机关干部也好，企业干部也好，有几个能力非常重要，一是政策水平，二是业务能力，三就是悟性。做企业，特别需要一种创新意识和拼搏精神，需要一种悟性、魄力和激情。

　　一路走来，我和党委班子带领中国华融市场化转型发展的最重要经验就是"创新+稳健"，特别是全面推进"八大创新"。一是创新思想观念，以一系列先进的、独具中国华融特色的市场化新理念统一经营思想，引领公司发展。二是创新发展模式，不断扩大资产经营管理业务范围，协同子公司牌照业务打好"组合拳"。三是创新体制机制，以"三会一层"为核心，不断完善现代金融企业治理体系，提高治理能力。四是创新业务平台，与各级政府合作，搭建和丰富中国华融全金融牌照控股子公司体系。五是创新产品服务，依托多牌照金融业务平台持续创新金融产品和服务，打好"一体两翼"业务"组合拳"。六是创新管理方式，打造现代流程企业，强化分公司授权管理和子公司股权管理。七是创新企业文化，形成了一套接地气、聚人气，既朗朗上口，又入脑入心，体现中国华融特色，深受广大干部员工欢迎的企业文化理念，提升了中国华融的"精气神"。八是创新队伍建设，努力打造一支"想干事、能干事、会干事、干成事、不出事"的干部职工队伍。

4. 雷厉风行，强势推进中国华融改革转型

我的性格比较外向，走路快、说话快，做事有魄力，敢于担当，责任心比较强，做什么事都讲究速度、讲究效率，重落实、重结果，雷厉风行，有了想法且通过论证，就马上去做，大力推进，立即落实。一开始，大家都会觉得跟不上我的节奏，说董事长的要求太高、节奏太快、性格太急。我一直强调不能等靠要，不能有歇一歇、放一放、慢一慢的思想，不能躺在过去的功劳簿上洋洋得意，并且凡事不能只停留在理论层面、思考层面，要知行合一，有实实在在的效果，在实践中检验。企业的发展成果，必须有实实在在的业绩去证明。

在这种快节奏、严标准、高要求下，中国华融的改革转型也是强势推进，一步接着一步，没有停歇、快马加鞭。对于我和中国华融而言，有几个时间节点应该被铭记：第一个节点是 2009 年 1 月，时任中国银监会主席刘明康到中国华融宣布我为新任总裁，我由此成为中国华融新一任掌门人；第二个节点是 2012 年 2 月，国务院批准中国华融改制和转型发展方案，随后中国华融资产管理股份有限公司正式成立，标志着公司开始由单一的政策性不良资产处置机构，转变为完全市场化经营的金融服务企业，这是中国华融二次创业的新起点。2012 年年底，中国华融年度利润首次突破百亿元大关，全年实现利润 120.60 亿元，创下公司连续四年利润大幅翻番的历史新高。第三个节点是 2015 年 10 月，中国华融成功在香港主板上市挂牌，实现了从政策性不良资产处置机构向国有大型现代金融企业、公众上市公司的华丽转身。至此，中国华融圆满完成了"改制—引战—上市"的三部曲。第四个节点是 2016 年 6 月，中国华融总资产突破万亿元大关，达到 10732.2 亿元，持续保持国内最大金融资产管理公司地位。中国华融改革转型的一幕一幕，都如画卷一样清晰地在我心中、脑中。

四、心中有员工、胸中有大义、肩上有责任、脚下有乾坤

我是个特别热爱工作的人，我常常对员工说："工作着是幸福的"。强烈的责任心、事业心提醒着我，工作绝不能出于一颗私心、不能只为了自己当官发财，而是要心中有员工、胸中有大义、肩上有责任、脚下有乾坤，为企业、为员工、为社会、为国家尽己之力。

1. 低调做人，高调做事

有人说，要低调做人，低调做事。我的人生观是，要低调做人，高调做事。做人必须要低调，但做事要风风火火、干事成事。

当然，高调做事也导致了工作作风方面过急、过于自信，会议过多、讲话过长。特别是工作方法上有的时候过于简单，下达的目标任务比较多，与基层员工沟通交流比较少，与党委班子成员的沟通交流不太充分，批评人时不太注意方法，脾气比较急躁，把个人的情绪带到了工作中。对下属，做得好我猛表扬、给荣誉；做得不好、没达到我要求的，也猛批评、不留情面。有时因为工作着急起来说狠话，把堂堂七尺男儿、部室的"一把手"都骂哭了。但我都是就事论事，做事出于公心，对事不对人，批评单纯是为了工作，批评完就完了。当然，下属对我都很宽容，也不记仇，骂完批评完，该把工作做好依然努力做好。我很感谢大家，也经常提醒自己，在今后工作中也要注意改进。

2. 工作激情源于责任担当

我是典型的事业型、工作狂，特别热爱工作；做事讲究规范、规矩和程序，而且一定要有效果。一旦自己觉得选好了，定好了，那就坚定不移地推下去，是很执着、很刚毅的一个人。

我无时无刻不在工作状态总能以饱满的热情践行"五加二""白加黑"的工作模式。我的睡眠比较少，但是质量高，一天睡四五个小时就足够了，晚上经常改材料、看文件到夜里一两点，第二天依然精神振奋地上班、开会、出差、见客户，精力非常旺盛。

熟悉我的人都知道，我对中国华融"首席市场营销官""首席业务宣传官""首席发言人"这些称谓情有独钟，一有机会就会不厌其烦地"推销"中国华融，乐此不疲。特别是市场化转型初期，面对中国华融市场开拓的困境，我主动担当起公司的"首席市场营销官"，亲力亲为带队上门见企业、政府等大客户，亲自出面和30家省级政府签署了战略合作协议。为了掌握最真实、最鲜活的信息，我一次次深入一线调研，走遍全国33家分支机构和30多家平台公司，仅2012年一年行程就达38.8万公里，相当于绕地球七八圈。出差很辛苦，也很奔波，我曾对记者笑谈，这八年多时间里，我瘦了20多斤，但把华融搞肥了！

为了提高中国华融的社会影响力，作为中国华融的"首席形象代言人"，我以特有的社会影响力和个人影响力，不遗余力地在各种公开场合宣传中国华融，提升中国华融的品牌形象和社会影响力，给在场的人多介绍介绍华融，多讲几个华融故事，让更多的人知道华融、了解华融。媒体也喜欢采访我，因为不用太多引导提问，我就会滔滔不绝介绍很多内容，信息量很大，他们很愿意听。

我这人对数字特别敏感，满脑子都是公司发展的情况和各种数据，因此各种活动场合很少用稿子，讲话都是脱稿而出。我记得2015年10月上市路演时，我发表了四十分钟充满激情的脱稿即席演讲，高度凝炼地概括了中国华融的七大投资亮点，鲜明阐述了中国华融的股票将成为当年香港市场上最具投资价值的标的，反响非常好，展示出了大国央企的自信从容，也赢得了媒体记者和资本精英的一致好评。公司的优良业绩和高管团队的人格魅力无数次打动了投资者，打动了股评家，打动了媒体记者。许多投资者公开表示投资华融很大程度上是看好公司管理层，看好华融品牌。

3. 关键时刻要拍板：两害相权取其轻，两利相权取其重

我认为做人就要敢于担当，敢做敢为。在公司重大事项决策中，我带头执行民主集中制原则，带头执行"三重一大"规定，集体决策讲民主能集中，在广泛听取班子成员意见和建议基础上，敢于果断拍板负责决策，担当"一把手"责任，凡事勇于担当，敢于负责，从不推诿，工作效率高，勤勉尽责，廉洁奉公，注意坚持集体领导和分工合作相统一，抓好决策事项的执行督办，注重发挥每个班子成员的作用，发挥班子合力，带头维护班子团结统一和权威，确保政令畅通，令行禁止，在班子和职工中有很高的威信和领导力。

在公司大大小小我主持参加的各种决策性质的会议中，我都认真听取有关部室的汇报和各位公司领导的意见建议，边听边记，几个小时的会议下来，我对议题有关情况有了很充分的了解，当场拍板，形成决策，作出部署，推动工作。"两害相权取其轻，两利相权取其重"，这是我每次决策和判断时牢牢把握的原则。大家讨论时的意见难免会发生分歧，我都认真思考研究，看到正反面，评估好风险，选取对于公司发展最有利的一面。我的直觉也很准，做事有时候是需要一种感觉的，这种感觉不是凭空臆测，而是基于多年来做人做事的历练。在很多重大事项的判断上，我相信自己的直觉，从最终的结果看，我的直觉很准，效果都不错。

当然，敢于决策的同时，我考虑问题也喜欢居安思危，把问题想到最坏，尽最大的努力，做最坏的打算。比如我现在定个事，就会想到，今后我离任了以后要离任审计，现在这么做是否合规合法、是否经得起审计检查。

4. 摒弃免责文化，只要依法合规，出了问题我负责

勇于承担和履行社会责任，既是中国企业与生俱来的先天使命，也是企业家最基本的职业道德和执业精神，更是企业家的一种博大胸怀与勇敢担当。这一点，对于央企的负责人来说，尤为重要。

我刚来华融的时候，发现有的同志，工作畏手畏脚，不敢担当，企业存在免责文化。2009 年我来以后在华融形成了问责文化，要求党委委员要担当，部门老总要担当，部门要有倾向性意见，不能都让领导定，明确提出公司上下要切实增强"六大意识"，以更加负责任的态度和敬业精神做好各项工作。一是责任意识：守土有责，从我做起，明确分工，落实责任。二是纪律意识：严守政治纪律、工作纪律、学习纪律，保持共产党员纯洁性，与党中央保持高度一致，不利于团结的话不说，不利于工作的事不做。三是效率意识：对于重大工作特别是风险化解和防范工作，相关单位不能推诿扯皮，"新官要理旧账"，合力解决问题。四是风险意识：未雨绸缪，心存敬畏，进一步增强防范风险的意识和化解风险的本领，坚守底线思维，坚持稳中求进。五是执行意识：对于公司党委、董事会、经营层和监事会的各项决定，各单位要坚决执行，狠抓落实。六是队伍意识：加强队伍建设，讲团结，讲大局，讲纪律，讲效率，讲业绩，培养一支"想干事、能干事、会干事、干成事、不出事"的员工队伍。

其中，特别提出要建立正向激励机制和有效问责约束机制，加大违规问责，纪律处分和经济处分都要有动静。没有正向激励谈不上鼓励先进，没有有效的问责机制也不行，到时候工作出了问题无人负责。我要求华融的干部勇于担当，改进工作作风，要求公司总部进一步增强服务意识，勤勉务实，不推诿、不扯皮、不懈怠，切实解决"门难进、脸难看、话难听、事难办"的问题；改革会议公文制度，减少会议、文件、简报，开短会、讲短话、写短文，讲求工作实效。现在来看，效果很好，同志们干事都尽

心尽责。

五、人与人的差距在八小时之外

人与人的差距在于八小时之外如何运用，八小时之内决定现在，八小时之外决定未来。八小时之内大家都看到了你干我干，八小时之外实际上可做的更多。把这八小时之外的时间用好，对人的成长和积蓄力量很重要。鲁迅先生说，他把别人喝咖啡的时间都用来学习和看书了，这就是他成为大家的原因。

1. 我在生活中几乎没有什么爱好，唯一的爱好就是读书

我是一个自律的人，生活中的爱好就是读书。我喜欢看书，喜欢思考一些问题。虽然工作中充满激情，但是工作之外比较安静。有人说"生命在于运动"，我不完全赞同，我更偏爱于在工作之余看看书，思考一些问题，写写东西。我看书一般是看几类，第一类是历史书，回顾历史、以史明鉴；第二类是人物传记，很多名人的传记我都看过，对我影响很大；第三类是专业知识，主要是经济金融方面；第四类是一些消遣性的书，有一本书叫《谁动了我的奶酪》，非常薄，但是很好，市场动了你的奶酪，人家动了你的奶酪，提醒我们搞企业是逆水行舟，不进则退。另外，报纸我是每天必读，新闻每天必看，时间和条件允许，早上 7 点钟准时打开收音机听新闻，晚上七点钟准时打开电视看新闻联播。

2. 宰相起于州郡，猛将发于卒伍

我到基层的机会很多，华融在各地都有分公司、子公司。但我出差不游山玩水，也不拍照摄影，到了目的地就是直奔主题，开展工作，行程很满，

节奏很快，就连晚上一般都是和基层员工谈话到深夜。有的时候早上 5 点钟起来去机场，晚上谈完工作再赶回来。但是具有重要纪念意义的革命圣地我会去看一看，中国革命圣地韶山、瑞金、井冈山、延安等，我都去过，有的去过多次。革命历史、前辈精神是很好的营养剂，可以激励自己更好工作。

我一直强调，脚踏实地，才能积蓄能量。宰相起于州郡，猛将发于卒伍。最好的磨练和考验之地，就是基层和一线。只有在基层摸爬滚打过的干部，才能深刻地了解人民群众，才会对人民群众有深厚感情，才能不断积累提升处理复杂问题的能力。脚踏实地，踏的就是基层和一线；积蓄能量，蓄的就是对群众的感情和处理复杂问题的能力。中国华融的绝大部分利润都是基层经营单位创造的，只有到基层和业务一线，才能最深刻地理解和感悟中国华融所取得的成绩、所面临的问题、所蕴含的前景。因此，我乐于和广大一线员工交流思想，每次基层调研都会多留出时间让新员工发言，多听听他们的意见，针对具体建议提出整改措施，交代有关部门积极落实。

无论是宰相还是猛将，都必须恪尽职守，夙夜在公，才能以身率众。这么多年来，我始终做到兢兢业业，勤勉尽职，创新进取，认真履行党委书记、董事长、法定代表人的岗位职责，扎实做好各项工作并作为全国人大代表积极建言献策。我的秘书告诉我，2016 年一年，我批阅公司各类文件 3000 余件，出席各类会议近 200 次（场），作为中国华融主要负责人参加财政部、银监会各类会议和培训 5 次，主持召开公司党委会 14 次、党委中心组学习 16 次、股东大会会议 5 次、董事会会议 10 次、董事长办公会 17 次、董事长专题会 11 次、上市工作领导小组会议 2 次，走访调研工作会议及安排各类客户会见近 90 次。2016 年一年，我境内出差就达 19 次，分别赴重庆、天津、山西、上海、浙江、北京、福建、青海、江西、广东等地调研考察，积极践行"听党的话，跟政府走，按市场规律办事"的理念，走访拜会当地党政领导，并与当地银监局和金融办及相关地方领导沟通，汇报中国华融在当地的发展，介绍中国华融近年来改革转型发展取得的优秀业绩，谋求业务合作和建立全面战略合作伙伴关系。

六、人民代表为人民

2013 年 1 月 31 日，我在湖南省十二届人大一次会议上光荣当选第十二届全国人大代表，成为我国金融资产管理公司 1999 年诞生 15 年以来的首位全国人大代表。我特别感谢湖南省委、省政府、省人大和湖南全体人大代表、湖南人民给了我这一崇高荣誉，这不仅是我个人的巨大荣誉，更是给予中国华融集体的荣誉，也是湖南人民和社会各界对中国华融和华融湘江银行工作价值的充分认可和高度评价。当选十二届全国人大代表以来，我深感使命光荣、责任重大，唯有恪尽职守把工作做好，才不会辜负人民的信任与重托。五年时间里，我重视学习、勤于调研，主动思考、建言献策，认真履行人大代表职责，充分发挥人大代表作用，带领所在企业做强做优做大，积极服务经济社会发展。五年来，我共提交了 1 项议案和 64 件建议，合计 19 余万字，聚焦经济、金融和民生等多个领域的重点、难点和热点问题，多项建议已被相关部门采纳。

1. 不忘初心，不负使命

每年全国人民代表大会召开前，我都高度重视，认真准备议案和建议。无论工作多忙，都要在撰写议案和建议之前专门抽出时间、认真开展调研，在深入思考、基层走访、专题调研、听取意见和组织研究的基础上，群策群力、集思广益议定出讲广度、求深度、有力度的议题。议题确定后，我亲自主持调研写作，一有时间就一遍遍修改建议和议案。五年来，我认真参加第十二届全国人大各次会议，准时参会、全程参会，从未请假缺席，从不迟到早退。我正确行使选举权，以对人民高度负责的态度在各项选举中投出神圣的一票，代表人民用好权。我认真审议各项议案、报告，积极参与所在湖南代表团的各项审议和讨论，不随声附和，勇于讲真话，敢于提出深思熟虑的见解，以实事求是的态度发表意见。连续五年，每次代表大会结束后一回到所在单位，我都立即在全系统范围内组织召开视频会议，及时学习传达全国"两会"召开的总体情况和主要精神，分享参会的体会和感受，号召全体员工以会议精神武装头脑、指导实践。

让我印象深刻的是，在2017年第十二届全国人民代表大会第五次会议召开前，张德江委员长主持召开座谈会，听取包括我在内的10位全国人大代表对全国人大常务委员会工作报告的意见，会上，我就修改完善常委会工作报告、加强对地方政府性债务监督、促进金融服务实体经济发展等方面积极建言。

根据全国人大代表工作安排，我还多次参加由湖南省人大常委会组织的全国人大代表专题考察调研，深入基层考察地方发展现状和社情民意。其中，2014年7月参加研究探索建立洞庭湖生态补偿机制的专题调研，2015年8月参加新形势下社区治理机制体制创新实践的专题调研，就改进相关工作提出了对策建议。

2. 为金融改革鼓与呼

当选人大代表不是评先进、选劳模，更不是一种政治待遇，而是组织和人民对我的信任和重托。履职人大代表的同时，我也担任中国华融党委书记、董事长。这种双重身份的认定，意味着今后我的所思所行所为不能仅局限于一家国有金融企业的改革和发展，也不能只立足于我所在的地区和行业，而要站位全局，真正做到为国分忧，为民纾难，为天地立心，为生民立命。

在多个岗位的历练中，我养成了密切关注国内外经济金融环境变化趋势的习惯，也养成了深入思考和积极探索如何破解金融运行中存在的难点痛点的习惯。光荣当选第十二届全国人大代表后，我最为迫切的就是希望把我多年来在金融领域的工作体会、在工作实践和走访调研中发现的主要问题，以及化解这些问题的解决措施，代表金融同业及时向全国人民代表大会提交，努力为我国金融业的改革发展提供好的思路和建议。作为来自金融领域的一名全国人大代表，我深知有责任及时向大会汇报本行业在发展进程中的新思想、新现象、新举措，并积极反映本行业的呼声、诉求和期盼，努力发挥人大代表参政、议政的主体作用。五年来，我在促进金融服务实体经济、金融综合化发展、促进商业银行健康发展、金融服务区域经济发展、加强金融监管、完善金融市场、人民币汇率机制和消费金融等方面共提交了 1 项议案和 28 件建议。这些建议既涉及宏观层面的全局性建议，也涉及微观层面的具体化建议。

特别值得一提的是，作为唯一一位来自金融资产管理公司的人大代表，我一直思考如何推动金融资产管理公司获得监管部门和社会各界的多理解多支持，如何在当前经济形势下更好发挥金融资产管理公司支持实体经济转型发展、推动供给侧结构性改革和化解金融风险等多方面的重要功能。为此，我通过业内的深入调研和沟通交流，在扩大金融资产管理公司业务范围、支持不良资产主业发展、增强服务实体经济功能、拓宽融资渠道等方面提出 8 件建议，多项建议已被相关部门采纳。其中，结合金融资产管理公司构建综合化金融控股集团的创新实践，在第十二届第一次人大会议上，我提交了关于加快制定出台《金融控股公司法》的议案，被全国人大列为当年 100 个重点议案之一，国务院法制办和中国人民银行等相关领导专程走访中国华融听取意见，就议案内容与我进行了面对面沟通。

3. 倾力支持地方经济发展

在当今中国，一个经营多元化的金融机构，如果旗下没有商业银行金融牌照，很难说是真正意义上的金融控股集团。于我而言，中国华融旗下银行业子公司——华融湘江银行的成立更具有独特意义。正是由于中国华融和华融湘江银行在支持湖南经济发展方面做出的重要贡献，我在湖南省第十二届人大一次会议上当选十二届全国人大代表，成为我国金融资产管理公司 1999 年诞生 15 年来以来的首位全国人大代表。

自当选人大代表以来，一方面，我根据全国人大代表的工作安排，积极参加各项专题考察调研，深入基层和社区，边走边看边议；在田间地头听取部门汇报，了解实际情况；在专题调研座谈会上共同探讨，为湖南省经济发展建议献策；另一方面，我结合自身工作经验，从金融资产管理公司的角度，以华融湘江银行和区域经济发展为切入点，促进金融更好服务实体经济，以进一步支持湖南经济发展。

五年来，我针对提升地方金融机构服务能力、加强湖南生态环境建设、深化湖南精准扶贫和促进湖南经济发展等四方面共提交了 12 项建议。这些建议既有从更好促进金融服务实体经济的角度提的具体措施，也有从湖南生态环境建设和精准扶贫的角度提的进一步促进湖南经济发展的方法与举措。

4. 为落后地区发展和基层群众"代言"

作为一名领导干部，我始终谨记人大代表来自人民，更要服务人民，要将人民群众的意愿和心声客观、理性地表达出来。自担任全国人大代表以来，我不断强化自身的代表意识和群众意识，密切关注基层人民群众的民生需求，时时刻刻不忘代表人民群众发声。为当好人民群众的代言人，我在工作和生活中不断扩大与群众的接触面，积极调研人民群众普遍关心和重点关注的问题，并广泛听取和搜集各方面的意见，尽可能把人民群众的共同心声和利益诉求充分表达出来，尽可能为多数人代言而不仅仅为少数人代言。

"体民情"是人大代表的情怀。在我国的经济体系中，中小企业占有举足轻重的地位，在促进经济发展、扩大社会就业、改善人民生活方面发挥着重要作用。尤其是供给侧结构性改革深化的当下，体制改革将对旧有结构的稳定不可避免地造成冲击，中小企业的健康稳定运行对于维护整个经济金融体系的稳定具有战略性意义。但现实是，我国金融体系的制度构造和服务能力，与中小企业的地位存在着明显的不匹配。在旧有结构面临冲击之时，中小企业不仅难以成为支撑经济稳定的墙垣，而是首当其冲地面临毁灭性风险。社会主义市场经济体制之下，必以现有金融体系和制度框架的突破创新，替代简单的政治激励和行政指令，才可解决中小企业的金融服务配套问题。为此，我在第十二届全国人大第一次（2013年）大会上提交了"关于内外兼修、多管齐下采取针对性措施，着力解决中小企业融资难题的建议"和"关于适当降低准入门槛，加大引入民营资本，大力发展中小企业融资难题的建议"，在第十二届全国人大第二次（2014年）大会上提交"关于规范和引导民间融资，促进中小微企业发展的建议"，第十二届全国人大第三次（2015年）大会上提交"关于加大小微企业创新创业政策扶持，改善实体经济经营环境的建议"。

作为国有金融机构的管理者，我还始终积极响应国家有关精准扶贫的号召，带领中国华融努力践行国有金融机构的社会责任。我曾向全体员工说，"扶贫攻坚，既是上市公众企业应承担的社会责任，也是金融央企参与全面建成小康社会的使命要求。中国华融始终坚持'国计为重、民生为本、感恩为怀、责任为念、奉献为先'，大力推进精准扶贫、精准脱贫，努力为社会尽一点心、出一份力、做一些事"。自 2002 年承担四川宣汉县定点扶贫任务以来，中国华融不断加大精准扶贫力度，截至 2016 年年底，累计投入扶贫资金超过 3000 万元，捐款、捐物 1100 多万元。此外，中国华融还出资设立了"中国华融赣南老区红军后代教育基金""中国华融（抚州）教育基金"等多个教育基金，并在贫困地区捐建了平川长征幼儿园和华融湘西民族学校等教育机构。在多年来的扶贫工作中，中国华融积累了一些扶贫经验，但同时也面临一些困难需要政策给予支持和帮助。为使中央金融企业能更好地支持精准扶贫工作，我在第十二届全国人大第五次会议上提交了"关于中央金融企业支持国家精准扶贫政策落地的建议"。根据当前中央金融企业支持国家精准扶贫中面临的主要困难，我建议：一方面，通过差别化货币政策和监管政策，鼓励中央金融企业在贫困地区设立银行、证券、保险等金融机构分支机构，并支持国有大型商业银行创新符合贫困户需求的信贷产品，加大对贫困地区的信贷投入；另一方面，加强和财政、扶贫等部门的协作配合，创新融资模式，建立长效对接机制，探索发起设立扶贫专项基金。此外，建议政府部门主动公开扶贫信息，促进中央金融企业更好实现精准扶贫。

5. 建言春节假期延长到 15 天，成为"网红代表"

在十二届全国人大三次（2015 年）和五次（2017 年）会议上，我两次提交了"关于适当延长春节假期，传递家国情怀，弘扬传统文化的建议"。没想到这个建议让我成了"网红代表"，据不完全统计，这个建议使国内主要大型门户网站点击率突破千万次。

关于适当延长春节假期的建议，是我很早以前就开始关注的问题，既包含我个人的切身体会，也反映了我对春节期间农民工返乡情况、全国交通路况、假期消费和旅游趋势变化以及传统文化宣传等问题的调研和分析。从我自身来说，三十多年来，我每年春节都回江西老家看望我九十多岁的老母亲，在路途上需要花费很长时间。过去江西未通铁路，单程路上就要花费 36 个小时，往返一趟就基本没有假期了。现在虽然交通有了改善，但算头算尾也要折腾两天四夜。每当回到家乡，我还未充分体会到与家人团聚的喜悦时，就又要依依不舍得与家人分别。从我所开展的调研来看，春节期间我国的交通压力每年持续增长，2017 年全国旅客发送量已经突破 4 亿人次。现在春节已成为世界上最大的周期性运输高峰，这种短期内大规模的人口流动对我国交通运输形成较大挑战，也降低了人们出行的舒适度，而且大幅增加了安全隐患。对于家在外地、路途遥远的上班族来说春节假期尤显不足，导致很多人无法感受传统年文化的氛围以及与家人团聚的温暖。为积极传承和弘扬春节传统文化，凝结民族精气神，注入新兴消费理念，为人民增加福祉，我提出将春节法定假期由 7 天延长为 15 天的建议。该建议提出后，立刻在社会各界引起了强烈反响。

同时，在民生方面，作为一名金融机构的从业者，我近年来日益感受到，随着中国经济的快速发展，人民群众对于生活品质的要求越来越高，而进一步鼓励消费、提高社会保障能力将成为未来金融服务的重点。2016 年，国务院办公厅印发了《关于进一步扩大旅游文化体育健康养老教育培训等领域消费的意见》，从三个方面提出了进一步扩大消费的政策措施。在此背景下，我在第十二届全国人大第五次会议上提交了"关于推进文化、旅游、养老行业金融服务的建议（2017 年）"。我指出，当前我国消费还存在文化产业结构不合理、旅游业投资效率不高、养老产业金融服务规模小和产品少等问题。为此，我建议通过积极推动众筹模式发展来解决文化传媒企业融资的核心痛点，密切结合文化产业特征、旅游业特点和养老产业发展趋势开发、完善和创新相关金融产品及服务。

　　回顾五年来的履职经历，作为一名人大代表，我尽心尽力为国家建言献策、为同业发展代言、为人民群众谋利，切实依法履行了一名来自大型国有金融机构人大代表的神圣职责。展望未来，我将不忘初心，砥砺前行，继续尽心竭力推动中国华融不断做强做优做大，围绕国计民生察实情、建真言、献良策，为深化我国金融事业改革、促进经济社会发展繁荣做出新的更大的贡献。

第十章

梦想之道

〉

〉〉

　　导语："雄关漫道真如铁，而今迈步从头越。"套用一句流行语：梦想还是要有的，万一实现了呢！我认为，正是一个又一个的梦想激发出了我们人生奋进的豪情，正是一个接一个梦想的实现，创造了我们自己的人生价值。梦想之道或隐或显地贯穿于我企业管理思想的全部，其间融汇有民族大义，有家国情怀，也有个人抱负。

　　梦想，其实是自己对未来的某种期许，是未来一段时间里可以达到但必须通过努力才能达到的某种规划或愿景，就如歌中所唱："有梦想谁都了不起，有勇气就会有奇迹。"梦想确实是一种让你感到坚持就是幸福的东西，具有催人奋进的神奇力量，梦想的极致甚至其可视为一种信仰。一个国家、一个组织、一个人都需要梦想的引领与鼓舞。梦想之道是我的企业管理之道的重要一环。在中国梦感召下的华融梦，正在一步步迈向现实，"改制—引战—上市"已经梦想成真，打造"治理科学、管控有序、主业突出、综合经营、业绩优良"的一流资产管理公司、进军"世界500强"的"华融梦"也必将顺利实现。中国梦、华融梦、我们每个人自己的梦，我相信有梦想的国家才会成为伟大的国家，有梦想的企业才会成为受人尊敬的企业，有梦想的人生才会是有意义的人生。我期待、祝福所有美好的梦想都能成真。

一、"中国梦"下的"华融梦"

1. 我的家国情怀

"古之欲明明德于天下者，先治其国；欲治其国者，先齐其家；欲齐其家者，先修其身。"这段《大学》里的文字，将国家、社会、家庭和个人串联成一个密不可分的整体。这种被称为"家国情怀"的情感，奠定了国人修身、齐家、治国、平天下的道德理想和行为准则。数千年来，无数英雄志士就是在这种情怀的熏陶和指引下，怀抱着保家卫国、济世安民的理想上下求索，奋不顾身，慷慨以赴。汉代大将霍去病在大败匈奴后，汉武帝刘彻要给他建造府第，霍去病却拒绝说："匈奴未灭，何以家为？"北宋文学家、政治家、军事家范仲淹的"浊酒一杯家万里，燕然未勒归无计。羌管悠悠霜满地。人不寐，将军白发征夫泪。"道出了边关将士虽有思乡之情，但更有"以国为家"的家国情怀。家国情怀代表的是个人对国家的高度认同感、归属感、责任感和使命感，是一种深层次的文化心理。

真正使我骨子里根植"修身、齐家、治国、平天下"的家国情怀的，是生我养我的故土——江西瑞金。她是响誉中外的"红都"，是共和国摇篮，是中国第一个红色政权——中华苏维埃共和国临时中央政府的诞生地，也是第二次国内革命战争时期中央革命根据地中心和红军二万五千里长征出发地之一。1931 年 11 月 7 日，第一次全国苏维埃代表大会在瑞金的叶坪隆重召开，大会向世界庄严宣告中华苏维埃共和国临时中央政府正式成立，并把瑞金定为首都。瑞金随之更名为"瑞京"，成为了全国苏区的政治、经济、军事和文化的中心。1934 年 1 月，第二次全国苏维埃代表大会在瑞金沙洲坝召开，由于当时中共中央政治局已经从上海迁到了瑞金，于是"二苏大会"后，中华苏维埃共和国临时中央政府的"临时"两个字就去掉了，正式成为中华苏维埃共和国中央政府。中国共产党早期的领导人和军事将领，大部分都在瑞金生活、工作过，并在此期间得到了锤炼、成长。包括毛泽东、周恩来等在内的新中国第一、二代领导人，共和国十位开国元帅中的九位，十位大将中的七位，以及1966年以前授衔的中国人民解放军将帅中的35位上将、114位中将和440位少将，都在瑞金战斗、工作、生活过。瑞金作为红都，还是毛泽东思想的主要发源地和初步的形成地，是人民代表大会制度和八一建军节的诞生地。有一位专家对中国近现代历史作了很精辟的概括："封建专制，昏天黑地；上海建党，开天辟地；南昌建军，惊天动地；瑞金建政，翻天覆地；北京建都，改天换地；改革开放，欢天喜地。"足见瑞金在中国革命历史中的重要地位。

从1929年2月瑞金被开辟为中央革命根据地，到1934年10月红军离开瑞金开始长征，中央苏区一共在瑞金存续了五年零八个月，苏区精神却成为了瑞金永不磨灭的精神财富。在那个时候，瑞金人民以巨大的热情拥军支前、参加革命，为红军和苏维埃政权建设奉献了一切。人口仅24万的瑞金有11万人参军参战，5万多人为革命捐躯，其中1万多人牺牲在红军长征途中，有名有姓的烈士有17166名，有着"一门八烈士，父送子，妻送郎，兄弟相争上战场"的典型事迹。为支持苏区建设和支援红军北上抗日战略转移，从1932年至1934年，瑞金人民认购了68万元的公债，借出25万担谷子，其中41.5万元公债和捐集的所有粮食无私奉献给了苏维埃政府，长征时存在苏维埃国家银行2600万银元的存款一并用于支持革命。2011年11月，习近平总书记在纪念中央革命根据地创建暨中华苏维埃共和国成立80周年座谈会上的讲话中，将苏区精神概括为28个字："坚定信念、求真务实、一心为民、清正廉洁、艰苦奋斗、争创一流、无私奉献。"瑞金革命老区军民为民主主义革命和新中国成立作出了巨大的牺牲，体现出的是对国家和人民的深情大爱，是对民族独立、国家富强的理想追求，是一种强烈的家国情怀。

故乡瑞金的革命老区精神从小使我耳濡目染，家国情怀潜移默化地融入了我的精神血脉。这份家国情怀，驱使我从小发奋图强，努力学习，立志"为中华之崛起而读书"。作为一名农家子弟，虽然我父母几乎目不识丁，但他们告诉了我做人的基本道理和发奋读书的重要性，我都牢牢记住并且努力付诸实践。功夫不负有心人，1979 年我参加全国高考，是瑞金的文科状元。那时候文科很难考，不像现在的录取比例那么高。那一年，瑞金一共考上五个文科生，我是第一名，考上了人民银行直属的江西财经学院（现在的江西财经大学），其他四个人都在赣南师专，所以那一年只有我一个到省城读书。我一直认为，高考是我实现家国梦想的第一次发力，因为它改变了我的人生轨迹，使我有机会走出瑞金，走向一片更加广阔的天地，使我有机会实现我的"梦"。大学那四年，我家庭生活很困难。那时候家庭年均收入 15 块钱以下的叫做特困户，我们家那时候年均收入不到 13 块钱，还得养活我们五兄妹。幸亏那时候有大学有助学金制度，我凭借优异的学习成绩评到了 21 块 5 的甲等助学金。我一领到助学金先用 17 块 5 把一年的饭票全买下来，还剩下 4 块钱买点毛巾等生活用品。就这样，我靠国家助学金顺利完成了四年的学业。所以我确实很感恩这个社会，感恩国家，感恩中国共产党，没有党和国家的帮助，我这个出身贫寒的农家子弟就不可能成长为今天的我。瑞金的沙洲坝有一个"红井"，是毛泽东为解决沙洲坝群众吃水难问题而亲自带领红军动手挖的。井边立了一块纪念碑，上书："吃水不忘挖井人，时刻想念毛主席"。这块纪念碑代表的是一种感恩精神。正是在这样一种感恩精神的感召下，青年时期，我的梦逐渐清晰起来，那就是报答党和国家的养育之恩，实现国家富强和民族复兴。

1983 年，我大学毕业，人民银行从我们那一届学生中挑选了 2 名毕业生，直接进入总行工作，我幸运地成为其中之一。我当时就暗暗下决心，一定好好干，不辜负党和国家的培养。事实证明我在人民银行还是干得不错的，24 岁便担任中央资金处副处长，34 岁升任信贷管理司副司长，并担任银行监管二司副司长。2003 年 4 月，银监会成立，划入人民银行对银行业金融机构的监管职责和原中共中央金融工作委员会的相关职责。2003 年 7 月，我受命筹建中国银监会北京监管局，任筹备组组长，同年 9 月我又被任命为中国银监会北京监管局党委书记、局长。2005 年 12 月，组织任命我为中国银监会办公厅（党委办公室）主任，后又兼任银监会首席新闻发言人。从 1983 年到 2008 年，我在机关工作了 26 年，从货币政策、信贷管理、金融监管到金融服务，每一个岗位上我都提醒自己不忘初心，对待工作鞠躬尽瘁、任劳任怨，践行自己的家国情怀，可以说，我对得起党和国家，对得起天地良心。

2. 一开始只是个"小梦想"

2009 年 1 月 19 日，时任中国银监会主席刘明康同志到中国华融宣布任命我为总裁，自此我由一名机关干部转变为一名企业经营者。说实话，当时我并不愿意到华融工作，因为我没干过一天的企业，也没想到自己会到企业工作。华融当时处境艰难，对于它经营转型困难我也早有耳闻。我至今还清晰记得收到刘明康同志对华融有关诉讼案件的严厉批示，以及第一次看到华融的财务报表，了解其商业化转型发展效果不太好的情形。当时的华融经营困难重重、步履维艰：总资产仅有 350 亿元，净资产只有 156 亿元，集团总利润只有 4.03 亿元且主要来自租赁、信托等 4 家子公司，抗风险能力弱，拨备严重不足，仅 8.6 亿元，全国 32 家分公司（营业部）有 25 家连续几年严重亏损，历史遗留业务案件 169 个，员工年龄结构严重老化，平均年龄达到 50 岁。面对这么一家企业，我当时总结了三句话："在夹缝中求生存，在迷茫中谋转型，在困难中促发展。"

我到任华融时，组织没有向我下达业绩的要求。我本可以维持华融当时的状况，躺在原有的账本上做撞钟和尚，消极等待华融"十年大限"的到来，我再到其他地方去。但是，作为一名老党员和银监会办公厅前主任，我的"党性、良心与责任"要求我不能这么干，瑞金故土从小教育我的家国情怀要求我不能这么干。能不能把华融发展好，已远超出我个人的荣辱得失，关系的是华融数百亿国有资产能否保值增值，是数千名华融员工的职业尊严和价值福祉。

一个企业如果没有利润，则谈不上发展，连生存都成困难；一个企业如果利润太少，则没有核心竞争力，没有话语权，终究会被市场淘汰出局。正因如此，我到任后首先抓利润。华融底子薄、基础差，一开始我不敢奢望华融能给国家赚多少利润，我的想法很简单，就是中国华融要"自己养活自己"。我们必须先定个"小梦想"，那就是自己养活自己，不再给国家和人民增添负担。于是，我来的第一年，就向全公司下达利润计划。过去华融搞政策性业务从没下过利润计划，干多少算多少，第一次搞利润计划同志们有点畏首畏尾，有些同志甚至向我提出能不能过渡一年，今年先干多少算多少。我说干多少算多少那还叫目标吗，我态度很坚决，说同志们要统一思想、坚定信心、迎难而上，在下达利润计划这个问题上分公司、子公司都不许有杂音，不能等靠要，不要有幻想，必须下利润计划，而且必须完成计划。那么问题来了，利润计划下多少呢？当时我一拍脑袋，给全系统一共下了 5.3 亿元的利润目标。这个数字背后没有高深的原理，没有复杂的计算，原因很简单：当时全系统员工发工资一年需要 5.2 亿元，我下 5.3 亿元利润计划，刚好够发员工工资，能够"自己养活自己"。

华融这支队伍还是好样的，我和党委一声令下，不管有多大压力、多大困难都把任务背回去了。2009 年上半年——果然不负我的希望——完成 5.6 亿元利润，只用了半年就把全年的任务完成了，同志们很振奋，队伍打出了信心。到年底，全年完成利润 8.21 亿元，比 2008 年的 4.03 亿元利润增长了 103%。

就这样，我的第一个"小梦想"在我到任后第一年就实现了。扭亏为盈后，我的"小梦想"变成为希望八年十年以后，华融有 30 亿、50 亿的利润。我清晰记得，2011 年 4 月 27 日国务院"金融资产管理公司改革发展专题会议"上，我向会场上包括时任国务院常务副总理的李克强同志、副总理王岐山同志在内的领导承诺，五年后也就是 2016 年，华融给国家交 50 亿利润。国务院领导听了以后说："小民，别把话说太满，50 个亿不容易"。确实，当时的华融刚刚扭亏为盈，50 亿利润对华融人来说，无异于天方夜谭。我当时就向会上领导立下军令状："首长，五年以后要是 50 亿利润都赚不到，我自动辞职。"2011 年 12 月 31 日晚上，我参加年终决算，数据一出来，大家欢呼雀跃——利润数 50.3 亿。什么概念？我向党中央作出的承诺提前五年实现了。2011 年，我在接受凤凰网财经《总裁在线》栏目专访时说："我希望未来十年，中国华融利润能做到 80 亿到 100 亿，这样我们人员队伍可以发展到一万到一万五千人，风险管控能力更强，华融的品牌价值会更好。"站在 2011 年的时间点，80 亿到 100 亿利润对当时的我来说确实是一个遥远的"梦"。

没想到，我的一个个"小梦想"都提前实现，甚至都超额实现了。2009—2012 年，华融在分子公司"一体两翼"、共同发展的格局下，实现利润连年大幅翻番。2013 年，受经济新常态的影响，华融的利润增速有所放缓，但依然保持在高位。2016 年，中国华融实现集团净利润 231.1 亿元，比 2008 年增长近 68 倍，2009—2016 年 7 年间累计净利润高达 776.8 亿。如此高的净利润增长速度，不仅在金融资产管理公司中遥遥领先，在金融机构中也实属罕见。今天的中国华融，不仅完全能够养活全公司 1.2 万名员工，还能为国家税收做出突出贡献，为股东和投资者创造了稳健可持续的价值回报。2009 年之前十年的政策性时期，华融不给国家缴一分钱税。

2009 年华融开始商业化转型，开始盈利并开始缴税。2016 年华融缴纳各项税费 139.5 亿元，自 2009 年以来累计缴纳税费超过 530 亿元，成为北京西城区的利税大户，进入"全国纳税前 1000 户企业"名单。2016 年，华融的平均股权回报率 18.4%，2012 年以来一直保持在 17%—23% 的高位，股东回报整体好于同业。今天的中国华融，已经发展成为中国"资产规模最大、盈利能力最强、实现利润最多、股权回报最好、总市值最高、金融牌照齐全、品牌价值响亮"的大型国有金融资产管理公司，持续保持"国有经济充满活力、国有资本功能放大、国有资产大幅保值增值"的良好局面。刚到任中国华融之时，我根本无法想象，八年后的中国华融能够给国家赚 200 多亿的净利润。

3. 幸福不会从天降，埋头苦干才能梦想成真

华融这八年来取得的超常规、跨越式发展，离不开党中央、国务院的亲切关怀，离不开财政部、人民银行、银监会、证监会的大力支持，离不开全体员工的顽强拼搏和艰苦奋斗。国务院同意中国华融改制的批复，从政策和法律层面明确了中国华融的发展方向和发展定位，为中国华融未来的市场化运营和永续发展提供了体制上的保证。国务院、财政部对金融资产管理公司多元化经营的支持，为中国华融做"综合金融服务提供商"开辟了路子，成就了中国华融一年赚 231 亿元净利润的今天。

"幸福不会从天降，要继续埋头苦干"，习近平总书记在 2016 年新年贺词中这样勉励大家，"实现中华民族伟大复兴是一项光荣而艰巨的事业，需要一代又一代中国人共同为之努力。空谈误国，实干兴邦。"对于国家而言，全面建成小康社会要靠实干，基本实现现代化要靠实干，实现中华民族伟大复兴也要靠实干。对于企业而言，扭亏为盈要靠实干，实现做强做优做大也要靠实干。

我经常将中国华融近年来的辉煌业绩归功于全体华融人的努力拼搏。2009 年来，我们这支队伍几乎每天以"五加二""白加黑"的节奏全身心投入工作，不叫苦不叫累，越干越起劲。曾经有投行分析师到我们公司调研，他看了我们公司员工工作状态之后，说"华融的员工就像打鸡血似的，工作十分投入"。我也经常跟同志们说，想发财不要来华融，想干事的才要来华融。这些年来，我培养出了一支"想干事、能干事、会干事、干成事、不出事"的高素质员工队伍，在各自岗位上用勤劳的双手创造出了华丽的业绩。

成功源于实干，祸患始于空谈。我本人以身作则，注重实干，从不以功臣自居而沾沾自喜，也从不躺在功劳簿上洋洋得意。熟悉我的人都知道，我对中国华融"首席市场营销官""首席业务宣传官""首席发言人"这些称谓情有独钟，我确实是一有机会就会不厌其烦地"推销"中国华融，乐此不疲。八年多来，我每年都要飞 30 多万公里，这个距离可以绕地球七八圈。我的足迹已经遍及全国 30 多个省区市，可谓是人不歇脚、马不停蹄。八年多来，我几乎没有休过假，我每周的行程都安排得满满当当，今天在公司开全体大会，明天拜会地方政府，后天参加论坛，诸如此类。八年多来，我累计瘦了 20 多斤。2017 年 3 月我对香港媒体笑谈说："我把企业搞肥了，把自己搞瘦了！"八年来为使华融扭亏为盈、发展壮大，我克服了多少艰辛与困难，个中滋味，如人饮水，冷暖自知。这不正是诗人刘永说的"衣带渐宽终不悔，为伊消得人憔悴"的追梦境界吗？

二、走好"改制—引战—上市"转型发展之路

早在 2007 年，公司就已着手研究改制上市的问题，但由于外部政策环境不明朗，对于上市的时间和模式一直没有形成明确的方案。我来到华

融后，深刻意识到，随着中国利率市场化、金融脱媒、大资产管理行业竞争日趋激烈，华融只有通过"改制—引战—上市"，实现战略性转型，未来才能实现可持续发展，这对公司发展具有重要的战略意义。我和党委班子经过深入调研，结合自己多年来从事宏观经济、金融监管的经验、对国家经济形势的分析、对金融行业整体发展的判断、对华融自身实力的把握，下决心走"改制—引战—上市"的转型发展之路。其中，改制是第一步，是第一枪，是中国华融真正成为自主经营、自负盈亏的市场化运营主体的前提；引战是公司股权多元化、实现上市的必由之路；上市是提高公司市场竞争力、实现规模化经营的重要手段。从 2012 年国务院批复同意华融改制方案开始，到 2015 年 10 月 30 日中国华融在香港联交所主板成功挂牌上市为止，我花了三年多时间，圆满谱写中国华融"改制—引战—上市"三部曲。

1. 多方努力推进中国华融改制

华融早在 2006 年就开始了商业化转型的探索，做了一些商业化的业务。但是，由于这时的华融依然顶着政策性金融机构的"帽子"，在市场融资、业务准入等方面受到诸多限制，在许多客户的印象中，华融还是一家政策性金融机构，对公司开展商业化业务缺乏必要的信任与认同。

因此，改制是华融市场化发展的第一步，啃下这个硬骨头至关重要。在这期间，我带领公司上下把改制当成头等大事，攻克一个又一个个难关。首先，要取得国家和上级主管单位的支持。2011 年国务院颁发的 54 号文，第一次从政策和法律层面明确了中国华融的发展方向和发展定位，为中国华融的市场化运营和永续发展提供了体制上的保证。有了 54 号文，我们开始紧锣密鼓地制定改制方案，推进改制落地。

业务发展定位和盈利模式是中国华融转型改制的核心问题，具有重要的战略和现实意义。根据国务院关于金融资产管理公司改革"一司一策"的基本思路，我们就改制后中国华融不同于其他金融资产管理公司的定位进行了深入研究。我本人喜欢从理论上梳理清楚问题的本质，通过对当时新常态经济形势认真和细致的分析，我将中国华融的改制目标定位为"专业的资产经营管理者，优秀的综合金融服务商"。这一定位，既符合中国华融的历史特点，体现了华融的独特价值，又满足了监管部门对资产管理公司差异化发展的期望，兼顾了中国华融拓展业务发展的现实要求，为中国华融转型后的业务发展预留了较大发展空间和发展潜力。对此，我多次向财政部、银监会等进行请示汇报，通过反复研究与沟通，最终明确了华融改制后的定位为：在继续做好不良资产经营处置工作的基础上，重点发展银行类相关业务，保留证券业务，构建市场化、专业化、多元化的现代金融服务体系。这一定位，在财政部上报的中国华融转型改制实施方案中进行了明确。2012 年 1 月 12 日，时任国务院总理温家宝同志、常务副总理李克强同志、副总理王岐山同志先后批准同意中国华融转型改制实施方案。2012 年 2 月 8 日，财政部正式批复经国务院同意的中国华融改制方案。这一改制方案，给华融的股份制改革提供了政策支持，指出了华融股份制改革的路径，给华融未来的业务转型指明了方向。

国家的支持是中国华融成功完成股份制改革的前提。国家通过财务重组，免除了华融政策性负债的偿还义务，通过设立共管基金，妥善解决了华融债券的还本付息问题，实现了中国华融与历史包袱的"一刀两断"。此外，国家还通过买断剩余政策性资产特别是债转股资产，使中国华融获得了大量有长期经营价值和潜力的资产，在价值发现和价值提升中，华融获得了新的盈利空间，真正实现了主管部门"扶上马、送一程"的政策初衷。国家这些优惠措施，为华融改制后的发展提供了良好的外部环境。

广大员工的积极参与是中国华融成功完成股份制改革的关键。要让广大员工正确理解改革，积极投身改革，专心投身改革；要及时分析、捕捉广大员工的思想苗头，准确把握干部员工的思想脉搏，及时发现和解决干部员工在股份制改革过程中出现的新情况、新问题，及时把解决思想问题和解决实际问题结合起来。只有这样，才能充分调动员工积极性，最大限度地提高中国华融的市场竞争力。

转型改制实施方案获批后，中国华融以外部监管要求为主线，按照相关要求，提前履行新股份公司成立的各项法律程序，包括以依法合规为目标，起草制定公司章程等股份公司的基本法律文件；以规范化运作为目标，起草制定了公司治理的基本制度文件；以架构领先、提高效率为目标，构建内控机制和管控架构；以团结员工、形成合力为目标，履行职工代表大会等必要的法律程序，等等。

2012年9月，由财政部、中国人寿保险（集团）公司作为发起人，中国华融在北京召开了创立大会暨第一次股东大会、第一届董事会第一次会议、第一届监事会第一次会议。按照法定程序，会议还选举了中国华融资产管理股份有限公司的董事长和监事长，聘任了公司总裁，我由总裁变成了股份公司的董事长。2012年10月，中国华融资产管理股份有限公司召开成立大会，这标志着中国华融成功地完成了股份制改革的历史任务，真正成为了一家自主经营、自负盈亏、自我发展、自我约束的市场主体，踏上了二次创业的新征程。

2. 全球顶尖的投资机构和投资者都看好中国华融

在完成股份制改制后，中国华融随即启动了引进战略投资者的工作。这不仅是对国务院、财政部批准的转型改制方案的贯彻落实，也是增强公司资本实力、实现国有资产保值增值、提升公司治理水平、提高公司品牌知名度的有效途径。特别是在利率市场化、金融脱媒、泛资产管理行业竞争日益激烈的环境下，引进战略投资者和公开上市是中国华融做强做优做大的必由之路。而要实现上市，则必须实现股权多元化；要实现股权多元化，则必须引入优秀的战略投资者。

为了在众多金融机构中凸显华融特色，吸引一批优秀的战略投资者对华融产生兴趣，我亲自担任华融"首席营销官"，向投资者讲述了一个清晰、丰满、有说服力的投资故事。通过这些年企业品牌管理的实践，我总结出"品牌要靠干出来、说出来、传出来"。首先要干出来，要脚踏实地、实实在在；说出来，要做好宣传工作；传出来，一传十、十传百、百传千、千传万、万传亿，让中国华融的旗帜高高飘扬、事事做响、口口相传、久久为功。为了将中国华融的优秀品牌"传出来"，我一直在思考如何讲好"华融故事"。中国华融的业务体系涉及银行、证券、保险、金融租赁等各个领域，同时在不良资产业务上拥有领先的竞争优势。公司"逆周期"的不良资产管理业务与"顺周期"的综合金融服务体系构成了"全周期"投资题材，可以成为资本市场上的一大独特优势。于是，我亲自向意向战略投资者讲述华融故事，将中国华融这种"跨周期运营、全周期盈利"的独特商业模式呈现给投资者。

为让投资者更好地了解公司的业务运作和盈利模式，除了按业务条线提供客观、真实、完整的财务数据外，华融还形成了引进战略投资者的核心文件——信息备忘录。信息备忘录是引进战略投资者过程中公司信息的重要载体，功能是集中展示公司投资价值、吸引投资者参与竞标。引战信息备忘录充分发掘了独特的投资题材，讲述了有吸引力的投资故事：当前中国经济正处于经济增长转型和产业结构调整的关键时期。与经济发展趋势相契合，中国华融不仅在不良资产业务上拥有领先的竞争优势，同时还搭建了较为完整的综合性金融服务体系，形成了"一体两翼"协同发展的经营格局。此外，中国华融还梳理和总结出各业务条线最典型、最成熟、最具说服力的案例，充分展现了公司作为"专业的资产经营管理者，优秀的综合金融服务商"的市场定位和专业优势。

果然，"跨周期运营、全周期盈利"的华融特色获得了意向战略投资者的普遍认可。在引战过程中，我带领公司团队累计与90多家潜在战略投资者进行了意向性接触，涵盖全能银行、投资银行、资产管理公司、基金公司、大型国有企业集团等各种类型。包括华平、高盛、中金公司这种全球顶尖金融机构和国内著名投资机构等在内的多家机构投资者看好华融，希望与公司合作。为了进一步寻找投资者，按照"引资本、引制度、引智力、引资源"的引战目标，华融进行了两轮竞标，第一轮与近百家投资者进行了初步接触，综合考虑投资者实力、初步报价、认购数量、投资者类型等因素，从中选出近20家，形成第二轮竞标的"短名单"。经过数十场艰苦的"一对一"谈判，华融于入围"短名单"中遴选了7家机构作为战略投资者，并与这7家机构商定了入股价格和条件，签署了认购协议。

在这7家机构中，既有中国人寿、中粮集团等国有企业，也有华平集团、高盛集团等外资机构，既有马来西亚国库控股这样的主权基金，也有银行、证券、保险、私募基金等金融机构，以及复星国际这样的实体企业。通过引战，中国华融成为了国内第一家由国有、外资、民营多种所有制资本共同持股的金融资产管理公司，实现了对"国有＋国企＋外资＋民营"混合所有制的有益探索。中国华融通过引战获得了145.43亿元人民币的资本，创下了金融资产管理行业规模最大的纪录，有效增强了公司的资本实力，注入了发展新动力，促进华融业务模式转型，为获得资本市场的认可打下良好基础。就像市场评价的那样："中国华融能够得到华平和高盛这样的华尔街大鳄的承认，进入中国的不良资管行业，这对于二级市场是一个很强烈的信号，无疑为中国华融日后IPO铺平了道路。"

3. 我与盖特纳的三次会面

在引战过程中，有一段关于前美国财政部长、美国华平投资集团（以下简称"华平投资"）总裁盖特纳先生投资中国华融的故事。盖特纳先生是美国前财政部长，给美国前总统小布什当了八年的财政部长。他在退出财政部部长一职后，和王岐山同志创造了中美战略对话，这个对话作为一个经济平台现在还在发挥作用。盖特纳卸任财政部部长后，到华平基金做CEO。他的战略眼光是敏锐的，上任不到 10 天，就着手研究中国华融以及我的情况。2014 年 2 月 14 日上午，盖特纳先生专程到北京来拜访我。当时，中国华融正稳步推进引战工作，已完成资产评估、审计以及与潜在投资者的初步接触，正按照"引资、引智、引制、引资源"的引战目标与各机构深入交流。我向盖特纳先生一行简单介绍了一下中国华融近年来取得快速发展和改制转型工作的有关情况，经过近年来的长足发展，中国华融当时已经形成独特的市场优势，包括强大的盈利能力、可持续的盈利结构和模式，以及良好的综合牌照业务所带来的较大发展后劲。我们表示愿意与他们一道，加强沟通合作，实现共同发展。而盖特纳先生也对我们中国华融团队近年来所取得的成就表示由衷赞赏和祝贺。他说，作为全球最大、历史最久的私募股权投资公司之一，华平投资其实一直关注着中国华融，而且他在任美国财政部部长期间，就已经注意到中国华融，并十分钦佩中国华融在市场化经营和多牌照业务开展方面的成功，非常希望能和中国华融实现战略上的合作共赢，也格外珍惜与中国华融的合作机会，他们将以自身丰富的投资经验帮助中国华融提升价值。他表示，华平投资是一个全球合伙制的公司，可以调动其全球的资源来帮助中国市场的重大项目。他研究了华融的情况后，作出了一个重大决策：要对中国华融投资人民币

40 多亿，进入中国市场。综合各个方面考虑，我们把美国的华平基金作为战略投资者引进来了，我们给了华平基金 5.27% 的股份。当年美国华平作价 2.12 元入股中国华融，如今已有较丰厚回报。现在看来，他们的投资决策完全正确。前美国财政部部长对中国华融有如此高的评价，我感到很高兴，觉得这些年的努力，得到了国际同行的认同。

盖特纳先生第二次到访中国华融是在 2015 年。当时，公司正在积极准备上市的各项相关工作，同时，将本着公平、公开、公正的原则，按照市场化原则遴选金融中介机构，为顺利上市做好各项准备工作。我再次对他们的到来表示了衷心的感谢，此时美国华平集团已经成为了中国华融的战略投资者。我对盖特纳先生说，中国华融这些年来可谓是一年一个样，与上一次来访时相比，我们的体量更大了，利润更高了。我感谢他们对中国华融转型改制、引战上市工作的关注、支持和认可，并向他们介绍了 2014 年以来取得的新成果及发债上市工作的最新进展。2014 年经营业绩再创新高，总资产规模超过 6000 亿元，集团拨备前利润超过 200 亿元，净资产超过 800 亿元。公司已经从成立之初专门处置不良资产的单一政策性金融机构转变成为了拥有多牌照、业务全覆盖的"优秀的综合金融服务商"，形成了独特的市场优势，能够为政府、企业、客户、市场提供一揽子金融产品和服务，在资产规模、盈利能力、资本回报、金融牌照、可持续发展能力方面都处于行业领先地位。国际权威评级机构对于中国华融的发展高度认可，标普、穆迪和惠誉均对华融给予较高评级。2015 年年初，中国华融成功在香港发行 32 亿美元债，创下了全球 S 规则下最大规模高等级金融机构美元债券发行纪录，也是中国资产管理公司首次在海外发行 10 年期债券，投资者对于中国华融品牌高度认可，彰显华融的优秀品牌力量和国际影响力，为下一步达标上市打下了重要基础。盖特纳对这一年来中国华融取得的如此骄人的经营业绩表示惊叹。他认为当时随着美国经济的逐步企稳和欧洲量化宽松政策的逐渐推出，资本市场日益活跃，股市发展前景看好，近期是上市的有利时间窗口。尽管中国经济面临下行压力，但各家金融机构依然对中国经济的发展很有信心，中国华融成功上市非常值得期待，这既是华融实现国际化战略转型的重要一步，也是国际投资者分享中国经济增长的契机和渠道。盖特纳先生当即表示非常希望后续能够与中国华融进一步加强沟通交流，充分发挥各自在品牌、专业和技术方面的优势，努力寻求合作机会，帮助中国华融实现上市目标，为中国华融转型发展多服务、多贡献，共谋发展。

2016 年 1 月 28 日，盖特纳先生第三次来访中国华融。每一次会面中国华融都有新的亮眼的故事和成绩单，我特别感谢华平集团作为中国华融的股东之一，对公司上市前后的各项工作给予关注和支持。2015 年，在华平等股东的支持下，中国华融又取得了新的进步，各项业绩再创历史新高。2015 年 10 月 30 日，中国华融在港成功上市，实现了"五年三步走"战略完美收官，经营业绩取得了强劲增长。不良资产经营、金融服务、资产管理与投资三大业务板块都得到均衡发展，公司坚持"创新＋稳健"，把公司业绩推向新高。2015 年，中国经济下行压力增大，GDP 增长 6.9%，但是中国华融实现了逆大势而上，取得了良好的经营业绩，彰显了中国华融"打拼市场、开拓创新、积极进取"的精神风貌。我向盖特纳先生许诺，我们中国华融将继续专注不良资产主业增长、适度加大国际化进程、保持总市值稳定增长，给市场和投资者更好的发展信心。中国华融有信心、有能力把公司发展得更好，给包括华平在内的股东提供更好的回报。中国华融上市以来股票表现令盖特纳先生印象十分深刻，他说，相比于整体市场和其他金融机构的股票，中国华融的股票价格相对坚挺，这也反映出投资者对中国华融业务模式的信心，以及中国华融主业的强势。他作为股东，对中国华融近几年良好的发展业绩表示祝贺与肯定！盖特纳先生指出，很多人认为中国接下来经济会放缓，风险会加剧，面对未来充满挑战的经济环境，集团未来几年的发展规划是合理审慎的。尽管当时国际国内金融市场出现较大波动，市场风险不断增加，但华平集团仍然对中国经济发展前景表示乐观，对中国华融未来的成长发展充满信心，他相信中国华融能够充分利用自身全周期、多元化、综合化的经营特色，给市场和投资者带来良好回报。

美国的前财政部部长盖特纳先生对中国华融持续的关注和支持，特别是在当时很多企业唱衰中国、唱弱中国、唱坏中国甚至鼓吹中国威胁论的情况下，一如既往地支持中国华融的发展，并担任中国华融董事会的特别战略顾问，与华融积极谋求包括不良资产业务领域在内的其他领域的合作，这充分说明了中国华融优秀的品牌影响力。

4. 冒着枪林弹雨冲出去，我在港交所"一槌定音"

成功引战后，我们又迅速启动上市工作，专门成立了上市领导小组，组建了上市办公室。虽然这是中国华融的第一次上市，但显然这已经不是中国华融第一次面对资本市场的重大考验了。公司上下以最快的速度调整既定计划，对市场波动开始持续地更新认知，并适当调整发行预期，决定始终以"谋事在人"的态度积极做事，才是对市场保持敬畏的正确方式。就像我刚到华融来，制定大客户战略时说的那样，我以身作则，从我做起，把自己定位为中国华融的"首席市场营销官""首席业务宣传官""首席发言人"，包括我在内的公司领导分别带队，密集开展"高层营销"工作。截至正式路演前，中国华融高层先后率队于美国及新加坡、英国、中东、中国香港、中国内地（北、上、广、深）等地密集地开展境内外大型非交易路演，组织了60余场非交易路演（含一对多）、5场小规模午（晚）餐会，在公司进行了100余场反向路演，与约150家潜在投资者交流投资事宜，并就宏观经济、同业股价、公司业绩、发展战略等进行了细致探讨，被投行誉为史上"最勤勉"的上市路演推荐团队就此诞生：在那些难忘的日日夜夜里，为了节省出差的时间和日程，往往飞机刚一落地，路演团队就直奔路演现场，实在太困了就在路上睡一会儿。经过反复讲解和不懈努力，投资者逐步感受到中国华融的诚意，更加认可公司的综合实力和发展潜力。公司团队的良好表现充分展现了中国华融快速健康的发展态势，以及公司"治理科学、管控有序、主业突出、综合经营、业绩优良"的资产管理公司形象，受访机构充分认可公司近年来取得的成就，并对公司资质和未来发展潜力表示认可。一方面，受访机构看好中国华融，对公司的全周期业务模式、突出业绩表现和盈利能力、切合实际的增长思路及风险管控能力表示赞赏。受访机构认为中国华融拥有完善的分支机构和金融服务平台，在不良资产管理业务领域经验丰富、可持续性强；公司业务模式更加全面，能够规避经济周期波动对不良资产业务的冲击。另一方面，受访机构看好公司高管层，对由我带领的中国华融管理团队印象深刻，认为这个团队富有活力和激情，具有非凡独到的战略眼光和管理能力，特别是引入的八家国际化、高质量的战略投资者，更凸显了公司领导班子的远见。

2015年下半年，香港资本市场急转直下，在这一不利市场形势下，公司前期已密切接触，并有相当了解的潜在基石投资者对投资中国华融产生了顾虑和动摇。针对严峻的市场形势和投资者摇摆不定的基石投资意向，结合前期非交易路演及与潜在基石投资者的沟通反馈，我审时度势，审慎研究，结合调整后的上市时间表，及时、有重点、有针对性地调整基石投资者营销策略。功夫不负有心人，在全体华融人的不懈努力下，在中国华融优异的市场表现下，公司最终确定远洋地产、国家电网、前海人寿、英皇国际、中融国际信托、泛海国际、重庆渝富、中广核资本、嘉实资本、中远资本等机构为基石投资者。10家基石投资者共计认购125.36亿港元，占最终发行规模的 63.64%。基石投资者均为境内外知名机构投资者，结构搭配合理，涵盖基金、大型国企、保险公司等多种类型。这些高质量的基石投资者符合公司战略发展需求，能够为公司股票发行发挥背书作用，并向市场释放积极信号。这一结果表明，只有那些勇敢坚定的人，才能熬过黑夜，迎来光明。

2015 年 6 月底，中国华融上市及中介机构工作团队集中抵赴香港，于置业广场附近的办公室，着手递交上市 A1 材料前的最后审核工作。此时，内地、香港资本市场正沉浸于近年来"高歌猛进"的喜悦中：内地 A 股从 2014 年中启动，上证综指从 2000 点最高涨至 5178.19 点，翻了一倍半，几近 2007 年中国牛市最高峰，人们开始憧憬指数迈入万点大关；恒生指数保持了 2012 年以来的"慢牛"态势，从 20000 点涨至 28000 余点。尤其是 2015 年 4 月以来，市场继续突飞猛进，投资者投资兴趣高涨，众发行人成功登陆，所有 IPO 的股票似乎都成为市场轮番争抢的宠儿，超额倍数、溢价发行之声不绝于耳；全世界的投资者目光都集中在地球的东方，境外媒体纷纷用"Hottest Market"形容中国股票市场。这时候的中国华融，虽然还处于上市前的缄默期，但已是市场今年最值得期待的一家拟上市公司：内地最大规模的金融资产管理公司、全牌照金融服务手段、跨周期的盈利模式、连年翻番式的高速业绩增长，可能创造香港下半年最大一单 IPO，令资本市场各方蠢蠢欲动。投行使出浑身解数，想从这一 IPO"大户"中分一杯羹；众多专业投资人也都积极关注中国华融的信息，希望可以提前锁定股份、"拿足货"，有的投资机构甚至表示不管价格多少都要入股；有关媒体已经在纷纷打听中国华融上市的进展，从公司高层的行踪、到市场的只言片语，揣测一切可以捕获到的消息。此时的中国华融，就像天生丽质、光彩照人的"待嫁女"，满怀信心地期许着国际资本市场的接纳和认可。然而市场风云瞬息万变："股灾"来了。

2015 年 6 月下旬开始，中国内地和香港股市开始急速"跳水"，上证综指从最高点暴跌，半个月后跌至 3800 点，几乎将第二季度的上涨成果一举吞没，向来相对稳定的港股市场也应声下跌，短短 10 余个交易日即跌至 24000 点，"钓鱼线"式的跌势让最初判断牛市短期调整的投资人士瞠目结舌。然而"股灾"还没有结束，到 2015 年 8 月底，上证综指已经跌至 2800 余点，A 股近半年的涨幅失之旦夕；9 月，恒生指数下探至 20000 点，跌幅之大、之快，历史罕见。机构投资者、散户普遍损失惨重。同期，受市场影响，同业公司的股价表现也不够理想。类比公司破发、破净的情况为中国华融的估值带来严峻考验。同时，另一家融资规模与中国华融相当的国有大型金融央企也宣布拟于同期上市，两大金融央企发行时间几乎"撞车"，而历史上撞车发行成功的例子几乎还未曾有过。2015 年 7 月 3 日，在中国华融正式向香港联交所递交上市申请之后的第二天，香港主要媒体关于中国华融的标题是"中国华融逆市递交 IPO 申请"。市态如此，中国华融不是没有心理准备。牛市往往来得慢，走得快，时机一旦错过就不会轻易出现。但上市是当时中国华融成立十六年来最宏伟的目标，那夜以继日准备的厚厚的 A1 材料，承载了万千华融人心中的梦想。尽管市场每日剧烈波动，参与上市工作的全体成员仍集中精力，字斟句酌审阅招股书，力争解决每一个可能引起争议的问题。往往因为一个数据，大家连续几个昼夜讨论、校对，时时因为几个字语的中英文表述，与律师、投行专家紧急开会，力求传递给市场和投资者最真实、完整、准确的信息。在完成 A1 材料的时刻，全体项目人员合影留念、击掌相庆，将面前如小山一样的招股材料草稿抛向空中。从置业广场走到香港联交所办公地短短的十几分钟路程，有 20 余名中国华融及中介机构的工作人员一路"护送"，让香港联交所工作人员笑称这是近年来陪送材料公司人员最多的一次。可此时大家心里都清楚，中国华融上市面临的最大挑战，早已不是完成内部尽职调查、申请流程这些"家庭作业"那么简单了。一次成功发行所必须依靠的，那些所谓的天时、地利，此时都似乎已经远去，唯有"人和"还在。

时间还是来到了 2015 年 9 月下旬，是时候决定是否要按照原定时间表执行了。虽然经过公司、承销团队大量的付出和努力，在这个时候，市场条件仍不够理想，许多投资者处于徘徊观望之中。然而，此时的中国华融必须要作出决策：是否要以 2015 年 10 月 30 日挂牌上市为目标、启动全球路演。"开弓没有回头箭"，全球路演一旦启动，无论遇到多大的挑战，市场无论再怎么震荡，公司上市最后的冲刺都没有停下来的任何可能了。这到底是机会，还是陷阱？到底是发行，还是不发行？路演是走，还是不走？中国华融是继续等待，还是破釜沉舟地走下去？市场仍然在底部徘徊，在这个时候发行，任何人都没有十足的把握。可以说，中国华融路演前面临的资本市场正处于近年来最为动荡的时期，大量国际资本和国内资本撤退、套牢或亟需消化亏损。投资者参与中资企业香港上市的意愿大幅降低。

尽管面临的挑战很多，有些投行建议推迟发行时间，但中国华融已经等了十六年，不能再等了。所谓"一鼓作气"，经过通盘分析和认真研究，公司党委决定要"冒着枪林弹雨冲出去"，确定了"2015 年 10 月 30 日在港挂牌上市不动摇"的坚定目标。这份坚定源自于公司管理层对中国华融良好业绩和市场走势的心中有数：一是对市场变化有理性预测。美联储加息预期减弱，市场担忧情绪减少。习近平总书记在 2015 年 9 月底出访美国时表示，市场已经进入"自我修复和自我调节"阶段，给股市注入了信心。央行行长周小川也表示"股市调整已基本到位"。总体来看，当前市场调整已经基本见底，未来将会呈现企稳回暖格局。二是对公司业绩有充分信心。中国华融业绩强劲的发展势头和未来良好的发展前景，为公司上市创造了条件。不论市场如何，相信业绩优异的中国华融一定会吸引投资者关注投资，股票一定能发出去，只是价格问题。中国华融强劲的基本面一定会获得投资者青睐。三是对 IPO 的潜在基石和锚定投资者心里有数。经过前期大量工作和非交易路演，投资者对中国华融已有很好的价值认同，投资意愿强烈。公司初步收集到的投资意向，基石投资加"铁锚"投资额已超过融资额，能够确保发行成功，这也增强了中国华融对市场和投资者的信心。

2015 年 10 月 8 日，国庆长假刚刚结束，中国华融再次召开党委会议，面对不利的市场环境，果断决策，决定抓住稍纵即逝的宝贵发行窗口，全面启动公司上市路演。按照工作计划，华融确定了三个关键时间节点：10 月 15 日在香港正式启动路演，举办投资者见面会、新闻发布会、股评家晚宴；10 月 22 日在香港正式定价；10 月 30 日正式在香港交易所挂牌上市。中国华融上下统一思想、坚定信心、科学判断、抓紧作为，依靠中国华融的优秀业绩、公司党委的前瞻性决策以及全体华融人的辛勤付出，依靠投资者的信任，通过一系列充足的准备，最终确保了公司上市路演、定价和挂牌的圆满成功。

2015 年 10 月 30 日，我和现场近百名观礼嘉宾一同见证中国华融香港主板挂牌上市这一重要历史时刻。9 点 29 分，随着时间分秒推进，全场所有嘉宾难掩激动心情，齐声进行倒计时，五……四……三……二……一！9 点 30 分，我奋力一击，画龙点睛，击鼓传花，敲响了中国华融 H 股开市第一锣，开市大吉，全场沸腾，掌声雷动。至此，中国华融（2799.HK）成为香港主板一颗闪亮的新星，璀璨夺目，气贯长虹！这一记重槌，宣告中国华融正式在香港上市，正式登陆国际资本市场。至此，中国华融已圆满完成"改制—引战—上市"三部曲，成功走出了一条具有中国华融特色的金融资产管理公司市场化转型之路。

10 月 30 日晚 19 点，公司在港举行了上市答谢会，来自国家领导部门、各大金融机构、股东、投资者、境内外客户、中介机构、国内外知名媒体在内的重要来宾齐聚一堂，共祝中国华融在香港成功上市，祝愿中国华融事业蒸蒸日上，长长久久。中央人民政府驻香港联络办副主任杨健同志专门到场祝贺！财政部金融司司长孙晓霞代表国家财政部发表致辞，充分肯定了中国华融在推动金融改革、防范金融风险方面做出的重要贡献，高度赞扬了中国华融近年来转型发展所取得的骄人成绩，并希望中国华融站在更高的起点上，紧紧抓住国内经济转型的历史机遇，主动适应经济、金融新常态，再接再厉，开拓创新，努力在支持经济发展、维护金融稳定，提升企业竞争力的道路上，迈出更大的步伐，取得更好的成绩，续写更壮美的诗篇！

在欢快的锣鼓声中、热烈的氛围中，我代表公司致辞，向社会各界表达诚挚谢意，向出席答谢会的各位领导、各位嘉宾表示最热烈的欢迎和最诚挚的谢意。中国华融在香港挂牌上市，是继 2012 年 10 月 12 日股份公司挂牌成立、2014 年 8 月 28 日成功引入战略投资者后又一重要里程碑事件，标志着中国华融圆满完成"改制—引战—上市"三部曲，成功登陆国际资本市场，向实现打造"治理科学、管控有序、主业突出、综合经营、业绩优良"的"一流资产管理公司""华融梦"发展目标又迈出了坚实一步，标志着中国华融市场化、多元化、综合化、国际化转型发展进程掀开了新的重要一页，同时也标志着中国国有金融资产管理公司在建立现代金融企业制度和实施战略性转型进程中取得了又一重大成果。尤其是中国华融此次 IPO 上市在经济新常态下给资本市场带来了更多投资机遇和发展活力，作为今天的华融人，我们既倍感自豪，也深感责任重大。回首从中国华融正式启动在港上市筹备工作到举办挂牌仪式，这一过程中，我们始终得到了国务院、上级主管部门和各级领导的高度重视与大力支持，始终得到了境内外众多优秀机构和投资者的关注和青睐，始终得到了全体华融人的热切期盼和倾情参与。我们特别感谢党中央、国务院领导，以及国家财政部、中国人民银行、中国银监会、中国证监会等上级单位对中国华融改革发展、创新转型的高度重视和关心支持；特别感谢各股东单位对我们的高度信任与全力支持；特别感谢各类客户、合作伙伴对中国华融市场化转型、业务发展的通力合作和大力扶持；特别感谢中国信达、中国东方、中国长城等兄弟资产管理公司和国内外金融机构对中国华融转型发展的有力支持与慷慨帮助；正是由于大家的全力支持和努力奉献，才开创了中国华融不辱使命的昨天，收获了中国华融变化巨大的今天，并将迎来中国华融任重道远、更加美好的明天！

三、"治理科学、管控有序、主业突出、综合经营、业绩优良"一流资产管理公司的"华融梦"

从 1999 年至 2009 年的前十年，在历任"班长"姜建清、杨凯生、丁仲篪等同志的正确领导下，华融全面完成了对中国工商银行政策性不良资产的处置任务，为支持国有银行改革发展，帮助国有企业脱困转型，防范化解系统金融风险，支持服务实体经济发挥了独特作用，起到对经济金融"安全网"和"稳定器"的重要作用。在过去良好工作的基础上，从 2009 年开始，华融在我的带领下，高举"五年三步走"的发展战略，咬定"四大转型"的战略目标，以"专业的资产经营管理者和优秀的综合金融服务商"为己任，坚持"听党的话，跟政府走，按市场规律办事"经营理念，加大了市场化转型发展新力度，开启了市场化转型发展新篇章，取得了市场化转型发展新业绩，闯出了一条市场化转型发展新路子，圆满完成了"改制—引战—上市"三部曲，成功实现了从政策性不良资产处置机构向国有大型现代金融资产管理公司、公众上市公司的华丽转身，正在为实现世界一流资产管理公司的"华融梦"而团结奋斗。

1. 推进 A 股上市，做第一家"A+H"金融资产管理公司

在港上市之后，在短暂的兴奋之后，我开始冷静思考一个新的问题：中国华融究竟要不要登陆 A 股市场？这是一个需要反复论证的重大议题。因为，它关系到整个华融整体战略发展，相关决策需要慎之又慎。因为，对于一家金融央企而言，A 股上市存在着一定的不确定性和风险。第一，与 H 股相比，A 股走势存在着不确定性。从 A 股历史发展来看，一共出现过 8 次 IPO 停止发行的经历。政策对 A 股市场的运行有着较大的影响。这一点是我们首先需要考虑的因素。第二，H 股和 A 股上市制度存在着一定的差异性，审批周期也存在着不确定性。第三，A 股和 H 股的 IPO 估值存在着差异性。H 股定价方式是遵循市场化原则，根据路演后的簿记建档情况，由发行人和主承销商协商确定；A 股定价方式是采用询价制度，通过初步询价确定发行价格区间，并通过累计投标询价确定发行价格（小盘股发行定价机制已经调整为与 H 股类似）。即便如此，我也始终认为，凡事皆有两面。既然那么多银行和金融机构都选择"A+H"股上市，那么这里面必然蕴藏了巨大的商业机会。此后，我组织内部会议反复论证 A 股上市的利和弊。在经过多轮严谨而有效的讨论之后，我们发现 A 股上市、"A+H"股交叉上市对于中国华融而言，仍犹如蛟龙得雨，挑战与机遇并存，机遇大于挑战，未来可待择机而归。

首先，"A+H"交叉上市对中国华融的长远可持续发展具有正面的意义：第一，登陆 A 股市场可以大幅降低公司上市融资的资本成本。资本成本是投资者要求的必要报酬率，理论研究和金融实践发展均表明，交叉上市企业在境外法律制度和监控机制的约束下，可以有效解决因信息不对称而引起的代理问题，我们可以用较低的资本成本募集到更多权益资本的重要条件。第二，通过估值提升有助于中国华融更好地实现国有资产的保值增值。

在资本市场上，企业 A 股的估值普遍高于 H 股的估值，A 股上市将有助于公司的市值提升。第三，A 股上市可以进一步强化对投资者的保护作用。其他方面，还可以起到推动公司治理结构持续完善，为公司的长期发展注入资金动力，促进公司整体的融资计划实施，消除境外 IPO 资金回流的市场分割问题，提振公司 H 股市值等有益作用。

其次，A 股战略有助于拓宽中国华融在 A 股市场的并购渠道。作为多元化的金融控股公司，并购将是未来公司发展的主要模式之一，并且随着供给侧改革的推出，企业将成为改革的重心。随着市场开放程度逐步提升，企业之间收购、兼并、重组等经济活动将更加频繁，可以预期未来并购市场将更加活跃。这种大环境下，A 股上市的重要作用之一就在于，可以为中国华融在 A 股市场发展换股并购模式提供必要的支撑条件，毕竟 H 股市场的换股并购涉及跨境问题，相对复杂难以操作。由此可见，中国华融综合化多元化平台发展战略与登陆 A 股战略契合。中国华融如果可以顺利登陆 A 股，则在并购市场上可以更为灵活地操作，以此获得更多的机会，将有助于加速推进中国华融"多元化平台""金融 + 实业"等战略。

再次，在"一带一路"建设的大背景下，国际化业务也是未来业务发展的重要增长点。中国华融国际化业务的发展将有利于 A 股上市，在"一带一路"建设的框架下，国际化公司在 A 股的估值将会获得提升，这将有助于提升中国华融 A 股上市的融资效率。与此同时，如果中国华融登陆 A 股市场，将成为国内为数不多的十几家在"A+H"股交叉上市的金融企业，中国华融的声誉资本会大幅提升，进而带动公司软实力的加强，这会对中国华融的国际化战略发展起到重要的促进作用，为国际化战略目标的顺利实现提供有效保障。

既然 A 股上市对公司长远的发展有诸多好处，我们就不再犹豫，果断选择推进 A 股上市。2016 年，我们向证监会提交相关审批材料，申请 A

股发行上市。随后，中国华融A股上市的想法得到了财政部、人民银行、银监会和证监会的认可，之后A股审批材料获得了证监会的正式受理。这真是又一个振奋人心的时刻。一般而言，能够成为同业中首家上市的公司会更有可能获得较高的IPO估值，因此如果中国华融能够成为首家登陆A股的金融资产管理公司，附加价值效应不容忽视。A股上市的国有金融资产管理公司更有可能获得机构投资者的青睐，公司逆周期属性的资产管理类企业仍为稀缺资源，随着近几年银行股、保险股、证券股的相继上市，金融类上市企业结构正在逐步完善中，因此综合金融服务特点和资产管理的相关优势对投资者投资组合优化有积极的作用。商业银行盈利水平下行的大环境下，A股市场上首家以坏账处理为主营业务的金融资产管理公司的上市股票将会有较好的发展前景。

中国华融实现A股上市必将再次创造历史，创造中国资产管理公司"A+H"股的模式，在中国A股近三千家上市公司当中至今都没有一家金融资产管理公司，中国华融将填补这一空白。中国华融A股上市也将进一步加强内地和香港的金融合作。不管是H股也好，A股也好，我们上市之后筹到的资金主要做主业，也就是做不良资产管理，也做一些增加供给性改革的事，比如去库存、去产能、去杠杆、降成本、补短板，比如做债转股等，比如帮政府做并购重组、清除"僵尸企业"等。此外，目前良好的改革形势有利于A股上市之后的发展。混合所有制改革、供给侧改革、国有企业改革等制度建设都要求各类企业加速自身的改革进程，上市融资是推进改革的重要渠道。虽然中国华融已经完成境外上市，但在改革的大环境下，我们登陆A股市场，在内地资本市场发展将会获得国家政策的支持和鼓励，对于公司享受改革的红利具有更加深远的意义。

2016年12月23日，中国华融A股发行申请材料获得中国证监会受理；2017年5月23日，证监会正式向公司反馈了审查意见，标志着公司A股

IPO 已经进入实质性审核阶段。一切工作都在稳步推进，中国华融回归 A 股指日可待。

2. "世界 500 强" 不是梦

"功崇惟智，业广惟勤。"企业要行稳致远、取得卓越的发展，必须要有志存高远的梦想，以及适应公司未来发展的战略方向。在稳步推进 "改制—引战—上市" 三部曲，实现 "五年三步走" 战略完美收官之时，我就在思考中国华融的下一步。在总结近年创新发展经验的基础上，开创性地提出将打造 "治理科学、管控有序、主业突出、综合经营、业绩优良" 一流资产管理公司的 "华融梦"。怎样才是一流的资产管理公司？我认为，一流的资产管理公司应该符合以下 "十大标准"：一是有健全完善的公司治理，拥有到位的党委会、规范的股东大会、健康的董事会、负责任的经营层、有效的监事会；二是有超越对手的经营理念、企业文化和良好的发展战略；三是有良好的内控机制和有效的风险管控能力，打造 "制度管人、流程管事" 的现代管理流程；四是有前瞻进取的高管团队和敬业高效的执行团队；五是坚定不移做强资产经营管理主业和各类牌照业务；六是有满足各类客户需求的特色化金融服务和手段；七是有高质量的创新能力和产品研发能力；八是有一流的经营业绩，每年利润保持科学合理增长，资本回报率保持金融行业先进水平；九是有可持续的商业模式和发展能力，做到稳健型经营、集约式增长、可持续发展；十是有强烈的社会责任感，致力为国家、社会、股东、客户、企业、员工创造可持续增长价值。站在成功实现在港主板上市的历史新征程起点上，应该说，中国华融比任何时期都更接近实现一流资产管理公司的 "华融梦"，比以往任何时期都更有信心、更有能力实现这个目标。

2016 年，在入选 "中国企业 500 强" "中国服务业企业 500 强"、《财富》"中国 500 强企业"，并获得网易财经"中国金融 500 强"等荣誉之后，我决定乘胜追击，再接再厉，提出中国华融要用 5—8 年时间进军"世界 500 强"。"世界 500 强"是我们中国人对美国《财富》杂志每年评选的"全球最大五百家公司"排行榜的一种约定俗成的叫法。《财富》"世界 500 强"排行榜一直是衡量全球大型公司最著名、最权威的榜单，每年发布一次。"世界 500 强"入围标准排第一位的是销售收入，根据每年申报企业情况确定当年的入围标准。第二是企业统计数据必须具有较高的透明度。《财富》要求所有参选企业的数据必须公开。第三是独立的公司治理。就其特征而言，独立而健全的公司治理是重要指标，这种独立包括既独立于控股的国家，也独立于控股的家族。对比中外上榜企业的整体情况，中国华融信心满满。最新《财富》"世界 500 强"排行榜显示，在全球企业经营状况普遍不佳的情况下，中国企业上榜数量和排位稳步上升，共有 110 家企业上榜，数量创下历史新高，上榜企业数量仅次于美国，稳居第二位。日本企业近年来在"500 强"排行榜中的数量逐年下滑，仅有 52 家。德、英、法三个欧洲主要经济体共有 84 家企业上榜。细看中国上榜企业的类型和利润，不难发现中国企业还有进一步提升的空间。110 家中国上榜企业中有 7 家中国台湾企业，其余 103 家大陆与港澳上榜企业中共有 10 家银行，其总利润达到 1816 亿美元，占上榜 103 家企业总利润的 55%。也就是说，剩下 93 家企业的总利润仅为 1475 亿美元，每家非银行企业平均利润仅有不到 16 亿美元，这一盈利水平低于许多其他国家的企业，也低于中国华融目前的利润水平。

"不谋万世者，不足谋一时；不谋全局者，不足谋一域。"进军"世界 500 强"第一步就是做好谋划。一是加强业务板块战略谋划，强化主业策略。有影响力的企业，大多主业突出、有核心竞争力。比如，高盛的核心优势是投行业务，瑞银集团以私人银行业务见长，富国银行以社区银行为经营特色。中国华融要做精做优不良资产主业，在此基础上巩固并不断提升中国华融的行业领先地位。二是加强区域发展战略谋划，紧跟国家战略，顺应市场变化，完善顶层设计，坚持有所为、有所不为，深耕珠三角、长三角、京津冀等重点区域。三是加强资产配置战略谋划，优化资产配置，对朝阳产业、潜力行业、创新型业务模式、重点客户加大资源投入力度，合理摆布境外资产配置。四是加强国际化战略谋划，在港各平台要"坚守香港法律，忠诚华融事业，认同华融文化，同创华融品牌，共享华融业绩"，强班子，优队伍，促协同；探索利用欧洲、日本低成本资金发债，推进"立足港澳台，服务大中华，对接'一带一路'，内外联动"的国际化战略。五是加强协同战略谋划，加强集团总部对战略协同的顶层设计、相关产品研发、管理与引导。六是加强信息科技战略谋划，围绕公司新五年创新转型发展战略的总体发展目标和创新转型方向，制定信息科技五年发展规划，努力实现信息科技由"支持保障"向"驱动引领"的角色转变。

对比"世界500强"近年来的经营情况，中国华融2017年的"世界500强"企业的经营状况不甚理想，总营业收入为27.634万亿美元，比上年下降了11.5%，净利润也下降了11%左右。自2009年以来，"世界500强"公司销售收入第一次出现两位数下降，上榜门槛也由2015年的237.2亿美元下降到2016年的209.2亿美元。在"世界500强"公司中，仅有137家企业在2015年年度实现营业收入正增长，其他363家企业则出现负增长。大批企业出现负增长反映出全球企业经营陷入困境。而中国华融作为中国最大的金融资产管理类央企，具有逆周期的独特优势。在国际经济复苏缓慢、国内经济下行压力较大的不利局面下，实现总资产、总营业收入、净资产、净利润连年大幅上涨。凭借这股逆势上扬的强劲趋势，我认为华融进入"世界500强"指日可待。

3. "撸起袖子加油干，卷起裤腿再出发"

"每个人都有理想和追求，都有自己的梦想。现在，大家都在讨论中国梦，我以为，实现中华民族伟大复兴，就是中华民族近代以来最伟大的梦想。这个梦想，凝聚了几代中国人的夙愿，体现了中华民族和中国人民的整体利益，是每一个中华儿女的共同期盼。"2012年11月29日，习近平总书记在参观完《复兴之路》展览后的讲话，高度提炼了中华民族几千年来的奋斗历程，那就是为实现中华民族伟大复兴的"中国梦"而上下求索。中国梦是国家梦、民族梦，也是每个中华儿女的梦。

"大河有水小河满、大河无水小河干。"国有企业作为共和国的长子，作为国民经济的重要支柱，有责任为实现"中国梦"贡献力量，以"中国梦"的实现成就国有企业自身的发展。国有企业大多处于关系国家安全、经济命脉和民生的关键领域或重要行业，在国家安全和发展中具有至关重要的地位。改革开放30多年来，我国许多企业在某些方面接近或达到世界先进水平，有的已经达到世界领先水平，具备了发展成为具有国际竞争力的世界一流企业的基础和条件。在当前世界经济复苏缓慢、我国经济发展进入新常态的时代背景下，进一步增强我国经济实力、国防实力、国家竞争力和民族凝聚力，广大国有企业义不容辞、责无旁贷。习近平总书记2017年的新年贺词火了一句话："撸起袖子加油干"，我认为，国企就该"撸起袖子加油干，卷起裤腿再出发！"我在2017年公司全系统的新年致辞中，以"撸起袖子加油干，卷起裤腿再出发"为主题，号召同志们抓住新的历史机遇，创造新的工作业绩，实现新的梦想。

得其大者可以兼其小。中国梦、华融梦、个人梦这三者应该是有机统一的，华融梦、个人梦的实现，正是中国梦实现的重要前提和必备条件。我个人也积极利用各种场合和机会，向公司员工灌输三者和谐统一的思想。每年五四青年节，公司都会组织主题活动，我都会在活动中对青年员工进行寄语。2014年五四主题活动中，我勉励青年员工在实现个人理想的同时，为实现"华融梦"和"中国梦"做贡献，在实现"华融梦"和"中国梦"的实践中书写别样精彩的人生。2016年五四主题活动中，我寄语青年员工"关于梦想：生逢其时，大有可为"，要"自觉将青春梦想融入到伟大的时代当中去，融入到创建一流资产管理公司的伟大事业当中去"。2017年五四主题活动中，我寄语青年员工要"心中有梦想，要坚定理想，自觉投身'打造一流资产管理公司'的华融梦"。2016年12月13日，中国华融被评为"2016年度最佳资产管理公司"，我应邀出席颁奖典礼暨2016年金融时报年会。我在发表主旨演讲时指出，中国华融追求"中国梦、华融梦、个人梦"的和谐统一，广大华融员工人人都牢固树立"从我做起、从现在做起"的主人翁意识，每一个华融人都把爱岗敬业、争先创优看作是践行"华融梦"和"中国梦"的具体实践，从而凝聚起了企业健康稳健发展的强大正能量。

正是在追求"中国梦、华融梦、个人梦"和谐统一的思想的指导下，中国华融为实现"华融梦"爆发出了强大的正能量，创造了辉煌的成绩。2009年以来，中国华融牢记国有企业的历史使命和社会责任，对内极大地激发了企业改革创新的活力和创造力，对外积极把握了后金融危机时代中国经济投资为主驱动下的战略发展期及其带来的改革红利、制度红利，实现了经营业绩快速增长，实现了"国有经济充满活力、国有资本功能放大、国有资产大幅保值增值"的良好局面。可以说，中国华融凭借华丽的经营业绩，在追逐自身"华融梦"的同时，为"中国梦"的实现贡献出应有的力量。在实现中华民族伟大复兴历史征程上，中国华融人决不缺席、决不落后、决不倦怠。

展望未来，中国华融将积极适应新常态、寻找新动力、实现新发展，以不良资产经营为基础，以综合金融服务为依托，以资产管理为发展方向，充分发挥"资产处置、资产经营、资产管理、财富管理、综合金融服务"五大功能，不忘初心、不辱使命，"撸起袖子加油干，卷起裤腿再出发"，不断做强做优做大中国华融，朝着"世界500强"的目标进军，努力实现打造"治理科学、管控有序、主业突出、综合经营、业绩优良"的一流资产管理公司的"华融梦"！

附 录 〉

附录 1　中国华融经营业绩增长图

总资产较 2008 年增长 50 多倍

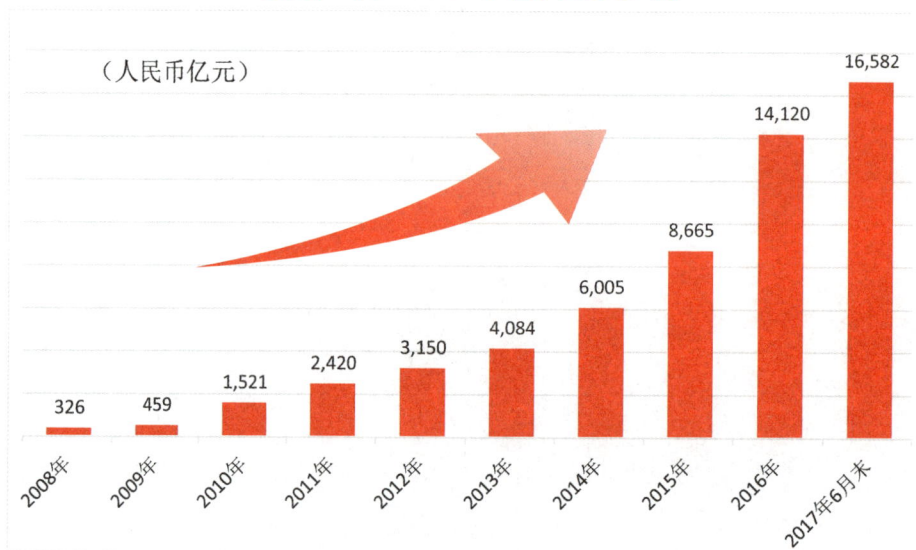

（人民币亿元）

年份	数值
2008年	326
2009年	459
2010年	1,521
2011年	2,420
2012年	3,150
2013年	4,084
2014年	6,005
2015年	8,665
2016年	14,120
2017年6月末	16,582

净资产较 2008 年增长 11 倍

（人民币亿元）

年份	数值
2008年	155
2009年	202
2010年	267
2011年	330
2012年	426
2013年	525
2014年	835
2015年	1,188
2016年	1,501
2017年6月末	1,701

收入总额较 2008 年增长 36 倍

（人民币亿元）

2008年	2009年	2010年	2011年	2012年	2013年	2014年	2015年	2016年	2017年上半年
26.4	35.1	65.0	176.4	260.6	373.2	510.6	753.9	952.1	608.1

净利润较 2008 年增长 68 倍

（人民币亿元）

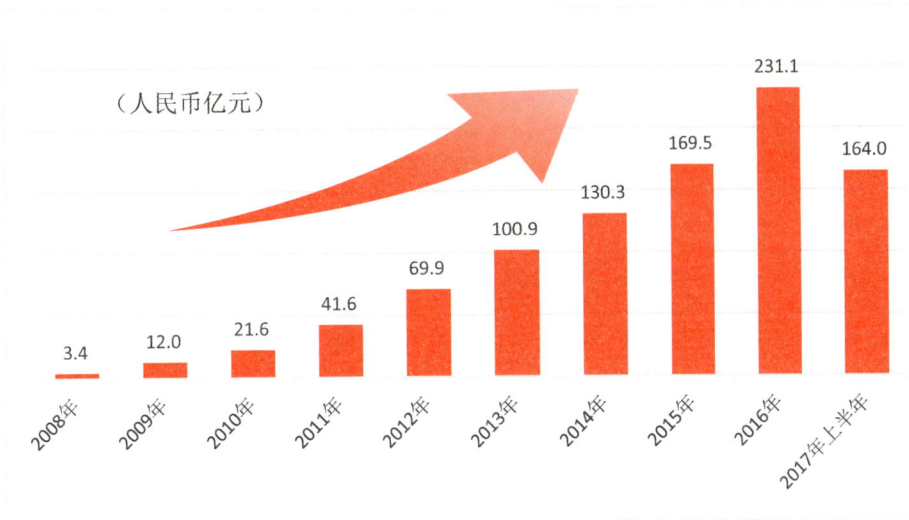

2008年	2009年	2010年	2011年	2012年	2013年	2014年	2015年	2016年	2017年上半年
3.4	12.0	21.6	41.6	69.9	100.9	130.3	169.5	231.1	164.0

缴税额较 2008 年增长 45 倍

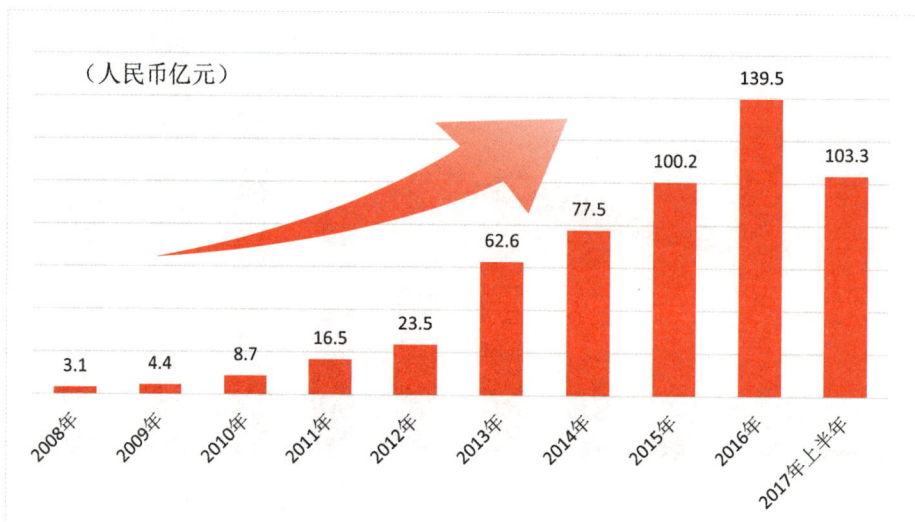

（人民币亿元）

年份	数值
2008年	3.1
2009年	4.4
2010年	8.7
2011年	16.5
2012年	23.5
2013年	62.6
2014年	77.5
2015年	100.2
2016年	139.5
2017年上半年	103.3

附录 2 中国华融所获荣誉

2017 年 荣获中国证券金紫荆"最佳上市公司"称号

2016 年 入选"中国企业 500 强"

2016 年 入选《财富》"中国 500 强企业"

2016 年 入选"中国金融 500 强"

2016 年 入选"中国服务业企业 500 强"

2016 年 入选"中国上市企业市值 500 强"

2016 年 荣获中国证券金紫荆"最佳上市公司"称号

2016 年 荣获中国金融机构金牌榜"年度最佳资产管理公司"称号

2016 年 荣获"建党 95 周年全国企业党建工作先进单位"称号

2016 年 荣获第十一届亚洲品牌盛典"亚洲品牌 500 强"

2016 年 荣获"全国五一品牌建设奖"——创新力企业

2016 年 荣获"中国金融行业最佳服务模式创新奖"

2016 年 荣获"中国 AAA 级信用企业"称号

2016 年 荣获 2016 北京国际金融博览会"最具经济发展贡献力金融企业奖"

2016 年 荣获 2016 北京国际金融博览会"金融服务创新奖"

2016 年 荣获 2016 北京国际金融博览会"最具核心竞争力金融企业奖"

2016 年 荣获 2016 中国国际金融展"金鼎奖"年度优秀金融品牌奖

2016 年 荣获第十六届"中国西部国际博览会最佳展览展示奖"

2016 年 荣获"里约残奥会爱心支持单位"荣誉称号

2016 年 荣获"中国银行业好新闻先进宣传示范单位"

2015 年 荣获"2015 年度中国品牌 50 强"

2014 年 荣获"第九届亚洲品牌 500 强"荣誉称号

2014 年 荣获"中国银行业最佳社会责任实践案例奖"

2014 年 荣获"博爱"奖章

2014 年 荣获"金融债券优秀发行人"荣誉称号

2014 年 荣获"资产支持证券优秀发起人"荣誉称号

2014 年 荣获第一财经评选的"2014 年度资产管理公司"

2013 年 荣获"中国银行业好新闻"三等奖

2013 年 荣获"中央国家机关等单位定点扶贫先进集体"

2013 年 荣获"中国银行业好新闻优秀组织奖"

2012—2013 年 荣获"全国企业文化优秀成果奖"

2011 年 荣获"2011 中国品牌 100 强"荣誉称号

2011 年 荣获"全国扶贫开发先进集体"称号

2011 年 荣获"2011 中国经济发展最具潜力企业"荣誉称号

2011 年 荣获"中国银行业协会最佳社会责任实践案例奖"

2011 年 荣获"建党 90 周年全国企业党建工作先进单位"

2011 年 荣获"企业文化建设先进单位"

2010 年 荣获"2010 年度中国最具创新力企业"荣誉称号

附录 3 中国华融党委书记、董事长赖小民所获荣誉

2017 年 荣获中国证券金紫荆"香港回归二十周年资本市场特别贡献奖"

2017 年 荣获"2016—2017 年度全国企业文化建设突出贡献人物"

2016 年 荣获中国证券金紫荆"最具影响力上市公司领袖"奖

2016 年 荣获"2016 中国品牌人物"奖

2016 年 荣获"深港十大创新金融人物"奖

2016 年 荣获"全国五一品牌建设奖"——十大功勋人物荣誉称号

2016 年 荣获"中国金融行业最具社会责任企业家"荣誉称号

2016 年 荣获第十一届"亚洲品牌十大杰出领袖"奖

2016 年 荣获"建党 95 周年全国企业优秀党委书记"荣誉称号

2015 年 荣获"中国企业十大人物"荣誉称号

2014 年 荣获"中国企业社会责任杰出企业家"荣誉称号

2014 年 荣获"2014 十大财经年度人物"荣誉称号

2014 年 荣获第九届"亚洲品牌十大杰出人物"奖

2013 年 荣获"全国生产力杰出人物"奖

2013 年 荣获第八届"亚洲品牌年度人物大奖"

2012 年 荣获"2012 年度十大金融人物"荣誉称号

2011-2012 年 荣获"全国优秀企业家"荣誉称号

2011 年 荣获"2011 年度金融人物"荣誉称号

2011 年 荣获第八届"十大中华经济英才"奖

2011 年 荣获"建党 90 周年全国企业优秀党委书记"荣誉称号

2010 年 荣获"2010 年中国企业创新十大年度人物"荣誉称号

附件4　中国华融·理念与信条
（企业文化）（2017年版）

中国华融核心理念

1.“华融梦”：

努力打造“治理科学、管控有序、主业突出、综合经营、业绩优良”的一流资产管理公司。

2.公司愿景：

建设“有尊严、有价值、有内涵、有实力、有责任”的“五有”现代金融企业。有尊严的企业拥有声誉，有价值的企业拥有市场，有内涵的企业拥有品质，有实力的企业拥有现在，有责任的企业拥有未来。

3.公司定位：

专业的资产经营管理者，优秀的综合金融服务商。

4.核心文化：

稳健、创新、和谐、发展。

5.品牌理念：

华英成秀，融通致远。

6. 战略定位：

以不良资产经营为基础，以综合金融服务为依托，以资产管理和投资为新的利润增长点，实现三大业务板块均衡、协同发展，建立"跨周期经营、全周期盈利"的独特商业模式。

7. 公司价值观：

为国家、社会、股东、客户、企业、员工创造可持续增长价值。

8. 品牌建设：

做出来，说出来，传出来，让中国华融的旗帜高高飘扬、事事做响、口口相传、久久为功。

9. 中国华融"精气神"：

聚是一团火，散是满天星，星火燎原，照亮华融。

10. 坚持中国华融"四个自信"：

业绩自信、理念自信、道路自信、文化自信。

11. 感恩文化：

辛苦理应得到回报，贡献理应得到表彰，成绩理应得到肯定。

12. 撸起袖子加油干，卷起裤腿再出发。

13. 弘扬中国华融勇于担当、奋发有为、"敢为天下先,爱拼才会赢"的创新意识与拼搏精神。

14. 一个没有文化的民族注定是要灭亡的；一个没有文化的企业注定是要失败的。

中国华融发展理念

15. 认真落实中央"做强做优做大国有企业"重要指示，推动中国华融不断做强做优做大。

做强就是要在社会上有实力，有抵御风险能力，有品牌，有责任，做强的指标包括"利润、风险、品牌、责任"，利润是实力，风险是保障，品牌是形象，责任是担当。

做优就是要提升发展质量和核心竞争力，做优的指标包括"结构、竞争力、质量、可持续"，结构是手段，竞争力是核心，质量是生命，可持续是目的。

做大不仅要在国内做大，而且要在全球做大，做大的指标包括"规模、影响力、市场占有率、行业排名"，规模是大小，影响力是强弱，市场占有率是高低，行业排名是前后。

16. 做强主业、做大利润、做实风控、做响品牌，不断增强中国华融科学可持续发展能力。

17. 做强做优做大中国华融的"三个目标"：

一是做强主业，创新引领行业发展，打造一流的金融资产管理公司；

二是做优服务，金融支持实体经济，打造最具价值的"金融＋产业"控股集团；

三是做大规模，紧贴国家发展战略，打造境内外上市、全球化经营的中国金融资管品牌。

18.大发展小困难，小发展大困难，不发展最困难。

19.发展是硬道理，是第一要务；风险是硬约束，是第一责任；利润是硬任务，是第一目标。

20.适应新常态，寻找新动力，实现新发展。

21.适应中国华融"十大新常态"：

一是"两个责任"从重的新常态；

二是作风建设从实的新常态；

三是公司治理从新的新常态；

四是发展速度从稳的新常态；

五是提质控险从快的新常态；

六是筹资发债从宽的新常态；

七是国际化业务从远的新常态；

八是内部管理从优的新常态；

九是廉政规定从紧的新常态；

十是队伍建设从严的新常态。

22.推进中国华融"十大战略性转型"：

一、发展模式转型：由规模速度型向质量效益型转型。

二、治理结构转型：由非上市公司向公众上市公司转型。

三、业务结构转型：由单一资产管理业务向"一体两翼"协同发展的综合金融服务转型。

四、产品服务转型：由传统业务向创新业务转型。

五、客户营销转型：由向一般客户营销单一产品向优质客户交叉营销转型。

六、资金管理转型：由传统型融资向多元化融资转型。

七、风险管控转型：由单一的风险管理向全面风险管理转型。

八、管理方式转型：由传统企业低层次管理向现代企业高层次管理转型。

九、国际化转型：由国内业务为主向国内国际业务并重转型。

十、队伍建设转型：由传统的人力资源管理向现代化的人力资源经营转型。

23. 中国华融积极探索"五新""五化"的改革转型发展模式：

"五新"：新动力、新平台、新模式、新路子、新发展。

"五化"：合作多元化、业务基金化、管理市场化、运作规范化、人才专业化。

24. 一流资产管理公司的"十大标准"：

一是有健全完善的公司治理，拥有到位的党委会、规范的股东大会、健康的董事会、负责任的经营层、有效的监事会；

二是有超越对手的经营理念、企业文化和良好的发展战略；

三是有良好的内控机制和有效的风险管控能力，打造"制度管人、流程管事"的现代管理流程；

四是有前瞻进取的高管团队和敬业高效的执行团队；

五是坚定不移做强资产经营管理主业和各类牌照业务；

六是有满足各类客户需求的特色化金融服务和手段；

七是有高质量的创新能力和产品研发能力；

八是有一流的经营业绩，每年利润保持科学合理增长，资本回报率保持金融行业先进水平；

九是有可持续的商业模式和发展能力，做到稳健型经营、集约式增长、可持续发展；

十是有强烈的社会责任感，致力为国家、社会、股东、客户、企业、员工创造可持续增长价值。

25. 中国华融"五年三步走"发展战略：

一是实施"大客户"战略，彻底走市场化路子；

二是推进战略性转型，走市场化、多元化、综合化、国际化的现代金融企业发展路子；

三是改制、引战、上市，实现公司又好又稳可持续发展。

26. 推进中国华融"四大转型"：

由政策性机构向市场化企业转型；

由传统单一的业务向现代综合经营业务转型；

由非上市公司向公众上市公司转型；

由国内业务为主向国内国际业务并重的国际化转型。

27. 新"12345"工作思路：

一个中心：引战、上市、提质、控险。

两大抓手：一手抓改革创新、转型升级，确保公司可持续发展；一手抓调结构、转方式、防化风险，确保公司安全发展。

三项重点：一是稳增长；二是强管理防化风险；三是抓信息披露和科技信息等基础工作。

　　四方优化：一是优化公司治理体系和能力建设；二是优化发展模式和创新转型升级；三是优化内部管理、考核和风险管控；四是优化党风廉政和队伍建设。

　　五种关系：一是正确处理好党的领导与"三会一层"的关系；二是正确处理好稳增长与控风险的关系；三是正确处理好顶层设计与接地气的关系；四是正确处理好传统业务与创新业务的关系；五是正确处理好集权与分权的关系。

　　28. 打造独具中国华融特色的国际化运作模式：

　　依托"一带一路"等国家发展战略，更好地对接和服务实体经济走出去；依托中国华融品牌优势，实现内外联动；依托股东影响力，跟进互动；依托大客户，跟随合作；依托公司转型战略，进行战略性并购重组；依托分支机构，发挥"一体两翼"协同作用；依托人才优势，培养充实国际业务团队。

　　29. 中国华融着力构建"立足港澳台、服务大中华、对接国家'一带一路'、内外联动"的国际化战略新格局。

　　30. 中国华融国际化平台的"战略定位"：

　　国际化战略的桥头堡、业务创新的新领地、市场化管理的示范区、本外币资金融通的新平台、经营业绩的排头兵、人才培养的制高点、新的业绩增长极。

　　31. 中国华融国际化平台管理理念：

　　管而不死、活而不乱、严而有序、实而见效。

32. 中国华融"四大新动力":

一是"创新 + 稳健";

二是"调整 + 转型";

三是"防范 + 化解";

四是"队伍 + 执行"。

33. 中国华融"新动力"的"七大来源":

来自改革发展、来自战略转型、来自资产经营管理主业、来自新业务拓展、来自国际化市场、来自新客户、来自创新人才。

34. 实现"华融传统向华融创新转变,华融速度向华融效益转变,华融产品向华融品牌转变"三个转变。

35. 正确处理好"八大关系":

速度与质量的关系,效益与风险的关系,

创新与合规的关系,总量与结构的关系,

集权与分权的关系,当前与长远的关系,

条条与块块的关系,发展成果与员工共享的关系。

36. 中国华融科学发展的"三个内涵":

稳健型经营、集约式增长、可持续发展。

37. 坚持稳健发展、和谐发展、科学发展、可持续发展,避免盲目发展、冲动发展、片面发展、不可持续发展。

38.坚持"稳中求进、险中取胜、创新转型、适度增长、效益优先"的发展主基调，坚持"控总量、调结构、强主业、防风险、细分类、提质量"的发展主战术。

39.稳中求进、稳中求新、稳中求变、稳中求实、稳中求好、稳中求优，"稳"是前提，"进"是目的，"新"是观念，"变"是成效，"实"是踏实，"好"是标准，"优"是质量。

40.思想是先导，创新是动力，文化是灵魂，尊严是基石，队伍是核心，利润是实力，责任是担当，风险是保障，发展是目的。

41.发展赢得尊严，文化引领未来。

42.同心同德抓经营，一心一意谋发展。

43.将"改革、发展、稳定"作为总揽全局的关键词，始终做到"改革不停顿，发展不止步，稳定不动摇"。

44.坚持发展是硬道理，牢牢把握发展主旋律、紧紧牵住发展牛鼻子、着力解决发展新障碍、多方寻求发展新机会、努力争取发展新成效，实现又好又稳科学可持续发展。

45.发展依靠员工、发展为了员工、发展成果与员工共享。

46.发展要始终坚持"五个一"理念：

一个"一把手"、一个团队、一套制度、一种文化、一份业绩。

47. 实现公司安全发展，个人平安进步，业绩可持续增长。

48. 坚持"思路决定出路，专业创造价值，科技引领未来，内控完善细节，创新促进发展，多元打造品牌"。

中国华融经营理念

49. 听党的话，跟政府走，按市场规律办事。

50. 以政治论强弱，以业绩论英雄，以风险论成败，以质量论高低，以贡献论报酬。

51. 努力构建"五位一体"的现代金融企业治理结构：

到位的党委会、规范的股东大会、健康的董事会、负责任的经营层、有效的监事会。

52. 完善公司法人治理、业务治理和风险管控治理"三大治理体系"，重点提高重大项目决策、经营管理、监督检查、信息科技管治、队伍尽职责任"五大治理能力"。

53. 按照"123456"的工作思路，着力打造"有效的监事会"：

明确"一个目标"：以推动公司规范经营为目标；

坚持"两个方法"：一是坚持问题导向和结果导向，二是敬业与担当；

把握"三个标准"：监督工作要充分体现专业性、独立性和有效性；

推进"四化"建设：按照制度化、规范化、流程化和精细化的要求，规范和加强监事会自身工作；

抓好"五项监督"：在抓好风险、内控、财务和履职监督的基础上，开展专项监督；

处理好"六大关系"：要主动加强沟通协调，正确处理好监事会与党委、董事会、高级管理层、股东、外部监督和集团公司上下之间的关系。

54. 建立"五大体系"：

"五位一体"的管理体系，兼顾效率的制衡体系，科学的决策体系，完善的授权体系，明确的集团管控体系。

55. 建立"五大经营机制"：

高效的运营机制、快速的市场响应机制、联动的协同机制、有效的正向激励机制、严格的监督约束机制。

56. 强化"五大管控"：

强化集团资源管控，强化集团资本管控，强化集团风险管控，强化集团财务管控，强化集团组织管控。

57. 完善公司治理的"五大特色做法"：

一是搭建"国有＋国企＋外资＋民营"混合所有制股权结构；

二是实现党委会与现代公司治理的有机融合；

三是健全"三大治理体系"、提升"五大治理能力",推进中国华融公司治理体系和治理能力现代化;

四是强化集团"五大管控",实施分公司分类管理和以"十管七加强"为核心的子公司管理;

五是深入推进"依法治企",打造"法治华融"。

58. 牢牢守住"五个底线":

公司发展的底线,业务风险的底线,员工收入保障的底线,组织用人的底线,个人行为规范的底线。

59. "企业管理九抓"方法论:

抓党建、抓治理、抓创新、抓主业、抓转型、抓风控、抓分类、抓队伍、抓发展。

60. 企业管理坚持"五重五突出":

重落实,突出守土有责;

重作风,突出持之以恒;

重学习,突出知行合一;

重纪律,突出坚守底线;

重考核,突出三位一体。

61. 着力实现内控管理"三大转变":

将短期问题整改转变为长效机制建设,将事后补救转变为事前防控,将外部合规要求转变为内部管理动力。

62. 以"主动合规、全员合规、全面合规"为目标，在"对标监管、强化操作、科学评价、信息联动、文化建设"五个方面推进公司合规管理工作。

63. 增强"六大意识"：
责任意识、纪律意识、效率意识、风险意识、执行意识、队伍意识。

64. 做到"五个坚持"：
坚持以经营促发展，在发展中不断防范和化解风险；
坚持以经营保稳定，在稳定中增强公司和员工的信心；
坚持以经营求创新，在创新中不断提升公司的核心竞争力；
坚持以经营讲服务，在服务中不断提高效率和权威；
坚持以经营谋安全、防风险，在安全中不断推进市场化转型。

65. 依法合规科学发展，风险管控责任到人，争创利润绩效优先。

66. 以市场为导向，以客户为中心，以利润为目标。

67. 中国华融"一体两翼"协同效应：
积极推进公司总部、分公司、子公司"一体两翼"的建设和协调发展，强化公司总部管控服务能力，做稳、做实、做新分公司，做强、做好、做大子公司。

68. 打造"以客户为中心提供全价值链、全方位的一站式综合金融服务"的集团协同模式，注重管理协同、客户协同、产品协同，努力实现"协同效率高、协同能力强、协同效益好、协同品牌优"。

69. 分公司要努力打造成为"思想观念新、业务能力强、经营业绩好、队伍素质高"的市场主体和盈利中心。

70. 子公司要努力打造成为"发展潜力大、竞争优势强、投资回报好、协同效应高"的"好公司"。

71. 子公司要做好"十管七加强":

"十大管控":管治理、管法人、管干部、管薪酬、管目标、管风险、管内控、管大事、管党风、管其他;

"七个加强":加强学习与培训、加强团结与合作、加强管理与责任、加强风险与管控、加强创新与转型、加强党风廉政与队伍建设、加强支持与指导。

72. 子公司管理要落实"八个着力":

一是着力加强党建工作;

二是着力完善公司治理;

三是着力实施以"管资本"为重点的考核办法;

四是着力做强主业;

五是着力提高风险管控力度;

六是着力规范财务管理;

七是着力加快协同业务发展;

八是着力落实"人才强司"战略。

73. 子公司要着力打好"政策"牌、"地域"牌、"创新"牌、"华融"牌。

74. 中国华融在港子公司要"坚守香港法律，忠诚华融事业，认同华融文化，同创华融品牌，共享华融业绩"。

75. 要紧紧围绕"抓党建、重治理、管资本、强主业、防风险、提质量"中心工作，全面提升子公司管理水平。

76. 大客户战略：

中国华融向各级政府、大企业、大集团、大项目、大机构提供"一揽子"综合金融服务，打业务"组合拳"。

77. 中国华融与客户建立"资源共享、优势互补、风险共担、利益均沾、互惠双赢、合作发展"的新型战略合作伙伴关系。

78. 因形势而变，因政策而变，因市场而变，因客户而变，因项目而变。

79. 抓利润、防风险、带队伍、促发展。

80. 依法经营出效益，求真务实比贡献。

81. 多创利润添后劲、严控风险保安全、强化管理上水平、提升质量促发展。

82. 处理好业务发展与风险管控的关系，创新发展与依法合规的关系，公司发展与员工发展的关系，当前发展与长远发展的关系，局部利益与整体利益的关系。

83.统一思想不折腾，求真务实抓落实，开拓进取求创新，绩效考核促发展，风险管控谋安全，眼睛向下讲服务，队伍建设保稳定。

84.着力抓执行力，着力抓内部管理，着力抓风险管控，着力抓盈利能力，着力抓企业文化，着力抓班子队伍建设。

85.比较看差距，落后求奋进。

86.节约成本就等于创造利润。

87.中国华融要完成"五大转变"：

由量变转向质变，由速度和规模为主转向质量和效益为先，由外延式扩张转向内涵式增长，由粗放型经营转向精细化管理，由传统业务转向新兴创新业务。

88.中国华融业务结构的"九大调整"：

从金融债到非金债、从房地产业到非房地产业、从资产收购处置到收购重组、从单一业务到多元化业务、从高收益到中低收益、从单体业务到"组合拳"业务、从自我化解风险到"组合拳"化解风险、从境内业务到境内外业务联动、从主要考核利润到综合性绩效考核。

89.经营发展新模式：

创新＋稳健、主业＋副业、收购＋重组、存量＋增量、金融＋产业、老人＋新人。

90. 中国华融打造全产业链金融服务体系的手段：

"存量＋增量""债权＋股权""金融＋产业""收购＋重组""实际出资＋信用增级""自主资金＋结构化融资"。

91. 创新"存量滚动＋增量开发""前端微利、中端厚利、后端红利"的新盈利模式，探索"股权＋债权、智力＋资本、融资＋投资、重组＋经营"等创新打法。

92. 创新"四个融合"：

逆周期收购、顺周期投融资相融合，覆盖全经济周期；金融债业务、非金债业务相融合，覆盖全社会领域；不良资产收购、正常资产管理相融合，覆盖全类型资产；总分公司主业、子公司平台业务相融合，覆盖全牌照金融产业服务，覆盖企业全生命周期，覆盖产业上下游全链条，覆盖行业战略重组并购。

93. 以时间换空间，以增量盘存量，化不良为优良。

94. 形成"资本、借款、发债、基金、保险"五渠引水的资金管理新局面。

95. 着力防止和重点解决"五重五轻"的问题，即重发展轻管理，重利润轻风险，重过程轻流程，重工作轻纪律，重审批轻尽调。

96. 建立"运行监督、自我评价、缺陷整改、体系完善"四个环节构成的内控长效机制。

中国华融党建工作理念

97. 做强做优做大中国华融的"五个必须"：

一是必须牢固树立"核心看齐意识"，为做强做优做大把好正确方向；二是必须严肃党内生活，抓住领导干部这个关键少数，以上率下带领做强做优做大；

三是必须严格党内监督，为做强做优做大提供坚强组织保障；

四是必须把纪律规矩挺在前面，为做强做优做大提供优良作风保障；

五是必须打造风清气正的良好政治生态，为做强做优做大凝聚强大发展正能量。

98. 坚持"央企姓党"，切实加强党在企业的法理地位和公司党委的核心领导作用，把方向、定战略、抓全面、负全责、谋大事、促发展，做强做优做大国有金融资产管理公司。

99. 党建工作取得良好成效的"八点启示"：

一是"坚持正确的政治方向"是党建工作的基本前提；

二是深入开展"三严三实"专题教育是党建工作的重要载体；

三是促进"国有资产保值增值"是党建工作的根本目标；

四是"严格贯彻执行民主集中制"是党建工作的基本原则；

五是"党委主体责任和纪委监督责任"是党建工作的重要保障；

六是"从严管理干部"是党建工作的重要抓手；

七是"群团组织建设"是党建工作的重要方法；

八是"履行社会责任"是党建工作的重要担当。

100. 正确认识并处理好"八个关系"：

党委与"三会"的关系；

党建与业务的关系；

勤政与廉政的关系；

部署与落实的关系；

放权与监管的关系；

用人与育人的关系；

创利与风控的关系；

创新与发展的关系。

101. 推进中国华融在十个方面加强党的建设：

全面加强党对公司各项工作的领导；全面加强公司党委的主体责任和纪委的监督责任；全面加强公司党委的核心作用、各支部的战斗堡垒作用和共产党员的先锋模范带头作用；全面加强公司党委书记第一责任人的作用和公司党委成员团结协作的合力；全面加强党要管党、从严治党，扎实落实党建工作各项要求；全面理解习近平总书记"抓好党建是各级党委最大的政绩"论述，把党建工作与经营工作同安排、同部署、同落实，两手抓、两手硬，两部署、两促进、两提高，实现党建工作与经营工作同进步；全面加强党的纪律执行与约束，坚定理想信念，与党中央和银监会党委保持高度一致，严肃执行党的政治纪律、组织纪律、工作纪律、财经纪律和生活纪律；全面加强严肃党内政治生活，按照银监会要求，各级党委做到"五个一"，让党内政治生活真正起到教育改造提高党员干部的作用；全面加强落实党风廉政责任，加强廉政风险防范；全面加强全体党员的党性教育、核心价值观引导、"良心和责任"意识。

102. 中国华融全面从严治党的"六个从严"：

一是从严加强"思想建党"；

二是从严履行"两个责任"；

三是从严贯彻民主集中制；

四是从严做好"以上率下"；

五是从严把好选人用人关；

六是从严执行党的群众路线。

103. 中国华融党员干部要按照"读原著、学原文、悟原理；新知识、新业务、新本领"的"三原三新"要求，认真开展好"三严三实"专题教育，推动中国华融战略性转型发展。

104. 中国华融党员干部践行"三严三实"作表率，重点是要突出四个"本"，即"本色、本职、本分、本领"，做到内化于心、外化于行，体现在实践成果和工作成效上。

105. 抓党建工作要注意防止"六多六少"：

开会研究业务工作多，专门研究党建工作少；

研究业务工作措施多，专门研究党建工作的具体措施少；

业务条线工作人员多，专门从事党建工作的人员少；

懂经营、能创利的干部多，会抓党建、讲"党话"的干部少；

对业务考核多，对党建工作考核少；

党建工作上面安排部署多，下面抓传达落实少。

106. 充分发挥党委的核心领导作用，创新纪检监察工作，强化巡视工作，重视信访工作，整合资源，形成合力，构建"党委、纪委、监察、巡视、信访"五条线齐抓共管、共防共治党风廉政建设新格局，保持"讲政治、顾大局、听招呼、守纪律、讲规矩、求实效"的良好政治生态。

107. 加强党内监督和监察，构建"党委全面监督、纪委专责监督、党委工作部门职能监督、党的基层组织日常监督、党员民主监督"的监督体系。

108. 坚定不移推进公司系统全面从严治党的"四个始终坚持"：
始终坚持以强化责任落实为龙头，始终坚持以理论武装为根本，始终坚持以持续改进作风为重点，始终坚持以加强班子和队伍建设为保障。

109. 创新巡视工作方式方法，切实做到情况准备信息化、工作流程制度化、组织结构模块化、后台支撑机制化。

110. 紧紧围绕经营目标任务、风险防化任务、巡视整改任务、队伍建设任务"四大任务"，做到"一手抓经营发展目标不动摇，一手抓风险防化保安全不动摇，一手抓巡视整改到位落实不动摇，一手抓队伍建设平安健康不动摇"，"四手抓，四手硬"，全面加强中国华融党建工作。

111. 讲话把握一个"准"；做事把握一个"度"；用权把握一个"廉"；行为把握一个"正"。

112. 政治上靠得住，工作上拿得起，廉政上过得硬，品行上行得正。

113. 政治上经受改革开放的考验，经济上经受权钱交易的考验，生活上经受种种诱惑的考验。

114. 以学习宣传引导人，以教育预防提醒人，以法规制度约束人，以典型案例警示人。

115. 耐得住寂寞、守得住清贫、抵得住诱惑、扛得住责任。

116. 要"治庸、治懒、治贪、治散"，以治庸提能力、以治懒增效率、以治贪促廉洁、以治散正风气。

117. "三个绝不能"：
绝不能丧失理想信念、绝不能滥用手中权力、绝不能逃避监督制约。

118. "四个高度警惕"：
高度警惕精神懈怠的道德风险，高度警惕"糖衣炮弹"的侵袭，高度警惕项目运行不规范的风险隐患，高度警惕业务来往中的各种"陷阱"。

119. 好的风气是抓出来的，也是带出来的；坏的风气是学出来的，也是纵出来的。

120. 拉响警报、敲响警钟、不发一案、不倒一人。

121. 坚守道德底线，不触纪律红线，不越廉政高压线。

122. 各项工作要朝"严"上要求、在"实"处着力，将"严"和"实"

转化为干事创业的强大动力，为公司改革发展提供坚强保证。

中国华融创新理念

123．"创新 + 稳健"是中国华融发展的内在要求和核心经验。

124．创新是推动中国华融转型发展的不二法门，创新是推动中国华融取得良好业绩的核心灵魂，创新是推动中国华融实现科学可持续发展的重要驱动，创新是推动中国华融全系统面貌实现深刻变化的不懈动力。

125．创新是永恒的动力，发展是不变的主题。

126．中国华融"八大创新实践"：
创新思想观念、创新发展模式、创新体制机制、创新业务平台、创新产品服务、创新管理方式、创新企业文化、创新队伍建设。

127．中国华融创新转型的"六大启示"：
一是要制定清晰明确的发展战略；
二是要坚持"创新 + 稳健"的经营理念；
三是要探索科学合理的盈利模式；
四是要完善有效管用的公司治理结构；
五是要打造独具特色的企业文化；
六是要实施凝聚人心的人才战略。

128．创新意愿与创新能力相结合，业务创新与风险防范相结合，成本可算与利润可获相结合，努力做到成本可算、风险可控、效益可获、商业化可持续。

129．鼓励创新、容忍失败，在创新中求生存、以创新求发展。

130．在创新实践中发现人才，在创新活动中培育人才，在创新事业中凝聚人才。

131．创新"加减乘除"四则运算法：

加法，加大收购金融债、非金债，增加新战略平台；

减法，化解风险就是创造利润；

乘法，创新资产证券化、结构化、基金化产品，拓展表外资产管理、财富管理业务，发挥创新驱动的乘数效应；

除法，做大分子、减小分母，提升资本回报率、经济增加值和人均创利能力。

中国华融风险理念

132．"五五"风险管控方法论：

"五早"：早发现、早预警、早处置、早实施、早见效。

"五防"：防止心态急功近利、防止风险居高不下、防止工作不力不为、防止市场突发事件、防止人员道德风险。

"五治"：治病、治人、治规、治标、治本，分类施策，做到"检查巡视、吃药打针、点滴输液、病理切断、病亡善后"。

"五用"：用心、用力、用情、用钱、用法。

"五讲"：讲大局、讲业绩、讲价值、讲担当、讲责任。

133．坚守风险底线，践行科学发展。

134．在经营中承担风险，在创新中规避风险，在管理中减少风险，在发展中化解风险。

135．风险管控要围绕增量风险如何"防"，存量风险如何"化"两个方面着力。

136．加强"五全"风险管理建设：全覆盖的风险管理、全部类型的风险管理、全过程的风险管理、全新方法的风险管理，全员的风险管理。

做到"三个确保"：确保风险指标持续达标，确保不产生新的重大项目风险，确保不卷入重大风险事件。

137．坚持依法治企，打造"依法合规、治理科学、运行规范、管控有序、权责统一、廉洁高效、发展稳健"的"法治华融"。

138．风险管理工作"方向要清晰、目标要明确、方法要科学、重点要突出、措施要有力、问责要严肃、效果要明显"。

139．风险管控是各项工作的"重中之重"，是企业发展的生命线。

140．要有重视风险的意识，承受风险的心理，经营风险的本领，处置风险的能力。

141．牢牢树立"中国华融赔不起"的意识，增强风险管控能力，提升业务发展质量，实现可持续发展。

142．树立"大风险管理"理念：

牢牢树立风险管理全流程意识、风险责任全过程意识、风险管理全员参与意识。

143．实现风险管控"四个转变"：

由粗放式风险管控向精细化风险管控转变，由项目风险管控向集团风险管控转变，由偏重定性管理向定量管理转变，由屡查屡改向切实加强流程管控转变。

144．构建有效管用的全面风险管理体系和组织架构，筑好"防火墙"，建好"隔离带"，织好"安全网"。

145．风险管理工作既要标准化，又要特色化；既要讲普通话，也要讲地方话；既要眼睛向外，又要眼睛向内；既要工作定性，又要工作定量。

146．风险防范要坚持问题导向，综合使用望远镜、放大镜和显微镜"三镜"查找问题：望远镜看远，要有前瞻性、全局观；放大镜看细，要抓小、抓实；显微镜看透，要把握实质、抓住关键。

147．坚持增量项目"引＋防"、存量项目"查＋疏"、风险项目"解＋销"，防化并举。

148．一手抓利润增长促发展不动摇，一手抓风险管控保安全不动摇。

149. 流程科学、职责明确、责任清楚、风险可控、赏罚分明。

150. 先立规矩后办事，立了规矩好办事。

151. 制度管人、流程管事。

152. 确保打赢风险防范"阻击战"、风险化解"歼灭战"两大战役。

153. 恪守"安全性、流动性、效益性""三性"原则，履行"铁账本、铁算盘、铁规章""三铁"要求，执行"投前调查、投时审查、投后检查""三查"制度，确保前中后台科学"三分离"，严格审查"人品、产品、押品""三品"，做到"程序合规、价格合理、交易合法"。

154. 化解风险就是创造利润，向风险化解要规模、要利润、要效益。

155. 全面落实以公司总裁为核心，以各分子公司"一把手"为第一责任人，以风险总监为抓手，以项目主办人员为直接责任人的各环节风险防化责任。

156. 提高风险管理人员的操作能力和履职能力，提升风险管理部门的专业能力，持续打造"专业、独立、负责、权威"的风险管理条线队伍。

中国华融班子建设理念

157. 从各级党委书记到全体党员都要坚决落实好四个责任：
党委的主体责任、纪委的监督责任、工作的整体责任、个人的担当责任，努力做到忠诚、干净、干事、担当。

158. 基层党委要做好"四手抓"：

一手抓内控完善促发展，一手抓利润增长保发展，一手抓风险防范护发展，一手抓队伍建设利发展，努力做到"不发一案，不倒一人，不出问题"。

159. 党委"一把手"要履行第一责任人职责，重点落实好选人用人、作风建设、权力监督、廉洁自律、领导和支持纪委履职等五方面职责。

160. "抓两头、稳中间"：

"抓两头"就是要一手抓领导班子建设和一把手建设，一手抓优秀年轻干部的选拔任用；

"稳中间"就是要发挥好老同志的传帮带作用。

161. 努力建设"创新进取、团结协作、风清气正、作风正派、奋发有为"的领导班子。

162. 建设"学习型、创新型、务实型、廉洁型"的"四型"领导班子。

163. 突出"三个导向"，加强领导班子和干部队伍建设：

一是突出实绩导向，形成能者上、庸者下、劣者汰的有效机制；

二是突出实践导向，开展好选派干部定点扶贫挂职锻炼工作，探索分、子公司与总部之间，分、子公司之间干部双向锻炼交流机制；

三是突出基层导向，加强对支援西部、定点扶贫干部的培养使用。

164. 注重"三个坚持",做好干部选拔：

一是坚持资源统筹，干部选拔破除部门、单位和地区壁垒；

二是坚持严格把关，选人用人严把政治关、作风关、能力关和廉洁关，甄别干部的忠诚度、干净度、担当度、匹配度和认可度；

三是坚持增强活力，加大履职问责和治庸治懒治散力度。

165. 努力打造一支"综合素质高、履职能力强、勤政廉洁好、工作作风硬、经营业绩优"的领导班子和过硬团队。

166. 各级党委、纪委切实落实好主体责任和监督责任"两个责任"，落实"用人责任、纠正责任、监督责任、支持责任、表率责任"。

167. 领导干部要做到"四个带头"：

带头学习、带头严以律己、带头勤政、带头廉政。

168. 领导干部要做到"五个正确对待"：

正确对待组织、正确对待同志、正确对待群众、正确对待自己、正确对待名利。

169. 领导干部要做到"平时工作看出来，关键时刻站出来，困难时刻挺过来"，坚持"一线工作法"，坚持领导指挥、管理关口前移，做到"领导指挥在一线、情况掌握在一线、措施落实在一线、问题解决在一线"。

170. 领导干部要做到"心中有员工、胸中有大义、肩上有责任、脚下有乾坤"。

171．各级党委要做到"六个防止"：

防止坐而论道，理想现实脱节；

防止光说不练，做事没有成效；

防止说多做少，工作无法推进；

防止徒有虚名，创新不切实际；

防止协调不够，合作却无合力；

防止只重营销，项目难以落地。

172．坚持"五重五看"：

重品德修养，看才华更看品行；

重真才实学，看学历更看学识；

重实干能力，看汇报更看业绩；

重实际经验，看经历更看经验；

重优秀有为，看年龄更看本领。

173．转型新时期的"六大使命和责任"：

要有创新意愿，要有实干精神，

要有稳健步伐，要有责任担当，

要有诚实守信，要有廉洁自律。

174．一名优秀的领导干部必须具备六大要素：

有战略、有思路、有能力、有业绩、有胸怀、有责任。

有战略体现未来，有思路体现出路，有能力体现本领，

有业绩体现实力，有胸怀体现眼光，有责任体现担当。

175. 好班子才能带出好队伍，好队伍才能干出好事业。

176. 班子团结协作作表率，中层扎实奋进作骨干，员工勤勉尽责作基石。

177. 团结出干部、团结出效益、团结出战斗力。

178. 加强"一把手""七种能力"建设：

驾驭全局的能力、开拓创新的能力、市场营销的能力、风险防控的能力、狠抓落实执行的能力、带队伍促发展的能力、勤奋敬业和廉洁自律的能力。

179. "一把手"要学会处理好"七种关系"：

要正确处理好与上级党委之间的关系；

要正确处理好与副手、员工之间的关系；

要正确处理好与总部部门之间的关系；

要正确处理好与兄弟单位之间的关系；

要正确处理好与股东之间的关系；

要正确处理好与外部管理、监管部门之间的关系；

要正确处理好与地方党政之间的关系。

180. 班子建设要做到"七个加强"：

一是加强学习；

二是加强转变作风；

三是加强团结，形成合力；

四是加强培养专业团队；

五是加强培训，积极开展业务培训和案例培训；

六是加强对年轻干部的培养选拔，帮助青年员工尽快实现"五子登科"，充分发挥广大青年员工的生力军作用；

七是加强党风廉政建设，打造一支依法合规的人才队伍。

181．中国华融从基层实践中产生的优秀管理创新工作经验：

"周伙荣工作法"，其核心是新时代的"老黄牛"精神，要义是创新、激情、勤奋、坚毅、执着、效益。要以学习"周伙荣工作法"为切入点，学先进，树新风，找差距，比贡献。

182．开展"向浙江分公司学习"专项活动的核心要义包括四个方面：

一是学习浙江分公司连续七年"高利润、高增长、高质量、无风险、可持续"的经营模式；

二是学习浙江分公司连续七年"无预警、无逾期、无展期、无不良项目"的高水平、高效益、高质量、效果好的管理经验；

三是学习浙江分公司连续七年"讲大局、讲规矩、讲专业、讲责任、讲担当"的良好职业操守；

四是学习浙江分公司连续七年"团结敬业、创新稳健、上下齐心、廉洁干事"的优秀团队精神。

183．深入开展"五优五户"评选表彰，在公司系统掀起"比学赶帮超"的热潮。五优：优秀单位、优秀个人、优秀共产党员、优秀党委（支部）书记、优秀纪委书记。五户：利润贡献大户、风险化解好户、产品创新优户、业务转型新户、队伍建设强户。

中国华融人才理念

184．万事皆靠人，人才是中国华融最宝贵的资源。

185．培养一支"想干事、能干事、会干事、干成事、不出事"的员工队伍。

186．培养"年力、学历、经历、能力、体力""五力（历）干部"，培养"忠诚、干净、干事、担当"的干部队伍。

187．增强员工的尊严感、自豪感、幸福感、成就感、获得感。

188．讲政治、守纪律、懂规矩、求廉洁，打造"政治强、业务精、纪律严、作风实、业绩优、口碑好"的高管团队。

189．干部队伍建设要着力增强"市场导向、有为导向、专家导向、群众导向"，把合适的人放在合适的岗位，干合适的工作。

190．按照"量足、质优"的要求研究制定公司人才发展规划，重点引进和培养"七型人才"：高学历型人才、高素质型人才、综合型人才、创新型人才、实干型人才、专家型人才、国际型人才。

191．坚决落实好队伍建设和人才培养要求，打造具有"学习型组织、知识型员工、专家型队伍、国际型视野、务实型考核"特征的干部员工队伍。

192．讲团结、讲大局、讲纪律、讲效率、讲业绩。

193．树正气、转作风、讲策略、比贡献、出实招、干实事、求实效。

194．政治上充分信任，信任与引导相结合；工作上放手使用，使用与培养相结合；生活上尽力关心，关心与解决实际问题相结合；抓两头，稳中间，努力构建合理的人才梯次结构。

195．坚持"十贵十重"：

一是贵在成效，重在优良业绩、求真务实上下功夫；

二是贵在学习，重在金石之见、建言献策上下功夫；

三是贵在创新，重在开拓进取、敢为人先上下功夫；

四是贵在实践，重在实干协作、干事成事上下功夫；

五是贵在调研，重在深入基层、贴近实际上下功夫；

六是贵在团结，重在齐心协力、协同效应上下功夫；

七是贵在责任，重在勤奋敬业、勇于担当上下功夫；

八是贵在廉洁，重在修身自我、干净自律上下功夫；

九是贵在发展，重在从我做起、奉献华融上下功夫；

十是贵在坚持，重在建章立制、一以贯之上下功夫。

196．员工队伍"十大能力建设"：

不断加强领导决策能力建设；

不断加强依法经营能力建设；

不断加强市场运作能力建设；

不断加强开拓创新能力建设；

不断加强风险防控能力建设；

不断加强处理应对复杂突发事件和风险危机的能力建设；

不断加强分析解决实际问题的能力建设；

不断加强与各类人打交道的能力建设；

不断加强营造和谐科学务实的企业文化的能力建设；

不断加强自身反腐倡廉的能力建设。

197．不断加强学习，努力在理论联系实际上下功夫；

不断提高政治修养，努力在增强政治敏锐性上下功夫；

不断拓宽专业知识，努力在提高市场化业务技能上下功夫；

不断培养创新意识，努力在敢为人先、打拼市场上下功夫；

不断增强责任意识，努力在勇于担当、乐于奉献上下功夫；

不断增进团结，努力在与人和谐共事、团结协作上下功夫；

不断充实完善自己，努力在吃苦耐劳、克服浮躁虚飘上下功夫；

不断积极进取，努力在创先争优、建功立业上下功夫。

198．青年兴，华融兴；青年强，华融强；青年是华融的未来，青年是华融的希望。

199．华融青年要培育五大素养：

一要忠诚，二要勤奋，三要激情，四要干净，五要担当。

200．对华融青年寄予"八点希望"：

坚定信念、爱岗敬业、勤奋学习、积极实践、勇于担当、开拓创新、团结协作、激情活力。

201．对华融青年的"四方面寄语"：

一是关于梦想：生逢其时，大有可为。

二是关于信念：扣好扣子，走好人生。

三是关于成长：脚踏实地，积蓄能量。

四是关于工作：空谈误国，实干兴邦。

202．对华融青年"多压担子、多抬轿子、多给位子、多戴帽子、多指路子"，尽快实现"五子登科"，促进青年员工成长进步。

203．加大对年轻员工的培养力度，绝不让青年人输在起跑线上。

204．华融青年成长进步"五大要点"：

第一，不断发展是个人成长进步的"源动力"；

第二，自身的素质和努力程度，领导的重视、组织的培养和大家的帮助，以及环境造就与个人机遇，是个人成长进步的"三要素"；

第三，不断学习、积极进取是个人成长进步的"助推器"；

第四，廉洁自律、加强品格修养、"不出事"是个人成长进步的"保护神"；

第五，敏锐的政治意识、精湛的业务能力、和谐的为人处世方式是个人成长进步的"生命力"。

205．人才选拔要坚持"五不"原则：

坚持不搞照顾、不搞平衡、不搞关系、不搞特殊、不搞论资排辈。

206．用"相马、赛马、育马"机制发现人才、培养人才、造就人才。

207．坚持德才标准任贤，坚持公道正派举贤，坚持全面客观识贤，坚持广开视野选贤。

208．让想干事者有机会、能干事者有舞台、会干事者有位子、干成事者有表彰，不让有能力的老实人吃亏，不让投机钻营者得利。

209．人才既要引得进，更要留得住、用得好，要用事业留人、机制留人、感情留人、适当待遇留人、企业愿景留人。

210．多补台，少拆台；多抬轿子，少抬杠子；多支持配合，少设置障碍。

211．培训理念：
"培训普惠制" "培训也是福利" "培训出干部" "培训出人才"。

212．在岗一日，敬业一天。

213．干一行、爱一行、专一行、精一行。

214．我与祖国共奋进，同为华融添光彩。

215．做合格华融人的"九点要求"：
一是要有学习进取的愿望；
二是要有风清气正的品质；
三是要有艰苦奋斗的精神；

四是要有改革创新的干劲；

五是要有求真务实的作风；

六是要有技艺高超的本领；

七是要有廉洁自律的约束；

八是要有奉献华融的使命；

九是要有报效祖国的责任。

216．对中国华融员工的"六点要求"：

一是学习、学习再学习；

二是实践、实践再实践；

三是创新、创新再创新；

四是转型、转型再转型；

五是合作、合作再合作；

六是担当、担当再担当。

中国华融社会责任理念

217．有实力的企业拥有现在，有责任的企业拥有未来。

218．中国华融的社会责任＝多创利润＋多缴利税＋职工工资增长＋各种利息费用支出＋各项公益投资捐助＋社会就业＋支持社会经济和谐发展。

219．以"国计为重、民生为本、感恩为怀、责任为念、奉献为先"，坚持科教扶贫、智力扶贫、品牌扶贫、效益扶贫、项目扶贫、战略扶贫。

220. 坚持"三个结合、三个侧重",在"六个方面"做好定点扶贫工作:

"三个结合、三个侧重":当前需求与长远发展相结合,侧重解决当前需求;点与面的帮扶相结合,侧重对点精准发力;贫困地区需要与公司能力相结合,侧重以公司现有能力努力满足贫困地区的需要。

"六个方面":金融知识、金融政策、金融机构、金融资金、金融人才、金融产业。

221. 中国华融精准扶贫的"五个始终坚持":

始终坚持目标精准、始终坚持定位准确、始终坚持措施到位、始终坚持机制灵活、始终坚持效果务实。

后 记

　　《我的企业管理之道》是我到华融后出版的第八本个人专著。这本书与我以往专著的不同之处在于，这是一本讲心得、讲体会、讲故事的书，以我与中国华融一个个真实生动的故事，来诠释我从事金融事业三十余年、执掌中国华融八年多来对于企业管理之道的所思、所想、所悟。出版这本书的初衷有四：

　　一是分享心得。从个人成长的角度，由我从中央银行、国家金融监管机构领导干部再到执掌国有金融机构的人生轨迹与心路历程，期待与广大读者分享；从企业管理的角度，我想系统、全面、生动、及时和深入地总结推广中国华融近年来不断做强做优做大的宝贵经验，期待与国企从业同仁分享；从学术交流的角度，我在数十年金融一线工作实践的基础上，提炼总结自己的企业管理思想，期待与对此有研究或感兴趣的专家学者们分享。

　　二是启发来者。中国华融拥有一万余名员工，他们的平均年龄只有36.2岁，年轻人很多，我经常与他们谈心，愿意与他们交朋友。我最愿意与他们分享的是我的人生经验和治企心得。前事不忘，后事之师。往者不可谏，来者犹可追。人的一生之所以能不断进步，有很多决定因素，其中非常重要的一条，就是善于借鉴前人的经验教训，尽量避免走弯路和错路。我想通过自己的经历与经验告诉广大青年朋友，善于从别人的成功中得出可资借鉴的经验，是我们成长过程中不可或缺的能力。

三是助力未来。从中国华融来说，最近八年多来是公司历史上发展速度最快、发展质量最好的时期，堪称同业翘楚，独领风骚。但未来中国华融还需要从胜利走向更大的胜利，朝着一流资产管理公司和进军"世界500强"的目标迈进，中国华融人仍然任重而道远。我所总结的企业管理之道，并非我的一己之功，其中也凝聚着万余名中国华融人的辛劳与智慧，应该可以为中国华融未来更好更快发展提供实践论与方法论上的启迪。从国有企业改革发展来说，面对当前错综复杂的国内外经济形势，如何积极适应新常态、寻找新动力、实现新发展，锐意进取、迎难而上，以实际行动为实现习近平总书记提出的"把国有企业做强做优做大"这一目标而努力，是值得我们认真思考的重大时代课题。我相信中国华融的发展实践应该可以在这方面提供有益的启迪。

四是抛砖引玉。关于国外著名企业家和国内民营企业家的出版物很多，而关于国有企业领导人的著作却少而又少。我国进入"世界500强"的企业有110家，居世界第二，其中83家是国企。近年来国企在载人航天、机车制造等领域取得了一批批具有世界先进水平的重大科技创新成果，许多投资大、风险大、收益薄、周期长的基础设施、公共服务、国防科技、灾害防治、脱贫攻坚、民生改善等领域的建设和项目也都是国企扛起来的。作为一家金融央企的"掌门人"，我深知要把国企做强做优做大的种种艰辛。有许多国企领导人比我更优秀，做得更出色、贡献更大、体会更深，我希望本人此部拙作能起到抛砖引玉的作用，以使广大读者能领略到更多更优秀的国企领导人对党忠诚、勇于创新、治企有方、兴企有为、清正廉洁的时代风采。

　　在本书付梓之际，我要对一直以来关心、支持我本人和中国华融发展的各位领导和各界朋友表示由衷的谢意！向财政部、人民银行、银监会、证监会、保监会等上级主管部门的有关领导和同志们表示由衷的谢意！

　　在本书的写作、出版过程中，中国华融各位公司领导，董事、监事，董事会办公室、研究发展部、上市办公室、风险管理部、综合管理部以及华融证券等分子公司提供了大力支持，其中董事会办公室完成了全书统稿工作。在此，谨向公司董秘李迎春同志以及胡同捷、左文、蔡红艳、邹震田、袁晓婧、李轩、宋云鹏、臧凯赛、陈佩珊、袁满、马涛、王玉、何立军、刘凌波、张琼妹、雷禹、毛菁、刘茜、聂娟、赵萌、贾佳、武暾辉等同志表示由衷的感谢！人民出版社黄书元社长、辛广伟总编辑以及各位编辑同志，为本书顺利出版付出了十分辛勤的劳动，在此谨向各位表示由衷的感谢！

　　由于时间仓促和水平有限，书中疏漏和错误在所难免，敬请广大读者海涵并提出宝贵意见。

二〇一七年十月一日于北京